GESTÃO DE PESSOAS PARA CONCURSOS

Andréia Lins Ribas e
Cassiano Ramalho Salim

GESTÃO DE PESSOAS PARA CONCURSOS

ALUMNUS

Ficha Catalográfica elaborada pela bibliotecária Marjorie Gonçalves, CRB1 0570

R482g

Ribas, Andréia Lins
Gestão de pessoas para concursos / Andréias Lins Ribas, Cassiano Ramalho Salim. - Brasília : Alumnus, 2013.

480 p., 21 cm.

ISBN 978-85-65295-51-2

1. Administração de Pessoal. 2. Recursos Humanos. 3. Desempenho. 4. Liderança. 5. Motivação. I. Título.

CDU 658.3

Diretoria Editorial: Engels Rego e Antonio Geraldo Pinto Maia Junior

Gerência Editorial: Mariana Carvalho

Editoria e Produção Editorial: Maria Neves

Projeto Gráfico, Editoração Eletrônica e Revisão: M&B Serviços Editoriais

Capa (projeto gráfico, criação e ilustração): Ralfe Design

www.alumnus.leya.com.br

facebook.com/leyaalumnus

@LeyaAlumnus

Este é um livro sobre uma jornada de AMOR ao que faço.
Assim, dedico esta obra a sua razão de ser: aos concursandos,
que buscam a realização de um sonho.

"Ainda que eu tenha o dom de profetizar e conheça todos
os mistérios e toda a ciência; ainda que eu tenha tamanha fé,
a ponto de transportar montes, se não tiver AMOR, nada serei."
(1 Coríntios 13.2)

Andréia Ribas

Dedico este livro a todos aqueles que buscam
o conhecimento e algum lugar ao sol.

"Aprender é a única coisa de que a mente nunca
se cansa, nunca tem medo e nunca se arrepende."
(Leonardo da Vinci)

Cassiano Ramalho Salim

A Deus, a verdadeira fonte de sabedoria,
Aos meus pais, Silas e Célia, coautores da minha vida,
Ao meu amado esposo, Márcio Antônio, fonte de apoio e companheirismo,
Aos amigos, sinto-me abençoada pela presença deles; em especial,
Ana Maria e Jana, fontes de estímulo emocional,
Aos meus queridos alunos, pela lembrança de minha condição de eterna aprendiz,
Aos colegas, que dividem os desafios e conquistas desse fascinante ofício docente,
A Cassiano Salim, pelo comprometimento e pela capacidade de síntese que
foram essenciais na construção deste livro,
À equipe da Editora Alumnus, pelos valiosos comentários e feedback *editorial.*

Andréia Ribas

Aos meus pais, Cássia e Fabiano, por mostrarem-me o caminho,
Aos meus irmãos, Elisa e Tales, pelo companheirismo durante o percurso
À minha esposa, Louise, pelo apoio incondicional
Ao meu filho, Guilherme, por mudar o rumo da minha vida
À Andréia Ribas, pela confiança.

Cassiano Ramalho Salim

Sumário

CAPÍTULO 10 – LIDERANÇA....239

Apresentação

Gestão de Pessoas para Concursos tem por objetivo oferecer suporte no preparo de concursandos para cargos de Analista Administrativo, Técnico Administrativo, Psicólogo, Analista de Recursos Humanos, Administrador, entre outras áreas que cobram Gestão de Pessoas.

Todavia, a obra desenvolveu tanto em conteúdo como em propósito e passou a ampliar enormemente o seu escopo no sentido de expandir e envolver todos os leitores que se interessam pelo assunto, seja estudantes, professores, executivos, servidores públicos, consultores de empresas, empreendedores ou interessados nos assuntos de Gestão de Pessoas.

A experiência em sala de aula a partir das indagações dos alunos e a compreensão das principais tendências das bancas examinadoras ao cobrar Gestão de Pessoas permitiram aos autores a elaboração de uma obra pontual e estruturada em 16 capítulos. O livro oferece uma variedade de noções, conceitos, dicas e questões de concursos com gabaritos comentados, apresentados entre os conteúdos, em linguagem clara e descomplicada. Oferece, desse modo, não somente *insights*, mas a possibilidade do estudo diretamente do ponto de vista da banca examinadora, permitindo ao concursando conhecer a Gestão de Pessoas de forma prática e estimulante.

Neste modelo de apresentação, a obra é inovadora e nasce da necessidade crescente de um material de estudo mais completo que trate dos conteúdos específicos e direcionados para concursos.

A divisão desta obra em diferentes capítulos proporciona ao leitor a oportunidade de selecionar o foco a ser explorado de acordo com os tópicos cobrados nos editais. Conta com uma exposição que expressa os referenciais teóricos da Gestão de Pessoas e a filosofia das principais bancas examinadoras.

Constam ao final do livro questões de concursos com gabarito que atendem a todos os níveis de provas (simples ou complexas) elaboradas pelas principais bancas para testar o nível de assimilação e conhecimento do leitor.

“Eu não tenho talentos especiais.
Sou só apaixonadamente curioso.”
(Albert Einstein)

Agradecemos e parafraseamos Albert Einstein: desejamos que sejam apaixonadamente curiosos pela Gestão de Pessoas!

Os autores

CAPÍTULO 1
Origem e Evolução da Gestão de Pessoas

1. ORIGEM E EVOLUÇÃO HISTÓRICA

Toda empresa, órgão público ou fábrica necessita de pessoas para existir. O bom desempenho e o sucesso de qualquer organização, seja pública, seja privada, está diretamente relacionado com a qualidade e a capacidade das pessoas que nela atuam. De tal forma que, quanto mais as organizações crescem e se desenvolvem, maior a necessidade de desenvolver e organizar as pessoas que nela trabalham.

Segundo Dutra e Miroski (2007), a área de gestão de pessoas (também chamada de recursos humanos, ou talentos humanos) surge exatamente da necessidade de adaptar as organizações às contínuas exigências do mercado, representado por consumidores internos e externos, fornecedores, acionistas e relações governamentais, entre outros.

Chiavenato (1999) considera a gestão de pessoas uma das áreas que mais tem sofrido mudanças e transformações nos últimos anos. Segundo o autor, a visão que se tem hoje é totalmente diferente de sua tradicional configuração, quando a ára recebia o nome de Administração de Recursos Humanos (ARH). Com a globalização dos negócios, o desenvolvimento tecnológico, o forte impacto da mudança e o intenso movimento pela qualidade e pela produtividade, surge uma constatação na maioria das organizações: o grande diferencial, a principal vantagem competitiva das empresas, decorre das pessoas que nelas trabalham.

Chiavenato (2000) relata que a maneira como as pessoas comportam-se, decidem, agem, trabalham, executam, melhoram suas atividades, cuidam dos clientes e tocam os negócios das empresas varia em enormes dimensões. Essa variação, segundo o autor, depende, em grande parte, das políticas e diretrizes das organizações a respeito de como lidar com as pessoas em suas atividades. Em muitas organizações, falava-se até há pouco tempo em relações industriais.

1.1 Evolução histórica da Administração

A história da gestão de pessoas acompanha a evolução socioeconômica mundial e está relacionada à evolução da Administração. Sua origem está ligada à história da moderna Administração, que surgiu no início do século XX, e pode ser resumida pelas seguintes teorias:

- **Administração científica**: desenvolvida pelo engenheiro norte-americano Frederick Taylor (1856-1915), preocupava-se com a organização das tarefas no ambiente de trabalho e com a racionalização do trabalho dos operários, tendo como características a ênfase nas tarefas e no aumento da eficiência. A gestão de pessoas nesse período baseava-se na seleção, no preparo, no controle e na execução dos funcionários, sempre visando a acelerar o processo produtivo, produzindo mais em menos tempo, mas com qualidade.
- **Teoria clássica**: idealizada pelo engenheiro francês Henri Fayol (1841-1925), tem como principais preocupações a estrutura organizacional, a departamentalização e o processo administrativo na busca pela máxima eficiência. Seus princípios são semelhantes aos princípios da administração científica e foram desenvolvidos no mesmo período na Europa, e as práticas de gestão de pessoas na época foram influenciadas pelos princípios básicos da teoria de Fayol, tais como a divisão do trabalho com a finalidade de produzir mais e melhor; especialização dos funcionários na busca do aumento da produtividade; aplicação da autoridade, responsabilidade e disciplina para controle do comportamento dos funcionários; unidade de comando e direção para redução dos conflitos e remuneração justa, tanto para o funcionário quanto para a empresa.

Questão de Concurso

(Esaf/MPOG/Especialista em Políticas Públicas/2002) A principal preocupação de Taylor era produzir mais com menos recursos, buscando reduzir os desperdícios.

Gabarito: certo. A ênfase na eficiência é dada pela Teoria da Administração Científica de Taylor.

VEJA BEM!

Tanto a **teoria da administração científica** quanto a **teoria clássica** são criticadas por colocarem a tarefa e a produção como focos do trabalho, em detrimento das pessoas.

- **Relações humanas**: essa teoria tem seu maior expoente na figura do sociólogo australiano Elton Mayo (1880-1949) e foi desenvolvida a partir de 1940, nos Estados Unidos, em oposição à teoria clássica. Sua preocupação com as pessoas e com os grupos sociais na busca da humanização e da democratização da Administração influenciaram de forma irreversível a prática de gestão de pessoas nas organizações. A teoria das relações humanas influenciou outras teorias relacionadas à satisfação, à motivação, ao comportamento, à liderança, à capacitação, ao clima e à cultura organizacional, tendo como principais conceitos a relação entre a produção e as relações sociais, o comportamento do indivíduo baseado no grupo, as relações humanas e os aspectos emocionais como influenciadores do processo produtivo, a relação direta entre a eficiência do trabalhador e a autonomia e o conteúdo do cargo.

ATENÇÃO!

A **experiência de Hawthorne** foi realizada em 1927, pelo Conselho Nacional de Pesquisas dos Estados Unidos no bairro de Hawthorne e sua finalidade era determinar a relação entre a intensidade da iluminação e a eficiência dos operários medida por meio da produção. A experiência foi coordenada por Elton Mayo, e estendeu-se à fadiga, acidentes no trabalho, rotatividade do pessoal (*turnover*) e ao efeito das condições de trabalho sobre a produtividade do pessoal. Os pesquisadores, à época, não encontraram correlação direta entre ambas as variáveis, mas verificaram desapontamentos, a existência de uma variável difícil de ser isolada, denominada fator psicológico.

Conclusões da experiência de Hawthorne

- **Nível de produção é resultante da integração social**
  O nível de produção não é determinado pela capacidade física ou fisiológica do empregado (como afirmava a teoria clássica), mas por normas sociais e expectativas grupais. É a capacidade social do trabalhador que determina o seu nível de competência e eficiência e não sua capacidade de executar movimentos eficientes dentro do tempo estabelecido. Quanto maior a integração social do grupo, maior a disposição para trabalhar.
- **Comportamento social dos empregados**
  Os trabalhadores não agem ou reagem isoladamente como indivíduos, mas como membros de grupos. Portanto, a administração não pode tratar os empregados um a um, mas, sim, como membros de grupos e sujeitos às influências sociais desses grupos. A teoria das relações humanas contrapõe o comportamento social do empregado ao comportamento do tipo máquina, proposto pela teoria clássica.
- **Recompensas e sanções sociais**
  Os precursores da Administração Científica, baseados no conceito de *homo economicus*, pelo qual o homem é motivado e incentivado por estímulos salariais, elaboravam planos de incentivo salarial, para elevar a eficiência e baixar os custos operacionais. Para a teoria das relações humanas, a motivação econômica é secundária na determinação do rendimento do trabalhador.

Para ela, as pessoas são motivadas pela necessidade de reconhecimento, de aprovação social e participação nas atividades dos grupos sociais nos quais convivem. Daí o conceito de homem social.

- **Grupos informais**

  Enquanto os clássicos preocupavam-se com aspectos formais da organização como autoridade, responsabilidade, especialização, estudos de tempos e movimentos, princípios gerais de Administração, departamentalização etc., os autores humanistas concentravam-se nos aspectos informais da organização como grupos informais, comportamento social dos empregados, crenças, atitude e expectativa, motivação etc. A empresa passou a ser visualizada como uma organização social composta de grupos sociais informais. Esses definem suas regras de comportamento, formas de recompensas ou sanções sociais, objetivos, escala de valores sociais, crenças e expectativas que cada participante vai assimilando e integrando em suas atitudes e comportamento.

- **Relações humanas**

  As relações humanas são as ações e as atitudes desenvolvidas a partir dos contatos entre pessoas e grupos. Cada pessoa possui uma personalidade própria e diferenciada que influi no comportamento e atitudes das outras com quem mantém contato. A compreensão das relações humanas permite ao administrador melhores resultados de seus subordinados e a criação de uma atmosfera na qual cada pessoa é encorajada a exprimir-se de forma livre e sadia.

- **Importância do conteúdo do cargo**

  A especialização não é a maneira mais eficiente de divisão de trabalho. Trabalhos simples e repetitivos tornam-se monótonos e maçantes, afetando negativamente a atitude do trabalhador e reduzindo a sua satisfação e eficiência.

- **Ênfase nos aspectos emocionais**

  Os elementos emocionais não planejados e irracionais do comportamento humano merecem atenção especial da teoria das relações humanas. Daí a denominação de sociólogos da organização aos autores humanistas.

Questão de Concurso

(Cespe/TJAL/Técnico Judiciário//2012) O experimento de Hawthorne, apesar de insignificante para a gestão de pessoas, conseguiu comprovar a relação direta entre as variáveis na iluminação e a produtividade do grupo estudado, evento já conhecido na teoria.

Gabarito: errado. É um experimento significante para a gestão de pessoas. Os pesquisadores, à época, não encontraram correlação direta entre ambas as variáveis, mas verificaram desapontamentos, a existência de uma variável difícil de ser isolada, denominada fator psicológico.

Questão de Concurso

(Cespe/MPE-PI/Analista Ministerial/2012) A existência da organização informal e do poder dos grupos sobre a produtividade dos indivíduos representa o principal impacto da administração científica na gestão de pessoas.

Gabarito: errado. Refere-se à escola de relações humanas, e não à escola da administração científica.

- **Teoria de sistemas**: desenvolvida entre as décadas de 1950 e 1970, teve sua origem no trabalho do biólogo alemão Ludwig Von Bertalanffy (1901-1972). Para essa teoria, as empresas podem ser consideradas como sistema aberto que apresenta relações de intercâmbio e de troca com o ambiente que as envolve, por meio de entradas e saídas de informações e energias. Seus conceitos influenciaram as práticas de gestão de pessoas por considerar o ambiente um dos principais influenciadores do comportamento organizacional, a interdependência entre as partes no processo produtivo, a resiliência como a capacidade de superar distúrbios, a necessidade de sinergia para a ampliação do resultado e a entropia (falta de relacionamento entre as partes) como um dos responsáveis pelas perdas e desperdícios.

ATENÇÃO!

A Gestão de Pessoas que conhecemos atualmente foi influenciada, de alguma forma, pelas Teorias da Administração.

Questão de Concurso

(Cespe/TRT 10ª Região/Analista Administrativo/2012 – Prova cancelada) Os princípios da escola da administração científica norteiam as práticas de gestão de pessoas no que diz respeito à valorização dos aspectos comportamentais e de liderança nas equipes de trabalho e em seus respectivos processos produtivos.

Gabarito: errado. Os aspectos comportamentais e de lideranças nas equipes de trabalho são norteados pelos princípios da escola de relações humanas.

2. OS TRÊS MOMENTOS DE EVOLUÇÃO, SEGUNDO CHIAVENATO

Chiavenato (2000) sugere a evolução da área de gestão de pessoas em três momentos: **as relações industriais**, relacionadas à era da industrialização clássica; **a administração de recursos humanos**, relacionada à era da industrialização neoclássica; e **a gestão de pessoas**, relacionada à era da informação. O quadro a seguir descreve as características de cada fase.

Era	Período	Características socioeconômicas	Atuação da gestão de pessoas
Departamentos de Pessoal e de Relações Industriais	1900 a 1950 (Industrial Clássica)	• Estrutura organizacional em formato piramidal e centralizador. • Departamentalização funcional. • Estabelecimento de regras e regulamentos internos para disciplinar e padronizar.	• Surgem os departamentos de pessoal destinados a fazer cumprir as exigências legais. • Cultura organizacional voltada para a conservação das tradições e dos valores. • As pessoas eram consideradas recursos de produção. • Homem considerado um apêndice da máquina. • Atividades predominantemente operacionais. • Foco na relação entre a indústria e os sindicatos.
Administração de Recursos Humanos	1950 a 1990 (Industrial Neoclássica)	• Início com o final da Segunda Guerra Mundial. • Mudanças mais rápidas, mais intensas e pouco previsíveis. • Transações comerciais mais intensas e globais. • Estrutura mais flexível e propícia a mudanças. • Busca pela inovação.	• Cultura voltada para o presente e para a inovação. • Começa a desenvolver atividades táticas. • Desenvolvimento de subsistemas de RH (recrutamento, seleção, treinamento, avaliação, remuneração, higiene e segurança do trabalho). • Pessoas vistas como recursos vivos.
Gestão de Pessoas	A partir de 1990 (Era da informação)	• Mudanças ainda mais rápidas, imprevistas e inesperadas. • Intensificação da competitividade. • Conhecimento tornou-se o recurso mais importante.	• Migração do emprego do setor industrial para o setor de serviços. • Trabalho manual substituído pelo trabalho mental. • Terceirização das tarefas operacionais. • Atuação estratégica. • Pessoas vistas como fornecedoras de conhecimento. • As equipes de gestão de pessoas operam como consultorias internas orientadas para atividades estratégicas.

Fonte: Chiavenato (2006) – adaptado.

ATENÇÃO!

Na Era Industrial Clássica surgem os departamentos de pessoal (final do século XVIII até década de 1930) e os departamentos de relações industriais (década de 1930 até década 1950).

Questão de Concurso

(FCC/TCE-GO/Analista de Controle Externo/2010) Em relação à evolução dos métodos de gestão de pessoas a partir do século XX.
I - Na Era da Industrialização Clássica, surgem os departamentos de pessoal destinados a fazer cumprir as exigências legais a respeito do emprego.
II - Os departamentos de recursos humanos surgem na Industrialização Neoclássica, incorporando novas funções como, entre outras, recrutamento, seleção treinamento, avaliação e remuneração.
III - Na Era da Industrialização Neoclássica surgem os departamentos de relações industriais acrescentando outras tarefas como o relacionamento da organização com os sindicatos.
IV - Com o crescimento da importância da ARH na Era da Informação, esta tende a ser mais monopolística e centralizadora de suas funções.
V - Na Era da Informação, as equipes de recursos humanos operam como consultorias internas, orientando-se para atividades estratégicas, visando alcançar resultados para a organização.
a) Estão corretas APENAS as afirmativas I e II.
b) Estão corretas APENAS as afirmativas I, II e V.
c) Estão corretas APENAS as afirmativas I, III e V.
d) Estão corretas APENAS as afirmativas II, III e IV.
e) Estão corretas APENAS as afirmativas II, III, IV e V.

Gabarito: b. Estão corretas as afirmativas I, II e V. A afirmativa III está errada. Refere-se à industrial clássica. A afirmativa IV está errada. Com o crescimento da importância da ARH na era da informação, esta tende a ser mais compartilhadora e descentralizadora de suas funções.

ATENÇÃO!

Para Chiavenato (2006), existem três momentos da evolução da gestão de pessoas: relações industriais, administração de recursos humanos e gestão de pessoas.

3. EVOLUÇÃO DOS MODELOS DE GESTÃO DE PESSOAS, SEGUNDO FISCHER

Toda e qualquer organização depende, em maior ou menor grau, do desempenho humano para seu sucesso. Por esse motivo, desenvolve e organiza uma forma de atuação sobre o comportamento que se convencionou chamar de modelo de gestão de pessoas. Tal modelo é determinado por fatores internos e externos à própria organização. Assim, para diferentes contextos históricos ou setoriais, são encontradas diferentes modalidades de gestão. O que distingue um modelo de outro são as características dos elementos que os compõem e sua capacidade de interferir na vida organizacional, dando-lhe identidade própria. O modelo deve, assim, por definição, diferenciar a empresa em seu mercado, contribuindo para a fixação de sua imagem e de sua competitividade.

Fischer (2002) define modelo de gestão de pessoas como a maneira pela qual uma empresa organiza-se para gerenciar e orientar o comportamento humano no trabalho. Para isso, a empresa estrutura-se definindo princípios, estratégias, políticas e práticas, ou processos de gestão. Por meio desses mecanismos, implementa diretrizes e orienta os estilos de atuação dos gestores em sua relação com aqueles que nela trabalham.

Questão de Concurso

(FCC/TRE-AL/Analista Judiciário/2012 - Adaptada) De acordo com Fischer, a configuração que o modelo de gestão de pessoas assume nos casos concretos depende de fatores internos e externos.

Gabarito: certo. Para o autor, a gestão de pessoas lida com fatores internos e externos.

3.1 Elementos

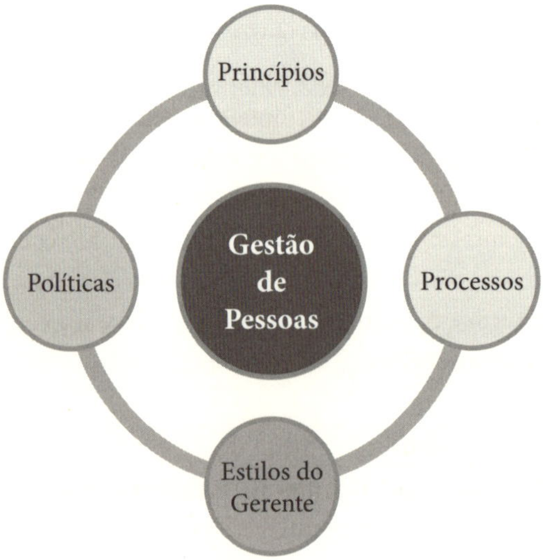

Um modelo de gestão de pessoas é constituído pela combinação dos seguintes elementos:

- **Princípios**: crenças e valores adotados pelas organizações.

- **Políticas**: diretrizes a serem seguidas pela organização.
- **Processos**: métodos utilizados para a execução das várias atividades e a obtenção dos resultados desejados.
- **Estilo dos gerentes**: modelos de comportamento e de relacionamento.

3.2 Evolução dos modelos

As mudanças nos elementos dos modelos de gestão de pessoas, para Fischer (2002), caracterizaram quatro diferentes modelos, descritos a seguir.

3.2.1 Modelo de gestão de pessoas como departamento de pessoal

Neste primeiro modelo, o período considerado refere-se ao final do século XIX e início do século XX. A Administração de Recursos Humanos é resultado do desenvolvimento empresarial e da evolução da teoria organizacional nos Estados Unidos, conceito que reflete a imagem de uma área de trabalho voltada, prioritariamente, para as transações processuais e os trâmites burocráticos.

A história da Administração de Recursos Humanos iniciou-se com o surgimento dos departamentos pessoais. O objetivo dos gerentes de pessoal daquela época resumia-se a estabelecer um método pelo qual pudessem escolher, entre a extensa e diversificada massa de candidatos, os melhores e ao melhor custo possível.

Nessa época, o modelo de gestão de pessoas estava preocupado com as transações, os procedimentos e os processos que fizessem o homem trabalhar da maneira mais efetiva possível. Produtividade, recompensa e eficiência de custos com o trabalho eram os conceitos-chave para definir o modelo de gestão de pessoas como o tipo de departamento de pessoal.

As ideologias organizacionais dominantes no início do século XX (Administração Científica e Clássica) eram muito compatíveis com um departamento de pessoal voltado para a eficiência de custos e para a busca de trabalhadores adequados às tarefas cientificamente ordenadas.

Questão Comentada

(Cespe/Ancine/Técnico Administrativo/2012) A origem da gestão de pessoas foi marcada por premissas contábeis de administração da mão de obra para melhor adequação dos recursos às necessidades organizacionais.

Gabarito: certo. A origem da gestão de pessoas foi voltada, prioritariamente, para o controle de custos, as transações processuais e os trâmites burocráticos.

3.2.2 Modelo de gestão de pessoas como gestão do comportamento humano

A utilização da psicologia como ciência capaz de apoiar a compreensão e a intervenção na vida organizacional provocou nova orientação do foco da ação da gestão de recursos humanos, basicamente entre as décadas de 1930 até meados dos anos 1960. Ela deixou de concentrar-se exclusivamente na tarefa, nos custos e na produtividade para atuar sobre o comportamento das pessoas.

A difusão da Escola de Relações Humanas foi fundamental para os recursos humanos em dois sentidos: primeiro, porque reforçava a necessidade de as empresas darem atenção à gestão de pessoas de forma focada e segregada da gestão de outros recursos, o que fez aumentar, na prática, a estruturação do departamento de pessoal nas empresas, bem como surgir muitas das principais leis que regulam as relações entre as empresas e seus empregados; segundo, porque tal movimento inicia um processo de **enriquecimento de tarefa** tanto da função do DP quanto da ideia de que todo gestor de pessoal deveria motivar e liderar seus empregados, que foi fundamental no período seguinte para o desenvolvimento da função e da prática de recursos humanos.

Fischer (2002) também enaltece a influência da escola de relações como fator determinante para a modificação na forma de atuação da área de gestão de recursos humanos quando enfatiza:

> [...] uma de suas principais contribuições foi descobrir que a relação entre a empresa e as pessoas é intermediada pelos gerentes de linha. Reconhecer a importância e levar o gerente de linha a exercer adequadamente seu papel constituiu a principal preocupação da gestão de recursos humanos.

Nesse momento, o foco de atuação da área foi no treinamento gerencial, nas relações interpessoais, nos processos de avaliação de desempenho e de estímulo ao desenvolvimento de perfis gerenciais coerentes com o processo de gestão de pessoas desejado pela empresa. Motivação e liderança constituem-se nos conceitos-chave do modelo humanista.

Os departamentos de recursos humanos visualizavam as pessoas como recursos vivos e inteligentes, que deixaram de ser vistos como apêndice da máquina para ser tratados como recurso fundamental para a consecução dos objetivos da empresa. Surge a época do desenvolvimento das pessoas que na empresa encontravam-se perdendo, nesse momento, salário e remuneração; seu espaço para a realização de treinamentos e, consequentemente, o desenvolvimento dos trabalhadores. Grandes programas motivacionais eram viabilizados, tendo em vista sempre a criação e a manutenção de um ambiente organizacional saudável. O modelo que reconhece o comportamento humano como foco principal da gestão articula-se em torno dos binômios envolvimento-motivação, fidelidade-estabilidade e assistência-submissão.

Cabe à empresa promover a motivação das pessoas, e às pessoas, manterem-se permanentemente envolvidas com os projetos da organização num contrato de submissão de longo prazo. É em torno desses elementos que se estrutura o novo modelo de gestão de pessoas da história da teoria organizacional.

Questão de Concurso

(Cespe/Abin/Agente Técnico de Inteligência/2010) A administração de pessoal, uma das fases do processo de evolução da gestão de pessoas, tinha por finalidade conferir qualidade à relação entre capital e trabalho e operacionalizar os serviços de recursos humanos.

Gabarito errado. O modelo de administração de pessoal (Departamento de Pessoal), segundo Fischer (2002) tem por finalidade as transações, os procedimentos e os processos com menor custo (eficiência). A descrição apresentada refere-se ao modelo de comportamento humano, segundo Fischer, que equivale à fase das Relações Industriais, de Chiavenato.

3.2.3 Modelo de gestão de pessoas como gestão estratégica de pessoas

Entre a década de 1960 e meados dos anos 1990, verificou-se a necessidade de vincular a gestão de pessoas às estratégias da organização; essa necessidade foi apontada, inicialmente, pelos pesquisadores da Universidade de Michigan. A visão era de que a gestão de recursos humanos deveria buscar o melhor encaixe com as políticas empresariais e os fatores ambientais.

Os fatores econômicos e sociais que marcaram esse período são esclarecedores sobre o aparecimento da área de recursos humanos como uma atividade mais central e de maior importância nas empresas em relação ao período anterior.

É por isso que a área de gestão de pessoas passa a ter uma nova atribuição. As evoluções no contexto dos negócios trouxeram à tona a onda de flexibilização. As teorias que anteriormente eram focadas nos aspectos internos passam a se preocupar mais com o ambiente e com a maneira de lidar com os aspectos externos, refletindo, assim, nas políticas e nas práticas de gestão que não estavam presentes nas abordagens clássicas e na escola de relações humanas. Têm-se, então, o reconhecimento da importância e o questionamento da efetividade da ação gerencial para o sucesso da empresa; o destaque dado às escolhas estratégicas e à negociação; a existência de recursos limitados que precisam ser utilizados eficientemente; a importância de avaliarem-se os custos de cada transação e a necessidade de legitimação da ação organizacional pelos eventos externos.

Se uma empresa vive em ambientes cada vez mais turbulentos e menos previsíveis, as pessoas que nela trabalham passam a ser imprescindíveis para a sobrevivência da organização. As ações necessárias são diretamente dependentes da força de trabalho interno. Assim, obter a cooperação dos trabalhadores passa a ser algo necessário para o alcance dos resultados.

Para Tonelli, Lacombe e Caldas (2002), é desse movimento que se origina a prescrição da descentralização da gestão de recursos humanos, que começa a ser entendida como uma atividade que deveria estar parcialmente na função de RH e na atuação do dia a dia de cada gestor de pessoas.

Encontra-se em várias empresas brasileiras uma área de RH atrasada se comparada às do exterior. Observa-se, entretanto, um novo movimento acontecendo no ambiente empresarial (seja nacional, seja internacional). A busca de orientação estratégica para as políticas e as práticas de RH passa a ser o novo conceito articulador do modelo de gestão de pessoas por competência.

3.2.4 Modelo de gestão de pessoas como gestão por competências

O advento da era competitiva, iniciado na década de 1990 e presente até os dias atuais, exigiu novo papel da gestão de recursos humanos. De acordo com Fischer (2002), a intenção de criar vínculos cada vez mais próximos entre desempenho e resultados da empresa intensifica-se a ponto de requerer nova definição conceitual do modelo, porquanto, a julgar pelo movimento dos anos 1990, a descentralização da área de recursos humanos continua.

Cada vez mais a área passa a assessorar outras áreas da empresa na atração e na retenção de pessoas. Nos anos 1990, a área recebeu várias denominações, como: gestão de pessoas, gestão de talentos, gestão de gente, gestão estratégica de recursos humanos, entre outras. Tipicamente, seu foco de atuação passa a ser a gestão de competências e, ao menos no discurso, a construção de modelos de gestão de pessoas mais flexíveis e orgânicos.

Dessa forma, temas, como estratégia competitiva, vantagem competitiva, reengenharia e reestruturação, competências essenciais e reinvenção do setor passam a predominar na gestão empresarial.

CUIDADO!

A nomenclatura **recursos humanos** foi sendo substituída, ao longo do tempo, por **gestão de pessoas**, porém, atualmente, ainda é chamada de gestão de pessoas, mas também de **gestão de talentos, gestão de gente, gestão estratégica de recursos humanos,** entre outras.

4. EVOLUÇÃO DA GESTÃO DE PESSOAS NO BRASIL

No Brasil, a evolução da gestão de pessoas também acompanhou o seu desenvolvimento socioeconômico. Dutra e Miroski (2007) marcam o seu surgimento na década de 1930. Antes dessa época, a economia prevalecente era agrícola, com predominância de mão de obra desqualificada. Consideram que esta área vem evoluindo de acordo com os fatos políticos, econômicos e sociais de cada época.

O quadro a seguir representa as principais fases de evolução da área de gestão de pessoas no Brasil.

Período	Características socioeconômicas	Ênfase da área de Gestão de Pessoas
Até 1930	• Predomínio da economia agrícola. • Pouco trabalho na indústria. • Grandes imigrações no Brasil. • Cultura sindical. • Nível elevado de cultura e politização.	• Reflete na mentalidade do trabalhador. • Não existem políticas de Gestão de Pessoas e a área restringe-se ao Departamento de Pessoal, encarregado do registro dos trabalhadores.
1930 a 1950 (Getúlio Vargas)	• Revolução de 1930. • Interferência do Estado nas relações capital-trabalho. • Criação da CLT. • Nova Constituição. • Proibição de greves e opressão da classe operária.	• Início oficial da Administração de RH. • Seção de Pessoal ligada à interpretação da lei. • Burocrática, cartorial, paternalista e punitiva.
1950 a 1964 (JK)	• Revolução de 1964. • Situações trabalhistas mais complexas. • Desenvolvimento do parque industrial. • Economia industrial (siderúrgica, automobilística, petrolífera, química).	• Importação de tecnologia. • Importação e adaptação do Departamento de Relações Industriais.
1964 a 1978 (Regime Militar)	• Dissolução do movimento trabalhista. • Controle político e econômico da classe trabalhista. • Surto de crescimento econômico. • Modernização das empresas. • Indústrias estrangeiras. • Profissionalização do trabalhador.	• Trabalhador mais qualificado. • Criação do Departamento de RH. • RH alia-se ao patrão. • Controle salarial.

1978 a 1990 (Regime Militar - Tancredo Neves)	• Surgem CUT e CGT. • Governo e empresários dão atenção ao trabalhador. • Trabalhador presente na vida política e econômica. • Empregados tornam-se recursos diferenciados.	• Exigência de perfil de profissional de RH. • Surgem graduação e pós-graduação de RH. • Demanda por gerentes. • Melhor remuneração e renda.
1990 até os dias atuais	• Recessão • Desemprego • Redução de salários • Falências • Reengenharia • *Downsizing* • Terceirização • Processos tecnológicos • Globalização	• Permanece ou perdura a Administração de RH. • Estimula-se relação de confiança e lealdade com os colaboradores. • Mudança da nomenclatura **recursos humanos** para **gestão de pessoas**. • Estimula-se a relação de confiança e lealdade com os colaboradores.

TEIXEIRA; MESSEDER. **Quadro de Evolução da área de Gestão de Pessoas** *In*. DUTRA; MIROSKI (2007) - Adaptado.

Questão de Concurso

(FCC/TRE-AL/Analista Judiciário/2012 - Adaptada) O processo de evolução da gestão de pessoas no Brasil é marcado por características legais e pelo referencial taylorista.

Gabarito: certo. Atualmente, pouco se utilizam tais características, mas a evolução da gestão de pessoas foi marcada por elas.

5. IMPORTÂNCIA E OBJETIVOS DA GESTÃO DE PESSOAS

5.1 Importância

Pensando em toda a evolução da área de gestão de pessoas apresentada anteriormente, podemos constatar que se trata da área responsável, dentro da organização, por tudo o que é referente à administração de pessoas. Atualmente, a área de gestão de pessoas (ou administração de recursos humanos) refere-se ao conjunto de políticas e práticas necessárias para conduzir os aspectos da posição gerencial relacionados com as **pessoas** ou com os recursos humanos, incluindo recrutamento, seleção, treinamento, recompensas e avaliação de desempenho.

A globalização e a extrema competitividade das organizações nos dias de hoje, aliadas ao acesso impressionantemente veloz à informação e à constante necessidade de mudança, exigem que as empresas adaptem-se, buscando estruturação sólida, com equipes consolidadas. Os funcionários e as equipes de trabalho, atualmente, necessitam apresentar comportamentos, atitudes e posturas alinhados aos valores organizacionais e orientados ao resultado final.

É nesse aspecto que a gestão de pessoas demonstra a sua importância para o alcance desses objetivos, pois é a área capaz de selecionar, desenvolver, remunerar e manter equipes que produzem e são comprometidas com as estratégias e as metas da empresa, atuando em toda a estrutura hierárquica da empresa, desde o nível produtivo até a liderança, gerenciando talento, conhecimento e capital humano disponível. Chiavenato (2006) considera que gestão de pessoas é um conceito amplo que trata de como os indivíduos estruturam-se para orientar e gerenciar o comportamento humano no ambiente organizacional. Defende que esta pode ser o diferencial de empresas que sabem selecionar pessoas certas para o trabalho a ser realizado, ou seja, com as competências necessárias, com a consciência do valor da sua colaboração para a empresa alcançar seu objetivo, e comprometida com o trabalho, apaixonada pelo que faz. Contar com talentos exige recrutamento eficaz, programas de treinamento, implementação de programas de capacitação, acompanhamento contínuo do desempenho obtido, bem como com uma cultura organizacional que estimule a colaboração e o compartilhamento de conhecimento.

Por ter as pessoas como objeto de atuação, a área de gestão de pessoas deve considerar os aspectos intangíveis. O sucesso profissional, a saúde física, os relacionamentos, o lazer, a espiritualidade, as questões financeiras, o legado e a realização pessoal são itens que variam de pessoa para pessoa, e as políticas de gestão de pessoas devem buscar a satisfação mútua desses aspectos, traçando objetivos comuns aos colaboradores e à empresa. Quando a organização vê as pessoas como parceiras de seu desenvolvimento, e as pessoas pensam o mesmo em relação à empresa, a relação muda do controle para o desenvolvimento.

É preciso não somente prever problemas, mas corrigi-los, e um dos melhores instrumentos de que dispõem as empresas para antecipar-se ao curso dos acontecimentos é investir nas pessoas.

A área de gestão de pessoas trabalha com dois tipos de fatores: os internos, que correspondem à tecnologia adotada, produtos ou serviços oferecidos, estratégia de organização do trabalho, cultura organizacional, estrutura organizacional, competências individuais, entre outros; e os externos, representados pela cultura de trabalho da sociedade, legislação trabalhista e o papel conferido ao Estado e aos demais agentes que atuam nas relações de trabalho.

VEJA BEM!

A área de gestão de pessoas não é um fim em si mesma, mas um meio de alcançar a eficácia e a eficiência por meio das pessoas, permitindo condições favoráveis para que estas alcancem seus objetivos.

As organizações estão percebendo que, para se tornarem bem-sucedidas, deverão ser capazes de otimizar o retorno sobre os investimentos de todos os parceiros, principalmente o dos empregados. Quando uma organização está realmente voltada para as pessoas, a sua filosofia global e a sua cultura organizacional passam a refletir essa crença. A gestão de pessoas nas organizações é a função que permite a colaboração eficaz das pessoas - empregados, funcionários, recursos humanos ou qualquer denominação utilizada - para alcançar os objetivos organizacionais e individuais. Os nomes - como departamento de pessoal, relações industriais, recursos humanos, desenvolvimento de talentos, capital humano ou capital intelectual - são utilizados para descrever a unidade, o departamento ou a equipe relacionada com a gestão das pessoas. Cada qual reflete uma maneira de lidar com as pessoas.

5.2 Objetivos

Diversos autores apresentam variados objetivos da gestão de pessoas. Chiavenato (2006) define que a gestão de pessoas deve contribuir para a eficácia organizacional mediante os seguintes meios:

- **Ajudar a organização a alcançar seus objetivos e a realizar sua missão**: a função da gestão de pessoas é um componente fundamental da organização de hoje. Antigamente, a ênfase era colocada no fazer corretamente as coisas por meio dos métodos e das regras impostos aos funcionários e, assim, obter eficiência. O salto para a eficácia veio com a preocupação em atingir objetivos e resultados, sendo o principal objetivo da gestão de pessoas ajudar a organização a atingir suas metas, objetivos e realizar sua missão.
- **Proporcionar competitividade à organização**: isso significa saber empregar as habilidades e as capacidades da força de trabalho. A função da gestão de pessoas é fazer com que as forças das pessoas sejam mais produtivas para beneficiar clientes, parceiros e empregados.
- **Proporcionar à organização empregados bem treinados e bem motivados**: dar reconhecimento às pessoas, e não apenas dinheiro, é o que constitui o elemento básico da motivação humana. Para melhorar o desempenho, as pessoas devem perceber justiça nas recompensas que recebem. Recompensar bons resultados, e não recompensar pessoas que não tenham um bom desempenho. Tornar claros os objetivos e o modo como eles são medidos.

- **Aumentar a autoatualização e a satisfação dos empregados no trabalho**: enquanto antigamente a ênfase era colocada nas necessidades da organização, hoje os empregados precisam ser felizes. Para que sejam produtivos, os empregados devem sentir que o trabalho é adequado às suas capacidades e que estão sendo tratados equitativamente. Para os empregados, o trabalho é a maior fonte de identidade pessoal e as pessoas despendem a maior parte de suas vidas no trabalho, e isso requer uma estreita identidade com o que fazem. A felicidade na organização e a satisfação no trabalho são fortes determinantes do sucesso organizacional.
- **Desenvolver e manter qualidade de vida no trabalho**: qualidade de vida no trabalho (QVT) refere-se aos aspectos da experiência do trabalho, como estilo de gerência, liberdade e autonomia para tomar decisões, ambiente de trabalho agradável, segurança no emprego, carga horária adequada e tarefas significativas. Um programa de QVT procura estruturar o trabalho e o ambiente de trabalho no sentido de satisfazer a maioria das necessidades individuais do empregado e tornar a organização um local desejável e atraente. A confiança do empregado na organização também é fundamental para a retenção e fixação do pessoal.
- **Administrar a mudança**: as crescentes mudanças observadas no mundo contemporâneo trazem novas abordagens, mais flexíveis e ágeis, que devem ser utilizadas para garantir a sobrevivência das organizações. A área de gestão de pessoas deve saber lidar com as mudanças, se querem realmente contribuir para a sua organização.
- **Manter políticas éticas e comportamento socialmente responsável**: toda atividade de gestão de pessoas deve ser aberta, confiável e ética. As pessoas não podem ser discriminadas e seus direitos básicos devem ser garantidos. Os princípios éticos devem ser aplicados a todas as atividades da gestão de pessoas. Tanto as pessoas como as organizações devem seguir padrões éticos e de responsabilidade social. A responsabilidade social não é uma exigência feita somente às organizações, mas também, e principalmente, às pessoas que nelas trabalham.

Questão de Concurso

(Cespe/Anatel/Técnico Administrativo/2012) Proporcionar competitividade à organização, ajudar no cumprimento de sua misão, atingir sua visão de futuro, alcançar seus objetivos e administrar suas mudanças são objetivos da gestão de pessoas.

Gabarito: certo. Todos representam objetivos da gestão de pessoas.

ATENÇÃO!

Proporcionar competitividade à organização, ajudar no cumprimento de sua missão, atingir sua visão de futuro, alcançar seus objetivos e administrar suas mudanças são objetivos da gestão de pessoas.

Seguindo um conceito similar, Carvalho e Nascimento (1998) descrevem quatro objetivos básicos da área de gestão de pessoas:

- **Objetivo societário**: ser socialmente responsável perante as necessidades e os desafios da sociedade implica a interação pessoas/organização e sociedade.
- **Objetivo organizacional**: fazer da gestão de pessoas uma prestadora de serviços a toda a organização.
- **Objetivo funcional**: manter a contribuição da gestão de pessoas em um nível apropriado (eficiência e eficácia por meio das pessoas).
- **Objetivo pessoal**: dar assistência aos empregados na consecução de suas metas pessoais para que eles possam ser mantidos e retidos, aumentando a contribuição do indivíduo para a organização.

Questão de Concurso

(Cespe/Ancine/Analista Administrativo/2008) Os objetivos da administração de pessoal são: societário, organizacional, funcional e logístico.

Gabarito: errado. Os objetivos são: societário, organizacional, funcional e pessoal.

Em resumo, levando-se em consideração os autores apresentados e o conteúdo cobrado por algumas bancas, os objetivos da área de gestão de pessoas são:

Criar, manter e desenvolver um contingente de pessoas com habilidades, motivação e satisfação para realizar os objetivos organizacionais.
Criar, manter e desenvolver condições organizacionais de aplicação, desenvolvimento e satisfação plena das pessoas e alcance dos objetivos individuais.
Alcançar eficiência e eficácia por meio das pessoas.
Ajudar a organização a alcançar seus objetivos e a realizar sua missão.
Proporcionar competitividade à organização.
Proporcionar à organização empregados bem treinados e bem motivados.
Aumentar a autoatualização e a satisfação dos empregados no trabalho.
Desenvolver e manter a qualidade de vida no trabalho.
Administrar e impulsionar a mudança.

Manter políticas éticas e comportamento socialmente responsável.
Buscar e manter o equilíbrio organizacional.
Implantar políticas e práticas de gestão de pessoas.

VEJA BEM!

Gestão de pessoas é, de acordo com Fischer e Fleury (1990), "um conjunto de políticas e práticas definidas de uma organização para orientar o comportamento humano e as relações interpessoais no ambiente de trabalho".

6. POLÍTICAS E PRÁTICAS DA GESTÃO DE PESSOAS

A atuação da área de gestão de pessoas nas organizações está relacionada à criação e à implementação de políticas e práticas ligadas ao seu objeto de atuação, as pessoas.

Políticas → São guias para a ação. Princípios e diretrizes que ajustam as decisões e os comportamentos da organização e das pessoas na relação com ela.

Práticas → Procedimentos, métodos e técnicas utilizados para a implementação de decisões e para nortear as ações no âmbito da organização.

Os principais processos (práticas) de gestão de pessoas são: recrutamento e seleção, avaliação de desempenho, treinamento e desenvolvimento, desenho, descrição e análise de cargos, recompensas, higiene e segurança e auditoria.

As principais políticas de gestão de pessoas, também chamadas de subsistemas, são: recrutamento e seleção, avaliação de desempenho, treinamento e desenvolvimento, remuneração, saúde ocupacional e monitoramento de pessoas.

Questão de Concurso

(Cespe/MPE-PI/Analista Ministerial/2012) Os processos de gestão de pessoas incluem recrutamento e seleção, desenvolvimento e recompensas, desenho e descrição de cargos e avaliação de desempenho.

Gabarito: certo. Todos se referem a processos de gestão de pessoas.

No entanto, esta configuração não é universal. Devido à sua característica contingencial, a configuração das políticas de gestão de pessoas de cada organização é definida de acordo com a situação e o ambiente em que está inserida. Ou seja, a configuração da área de gestão de pessoas sofre variações de empresa para empresa.

Chiavenato (2006), autor muito cobrado pelas bancas organizadoras de concurso público, divide os subsistemas de gestão de pessoas em seis políticas, quais sejam:

- **Política de agregar pessoas**: são os processos utilizados para incluir novas pessoas na empresa. Podem ser denominados processos de provisão ou de suprimento de pessoas. Incluem planejamento de RH, pesquisa de mercado, recrutamento e seleção de pessoas, bem como estar relacionada à adaptação dos novos participantes ao ambiente organizacional.
- **Política de aplicar pessoas**: são os processos utilizados para a integração dos novos participantes ao ambiente organizacional (programas de integração), desenhar as atividades que as pessoas realizarão na empresa, orientar e acompanhar seu desempenho. Incluem desenho organizacional e desenho de cargos, análise e descrição de cargos, movimentação interna (transferências, remoções, alocações) e avaliação de desempenho.
- **Política de recompensar pessoas**: são os processos utilizados para incentivar as pessoas e satisfazer suas necessidades individuais mais elevadas. Incluem recompensas, remuneração e benefícios.
- **Política de manter pessoas**: são os serviços sociais, como criar condições ambientais e psicológicas satisfatórias para as atividades das pessoas. Incluem programas de higiene e segurança, qualidade de vida (QVT) e manutenção de relações sindicais.
- **Política de desenvolver pessoas**: são os processos utilizados para capacitar e incrementar o desenvolvimento profissional e pessoal. Incluem treinamento e desenvolvimento das pessoas, desenvolvimento organizacional e planejamento de carreiras.
- **Política de monitorar pessoas**: são os processos utilizados para acompanhar e controlar as atividades das pessoas e verificar resultados. Incluem banco de dados, sistemas de informações gerenciais e auditoria.

Questão de Concurso

(FCC/TRT 8ª Região/Analista Judiciário/2010 – Adaptada) O processo de agregar pessoas é utilizado para acompanhar e controlar as atividades das novas pessoas que ingressam na corporação e de verificar seus resultados.

Gabarito: errado. Trata-se do processo de monitorar pessoas.

ATENÇÃO!

As questões de provas podem apresentar cinco, ao invés de seis políticas. Alguns referenciais teóricos apresentam as políticas de recompensar e manter como uma única política, chamada de manutenção de pessoas.

Quadro-resumo das políticas, segundo Chiavenato

Processo	Objetivo	Atividades
Agregar	Quem trabalhará na empresa.	Recrutamento e Seleção.
Aplicar	O que as pessoas farão na empresa.	Descrição de Cargos e Avaliação de desempenho.
Recompensar	Como incentivar as pessoas.	Remuneração e benefícios.
Desenvolver	Como preparar e desenvolver as pessoas.	Treinamento e Desenvolvimento.
Manter	Como criar condições psicológicas e ambientais satisfatórias.	Higiene, Segurança e QVT.
Monitorar	Como acompanhar e controlar as atividades das pessoas.	Banco de Dados e Sistemas de Informações Gerenciais.

Questão de Concurso

(Cespe/MPU/Técnico Administrativo/2010) Considere que Carlos, técnico administrativo do MPU, esteja desenvolvendo um trabalho de descrição e análise dos cargos que compõem a estrutura administrativa desse Ministério. Nessa situação, Carlos está desenvolvendo ações de uma política de recursos humanos do processo de agregar pessoas.

Gabarito: errado. Trata-se do processo de aplicar pessoas.

Todas essas políticas estão intimamente relacionadas entre si, de tal maneira que se interpenetram e se influenciam reciprocamente. Cada política tende a favorecer ou prejudicar as demais, quando bem ou mal utilizadas. Um processo malfeito de agregar pessoas passa a exigir um processo de desenvolver pessoas mais intenso para compensar as suas falhas. Além do mais, todas essas políticas são desenhadas de acordo com as exigências das influências ambientais externas e das influências organizacionais internas para obter a melhor compatibilização entre si. Trata-se, pois, de um modelo de diagnóstico de gestão de pessoas.

Diferentemente de Chiavenato, Dutra (2002) propõe um modelo de Gestão dividido em três categorias de processos: movimentação, desenvolvimento e valorização.

Quadro-resumo de categorias de processos (Dutra)

Categoria	Práticas
Movimentação	Recrutamento e Seleção. Internalização, Transferências, Promoções e Recolocação.
Desenvolvimento	Capacitação, Gestão de Carreira e Gestão de Desempenho.
Valorização	Remuneração, Benefícios, Serviços e Facilidades.

Questão de Concurso

(FCC/TRT 24ª Região/Analista Judiciário/2011) O modelo de gestão de pessoas é a maneira pela qual a empresa se organiza para gerenciar e orientar o comportamento humano no trabalho, sendo composto por processos e práticas, que são classificados quanto a sua natureza, objetivos e parâmetros em três categorias: movimentação, desenvolvimento e valorização. As práticas de capacitação, carreira e desempenho das pessoas estão vinculadas:

a) à categoria movimentação.
b) à categoria desenvolvimento.
c) à categoria valorização.
d) às categorias movimentação e valorização.
e) às categorias desenvolvimento e valorização.

Gabarito: b. Segundo Dutra (2002), estão inseridas na categoria de desenvolvimento.

Os assuntos tratados pela área de gestão de pessoas podem ser classificados como voltados para o ambiente interno ou externo, referindo-se tanto a aspectos internos da organização (abordagem introversiva) como a aspectos externos ou ambientais (abordagem extroversiva).

7. CARACTERÍSTICAS DA ARH

7.1 Caráter multivariado da ARH

Por tratar-se de uma área **multidisciplinar**, a área de gestão de pessoas envolve conceitos de Psicologia, de Administração, de Sociologia, de Engenharia Industrial, de Direito do Trabalho, e de Segurança e Medicina do Trabalho, entre outras, envolvendo diversos campos de conhecimento.

7.2 Caráter contingencial da ARH

Outra característica dessa área refere-se ao seu caráter **contingencial,** ou seja, todas as suas atividades dependem da situação em que a organização se encontra e de suas características, além das características da organização, do mercado, dos funcionários, do governo, dos clientes e dos fornecedores. Dessa forma, não existem leis ou princípios universais, muito menos regras imutáveis; tudo depende das contingências do ambiente.

ATENÇÃO!

A gestão de pessoas é uma área muito sensível à mentalidade que predomina nas organizações. Ela é contingencial e situacional, pois depende de vários aspectos, como a cultura que existe em cada organização, da estrutura organizacional adotada, das características do contexto ambiental, do negócio da organização, da tecnologia utilizada, dos processos internos e de uma infinidade de outras variáveis importantes.

Questão de Concurso

(Cespe/Abin/Agente Técnico de Inteligência/2010) Um dos princípios universais da gestão de pessoas ampara-se no seu caráter contingencial.

Gabarito: errado. Não existem leis ou princípios universais, muito menos regras imutáveis, tudo depende das contingências do ambiente.

8. TÉCNICAS DE ADMINISTRAÇÃO DE RH

8.1 Técnicas de administração de RH e suas vinculações com o ambiente interno ou externo

Técnicas aplicadas no ambiente interno	Técnicas aplicadas no ambiente externo
Análise e descrição de cargos.	Pesquisa de mercado de trabalho.
Avaliação de cargos.	Recrutamento e seleção.
Treinamento.	Pesquisa de salários e benefícios.
Avaliação de desempenho.	Relações com sindicatos.
Planos de carreira.	Relações com entidades de formação profissional.
Plano de benefícios sociais.	Legislação trabalhista.
Políticas salariais.	

Fonte: Chiavenato, **Administração de Recursos Humanos: o Capital Humano da Organização**, página 128 (adaptado)

Outra divisão das atividades de gestão de pessoas refere-se à forma de aplicação, podendo ser aplicada diretamente às pessoas que constituem os sujeitos de sua aplicação, ou indiretamente sobre as pessoas, seja por meio dos cargos que ocupam, seja mediante planos ou programas globais ou específicos.

8.2 Técnicas de Administração de RH e sua aplicação direta ou indireta pelos cargos ocupados pelos planos globais ou específicos

Técnicas aplicadas diretamente sobre as pessoas	Técnicas aplicadas indiretamente sobre as pessoas
Recrutamento.	Análise e descrição de cargos.
Entrevista.	Avaliação e classificação de cargos.
Seleção.	Higiene e segurança.
Integração.	Planejamento de recursos humanos.
Avaliação de desempenho.	Banco de dados.
Treinamento.	Plano de benefícios sociais.
Desenvolvimento de pessoas.	Plano de carreiras.
	Administração de salários.

Fonte: Chiavenato, **Administração de Recursos Humanos: o capital humano das organizações**, página 129 (adaptado).

O detalhamento de cada uma das políticas, práticas e atividades da área de gestão de pessoas será desenvolvido nos capítulos seguintes.

9. GESTÃO ESTRATÉGICA DE PESSOAS

A gestão estratégica é o conjunto de decisões e ações estratégicas que determinam o desempenho de uma corporação em longo prazo. Hoje, a gestão estratégica evoluiu a ponto de que seu principal valor é ajudar a organização a operar de maneira bem-sucedida em um ambiente dinâmico e complexo. Para serem competitivas em ambientes dinâmicos, as corporações estão se tornando menos burocráticas e mais flexíveis.

Questão de Concurso

(FCC/TRT 6ª Região/Analista Judiciário/2012) Nos modelos contemporâneos de Gestão de Pessoas enfatiza-se:

a) o controle centralizado e hierárquico.

b) a orientação para os processos.

c) as vantagens colaborativas.
d) a necessidade de certeza.
e) a informação segmentada.

Gabarito: c. A promoção de vantagens colaborativas permite que a área de gestão de pessoas contribua para que a organização opere de maneira bem-sucedida.

A abordagem estratégica de recursos humanos delineou-se a partir da década de 1980 diante da necessidade de aferição e gestão do impacto do capital humano na consecução de estratégias organizacionais, tornando-o uma vantagem competitiva (FISCHER, 2001).

Questão de Concurso

(FCC/TST/Analista Administrativo/2012) A gestão estratégica de pessoas surge como concepção empresarial a partir:

a) dos anos 1990, com a releitura do papel de RH, tendo, entre seus conceitos, o de terceirização e o de superação de questões trabalhistas.
b) dos anos 1970, decorrente da crise do petróleo e de outros fenômenos, e tem entre seus conceitos o de capital intelectual.
c) deste século, motivada pela globalização e amparada pelo desenvolvimento de TI, e tem entre seus conceitos a centralização tática.
d) da década de 1980, decorrente de alterações nos cenários econômicos e sociais, e tem entre seus conceitos o de capital humano.
e) da década de 1970, motivada pela vontade de grupos de profissionais de RH em colocá-lo em nível estratégico, e tem, entre seus conceitos, o de liberalidade.

Gabarito: d. O modelo de gestão de pessoas como gestão estratégica de pessoas surgiu da necessidade de vincular a gestão de pessoas às estratégias da organização. O movimento ocorreu entre a década de 1960 e meados dos anos 1990. Assim, é possível afirmar que surgiu na década de 1980, decorrente de alterações nos cenários econômicos e sociais, e tem entre seus conceitos o de capital humano.

Wrigt e McMahan (1992), em estudo realizado para delinear a teoria da gestão estratégica de pessoas, identificaram as diferenças básicas destas com relação à gestão tradicional de pessoas. Segundo os autores, o que diferencia a gestão estratégica de pessoas são dois integradores que a torna macro-organizacional e consistente do ponto de vista de uma política: a integração vertical e a integração horizontal.

- **Integração vertical**: busca o alinhamento das práticas de gestão de pessoas com os objetivos e as estratégias organizacionais.

- **Integração horizontal**: refere-se à atuação coordenada das diversas atividades de gestão de pessoas, tais como: recrutamento e seleção, capacitação, remuneração, avaliação de desempenho, entre outras.

A administração de recursos humanos começou a adquirir mais visibilidade, inicialmente, em decorrência do desenvolvimento das organizações e do crescente nível de complexidade do mercado de trabalho, exigindo um contínuo aperfeiçoamento dos processos de gestão de pessoas (DUTRA; MIROSKI, 2007).

Para Becker, Ulrich e Huselid (2001), a área de gestão de pessoas era vista pelos gestores como uma área estritamente profissional e administrativa, limitando-se à execução de atividades rotineiras. Da mesma forma, pouco se especulava sobre a influência da área de recursos humanos no desempenho da organização. Segundo os autores, apenas a partir da década de 1990 a questão da estratégia de negócios recebeu mais atenção e, como consequência, iniciou-se o processo de reconhecimento do impacto das práticas da área de recursos humanos na implementação de uma estratégia mais ampla da organização. Nesse momento, a área de gestão de pessoas passa a ter sua importância estratégica confirmada.

VEJA BEM!

A área de gestão de pessoas diminui a sua atuação operacional para priorizar as atividades estratégicas.

É também no final dessa década que se observa uma drástica mudança no campo de atuação da gestão de recursos humanos, mudando o seu foco de análises e práticas de uma perspectiva microdelimitada, sem conexões e ligações, para uma perspectiva mais estratégica (macro), demonstrando a importância das práticas da área de recursos humanos para a performance da empresa. (DELERY; DOTY, 1996). Estudos demonstram que as práticas de seleção de pessoas, treinamento e remuneração têm impacto direto nos indicadores de produtividade das empresas e organizações que as utilizam como ferramenta da área de recursos humanos (DELANEY; HUSELID, 1996).

Questão de Concurso

(FCC/TRF 2ª Região/Analista Administrativo/2012) Gestão estratégica de pessoas é:

a) a definição da arquitetura organizacional compatibilizada com os pontos fortes da organização e oportunidades de mercado.
b) a formulação de políticas de gestão de pessoas alinhadas à cultura e ao clima da organização.

c) o alinhamento do conjunto de conhecimentos, habilidades e atitudes das pessoas com a missão, visão, objetivos estratégicos, estratégias e planos da organização.
d) a definição das funções críticas que as pessoas passam a desempenhar num cenário estratégico.
e) o processo de educação gerencial e desenvolvimento do componente crítico-criativo.

Gabarito: c. O alinhamento dos conhecimentos, das habilidades e das atitudes das pessoas (competências) com a missão, a visão, os objetivos estratégicos, as estratégias e os planos da organização caracteriza a gestão de pessoas estratégica.

Becker e Gerhart (1996) afirmam que o crescimento da importância da gestão do capital humano das organizações provém da mudança das demandas de produtos e serviços e do comércio competitivo oriundos da globalização. As empresas precisaram adaptar-se ao mercado cada vez mais predatório e aumentar a produtividade; como consequência fez-se necessária a criação de políticas de redução de custos, inovações de processos e produtos e aumento da qualidade e produtividade. Dessa forma, qualquer decisão ou práticas da área de recursos humanos terá impacto direto nesses fatores. Existe, portanto, a necessidade crescente de controlar as práticas e as políticas da área de gestão de pessoas para, de alguma forma, controlar e manipular os resultados estratégicos da organização.

O processo de gestão estratégica de pessoas tem como objetivo principal produzir decisões e ações que sustentem o caminho das organizações na direção da sua visão, missão, objetivos estratégicos e valores organizacionais. Uma vez atrelada às estratégias da empresa, a área de gestão de pessoas passa a ter uma visibilidade cada vez maior nas organizações. No entanto, para uma estratégia organizacional dar certo, é necessário levar em consideração os recursos humanos disponíveis nessa organização e a sua utilização otimizada dentro da empresa, cabendo à área de gestão de pessoas viabilizar o alcance dos objetivos traçados estrategicamente pela organização, influenciando o comportamento organizacional (BARDUCHI; MIGLINSKI, 2006).

Questão de Concurso

(Cesgranrio/Petrobras/Administrador/2010 – Adaptada) A administração estratégica de recursos humanos deve colocar foco na replicagem dos mecanismos de auditoria e controle dos colaboradores.

Gabarito: errado. Auditoria e controle dos colaboradores não representam foco da gestão de pessoas estratégica.

Nesse sentido, segundo Mascarenhas (2008), para alinhar o comportamento organizacional às demandas e às estratégias da organização, é necessário que a área de recursos humanos extrapole os limites das práticas tradicionais de gestão de pessoas, tornando-se, uma área menos operacional por meio da adoção de práticas e atividades focadas nos objetivos e na estratégia da organização. Segundo o autor, para que a área de gestão de pessoas torne-se estratégica, é necessário que não se atenha apenas ao alinhamento sistêmico, pois ainda existe o paradigma da adequação indivíduo-cargo e toda a complexidade existente na relação entre o indivíduo e o sistema de trabalho no qual está inserido.

Observa-se, portanto, uma clara mudança na atuação da área de gestão de pessoas, passando de uma abordagem tradicional e operacional para uma abordagem moderna e estratégica. A figura a seguir demonstra as principais características de cada abordagem.

9.1 Enfoque operacional *x* enfoque estratégico

Como já foi demonstrado, a abordagem tradicional apresenta um enfoque operacional, voltado para a execução de atividades rotineiras e operacionais, enquanto a abordagem moderna apresenta enfoque estratégico, ligando as políticas e as práticas da gestão de pessoas ao planejamento estratégico e às diretrizes da organização de longo prazo.

> **Questão de Concurso**
>
> **(Cespe/Abin/Agente Técnico de Inteligência/2010)** Uma organização deve adotar a perspectiva estratégica da Gestão de Pessoas caso tenha como objetivos a minimização de seus custos com mão de obra e a potencialização de seus resultados com planejamento de curto prazo.
>
> *Gabarito: errado. A minimização de seus custos com mão de obra e o planejamento de curto prazo são características do enfoque operacional.*

9.2 Estabilidade *x* instabilidade/mudança

Enquanto na abordagem tradicional verifica-se uma predisposição à estabilidade, evitando mudanças se a organização estiver produzindo, na abordagem moderna, verifica-se uma propensão à instabilidade, voltada à mudança.

9.3 Conservadorismo *x* inovação

A abordagem tradicional evita mudanças, conservando, sempre que possível, suas práticas e tradições. Por outro lado, na abordagem moderna, baseado em uma postura de mudança, observa-se uma tendência à inovação dos produtos, das políticas e das práticas da área de gestão de pessoas.

9.4 Ênfase na eficiência *x* ênfase na eficácia

Enquanto na abordagem tradicional busca-se fazer algo certo (eficiência), na abordagem moderna busca-se fazer a coisa certa (eficácia).

9.5 Centralização *x* descentralização

Na abordagem tradicional, as atividades e as práticas da área são centralizadas, ou seja, são, na maioria das vezes, executadas pela área de gestão de pessoas. Na abordagem moderna, observa-se um movimento pela descentralização das atividades e práticas de gestão de pessoas, ou seja, as atividades táticas e operacionais da gestão de pessoas ficam a cargo dos gerentes de linha, permitindo que a área de gestão de pessoas atue estrategicamente.

> **Questão de Concurso**
>
> **(FCC/TCE-GO/Analista de Controle Externo/2009)** Com o crescimento da importância da ARH na Era da Informação, esta tende a ser mais monopolística e centralizadora de suas funções.
>
> *Gabarito: errado. Na era da informação, a gestão de pessoas passa a ser descentralizadora e menos monopolista.*

9.5.1 Função de *staff* e responsabilidade de linha

A descentralização da área de gestão de pessoas trouxe consigo um dos principais paradigmas da atuação da área de gestão de pessoas, responsabilidade de linha e função de *staff* (estafe).

Na área de ARH, sempre predominou uma forte tendência para a centralização e a concentração de serviços para as demais áreas empresariais, a tal ponto que recrutamento e seleção, admissão, integração, treinamento e desenvolvimento, administração de salários e remuneração, administração de benefícios, higiene e segurança do trabalho e avaliação de desempenho eram estritamente concentrados na área de gestão de pessoas, com pouca participação gerencial das demais áreas.

No entanto, para atuar de forma estratégica, tais atividades operacionais deveriam deixar de ser executadas pela área de gestão de pessoas, cabendo à área as atividades estratégias. Tornou-se necessária, portanto, a divisão das atividades de gestão de pessoas, sendo cada gestor responsável pelos recursos humanos alocados em seu departamento (responsabilidade de linha) e, para que essa atividade seja executada da melhor forma possível, a área de gestão de pessoas passa a atuar como órgão de assessoria e consultoria, para proporcionar aos gestores a devida orientação (regulamentos, normas e procedimentos) sobre como administrar seus profissionais (função de *staff*). O quadro a seguir resume essas principais diferenças.

	Função de Staff	**Responsabilidade de Linha**
Responsável	Área de Gestão de Pessoas	Gestores da Empresa
Objetivo	Assessoria, Aconselhamento, Consultoria e Serviços Especializados.	Responsabilidade linear e direta pela condução de seus subordinados.
Atividades	Cuidar das políticas de GP; Prestar assessoria e suporte; Dar consultoria interna de GP; Proporcionar serviços de GP; Dar orientação de GP; Cuidar das estratégias de GP.	Cuidar da sua equipe de pessoas; Tomar decisões sobre subordinados; Executar as ações de GP; Cumprir metas de GP; Alcançar resultados de GP; Cuidar da tática e operações.
Função	Estratégica	Administrativa

Questão de Concurso

(Cespe/Abin/Oficial Técnico de Inteligência /2010) Em organizações públicas, as responsabilidades de Gestão de Pessoas não são compartilhadas entre as unidades, ficando sob responsabilidade, apenas, da área de gestão de pessoas.

Gabarito: errado. As responsabilidades são compartilhadas, e não centralizadas.

Questão de Concurso

(Cespe/TRT 10ª Região/Técnico Administrativo/2013) As funções administrativas características da gestão de pessoas nas organizações públicas incluem a realização de rotinas típicas de departamento pessoal e a elaboração de políticas de desenvolvimento e de gestão de desempenho de pessoas.

Gabarito: errado. As funções administrativas são de responsabilidade dos gerentes (responsabilidade de linha). Envolvem as rotinas típicas do departamento de pessoal, recrutamento e seleção, treinamento, avaliação de desempenho e remuneração etc. A elaboração de políticas e a participação do processo de definição da estratégia organizacional são funções estratégicas e não funções administrativas.

Questão de Concurso

(Cespe/Anac/Técnico Administrativo/2012) Uma das funções administrativas da gestão de pessoas é participar do processo de definição da estratégia das organizações.

Gabarito: errado. Participar do processo de definição da estratégia das organizações é função estratégica de gestão de pessoas.

CUIDADO!

A área de gestão de pessoas, em alguns momentos, acumula a função de *staff* e a responsabilidade de linha, pois, ao mesmo tempo em que precisa dar suporte a outras áreas, também necessita gerir os funcionários lotados em sua própria área.

Questão de Concurso

(Cespe/STJ/Técnico Judiciário/2008) A administração de recursos humanos é uma atividade de linha e uma função de estafe.

Gabarito: certo. A gestão de pessoas é tanto responsabilidade dos gerentes como função do especialista de RH.

10. PLANEJAMENTO ESTRATÉGICO DA GESTÃO DE PESSOAS

O planejamento estratégico de uma empresa depende da missão, da visão, dos objetivos organizacionais e da própria estratégia organizacional. A definição desses elementos-chave é de suma relevância para definir para onde a organização vai direcionar as pessoas no sentido de se comprometerem com os resultados esperados. Nesse aspecto, reside o papel mais relevante da gestão de pessoas, que é fazer com que os colaboradores saibam o real sentido do esforço conjunto para atingir os objetivos organizacionais e, assim, serem beneficiados. O planejamento estratégico de gestão de pessoas deve ser parte integrante do planejamento estratégico da organização.

O planejamento estratégico de gestão de pessoas refere-se à maneira como a função de gestão de pessoas pode contribuir para o alcance dos objetivos organizacionais e, simultaneamente, favorecer e incentivar o alcance dos objetivos individuais dos funcionários.

Há três tipos de planejamentos para alcançar as metas organizacionais gerais e específicas, e, dessa forma, atingir a visão esperada e cumprir a missão:

- **Estratégico (o que fazer?)**: oferece definição de objetivos básicos e identificação das necessidades e potencialidades existentes dentro e fora da empresa.
- **Gerencial (como fazer?)**: reflete os objetivos e orienta os gerentes e os funcionários em direção aos objetivos traçados.
- **Planos operacionais (onde e quando fazer?)**: relacionam-se aos procedimentos e normas para a execução das tarefas.

O planejamento estratégico consiste na tomada de decisões antecipadas, levando em conta três filosofias de ação:

- **Filosofia conservadora ou defensiva**: voltada para a estabilidade e a manutenção da situação existente. (Manutenção)
- **Filosofia otimizadora ou analítica**: voltada para melhorar as práticas vigentes. As decisões visam à obtenção dos melhores resultados possíveis. (Mudança)
- **Filosofia prospectiva ou ofensiva**: voltada para as contingências e centrada no futuro da organização. Há uma preocupação em ajustar a empresa às demandas ambientais e preparar-se para o futuro. (Futuro)

O planejamento estratégico de RH pode ser formulado e desenhado após, isolado ou integralmente, o planejamento estratégico organizacional, ou seja, ele pode ser adaptativo, autônomo ou integrado.

- **Planejamento de RH adaptativo**: é feito após a elaboração do planejamento estratégico organizacional.
- **Planejamento de RH autônomo ou isolado**: é feito isoladamente pelos especialistas da área, sem nenhuma articulação com o planejamento estratégico organizacional.
- **Planejamento de RH integrado**: é feito de forma integrada ao planejamento estratégico organizacional.

O esquema a seguir apresenta os principais passos do planejamento estratégico de pessoas:

Passos do Planejamento de Gestão de Pessoas

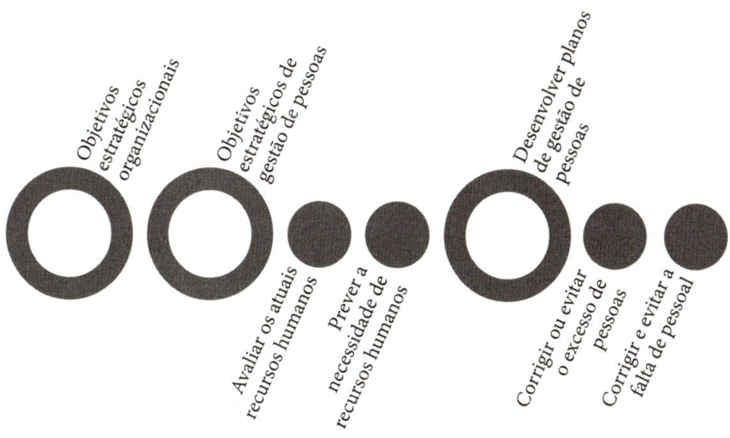

O planejamento de gestão de pessoas deve estar totalmente integrado e envolvido na estratégia organizacional. No quadro a seguir, podem-se analisar as duas possíveis posturas adotadas no planejamento de gestão de pessoas; a primeira, conservadora, e a segunda ofensiva.

Área estratégica de gestão de pessoas	Estratégia conservadora e defensiva	Estratégia prospectiva e ofensiva
Fluxos de trabalho	• Produção eficiente • Ênfase no controle • Discriminação de cargos explícitas • Planejamento detalhado do cargo	• Inovação • Flexibilidade • Classes amplas de cargos • Planejamento vago do cargo
Admissão	• Recrutamento interno • GP decide sobre seleção • Ênfase nas qualidades técnicas • Processo formal de admissão e de socialização	• Recrutamento externo • Gerente decide sobre seleção • Adequação da pessoa à cultura • Processo informal de admissão e de socialização
Desligamentos de funcionários	• Demissões voluntárias • Congelamento de admissões • Apoio continuado aos demitidos • Política de preferência à readmissão	• Dispensas • Recrutamento quando necessário • Demitidos sem apoio • Nenhum tratamento preferencial

Avaliação do desempenho	• Padronização da avaliação • Avaliação como meio de controle • Foco estreito • Dependência exclusiva do superior	• Avaliação customizada • Avaliação como desenvolvimento • Avaliação multipropositai • Múltiplas entradas para avaliação
Treinamento	• Treinamento individual • Treinamento no cargo • Treinamento específico • Comparar habilidades	• Treinamento em equipe • Treinamento extenso • Treinamento genérico para flexibilidade • Construir habilidades
Recompensa	• Salário fixo • Salário baseado no cargo • Salário baseado na antiguidade • Decisões centralizadas sobre salário	• Salário variável • Salário baseado no indivíduo • Salário baseado no desempenho • Decisões descentralizadas

Fonte: Chiavenato (1999)

Questão de Concurso

(Cespe/Secretaria de Estado de Gestão Administrativa/2010) Pela sua importância, o planejamento de RH deve ser anterior à elaboração dos planos de negócios da organização.

Gabarito: errado. Atualmente, o planejamento de RH deve ser integrado, ou seja, feito simultaneamente aos planos de negócio da organização.

Questão de Concurso

(Cespe/Anatel/Técnico Administrativo/2010) O planejamento estratégico deve apresentar as contribuições da administração de recursos humanos para o alcance dos objetivos da organização e dos objetivos profissionais dos empregados.

Gabarito: certo. O planejamento estratégico de RH deve apresentar as contribuições da administração de recursos humanos, ou seja, deve ser integrado.

O planejamento estratégico de RH deve ser integrado ao planejamento estratégico organizacional e com o apoio e a participação dos vários setores e níveis da organização. Devem-se levar em conta, também, os fatores que afetam o planejamento estratégico de gestão de pessoas, que são os índices de absenteísmo (ausentismo) e rotatividade (*turnover*).

Questão de Concurso

(Esaf/CVM/Analista/2010 - Adaptada) Sobre o planejamento de pessoal, o modelo integrado é um modelo sistêmico e total de planejamento de pessoal quando interligado a objetivos da organização, planejamento da organização, auditoria, previsão e programas de ação de recursos humanos.

Gabarito: certo. O planejamento integrado de gestão de pessoas é feito integrado ao planejamento organizacional.

11. MODELOS DE PLANEJAMENTO DE RH

Segundo Chiavenato (2006), existem vários modelos de planejamento de RH. Alguns são genéricos e abrangem toda a organização, enquanto outros são específicos para determinados níveis ou unidades organizacionais. Veremos alguns deles a seguir.

11.1 Modelo baseado na procura estimada do produto ou serviço

Baseia-se no conceito de que as necessidades de pessoal são variáveis, dependentes da procura estimada do produto (quando indústria), ou do serviço (quando organização não industrial). A relação entre as duas variáveis - número de funcionários e procura do produto/serviço –, influenciada por variações na produtividade, tecnologia, disponibilidade interna e externa de recursos financeiros e disponibilidade de pessoas na organização. Qualquer acréscimo de produtividade decorrente de mudança na tecnologia poderá trazer redução das necessidades de pessoal por unidade adicional de produto/serviço ou uma redução do preço do produto/serviço, de tal maneira que resulte em aumento de vendas e, consequentemente, das necessidades de pessoal. Esse modelo utiliza previsões ou extrapolações de dados históricos e está voltado, predominantemente, para o nível operacional da organização. Não considera possíveis fatos imprevistos, como estratégias dos concorrentes, situação do mercado de clientes, greves, falta de matéria-prima etc. É extremamente limitado porque se reduz aos aspectos quantitativos: quantas pessoas serão necessárias nos vários postos de trabalho para produzir determinada quantidade de produto ou serviço oferecido pela organização.

11.2 Modelo baseado em segmentos de cargos

É um modelo que também está restrito ao nível operacional da organização. É o modelo de planejamento de pessoal operacional utilizado por empresas de grande porte. Esse modelo consiste em:

- Escolher um fator estratégico: como nível de vendas, volume de produção, plano de expansão – cujas variações afetam proporcionalmente as necessidades de pessoal.
- Estabelecer os níveis históricos (passado) e futuros para cada fator estratégico.
- Determinar os níveis históricos da força de trabalho para cada unidade.
- Projetar os níveis futuros de força de trabalho para cada unidade, por meio da correlação com a projeção dos níveis (históricos e futuros) do fator estratégico correspondente.

11.3 Modelo de substituição de postos-chave

É um modelo que recebe nomes de mapas de substituição ou organogramas de encarreiramento para o planejamento de funcionários. Trata-se de uma representação visual de quem substitui quem na eventualidade de alguma possível vaga futura dentro da organização. Cada funcionário é classificado em três alternativas de promovabilidade:

- funcionário pronto para promoção imediata;
- funcionário que requer maior experiência no cargo atual;
- funcionário com substituto já preparado.

Além disso, o desempenho de cada funcionário é avaliado da seguinte maneira:

- desempenho excepcional;
- desempenho satisfatório;
- desempenho regular;
- desempenho fraco.

Esse modelo funciona como um plano de carreiras.

11.4 Modelo baseado no fluxo de pessoal

É um modelo que mapeia o fluxo das pessoas para dentro, através e para fora da organização. A análise histórica do movimento de entradas, saídas, promoções e transferências internas permite uma predição de curto prazo das necessidades de pessoal da organização, se não houver mudanças no contexto. Trata-se de um modelo vegetativo e conservador, de natureza contábil e quantitativa, adequado para organizações estáveis e sem planos de expansão, nas quais a preocupação é apenas preencher as vagas existentes e dar continuidade ao cotidiano.

Esse modelo pode antecipar as consequências de contingências, como a política de promoções de organização, aumento da rotatividade ou dificuldades de recrutamento etc. É muito útil na análise das consequências do plano de carreiras, quando a organização adota uma política consistente nesse sentido. Todavia, suas limitações são evidentes por ser apenas um modelo quantitativo.

11.5 Modelo de planejamento integrado

É um modelo mais amplo e abrangente. Do ponto de vista de provisão de insumos humanos, o planejamento integrado leva em conta quatro fatores ou variáveis intervenientes, a saber:

- volume de produção planejado pela organização;
- mudanças tecnológicas dentro da organização que alterem a produtividade do pessoal;
- condições de oferta e procura no mercado e comportamento da clientela;
- planejamento de carreiras dentro da organização.

Questão de Concurso

(FCC/TCE-GO/Analista de Controle Externo/2009) A estratégia de gestão de pessoal que permite uma predição de curto prazo das necessidades de pessoal da organização é o modelo

a) baseado na procura estimada do produto ou serviço.
b) baseado em segmentos de cargos.
c) de substituição de postos-chave.
d) baseado no fluxo de pessoal.
e) de planejamento integrado.

Gabarito: d. Por se tratar de um modelo que tem a capacidade de antecipar as consequências de contingências, como a política de promoções de organização, aumento da rotatividade ou dificuldades de recrutamento, permite a predição em curto prazo das necessidades de pessoal.

12. FATORES QUE INTERFEREM NO PLANEJAMENTO DE RH

O planejamento estratégico de RH deve ser integrado ao planejamento estratégico organizacional e com o apoio e a participação dos vários setores e níveis da organização. Devem-se levar em conta, também, os fatores que afetam o planejamento estratégico de RH, que são os índices de absenteísmo (ausentismo) e rotatividade (*turnover*).

12.1 Absenteísmo ou ausentismo

Expressão utilizada para designar a soma dos períodos em que os funcionários se encontram ausentes do trabalho, seja por faltas, atrasos ou a algum motivo interveniente.

Absenteísmo ou ausentismo é a frequência e/ou duração do tempo de trabalho perdido quando os empregados não vêm ao trabalho. Constitui a soma dos períodos em que os funcionários se encontram ausentes do trabalho.

As causas relacionadas ao absenteísmo sem afastamento são:

- doença efetivamente comprovada;
- doença não comprovada;
- razões diversas de caráter familiar;
- atrasos involuntários (força maior);
- faltas voluntárias (motivos pessoais);
- dificuldades financeiras;
- problemas de transporte;
- baixa motivação do trabalhador;
- supervisão precária da chefia.

As causas relacionadas ao absenteísmo com afastamento – índice puro referente ao pessoal afastado por período prolongado são:

- férias;
- licenças;
- afastamento por doença;
- maternidade;
- acidente de trabalho.

12.1.1 Fórmulas para se calcular o índice de absenteísmo

$$\text{Índice de absenteísmo} = \frac{\text{n}^{\text{o}} \text{ de pessoas/dias de trabalho perdido por mês}}{\text{n}^{\text{o}} \text{ médio de empregados} \times \text{n}^{\text{o}} \text{ de dias trabalhados}} \times 100$$

$$\text{Índice de absenteísmo} = \frac{\text{Tempo perdido}}{\text{Tempo trabalhado}} \times 100$$

12.2 Rotatividade de pessoal ou *turnover*

A rotatividade de pessoal é expressa por meio de uma relação percentual entre as admissões (entradas) e desligamentos (saídas) com relação ao número médio de participantes da organização, no decorrer de determinado período de tempo.

É expressa em índices mensais ou anuais que servem para realizar comparações e fazer diagnósticos para tomada de decisões.

12.2.1 Fórmulas para se calcular o índice de rotatividade de pessoal

Quando se trata de medir o índice de rotatividade de pessoal para efeito do planejamento de RH, utiliza-se a seguinte fórmula:

$$\underset{\text{(Análise Geral)}}{\text{Índice de Rotatividade}} = \frac{\frac{(A + D)}{2} \times 100}{EM}$$

A: admissões no período

D: demissões no período

EM: efetivo médio do período (soma do efetivo inicial com o efetivo final dividido por 2).

Quando se trata de analisar as perdas e suas causas, não se consideram as admissões (entradas), mas somente os desligamentos (saídas).

$$\underset{\text{(Análise das perdas)}}{\text{Índice de Rotatividade}} = \frac{D \times 100}{EM}$$

Pode-se avaliar também por departamento para análise as áreas de maior rotatividade. Nessa análise, leva-se em conta a movimentação interna de pessoal.

$$\begin{array}{l}\text{Índice de Rotatitivade} \\ \text{(Análise por departamento)}\end{array} = \frac{[\frac{(A+D)}{2}+R+T]}{EM} \times 100$$

R: recebimento de pessoal de outros departamentos por transferências;

T: transferências de pessoal para outros departamentos.

ATENÇÃO!

Existe uma técnica chamada **Análise Markov** que permite determinar o número e a percentagem dos funcionários que permanecem em cada cargo, de um ano para o outro, bem como o número e a percentagem de todos os que são promovidos, transferidos e abandonam a organização.

13. DESLIGAMENTO DE PESSOAL

No desligamento de pessoal é importante aplicar a entrevista de desligamento que constitui um meio de controlar e medir os resultados das políticas de RH. É um meio de diagnosticar as causas da rotatividade de pessoal.

De forma geral, a entrevista de desligamento procura verificar os seguintes aspectos: motivo do desligamento, opinião do empregado sobre a empresa, o cargo ocupado, chefe direto, horário de trabalho, condições físicas e ambientais, benefícios auferidos, salários, relacionamento na seção, oportunidades de crescimento profissional, oportunidades que encontra no mercado etc.

13.1 Tipos de desligamentos

- Saídas controladas (desligamentos por iniciativa da empresa).
- Saídas não controladas (desligamentos por iniciativa do colaborador).

14. *OUTPLACEMENT*

Algumas organizações adotam os serviços de *outplacement* em que se orienta o profissional no momento de transição de um emprego para outro. Nesse serviço, o empregado é re-orientado em sua carreira para o mercado de trabalho.

VEJA BEM!

Outplacement é uma solução profissional, elaborada com o objetivo de conduzir com dignidade e respeito os processos de demissão nas companhias. É um sistema de ganha-ganha, que busca o benefício de todos os envolvidos.

Embora esteja muito relacionado com a recolocação, o *outplacement* é uma atividade mais abrangente. Dessa forma, também faz parte do seu papel prestar ajuda no preparo do currículo, provendo um trabalho fim a fim na transição de carreira do profissional. Em alguns casos, empresas especializadas podem ser contratadas para divulgar o perfil de profissionais para as companhias de recrutamento e seleção, empresas de *headhunting* e a executivos de empresas com poder de decisão.

14.1 Atividades de *outplacement*

- **Planejamento do processo de demissão**: processo de demissão é planejado por meio da definição desse processo, podendo incluir até mesmo a análise para definir quem fica e quem sai e, também, a melhor forma de fazer o desligamento do profissional.
- **Planejamento do dia da demissão**: o dia do desligamento é planejado detalhadamente para reduzir os riscos e impactos para o indivíduo e para a organização. Nesse caso, deve ser considerado se o trabalho será em grupo ou individualmente, no caso de demissão de mais de uma pessoa da mesma organização, além de definir como ocorrerá o processo, fim a fim.
- **Comunicação dos benefícios**: comunica-se ao funcionário quais os benefícios que vai receber da empresa, inclusive com explicação detalhada da importância da atividade da empresa que acompanhará seu processo de transição de carreira, tais como o seguro-saúde, uma porcentagem sobre a remuneração anual e o direito de utilizar o carro da empresa por mais um período, entre outros.
- **A recolocação**: a última etapa refere-se à recolocação propriamente dita, na qual a empresa especializada contratada trabalha para recolocar o funcionário desligado no mercado de trabalho, auxiliando-o no que for necessário.

Questão de Concurso

(Cespe/Banco da Amazônia/Técnico Administrativo/2010) A rotação de pessoal é diagnosticada pelo cálculo do percentual resultante das admissões e dos desligamentos em relação ao número médio de empregados de uma organização, em determinado período de tempo. A implantação do plano de cargos e salários e de uma política de benefícios pode contribuir valiosamente para a redução da rotatividade.

Gabarito: certo. O número de admitidos e demitidos em relação ao número médio de funcionários de uma organização determinam o seu índice de rotatividade, que é influenciado pela implantação de planos de cargos e salários e políticas de benefício.

CAPÍTULO 2
Gestão por Competências

1. CONCEITOS E DIMENSÕES DA COMPETÊNCIA

Quando pensamos na prática de gestão de pessoas nas organizações, não podemos deixar de falar no conceito de gestão por competência, tema bastante cobrado pelas bancas nos mais diversos certames de concursos públicos.

Segundo Dias, Becker, Dutra, Ruas e Ghedine (2010), os conceitos acadêmicos de gestão por competência e a sua utilização pelas empresas têm sido intensamente utilizados dentro do espaço empresarial, tornando-se um forte elemento de estratégia e orientação dos modelos de gestão de pessoas.

No entanto, para entendermos o conceito de gestão por competência, é necessário definir o conceito de competência, tendo em vista tratar-se de um conceito que vem se modificando ao longo do tempo, não existindo uma definição compartilhada entre os diversos autores.

Em primeiro lugar, competências para a área de gestão de pessoas é completamente diferente de competências para o Direito Administrativo, pois, no segundo caso, pode ser considerada uma atribuição outorgada por lei, algo que compete a alguém fazer ou executar.

Embora Taylor já alertasse, no início do século passado, sobre a importância de contratar "homens eficientes" (BRANDÃO; GUIMARÃES, 2001), o conceito de competência surge na década de 1990, conforme visto no capítulo anterior.

ATENÇÃO!

Os modelos tradicionais de gestão de competências enfatizavam o conhecimento técnico e a capacidade operacional que um profissional deve ter como requisito mínimo para ocupar um cargo. A partir dos estudos feitos por Daniel Goleman (1996), na década 1990, ficou comprovado que os profissionais mais bem-sucedidos são aqueles que possuem elevada competência comportamental.

O sociólogo francês Philippe Zarifian (1996 e 2001) considera que não se pode definir o trabalho como um conjunto de tarefas ou atividades pré-definidas e estáticas, sendo a competência a capacidade de assumir responsabilidades frente a situações de trabalho complexas. O autor ainda define a competência sob três diferentes aspectos, complementares uns aos outros:

- **nova atitude dos indivíduos em relação ao trabalho que devem realizar**:

> A competência é uma atitude de tomada de iniciativa e de responsabilidade pela situação com a qual os indivíduos se defrontam e que de alguma forma são por ela responsáveis.

- **abordagem a respeito dos conhecimentos que as pessoas mobilizam no trabalho**:

> A competência é um entendimento prático de situações que se apoia em conhecimentos adquiridos e os transformam na medida em que aumenta a diversidade das situações.

- **abordagem coletiva: reconhece que, de maneira geral, nunca se é competente sozinho**:

> A competência é a faculdade de mobilizar redes de atores em torno das mesmas situações; é a faculdade de fazer com que esses atores compartilhem as implicações de suas ações, é fazê-los assumir áreas de corresponsabilidade.

Questão de Concurso

(Cespe/TRT 10ª Região/Analista Administrativo/2012 – Prova Cancelada) O mapeamento de competências nas organizações deve ser elaborado a partir de um marco conceitual em que a noção de competência é definida como a tomada de responsabilidade por parte de uma pessoa frente a situações de complexidade.

Gabarito: certo. O texto da questão demonstra a visão francesa de competência, descrita por Zarifian.

Durand (1998), por outro lado, descreve as competências como um conjunto de conhecimentos, habilidades e atitudes (CHA) necessários para a realização de determinada atividade.

Rabaglio (2001) define competência como "um conjunto de conhecimentos, habilidades, atitudes e comportamentos que permitem ao indivíduo desempenhar com eficácia determinadas tarefas em qualquer situação". Para Carbone *et al.* (2006) a competência não é somente o conjunto de conhecimentos, habilidades e atitudes necessários para exercer determinada atividade, mas também o desempenho expresso em comportamentos e realizações decorrentes da aplicação desse conjunto.

Para Fleury e Fleury (2001), as competências podem ser definidas como

> Um saber agir responsável e reconhecido que implica mobilizar, integrar, tranferir conhecimentos, recursos, habilidades que agreguem valor econômico à organização e valor social ao indivíduo.

As competências não são estáticas (tendo em vista a necessidade de adquirir e agregar novas competências individuais ou organizacionais visando ao sucesso da organização – vantagem competitiva) – esforço de relacionar as aptidões do quadro de funcionários a resultados organizacionais.

Em resumo, podemos definir competência como:

Capacidade de assumir responsabilidades frente a situações de trabalho complexas.

Capacidade de um indivíduo executar determinada tarefa.

Características das pessoas que são necessárias para a obtenção e a sustentação de uma vantagem competitiva.

Agrupamento de conhecimentos, habilidades e atitudes correlacionadas, que afetam parte considerável da atividade de alguém.

Como podemos verificar, existem duas linhas de conhecimento que definem competência. A primeira delas (francesa), baseada nos conceitos de Zarifian, define competência como algo extrínseco, ou seja, uma pessoa pode ser considerada competente de acordo com o resultado que apresenta. Por outro lado, a segunda linha de conhecimento (americana) define competência como algo intrínseco, ou seja, uma pessoa pode ser considerada competente de acordo com as características individuais que apresenta.

Segundo Parry (1996 *apud* MEDEIROS), as competências são vistas, na França e na Inglaterra, como o resultado do trabalho de um indivíduo. Sendo assim, os funcionários demonstram competências no momento em que atingem ou extrapolam determinados resultados em sua rotina laboral.

VEJA BEM!

Existem várias definições de **competência**. As principais abordagens são a francesa e a americana, que definem as competências, respevtivamente, como um elemento extrínseco e um elemento intrínseco.

Ainda segundo o autor, o conceito de CHA (conhecimento, habilidade e atitude) vem dos Estados Unidos, onde as competências são encaradas, principalmente, como *inputs*, ou seja, características subjacentes ao indivíduo que afetam o seu desempenho. Na literatura norte-americana, conforme Spencer e Spencer (1993), a competência é definida como uma característica subjacente do indivíduo, relacionada, em termos causais, com um desempenho superior e/ou eficiente, referido a um critério, a um cargo ou a uma situação.

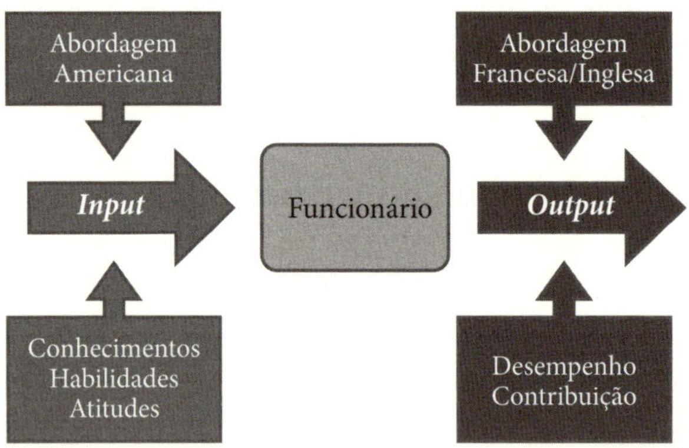

No entanto, diversos autores procuram pensar a competência como a interação dessas duas linhas. Para Dutra (2002), a competência pode ser vista como a capacidade de entrega da pessoa, de acordo com a complexidade de suas atividades, e, também, como o conjunto de qualificações (conhecimentos, habilidades, atitudes e experiências) que a pessoa possui para entregar-se ou que possibilitem a ela um desempenho superior em determinada posição.

Questão de Concurso

(Cespe/TJ-RO/Analista Judiciário/2012 - Adaptada) Competência é, de acordo com a corrente integradora, a combinação de conhecimentos, habilidades e atitudes, expressa pelo desempenho profissional, diante de um contexto ou estratégia organizacional.

Gabarito: certo. A corrente integradora busca a junção das linhas americana (CHAs) e francesa (capacidade de entrega da pessoa).

Abordagem americana/francesa

Comparação das abordagens de Competência

ATENÇÃO!

Entre os dois conceitos, o mais cobrado pelas bancas refere-se à abordagem americana, que define competência como o agrupamento sinérgico de conhecimento, habilidade e atitude.

2. CONHECIMENTO, HABILIDADE E ATITUDE

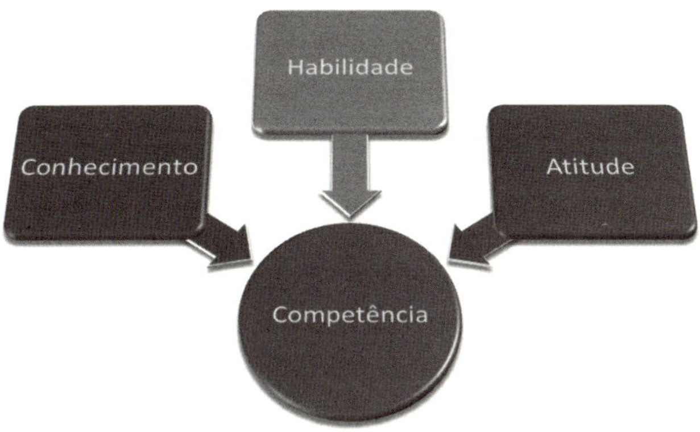

Competência como agrupamento sinérgico de conhecimentos, habilidades e atitudes.

Conhecimentos	Saber	Formação educacional	Informações, saber o quê, saber o porquê, capacidade de aprender.
Habilidades	Saber fazer	Experiência profissional	Técnicas, capacidades, saber como, conhecimento tácito, esquemas, rede social, modelos mentais.
Atitudes	Querer fazer	Atributos pessoais	Querer fazer, determinação, valores, responsabilidade, comprometimento, motivação, confiança, iniciativa.

Questão de Concurso

(FCC/TRF 5ª Região/Analista Judiciário/2012) Em recursos humanos, a competência é utilizada como um acrônimo conhecido como CHA, isto é, uma forma de representar as palavras:

a) confiança, harmonia e atitudes.
b) capacidades, harmonia e arejamento.
c) competitividade, hierarquia e atividades.
d) conhecimento, habilidades e atitudes.
e) colaboração, habilidades e autonomia.

Gabarito: d. CHA = conhecimentos, habilidades e atitudes.

Questão de Concurso

(FCC/TRF 5ª Região/Analista judiciário/2012) Desempenho humano é diretamente proporcional a duas condições do ser humano: o querer fazer e o saber fazer. Conceitualmente, entende-se que saber fazer é a condição:

a) explícita do desejo endógeno do indivíduo de realizar alguma coisa.
b) cognitiva e experiencial, que possibilita ao indivíduo realizar bem alguma coisa.
c) implícita da vontade exógena do indivíduo de realizar alguma coisa.
d) experiencial sob pressão, que indica ao indivíduo para não realizar alguma coisa.
e) valorativa, que o indivíduo atribui ao seu esforço para motivar-se a fazer alguma coisa.

Gabarito: b. Nesse caso, a questão juntou conhecimento e habilidade em um único conceito, querer fazer, sendo o conhecimento de caráter cognitivo (saber) e a habilidade de caráter experiencial (saber fazer).

3. CLASSIFICAÇÃO DAS COMPETÊNCIAS

As competências também podem ser classificadas conforme algumas de suas características, em várias categorias.

3.1 Quanto ao tipo

Quanto ao tipo, as competências podem ser definidas como:

Essenciais	• São as competências básicas e fundamentais para o sucesso da organização em relação aos seus clientes e concorrentes. Aquilo que a organização sabe fazer de melhor. Também chamadas de *core competences*.
Funcionais	• São aquelas que cada área ou departamento precisa construir e que são próprias de sua atividade especializada.
De Gestão	• Competências relacionadas com a gestão de recursos: financeiros, comerciais, produtivos etc.
Organizacionais	• Corresponde ao *modus vivendi* da organização, à sua cultura corporativa, como a organização se estrutura e organiza para realizar o trabalho organizacional.
Individuais	• São as competências que cada indivíduo aprende e desenvolve em suas atividades pessoais na organização. Também chamadas de pessoais, humanas ou profissionais.

Questão de Concurso

(Cespe/INSS/Analista Administrativo/2008) Competências essenciais da organização, são responsáveis pela atuação da empresa no mercado, estimulando a construção de um diferencial competitivo baseado nas especialidades e especificidades de cada organização.

Gabarito: certo. Também chamadas de core competences, *as competências essenciais estão atreladas ao sucesso da empresa, por representar o seu diferencial competitivo.*

Questão de Concurso

(FCC/TRE-AP/Analista Judiciário/2011) Ao se estabelecer um sistema de competências, elas podem ser hierarquizadas da seguinte maneira: competências essenciais à organização, competências funcionais, competências gerenciais e competências individuais. As competências funcionais referem-se a competências que:

a) cada área ou departamento precisa construir e que são próprias de sua atividade especializada.
b) cada função ou cargo deve possuir para atingir os objetivos individuais estabelecidos.

c) cada profissional deve possuir para atuar em determinada organização.
d) a organização precisa construir para manter vantagem competitiva e sustentabilidade.
e) os executivos devem construir para exercer a liderança.

Gabarito: a. Referem-se a competências funcionais, estando relacionadas ao funcionamento de cada área.

3.2 Quanto à natureza

Segundo Cockerill (1994), podem ser definidas quanto à natureza do papel ocupacional:

- Técnicas.
- Gerenciais.

3.3 Quanto à singularidade

Segundo Nisembaum (2000), podem ser classificadas como:

- **básicas**: atributos necessários ao funcionamento da organização, porém não distintivas na relação com a concorrência;
- **essenciais**: atributos de caráter distintivo, que diferenciam a organização das demais organizações.

3.4 Quanto à relevância no contexto organizacional

Sparrow e Bognanno *(In* LOBATO, 2001) ainda definem de acordo com a sua relevância no tempo. Para os autores, as competências estão inseridas em um ciclo de relevância que, ao longo do tempo, sofre alterações, sendo possível classificá-las em quatro categorias, descritas a seguir.

Tipo	Definição
Emergentes	Serão necessárias no futuro. Surgem com mudanças significativas que ocorrem no mercado de trabalho.
Declinantes	Estão relacionadas às mudanças de tecnologias ou do modo de operacionalização das atividades da organização.
Estáveis	São aquelas que permanecem relevantes ao longo do tempo.
Transitórias	Embora essenciais em momentos críticos de transição, podem ser necessárias por determinado momento.

Questão de Concurso

(Cespe/MPU/Analista Administrativo/2010) Quanto à relevância no contexto organizacional, as competências classificam-se em emergentes, estáveis, declinantes ou transitórias.

Gabarito: certo. A questão apresenta a classificação das competências segundo Sparrow e Bognanno.

4. MODELOS DE GESTÃO POR COMPETÊNCIA

A gestão de competências faz parte de um sistema maior de gestão organizacional, que toma como referência a estratégia da organização e direciona as suas ações de recrutamento e seleção, treinamento, avaliação, remuneração e gestão de carreira para a captação e o desenvolvimento das competências necessárias para atingir seus objetivos (BRANDÃO; GUIMARÃES, 2001).

Questão de Concurso

(Cespe/TST/Analista Judiciário/2008) A gestão por competências, por ser considerada ultrapassada pelas modernas técnicas de gestão, caiu em desuso nas organizações do conhecimento, tendo sido substituída pela gestão por objetivos e processos.

Gabarito: errado. A gestão por competências é um tema contemporâneo e está em plena utilização, atrelada, inclusive, aos modelos de gestão estratégica.

Para Brandão e Bahry (2005) a gestão por competências tem sido utilizada como modelo gerencial alternativo aos instrumentos tradicionalmente utilizados pelas organizações, tendo a capacidade de ser utilizado de forma estratégica pelas organizações, por meio do gerenciamento dos *gaps* ou das lacunas de competências, que se refere à diferença entre as competências necessárias à consecução dos objetivos organizacionais e às competências já disponíveis na organização. Para identificação e eliminação das lacunas de competências, é necessário realizar o mapeamento de competências.

Questão de Concurso

(Esaf/CVM/Analista de Recursos Humanos/2010 – Adaptada) A gestão por competências figura como um dos modelos gerenciais tradicionalmente utilizados pelas organizações; propõe-se a orientar esforços para planejar, captar,

> desenvolver e avaliar, nos diferentes níveis da organização (individual, grupal e organizacional), as atividades necessárias à consecução de seus objetivos.
>
> *Gabarito: errado. A gestão por competências é uma alternativa aos modelos gerenciais tradicionais.*

O mapeamento e mensuração por competências é a base de toda a gestão por competências. Por meio das atividades que o cargo executa no dia a dia, é realizado o mapeamento das competências técnicas e comportamentais (CHA) para cada uma das atividades. Depois disso, é feita a mensuração do grau ideal para o cargo, isto é, o quanto o cargo precisa de cada uma das competências para atingir os objetivos da empresa. O resultado do mapeamento e mensuração é a identificação do perfil comportamental e técnico ideal para cada cargo ou função.

Para a realização do mapeamento de competências, alguns métodos e técnicas podem ser utilizados.

4.1 Instrumentos utilizados para mapeamento (identificação) das competências necessárias

- **Análise documental**: análise dos documentos que compõem o planejamento estratégico da organização (missão, visão de futuro, objetivos organizacionais etc.).
- **Entrevista**: constitui outra técnica de pesquisa bastante aplicada ao mapeamento de competências. Geralmente, é utilizada para analisar a percepção dos entrevistados com os dados apurados na análise documental, visando identificar as competências relevantes à organização.
- **Grupo focal**: quando nem o pesquisador nem os profissionais, objetos do estudo, dispõem de tempo para entrevistas individuais, alternativa é realizar uma entrevista coletiva, também denominada grupo focal (o entrevistador atua como moderador, estimulando e coordenando a discussão dos participantes).
- **Observação**: constitui um exame detalhado das competências relevantes ao trabalho de indivíduos e equipes.
- **Questionário**: técnica de pesquisa mais utilizada para realizar o mapeamento de competências relevantes a determinado contexto ou estratégia organizacional.

4.2 Instrumentos utilizados para mapeamento (identificação) das competências disponíveis na organização

Como a competência humana é expressa em função do desempenho da pessoa no trabalho, então os mecanismos e instrumentos de gestão de desempenho servem também ao propósito de identificar as competências disponíveis na organização.

Podem-se utilizar testes, simulações, avaliação de desempenho (360 graus ou avaliação por múltiplas fontes) para certificar, dentro de determinada organização, as competências expressas pelas pessoas.

Questão de Concurso

(Cespe/Anac/Analista Administrativo/2012) Nas organizações, o mapeamento de competências deve ser realizado a partir da aplicação de diferentes técnicas de coleta e análise de dados qualitativos e quantitativos.

Gabarito: certo. Existem diversas técnicas para o mapeamento de competências, e os dados podem ser quantitativos (questionários ou tabulação de dados) ou qualitativos (entrevistas, observação ou análise documental).

Muitas empresas têm adotado a gestão por competências como modelo de gestão, visando a orientar seus esforços para planejar, captar, desenvolver e avaliar, nos diferentes níveis da organização (individual, grupal e organizacional), as competências necessárias à consecução de seus objetivos.

Apesar de não existir uma única forma de estruturar um modelo de gestão por competências, quase todos seguem as mesmas etapas, mesmo que levem nomes diferentes. Apresentaremos um modelo segundo Brandão e Guimarães (2001).

Segundo esses autores, a gestão por competência refere-se a um processo contínuo, que se divide nas etapas apresentadas a seguir.

- **Etapa 1**: definição da missão, visão de futuro e objetivos estratégicos, referindo-se a missão ao propósito principal ou à razão pela qual uma organização existe. A visão diz respeito ao estado futuro desejado pela organização, ou seja, aquilo que ela deseja ser em futuro próximo. Os objetivos estratégicos, por sua vez, representam os desígnios a atingir, isto é, a situação a ser buscada pela organização em dado período de tempo.
- **Etapa 2**: em seguida, em razão dos objetivos estratégicos estabelecidos, é possível definir indicadores de desempenho no nível corporativo e metas.
- **Etapa 3**: identificação das competências necessárias para concretizar o desempenho esperado.
- **Etapa 4**: realização do diagnóstico ou mapeamento das competências organizacionais e humanas, ou seja, identifica-se o *gap*, ou lacuna, existente entre as competências necessárias ao alcance do desempenho esperado e as competências já disponíveis na organização. Identificar o *gap*, ou lacuna de conhecimentos, é fundamental.

- **Etapa 5**: realização do planejamento de ações, captação e desenvolvimento de competências que permitam à organização minimizar essa lacuna. É fundamental, portanto, realizar, periodicamente, o mapeamento e planejar a captação (por meio de recrutamento e seleção externa) e o desenvolvimento de competências (por meio da aprendizagem, seja ela individual, seja coletiva, natural ou induzida).
- **Etapa 6**: acompanhamento e avaliação, que funcionam como mecanismos de *feedback*, ou retroalimentação, dentro de uma abordagem sistêmica, à medida que os resultados alcançados são comparados com aqueles que eram esperados.

> **Questão de Concurso**
>
> **(Cespe/TCU/Analista de Controle Interno/2008)** Um dos objetivos do mapeamento de competências é identificar o gap, ou lacuna, de competências, ou seja, identificar a discrepância entre as competências necessárias para concretizar a estratégia corporativa e as competências internas existentes na organização.
>
> *Gabarito: certo. Uma das etapas do mapeamento de competências consiste na identificação dos* gaps *de competência.*

Resumo do processo

Algumas bancas cobram outro tipo de Método de Gestão de Competências, denominado **Gestão de Competências por Processos** (GCP), baseada na proposta de Cardoso (2004), que toma como referência básica os processos produtivos devidamente mapeados.

- **Etapa 1**: árvore do conhecimento (mapeamento das necessidades de conhecimento).
- **Etapa 2**: associação das necessidades de conhecimento aos processos.

- **Etapa 3**: mapeamento da disponibilidade de competências.
- **Etapa 4**: levantamento do fator de importância de cada processo.
- **Etapa 5**: análise comparativa entre o conhecimento disponível e o necessário (levantamento dos *gaps* e análises).

Questão de Concurso
(Cespe/TST/Analista Judiciário/Administrativa/2008) O método de gestão de competências por processos pode ser dividido basicamente em cinco etapas: a construção da árvore de conhecimentos; a associação das necessidades de conhecimentos aos processos; o mapeamento das disponibilidades de conhecimentos dos funcionários responsáveis pela execução dos processos; o levantamento do fator de importância dos processos; e a análise comparativa entre o conhecimento disponível e o necessário.
Gabarito: certo. Descreve as cinco etapas mencionadas por Cardoso (2004).

5. FERRAMENTAS DE GESTÃO DE COMPETÊNCIAS

Após a implantação de um modelo de gestão por competências, todos os demais subsistemas de gestão de pessoas passam a ser desenvolvidos baseados nesse modelo.

A gestão por competência serve como modelo para a descrição e a análise de cargo, o recrutamento e a seleção, a avaliação de desempenho, a remuneração, o treinamento e o desenvolvimento.

5.1 Descrição e análise de cargos

Na descrição e na análise de cargos por competências, a vaga ou o cargo (posto de trabalho) é descrito de acordo com as competências necessárias na organização, individual ou coletivamente.

> **VEJA BEM!**
>
> Na gestão por competência, o foco deixa de ser o cargo, voltando-se para as competências.

Após o mapeamento de competências, é possível identificar quais são as competências necessárias para a realização de determinada atividade e, por consequência, os requisitos necessários de cada ocupante de determinado cargo ou função.

5.2 Seleção por competências

Após um cargo ser descrito e analisado de acordo com as competências, é possível recrutar e selecionar o candidato utilizando técnicas baseadas em competências, que permitirão a análise das competências de cada candidato e a sua adequação à vaga.

5.3 Avaliação por competências

A avaliação inicia-se pelo mapeamento, que permitirá a coleta de dados relativos às competências necessárias para o bom desempenho das atividades e o perfil do funcionário quanto a essas competências, categorizando-as em três blocos, que são:

Competências conceituais	Competências técnicas	Competências interpessoais
• Conhecimento e domínio de conceitos e teorias que embasam as técnicas.	• Domínio de métodos e ferramentas específicas para determinada área de trabalho.	• Permitir que as pessoas comuniquem-se e interajam de forma eficaz. Atitudes e valores pessoais.

No modelo de gestão por competências, a avaliação é uma ferramenta que auxilia o funcionário a clarear para si mesmo e para a organização as competências que possui e as que terá de desenvolver ou incrementar. Esse processo deverá sempre estar alinhado às competências essenciais da própria organização.

A avaliação de desempenho por competências é um importante meio para identificar os potenciais dos funcionários, melhorar o desempenho da equipe e a qualidade das relações dos empregados e dos superiores e servir de estímulo nos esforços para alcançar resultados positivos e satisfatórios para o indivíduo e a organização.

5.4 Treinamento e desenvolvimento por competências

Baseado no resultado da avaliação por competências, será criado um plano de desenvolvimento para os colaboradores, cujo objetivo será aperfeiçoar e potencializar o perfil individual de cada colaborador.

5.5 Remuneração por competências

Segundo França (2010), a construção de um sistema de gestão salarial por competências parte, em geral, de uma análise da organização, seu conjunto de valores, visão de futuro e orientações estratégicas. Define-se, então, as competências necessárias aos profissionais, como já mencionado, para que mantenham a empresa competitiva em longo prazo. E cada uma das competências é descrita em níveis de complexidade e de responsabilidade encontrados em seu exercício. Para cada nível de complexidade e de responsabilidade do conjunto de competências utilizadas pelos profissionais, são associadas faixas salariais e estabelecidos critérios de evolução ao longo delas. A complexidade de atuação do profissional no conjunto de competências é que define, portanto, a faixa salarial na qual ele será colocado e é um dos elementos de decisão sobre seu posicionamento ao longo da faixa (HIPÓLITO, 2002).

Ao contrário do modelo funcional, o sistema de gestão por competências baseia-se na ampla divulgação dos critérios definidos, de forma a servir como orientador das ações individuais.

As competências estão ligadas aos objetivos e às estratégias organizacionais, o que cria um escopo em termos de conhecimentos, habilidades e atitudes (*inputs*) a serem adquiridos. Dessa forma, não é qualquer novo conhecimento ou nova habilidade obtida que será valorizada e remunerada. E, além dos insumos, consideram-se, também, os retornos, as entregas efetivamente realizadas. A pessoa só é avaliada se tiver determinada competência e conseguir mostrar os resultados esperados pela organização.

Questão de Concurso

(FCC/TCE-GO/Analista de Controle Externo/2009 - Adaptada) Em relação às características de um sistema de remuneração por competências, é clara e transparente, permitindo que as pessoas possam planejar melhor seu autoinvestimento em conformidade com a política de procedimentos estabelecida.

Gabarito: certo. O sistema de gestão por competências baseia-se na ampla divulgação dos critérios definidos, servindo como orientador das ações individuais.

VEJA BEM!

A gestão por competência serve como modelo para a implantação dos subsistemas de análise de cargo, avaliação de desempenho, recrutamento e seleção, desenvolvimento e remuneração baseados em competências.

Questão de Concurso

(Consulplan/TSE/Analista Judiciário/2012) O conjunto de ferramentas capazes de promover o contínuo aperfeiçoamento dos conhecimentos, habilidades e atitudes dos colaboradores da empresa é denominado gestão por competências. Alguns dos seus subsistemas são:

I - mapeamento do perfil de competências.
II - mapeamento e mensuração por competências de cargos e funções.
III - seleção por competências.
IV - avaliação por competências.

Analisando-se os itens anteriores, verifica-se que:
a) apenas os itens I e II estão corretos.
b) todos os itens estão corretos.
c) apenas os itens III e IV estão corretos.
d) apenas os itens II e III estão corretos.

Gabarito: b. Todos os itens representam práticas da gestão por compência, correspondendo à análise de cargo, ao recrutamento, à seleção e à avaliação de desempenho.

6. MODELO DE GPC INCLUINDO AS PRÁTICAS DE GESTÃO DE PESSOAS

Por se tratar de um processo contínuo, o alinhamento das práticas de Gestão de Pessoas ao modelo de Gestão por Competências, de acordo com Brandão e Guimarães (2001), observe o seguinte fluxo:

- **Formulação estratégica**: formulação da estratégia da organização, oportunidade em que são definidos sua missão, sua visão de futuro e seus objetivos estratégicos.
- **Mapeamento de competências**: diagnóstico ou mapeamento das competências, ou seja, identifica-se o *gap*, ou lacuna, existente entre as competências necessárias ao alcance do desempenho esperado e as competências já disponíveis na organização.
- **Captação de competências**: realiza-se a captação de competências por meio de planejamento de ações de recrutamento, seleção e desenvolvimento de competências por meio de ações de capacitação que permitam à organização minimizar os *gaps* de competência.
- **Acompanhamento e avaliação**: avaliação de desempenho para apurar os resultados alcançados.
- **Retribuição**: que envolve reconhecer e premiar o bom desempenho e remuneração por competências, promovendo e remunerando adequadamente os funcionários, de acordo com o desempenho apresentado.

Questão de Concurso

(Cespe/TRT 10ª Região/Analista Administrativo/2012 – Prova Cancelada) A partir do mapeamento de competências em uma organização, tem-se o início dos demais subsistemas de gestão de pessoas, tais como a seleção e o desenvolvimento. Após os resultados desses, inicia-se a avaliação de desempenho com vistas a mensurar os resultados individuais e coletivos no trabalho para retroagir o processo de gestão de pessoas e estabelecer os méritos de remuneração.

Gabarito: certo. A questão demonstra o fluxo descrito por Brandão e Guimarães (2001).

7. GESTÃO POR COMPETÊNCIAS NO SETOR PÚBLICO

Segundo Brandão e Guimarães (1999), cabe uma distinção entre **gestão por competências** e **gestão de competências**. A primeira se refere à estruturação das atividades das áreas e das equipes da organização de acordo com os tipos de competências necessárias para realizá-las. A segunda se refere ao conjunto de mecanismos utilizados para gerir as competências, incluindo o planejamento, a organização, a avaliação e a escolha das formas de desenvolvimento de competências necessárias ao alcance dos resultados pretendidos. No caso da Administração Pública Federal, o Decreto nº 5.707/2006, que institui a Política Nacional de Desenvolvimento de Pessoal (PNDP) adota a gestão por competências.

A gestão por competências, apesar de reunir várias qualidades, apresenta dificuldades para sua implementação na totalidade, no setor público. O gestor público atém-se a várias limitações legais que devem ser respeitadas, como a exigência de concurso público para contratação de novos talentos.

Algumas dificuldades para a implantação da gestão por competências:

- as limitações tecnológicas e estruturais;
- o atual processo seletivo (concurso público) avalia a capacidade em termos de conteúdo, entretanto, a avaliação dos aspectos comportamentais dos servidores para o seu ingresso, fica prejudicada;
- a implementação da gestão por competência ainda é um grande desafio, uma vez que a cultura de gestão pública permanece, na maioria dos casos, voltada para cargos, e não para entregas;
- as instituições públicas têm a captação de novos talentos limitada legalmente por concurso público; a exceção são os cargos de confiança comissionados, em número bem menor que o dos servidores concursados;
- enquanto as organizações privadas possuem inúmeros instrumentos para a melhor escolha, como entrevistas e dinâmicas de grupo, as públicas ficam restritas a esse instrumento legal, sob pena de serem questionadas judicialmente. No entanto, poderão valer-se de outros meios para melhor alocação do candidato aprovado;
- existem restrições legais que também devem ser obedecidas para os desligamentos de servidores. Apesar de a legislação prever que os servidores podem ser demitidos por avaliação de desempenho insuficiente, essa ainda não é uma prática comum no setor público.

Contudo, muitas das dificuldades têm sido superadas e não constituem entraves para que se atue, no setor público, por meio de outras fontes legais, tais como os Decretos nºs 5.707/2006 e 7.133/2010, respectivamente Política e Diretrizes para o Desenvolvimento de Pessoal da Administração Pública Federal e Avaliação de Desempenho Individual. Atualmente, é possível realizar concursos públicos com áreas específicas de atuação, avaliação do perfil comportamental dos aprovados para sua melhor alocação, ações de desenvolvimento profissional, promovendo educação contínua, e não apenas treinamentos pontuais – a educação ampla das pessoas é fundamental nesse contexto, englobando o desenvolvimento delas, com foco em suas carreiras e não apenas no treinamento para as funções do cargo atual.

As organizações públicas têm implementado avaliações de desempenho atreladas a gratificações de desempenho. Os resultados obtidos nas avaliações de desempenho são convertidos em valores financeiros de gratificações que caracterizam remunerações variáveis.

Questão de Concurso

(Cespe/Anac/Analista Adminstrativo/2012) Em organizações públicas, os resultados obtidos nas avaliações de desempenho são convertidos em valores financeiros de gratificações que caracterizam remunerações variáveis.

Gabarito: certo. Atualmente, a legislação - Decreto nº 7.133/2010 prevê avaliações de desempenho atreladas a gratificações que caracterizam remunerações variáveis.

Questão de Concurso

(FCC/TCE-GO/Analista de Controle Externo/2009 - Adaptada) Em relação aos principais obstáculos à aplicação da gestão por competências ao setor público, julgue os itens.

O setor público tem dificuldade para instituir formas de remuneração variável baseadas na expressão de competências profissionais.

Gabarito: certo. Se fosse uma questão aplicada hoje, o item estaria errado. Trata-se de uma questão de 2009, anterior ao Decreto nº 7.133/2010, que prevê avaliações de desempenho atreladas a gratificações.

Questão de Concurso

(FCC/TRE-GO/Analista de Controle Externo/2009 - Adaptada) Não é possível aplicar a gestão por competências no setor público, pois essas competências são adequadas apenas às organizações privadas.

Gabarito: errado. É possível aplicar a gestão por competências com as devidas adaptações.

Questão de Concurso

(Iades/PG-DF/Analista Jurídico/2011) A gestão de competências no setor público brasileiro desperta crescente interesse dos estudiosos e dos responsáveis pelo gerenciamento de pessoas nas organizações públicas. A adoção de um modelo de competência na gestão de pessoas pressupõe requisitos, onde a organização pública identifica com precisão as lacunas funcionais retardadoras ou bloqueadoras dos objetivos estratégicos, com foco nos resultados e no conhecimento, nas habilidades e nas atitudes desejáveis às equipes de servidores públicos.

Gabarito: certo. Apesar de sofrer com algumas limitações, a gestão por competências pode ser empregada no setor público com adaptações.

CAPÍTULO 3
Análise e Descrição de Cargos

1. IMPORTÂNCIA DA ANÁLISE E DA DESCRIÇÃO DE CARGOS

A implantação de políticas e práticas de análise e descrição de cargo é primordial para o bom funcionamento da área de gestão de pessoas, pois, por meio deste sistema, é possível subsidiar o funcionamento de todos os outros sistemas de gestão de pessoas, tais como recrutamento e seleção, avaliação de desempenho, treinamento de desenvolvimento, saúde e segurança no trabalho e remuneração e benefícios.

Questão de Concurso

(Cespe/Abin/Oficial de Inteligência/2010) No processo de formação de políticas de gestão de pessoas nas organizações, a análise de cargos é considerada ação de importância secundária.

Gabarito: errado. Trata-se de uma ação primordial para o bom funcionamento da gestão de pessoas.

1.1 Recrutamento e seleção

O processo de recrutamento e seleção só pode ser executado de forma plena se houver clareza do cargo aberto. A análise e a descrição de cargo permitem que as atividades a serem executadas e as qualificações necessárias para a execução das tarefas sejam levantadas. Tais características formam a base do processo seletivo.

1.2 Treinamento e desenvolvimento

Para realizar o processo de treinamento e desenvolvimento, é necessário definir o que deve ser capacitado e quem será capacitado. Para isso, a descrição e a análise de cargo são utilizadas. Sabendo as atividades executadas em cada cargo e as características e as competências exigidas para a sua excução, é possível realizar o processo de diagnóstico e planejamento das capacitações.

1.3 Remuneração e benefícios

Ao descrever e analisar determinado cargo, é possível definir o grau de complexidade exigido para a realização de suas atividades e, dessa forma, definir a remuneração e os benefícios adequados.

1.4 Avaliação de desempenho

Por meio da análise e da descrição de cargos, é possível definir os critérios e os padrões de desempenho, que servem de base para a avaliação de desempenho.

Impacto da Análise e Descrição de Cargos nas atividades de Gestão de Pessoas

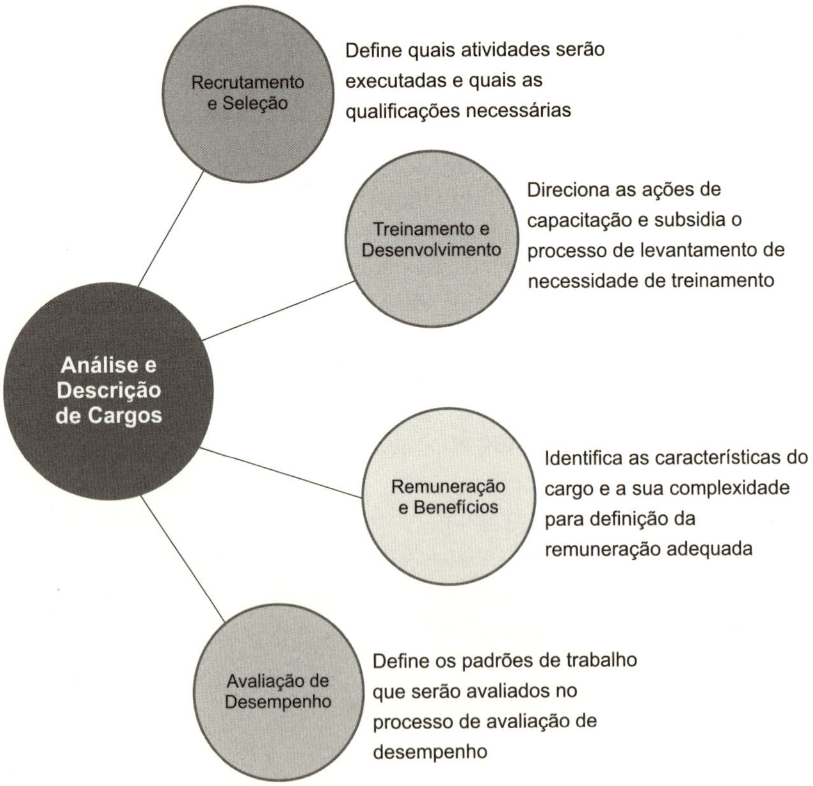

ATENÇÃO!

Quase todas as atividades de RH estão baseadas em informações proporcionadas pela descrição e análise de cargos.

2. CONCEITO DE CARGO

Segundo Chiavenato (1999), o cargo é uma composição de atividades desempenhadas por uma pessoa - o ocupante - que podem ser englobadas em um todo unificado e que figura em certa posição formal do organograma da empresa. A posição do cargo no organograma define o seu nível hierárquico, a subordinação (a quem presta responsabilidade), os subordinados (sobre quem exerce autoridade) e o departamento ou divisão onde está localizado. Um cargo constitui uma unidade da organização e consiste em um conjunto de deveres e responsabilidades que o tornam separado e distinto dos demais.

A maneira como as pessoas trabalham nas organizações depende, basicamente, de como seu trabalho foi planejado, modelado e organizado; em suma, como foi feita a distribuição das tarefas. Dentro dessa definição é necessário identificar a diferença entre cargo, função e tarefa.

- **Tarefa**: refere-se à menor unidade componente do trabalho e pode ser definida como as atividades executadas por determinado profissional.
- **Função**: é formada pelo conjunto de tarefas desempenhadas por uma ou mais pessoas.
- **Cargo**: indica a posição hierárquica que uma pessoa ocupa na empresa e o conjunto de atribuições a ela conferido.

A estrutura de cargos é condicionada pelo desenho organizacional em que ela está contida. Os cargos são parte integrante do formato estrutural da organização, que, por sua vez, condiciona e determina a distribuição, a configuração e o grau de especialização dos cargos.

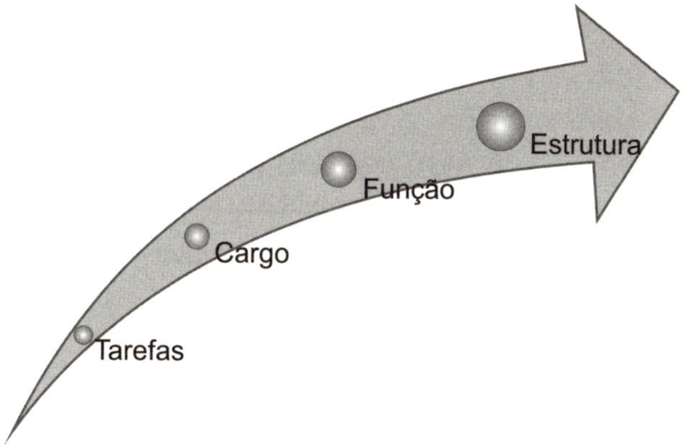

O desenho organizacional representa a arquitetura da organização: como os seus órgãos e cargos estão estruturados e distribuídos, quais as relações de comunicação entre eles, como o poder está definido e como as coisas deverão funcionar.

Se a estrutura organizacional é rígida e imutável, os cargos também serão fixos, permanentes e definidos, fechados, individualizados e delimitados. Se a estrutura é flexível e adaptável, os cargos também serão maleáveis, ajustáveis e abertos, com elevado índice de interação com o ambiente que o circunda. Quanto mais a estrutura organizacional for maleável e flexível, tanto mais os cargos serão mutáveis e tanto mais forte a presença de equipes multidisciplinares e autogeridas no lugar de órgãos permanentes e definitivos (CHIAVENATO, 1999).

3. DESENHO DE CARGOS

O desenho de cargos (*job design*) envolve a especificação do conteúdo de cada cargo, dos métodos de trabalho e das relações com os demais cargos. Constitui a maneira como cada cargo é estruturado e dimensionado. Desenhar um cargo significa definir quatro condições básicas:

- o conjunto de tarefas ou atribuições que o ocupante deverá desempenhar (qual é o conteúdo do cargo);
- como as tarefas ou as atribuições deverão ser desempenhadas (quais são os métodos e os processos de trabalho);
- a quem o ocupante do cargo deverá se reportar (responsabilidade), isto é, quem é o seu superior imediato;
- quem o ocupante do cargo deverá supervisionar ou dirigir (autoridade), isto é, quem são os seus subordinados ou as pessoas que dele dependem para trabalhar.

VEJA BEM!

O desenho do cargo é a especificação do conteúdo, dos métodos de trabalho e das relações com os demais cargos, no sentido de satisfazer os requisitos tecnológicos, organizacionais e sociais, bem como os requisitos pessoais do seu ocupante.

3.1 Modelos de desenho de cargos, segundo Chiavenato (1999)

3.1.1 Modelo clássico ou tradicional

É o desenho de cargos apregoado pelos engenheiros da Administração Científica no início do século XX.

No modelo clássico, as pessoas eram vistas como apêndices da máquina; demonstrava a fragmentação do trabalho, dividido na linha de produção. O modelo clássico apresenta ênfase na eficiência e no conservadorismo dos cargos, sendo projetado para alcançar a redução de custos, a padronização das atividades e o apoio à tecnologia.

Este modelo, no entanto, traz como desvantagem o fato de descrever cargos simples e repetitivos e de propiciar a desmotivação por causa do trabalho individualizado, monótono e monopolizado pela chefia.

3.1.2 Modelo humanístico

O modelo humanístico é também denominado modelo de relações humanas, pelo fato de ter surgido com a experiência de Hawthorne. Foi a partir dela que surgiu a Escola de Relações Humanas, na década de 1930. Como vimos no primeiro capítulo, o movimento humanista foi uma reação pendular ao mecanicismo da administração tradicional da época e tentou substituir a engenharia industrial pelas ciências sociais, a organização formal pela organização informal, a chefia pela liderança, o incentivo salarial pelas recompensas sociais e simbólicas, o comportamento individual pelo comportamento em grupo e o organograma pelo sociograma.

3.1.3 Modelo contingencial

O modelo contingencial representa a abordagem mais ampla e complexa, pelo fato de considerar três variáveis simultaneamente: as pessoas, a tarefa e a estrutura da organização. O nome **contingencial** decorre da adequação do desenho do cargo e dessas três variáveis. Como estas assumem características diferentes, o resultado é relativo, contingente e não fixo, ou padronizável.

No modelo contingencial, o desenho do cargo não se baseia na presunção de estabilidade e permanência dos objetivos e dos processos organizacionais, mas, ao contrário, é dinâmico e baseia-se na contínua mudança e revisão do cargo, como uma responsabilidade básica colocada nas mãos do gerente ou de sua equipe de trabalho.

Questão de Concurso

(Cespe/TRT 10ª Região/Analista Administrativo/2013) A divisão de um processo organizacional em partes e a designação de cargos para a realização de cada parte é um exemplo de como os cargos são abordados no modo clássico, enquanto que a vinculação de um cargo amplo a um processo e aos seus respectivos níveis de complexidade revela a tendência conemporânea na análise de cargos.

Gabarito: certo. No modo clássico (tradicional), o trabalho era dividido e fragmentado de acordo com uma organização departamentalizada funcionalmente. Atualmente (tendência), a análise de cargos é feita a partir de cargos amplos vinculados a um processo e aos seus níveis de complexidade.

O modelo contingencial baseia-se em cinco dimensões essenciais, que todo cargo deve possuir em maior ou menor grau. A saber:

Variedade

Refere-se ao número e à variedade de habilidades exigidas pelo cargo.

↓

Autonomia

Refere-se ao grau da independência e de critério pessoal que o ocupante tem para planejar e executar o seu trabalho.

↓

Significado das tarefas

Refere-se ao conhecimento da influência que o cargo provoca em outras pessoas ou no trabalho organizacional.

↓

Identidade com a tarefa

Refere-se ao grau que o cargo requer que a pessoa execute e complete uma unidade integral no trabalho.

↓

Retroação

Refere-se ao grau de informação de retorno que o ocupante recebe para avaliar a eficiência de seus esforços na produção de resultados.

4. CONCEITO DE DESCRIÇÃO DE CARGOS

Descrever um cargo significa relacionar o que o ocupante faz, como faz, sob quais condições faz e por que faz. A descrição de cargo é um retrato simplificado do conteúdo e das principais responsabilidades do cargo. Ela define o que o ocupante faz, quando faz, como faz, onde faz e por que faz.

A descrição do cargo relaciona de maneira breve as tarefas, os deveres e as responsabilidades do cargo.

Questão de Concurso

(Cespe/TJ-AL/Analista Judiciário/2012 – Adaptada) A descrição de cargo é um processo de enumeração de tarefas ou atribuições que compõem o cargo; assim, permite a diferenciação entre os cargos existentes na organização.

Gabarito: certo. Na descrição de cargo, os dados sobre o cargo são levantados.

5. CONCEITO DE ANÁLISE DE CARGOS

Analisar um cargo significa detalhar o que o cargo exige de seu ocupante em termos de conhecimentos, habilidades e capacidades, para que possa desempenhá-lo adequadamente. A análise é feita a partir da descrição do cargo. Embora sejam intimamente relacionadas, a diferença é que, enquanto a descrição de cargos focaliza o conteúdo do cargo (o que o ocupante faz, quando faz, como faz e por que faz), a análise de cargos procura determinar os requisitos físicos e mentais que o ocupante deve possuir, as responsabilidades que o cargo lhe impõe e as condições em que o trabalho deve ser feito.

Assim, a análise de cargos preocupa-se com as especificações do cargo em relação ao ocupante que deverá preenchê-lo, analisando os seguintes fatores, segundo Chiavenato (1999).

Requisitos mentais

- Instrução necessária;
- Experiência anterior;
- Iniciativa;
- Aptidões.

Requisitos físicos

- Esforço físico;
- Concentração visual ou mental;
- Destrezas ou habilidades;
- Compleição física.

Responsabilidades

- Supervisão de pessoas;
- Material, equipamento ou ferramental;
- Dinheiro, títulos ou documentos;
- Contratos.

Condições de trabalho

- Ambiente físico do trabalho;
- Riscos de acidente.

Questão de Concurso

(Cespe/TJ-AL/Analista Judiciário/2012 – Adaptada) Os requisitos mentais identificados na análise de cargo referem-se ao grau de instrução, à experiência anterior e às habilidades manuais e de concentração do ocupante do cargo em exame.

Gabarito: errado. Habilidades manuais e de concentração referem-se a requisitos físicos.

VEJA BEM!

Primeiro, é realizada a descrição de cargo para que, posteriormente, seja realizada a análise de cargos. Na descrição, os dados são levantados e, na análise, são analisados.

Questão de Concurso

(Cespe/Basa/Técnico Administrativo/2012) Consideram-se realizadas a análise e a descrição de cargos quando ocorre a determinação dos requisitos básicos da força de trabalho, tais como os requisitos intelectuais e os físicos, as responsabilidades envolvidas e as condições de trabalho.

Gabarito: certo. Este é o objetivo final do processo de análise e descrição de cargos.

Quadro-resumo

Descrição de Cargo	Análise de Cargo
Aspectos intrínsecos	Aspectos extrínsecos
Consiste em enumerar as tarefas, atribuições e responsabilidades que compõem um cargo (o que faz), a periodicidade da execução (quando faz), os métodos empregados para execução (como faz), os objetivos do cargo (por que faz).	Consiste em definir os requisitos que o cargo impõe a seu ocupante, baseados nos requisitos mentais, físicos, responsabilidades envolvidas e condições de trabalho.

6. MÉTODOS DE COLETA DE DADOS SOBRE OS CARGOS

Existem três métodos para a obtenção de dados a respeito dos cargos, quais sejam:

Método	Descrição	Vantagens	Desvantagens
Entrevista	• As entrevistas podem ser individuais, grupais, com grupo de funcionários, ou com o supervisor que conhece os cargos a serem analisados.	– Obtenção de dados por pessoas que melhor o conhecem – Possibilidade de esclarecer todas as dúvidas – Pode ser aplicado a qualquer tipo ou nível de cargo	– Custo operacional alto – Perda de tempo quando o analista de cargos não se preparou para essa tarefa – Possibilidade de induzir a uma confusão entre opiniões
Questionário	• A colheita de dados a respeito de um cargo pode ser feita por questionários que são distribuídos aos seus ocupantes ou ao seu supervisor.	– Mais econômico – Mais abrangente, pode ser distribuído a todos os ocupantes de cargos – Ideal para analisar cargos de alto nível	– É contraindicado para cargos de baixo nível – Exige planejamento e cuidadosa montagem – Tende a ser superficial e distorcido, ante a qualidade das respostas escritas
Observação	• O método da observação é aplicável em cargos simples, rotineiros e repetitivos.	– Veracidade dos dados obtidos – Não requer a paralisação do ocupante do cargo – Ideal para cargos simples e repetitivos	– Custo elevado – A observação, sem o contato direto e verbal com o ocupante, não permite dados realmente importantes para a análise – Contraindicado para cargos que não sejam simples

Questão de Concurso

(Consulplan/TSE/Analista Judiciário/2012) Qual dos métodos citados a seguir apresenta viabilidade de uso no processo de análise de cargos?

a) Provas de conhecimentos ou de capacidades.

b) Testes psicológicos.

c) Observação direta.

d) Psicodrama.

Gabarito: c. Os métodos utilizados são: entrevista, questionários e observação direta.

6.1 Outros instrumentos de coleta

- **Requisição de pessoal**
  Formulário em que o gerente anota os requisitos e as características desejáveis do futuro ocupante do cargo.

- **Hipótese de trabalho**
  Previsão aproximada do conteúdo do cargo e de sua exigibilidade em relação ao ocupante (requisitos e características). É utilizado para cargos novos e que nunca foram pensados.

- **Técnica dos incidentes críticos**
  Anotação sistemática e criteriosa a respeito de todos os fatos e comportamentos que produzem excelente ou péssimo desempenho. Identifica as características que melhoram ou pioram o desempenho.

> **Questão de Concurso**
>
> **(Cespe/Antaq/Analista Administrativo/2009)** O procedimento de questionário para descrição de tarefas é o procedimento mais adequado para descrever e classificar comportamentos críticos dos trabalhadores.
>
> *Gabarito: errado. Trata-se da técnica de incidentes críticos.*

7. FASES DA ANÁLISE DE CARGOS

7.1 Planejamento

- determinação dos cargos a serem descritos;
- elaboração do organograma de cargos;
- elaboração do cronograma de trabalho;
- escolha dos métodos de análise a ser(em) aplicados;
- seleção dos fatores de especificações a serem utilizados na análise;
- dimensionamento dos fatores de especificações;
- graduação dos fatores de especificações.

7.2 Preparação

- recrutamento, seleção e treinamento dos analistas de cargos;

- preparação do material de trabalho;
- preparação do ambiente;
- colheita de dados prévios (nome dos ocupantes dos cargos a analisar, relação dos equipamentos etc.).

7.3 Execução

- coleta dos dados sobre os cargos pelos métodos escolhidos;
- triagem dos dados obtidos;
- redação provisória da análise dos cargos;
- apresentação da redação provisória ao supervisor imediato para ratificação ou retificação;
- redação definitiva da análise do cargo;
- apresentação da redação definitiva da análise do cargo para aprovação final.

Questão de Concurso

(Cespe/CNJ/Analista Administrativo/2013) No programa de análise de cargos, constam as fases de planejamento, preparação e execução. A reunião de dados sobre os cargos, a triagem dos dados e a redação provisória da análise devem ser realizadas na fase de execução.

Gabarito: certo. A execução é a fase em que se fazem a colheita de dados a respeito dos cargos a analisar, a triagem dos dados obtidos e a redação provisória da análise.

8. ENRIQUECIMENTO DE CARGO

O enquiquecimento de cargo representa uma forma de elevar a responsabilidade, os objetivos e os desafios das tarefas do cargo, podendo ser vertical (adição de responsabilidades de níveis de complexidade mais elevados) ou horizontal (adição de responsabilidade no mesmo nível de complexidade).

CUIDADO!

Alguns autores consideram que enriquecimento de cargo, alargamento de tarefa ou ampliação de cargos representam a mesma coisa.

Por meio do enriquecimento de cargo, é possível reorganizar e ampliar o cargo, proporcionando o acréscimo de variedade, autonomia, significado, identidade e retroação e contribuindo para a satisfação do funcionário.

Segundo Chiavenato (1999), o enriquecimento do cargo pode proporcionar:

- elevada motivação intrínseca do trabalho;
- desempenho de alta qualidade;
- elevada satisfação com o trabalho;
- redução de rotatividade e absenteísmo.

CAPÍTULO 4

Recrutamento e Seleção

O processo seletivo de uma organização é composto de recrutamento e seleção, e, dentro da área de gestão de pessoas, está relacionado à política de suprimento, sendo utilizado para incluir novos funcionários na empresa. Diz respeito, portanto, à provisão de pessoas na organização.

Esse subsistema define quem trabalhará na empresa. Entre as suas práticas, estão o planejamento de recursos humanos, a pesquisa de mercado de RH, o recrutamento e a seleção de pessoas e o planejamento quanto à integração (socialização ou ambientação dos novos funcionários), configurando-se como um processo estratégico para a organização.

Questão de Concurso

(Cespe/EBC/Analista/2011) Diferentemente do processo de seleção, que está associado à área estratégica de gestão de pessoas, o recrutamento, cujo objetivo é atrair os candidatos para o processo de seleção, constitui tarefa da área operacional.

***Gabarito**: errado. Ambos representam processos estratégicos.*

ATENÇÃO!

Como foi visto no primeiro capítulo, para Chiavenato (2006), o processo de recrutamento e seleção faz parte da política de agregar pessoas.

1. PESQUISA DE MERCADO

Para escolher a melhor estratégia de recrutamento e seleção, é necessário identificar o funcionamento do mercado de trabalho e do mercado de RH por meio da pesquisa de mercado.

1.1 Mercado de trabalho

O **mercado de trabalho** é composto pelas ofertas de trabalho oferecidas pelas diversas organizações. A quantidade de vagas oferecidas interfere diretamente na forma como o processo seletivo será desenvolvido, uma vez que o mercado de trabalho pode estar em oferta ou em procura.

Quando o mercado de trabalho está em oferta, observa-se abundância de oportunidades de emprego e excessiva quantidade de vagas. Como existem mais vagas do que candidatos, as empresas competem para obter o melhor candidato e, para isso, intensificam os investimentos em recrutamento, reduzindo, por outro lado, as exigências aos candidatos. O mercado de trabalho em oferta também exige que as organizações invistam em treinamento e em recrutamento interno. Por fim, para não perderem funcionários para o mercado, as empresas investem em políticas de retenção de pessoal, em orientação para pessoas e em benefícios.

Mercado de Trabalho

Oferta	**Procura**
Excessiva quantidade de vagas	Insuficiente quantidade de vagas
Competição entre empresas para obter candidatos	Falta de competição entre as empresas para obter candidatos
Intensificação dos investimentos em recrutamento	Redução dos investimentos em recrutamento
Redução das exigências aos candidatos	Aumento das exigências aos candidatos
Intensificação dos investimentos em treinamento	Redução dos investimentos em treinamento
Ênfase no recrutamento interno	Ênfase no recrutamento externo
Políticas de retenção de pessoal	Políticas de substituição do pessoal
Orientação para as pessoas e seu bem-estar	Orientação para o trabalho e para a eficiência
Intensificação dos investimentos em benefícios sociais	Redução ou congelamento dos investimentos em benefícios sociais

Chiavenato (2009) – Adaptado.

1.2 Mercado de RH

Já o **Mercado de RH** é composto pelo conjunto de pessoas aptas a trabalharem, as quais estejam disponíveis para participarem de processos seletivos.

Quando o mercado de RH está em oferta, observa-se grande quantidade de candidatos diaponíveis para participar de processos seletivos, existindo excessiva competição pela vaga de emprego. Em decorrência da disputa por vaga e da dificuldade em conseguir emprego, observa-se uma tendência pelo rebaixamento das pretensões salariais. Devido ao medo do desemprego, também, os funcionários tendem a se fixar nos cargos (resultando em baixa rotatividade e redução no absenteísmo). Nessa situação, a orientação é pela sobrevivência, que faz com que o candidato aceite qualquer oferta de emprego.

No entanto, quando o mercado de RH está em procura, observam-se poucos candidatos no mercado. Dessa forma, a falta de competição entre eles força a elevação das pretensões salariais. Já a grande disponibilidade de emprego faz com que os funcionários não se fixem nos empregos, aumentando a rotatividade e o absenteísmo.

Mercado de RH

Oferta	Procura
Excessiva quantidade de candidatos	Insuficiente quantidade de candidatos
Competição entre candidatos para obter candidatos	Falta de competição entre os candidatos para obter candidatos
Rebaixamento das pretensões salariais	Elevação das pretensões salariais
Dificuldade em conseguir emprego	Facilidade em conseguir emprego
Temor de perder o atual emprego e maior fixação do emprego	Vontade de perder o atual emprego e menor fixação ao emprego
Baixo absenteísmo	Alto absenteísmo
O candidato aceita qualquer oportunidade desde que ela apareça	O candidato seleciona as múltiplas oportunidades que tem pela frente
Orientação para a sobrevivência	Orientado para melhoria e desenvolvimento profissional

Chiavenato (2009) - Adaptado.

Os mercados são interdependentes e interpenetram-se. Tanto o mercado de trabalho quanto o mercado de RH funcionam em termos de oferta e procura, como demonstra o esquema abaixo.

Oferta > (Maior) Procura – Mercado em situação de oferta

Oferta < (Menor) Procura – Mercado em situação de procura

Oferta = (Igual) Procura – Mercado em situação de equilíbrio

Segundo Carvalho e Nascimento (1998), o mercado de trabalho pode se apresentar das seguintes formas:

Ocupado	Candidatos em potencial já estão empregados.
Disponível	Candidatos em potencial estão à disposição da empresa recrutadora.
Fixo	Existe disponibilidade constante de candidatos em potencial.
Cíclico	Mão de obra disponível em certas ocasiões
Limitado/Ilimitado	Depende da localização da empresa em relação ao mercado de trabalho. Se estiver perto, as condições de atrações de candidatos serão diferentes da organização que estiver longe do mercado.
Abundante	Existe excesso de mão de obra no preenchimento de determinados cargos.
Suficiente	Há equilíbrio entre a oferta e a procura de mão de obra.
Exíguo	Existe oferta limitada de candidatos para certas vagas.

Questão de Concurso

(FCC/TRE-SP/Analista Judiciário/2012) Na fase de recrutamento, o mercado de trabalho apresenta-se sob várias formas. Um mercado de trabalho indicado como cíclico indica que:

a) há equilíbrio entre a oferta e a demanda de mão de obra.

b) os candidatos em potencial estão à disposição da empresa recrutadora naquele momento.

c) a mão de obra só está disponível em certas ocasiões.

d) a oferta de candidatos é limitada naquele momento que se necessita cumprir a vaga.
e) há disponibilidade mais ou menos constante de candidatos em potencial.

Gabarito: c. Mão de obra só está disponível em certas ocasiões = cíclico.

2. RECRUTAMENTO

Quando uma vaga é aberta dentro de uma organização, e precisa ser fechada, é necessário fazer com que as pessoas saibam que esta está aberta, instigando o envio de currículos ou a solicitação de participação no processo seletivo. Dessa forma, utiliza-se o processo chamado recrutamento, que é, em suma, o processo de convidar, chamar, atrair os candidatos para o processo seletivo.

Os pricipais autores e bancas de concurso descrevem o recrutamento como:

ATENÇÃO!

"O conjunto de atividades projetadas para atrair candidatos qualificados."
"Técnicas e procedimentos que visam a atração de candidatos potencialmente qualificados e capazes de ocupar cargos em determinada organização".
"É o processo de atrair um conjunto de candidatos, anunciando a disponibilidade do cargo no mercado e atraindo candidatos qualificados para disputá-lo."

Questão de Concurso

(Consulplan/TSE/Analista Judiciário/2012 - Adaptada) Comparando o processo de recrutamento e seleção de pessoal, analise.
I - O recrutamento é a busca de candidatos qualificados, enquanto a seleção é a escolha de candidatos mais aptos.

Gabarito: certo. Enquanto no recrutamento buscam-se os candidatos com qualificação para determinada vaga, na seleção, os candidatos são escolhidos.
II - O recrutamento e a seleção de pessoal são processos que têm a mesma finalidade.

Gabarito: errado. Não possuem finalidade.
III - A função do recrutamento é suprir a seleção de matéria-prima básica, ou seja, candidatos.

Gabarito: certo. O recrutamento encaminha candidatos (matéria-prima básica) para o processo de seleção.

O recrutamento ocorre no contexto do mercado de trabalho e do mercado de recursos humanos. Por isso, o conhecimento dos mercados mediante pesquisa é de extrema importância para a realização do recrutamento de pessoal. A revisão da demanda e a previsão da oferta de RH constituem a primeira etapa do processo de captação e seleção de pessoas, pois o recrutamento deve suprir o processo seletivo com candidatos adequados para atender às demandas da empresa.

2.1 Recrutamento interno *x* externo

Existem três tipos de recrutamento.

Interno	• O preenchimento das vagas e oportunidades é feito pelos próprios funcionários atuais.
Externo	• O preenchimento das vagas e oportunidades é feito pela admissão de candidatos externos.
Misto	• Ocorrem os dois tipos de recrutamento (interno e externo), no mesmo momento ou em momentos distintos.

Questão de Concurso

(Cespe/Anac/Analista Administrativo/2012) O recrutamento misto de pessoas pelas organizações caracteriza-se pela busca de empregados qualificados dentro da própria organização, em outras organizações e no mercado.

Gabarito: certo. Interno, dentro da própria organização; externo, em outras organizações e no mercado.

VEJA BEM!

O recrutamento interno acarreta três tipos de movimentação:

- promoção: movimentação vertical;
- transferências: movimentação horizontal;
- transferência com promoção: movimentação diagonal.

2.1.1 Recrutamento *online*

A internet, hoje, é um canal muito utilizado pelas empresas na realização do contato com os candidatos, tendo ênfase no cadastro de currículos. Como vantagens, há a otimização do processo de recrutamento e redução de custos, permitindo ainda a montagem de um banco de dados de talentos, ao se guardar currículos de candidatos internos e externos.

2.2 Vantagens e desvantagens do recrutamento interno

RECRUTAMENTO INTERNO

PONTOS FORTES	PPONTOS FRACOS
⇑ Aproveita melhor o potencial humano da organização	⇓ Bloqueia a "oxigenação" da empresa
⇑ Motiva e encoraja o desenvolvimento profissional dos funcionários	⇓ Aumenta o conservadorismo e favorece a rotina
⇑ Incentiva a permanência dos fucionários e a sua fidelidade	⇓ Não altera o patrimônio humano da organização
⇑ Ideal para situações de estabilidade e pouca mudança ambiental	⇓ Conserva a cultura organizacional existente
⇑ Não requer socialização organizacional de novos membros	⇓ Diminui a reciclagem do quadro de funcionários
⇑ Probabilidade de melhor seleção, pois os candidatos são bem conhecidos	
⇑ O custo é menor do que o custo do recrutamento externo	

No entanto, tanto o recrutamento interno quanto o recrutamento externo apresentam vantagens e desvantagens.

ATENÇÃO!

Uma das desvantagens do recrutamento interno é denominada **princípio de Peter**. Nesse caso, se o recrutamento interno for administrado incorretamente, pode levar a organização a promover continuamente seus empregados, elevando-os até a posição ou a função em que demonstram o máximo de sua incompetência, ou seja, não apresentam mais capacidade de responder adequadamente às exigências que lhes são impostas.

Questão de Concurso

(Cespe/Aneel/Analista Administrativo/2010) Para evitar a ocorrência do "Princípio de Peter", o gerente de RH deve utilizar o recrutamento interno.

Gabarito: errado. O recrutamento interno propicia a incidência desse princípio.

2.3 Vantagens e desvantagens do recrutamento externo

RECRUTAMENTO EXTERNO

PONTOS FORTES	PONTOS FRACOS
⇧ Introduz sangue novo à organização	⇩ Pode interferir na motivação dos funcionários
⇧ Diversifica o patrimônio humano	⇩ Reduz a fidelidade dos funcionários
⇧ Aumenta o capital intelectual	⇩ Requer aplicação de técnicas seletivas aprimoradas
⇧ Renova a cultura organizacional	⇩ Mais caro
⇧ Incentiva a interação da organização com o mercado de trabalho	⇩ Mais trabalhoso
	⇩ Mais inseguro

Questão de Concurso

(Consulplan/TSE/Analista Administrativo/2012) É correto afirmar que o recrutamento externo é vantajoso por ser um processo:

a) rápido e econômico para a empresa.
b) que traz funcionários com outras experiências para a empresa.
c) que exige potencial de crescimento dos colaboradores que já fazem parte do quadro da empresa.
d) que provoca competição sadia entre os colaboradores da empresa.

Gabarito: b. As demais alternativas representam vantagens do recrutamento interno.

O recrutamento externo pode ser realizado seguindo uma abordagem direta ou indireta.

Na abordagem direta, ocorre o contato direto da empresa que está recrutando com os candidatos, por meio de escolas e universidades; a própria empresa; outras empresas ou outras fontes.

Questão de Concurso

(Cesgranrio/Termo Macaé/Técnico Administrativo/2009) Em uma empresa, uma tarefa típica da atividade de Recrutamento de pessoal, com vistas à contratação de novos funcionários, é a:

a) realização de contatos com escolas e universidades.
b) realização de entrevista preliminar.
c) realização de entrevista técnica.
d) aplicação de testes de seleção.
e) aplicação de técnicas de simulação.

Gabarito: a. As demais alternativas referem-se a técnicas de seleção.

Na abordagem indireta, ocorre o contato indireto da empresa que está recrutando com os candidatos, por meio de agências de recrutamento, associações de classe ou sindicatos.

Questão de Concurso

(Cespe/Anac/Analista Administrativo/2012) Os métodos mistos de recrutamento e seleção tendem a ser aplicados quando as organizações buscam estratégias analisadoras em que a inovação e a manutenção de suas capacidades direcionam as ações de RH.

Gabarito: certo. Para inovação, utiliza-se o recrutamento externo; para manutenção das capacidades, busca-se o recrutamento interno. Para o equilíbrio entre os dois, utiliza-se a forma mista.

2.4 Técnicas de recrutamento

As técnicas de recrutamento referem-se aos métodos por meio dos quais a organização divulga a existência de uma oportunidade de trabalho junto às fontes de candidatos mais adequadas. As principais técnicas de recrutamento externo são as seguintes:

- anúncios em jornais e revistas especializadas;
- agências de recrutamento;
- contatos com sindicatos e associações de classe;

- contato com outras empresas que atuam no mesmo mercado em termos de cooperação mútua;
- contatos com escolas, universidades, agremiações, diretórios acadêmicos;
- conferências e palestras em universidades e escolas;
- cartazes ou anúncios em locais visíveis;
- apresentação de candidatos por indicação de funcionários;
- contratação de caçadores de talentos (*headhunters*);
- viagens para recrutamento em outras localidades;
- consulta aos arquivos de candidatos;
- recrutamento *online* - internet;
- programas de *trainees* - jovens saídos de universidades para ocupar posições gerenciais ou altamente técnicas.

Questão de Concurso

(Consulplan/TSE/Analista Judiciário/2012) As técnicas de recrutamento são os métodos pelos quais a organização aborda a existência de uma oportunidade de trabalho. Qual das técnicas citadas a seguir se enquadra nessa afirmativa?

a) Aplicação de testes psicométricos.
b) Anúncios em jornais.
c) Dinâmicas de grupo.
d) Aplicação de testes projetivos de personalidade.

Gabarito: b. As demais alternativas representam técnicas de seleção.

2.5 Formas alternativas de recrutamento

Relativamente à função a preencher, a organização pode optar por recrutar diretamente ou indiretamente, utilizando serviços externos especializados. Se a escolha recair sobre essa última hipótese, a empresa tem à sua disposição os seguintes serviços: *headhunters* ou "caçadores de cabeças", *search* ou consultores de pesquisa direta e consultores de recrutamento.

2.5.1 *Headhunting*

As organizações recorrem aos *headhunters* quando querem preencher cargos de *top management*. O *headhunting* consiste numa abordagem direta por parte de um consultor a um conjunto de potenciais candidatos, visando a despertar o seu interesse por uma nova oportunidade profissional, tendo como objetivo a identificação do profissional que, num dado momento, reúne as condições para integrar com sucesso a organização promotora do recrutamento, encara os desafios colocados e está capacitado para concretizar os objetivos a ele propostos.

2.5.2 Consultoria de pesquisa direta

Os consultores de pesquisa direta atuam segundo uma metodologia semelhante à dos *headhunters*, mas diferem destes no que se refere ao público com o qual trabalham. Estes são gestores seniores que ainda não estão no topo da carreira, sendo o contato com estes mais fácil e a receptividade a propostas de evolução de carreira maior. Os consultores fornecem à empresa solicitadora do recrutamento uma pequena lista em que constam os candidatos considerados viáveis, cabendo a ela entrevistá-los e selecioná-los.

2.5.3 Consultoria de recrutamento

A consultoria de recrutamento consiste no *outsourcing* (**terceirização**) por parte da empresa solicitadora do recrutamento. Os motivos para tal opção prendem-se, como já exposto, à inexistência de recursos próprios da organização para proceder ao recrutamento e à seleção ou, se por motivos internos ou de mercado, pretenderem distância do processo.

3. SELEÇÃO DE PESSOAS

A seleção de pessoas vem logo após o recrutamento. Enquanto este é uma atividade de divulgação, de chamamento, convidativa, atrativa; aquela é uma atividade obstativa, restritiva, de escolha, opção e decisão.

> **Questão de Concurso**
>
> **(Cespe/MPU/Técnico Administrativo/2010)** Constituem atividades típicas de seleção de recursos humanos: localização, atração e identificação de potenciais candidatos para a organização.
>
> *Gabarito: errado. Representam atividades de recrutamento.*

O objetivo básico do recrutamento é abastecer o processo seletivo de candidatos; o da seleção é escolher e classificar os candidatos adequados às necessidades da organização. A seleção é um processo de comparação entre duas variáveis: de um lado, os requisitos do cargo a ser preenchido, fornecidos pela análise de cargo e, de outro, o perfil das características dos candidatos que se apresentam, obtido por meio da aplicação de técnicas de seleção.

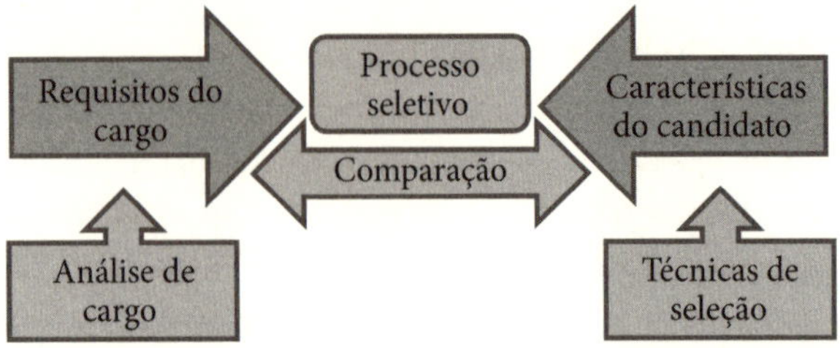

Questão de Concurso

(FCC/TRF 5ª Região/Analista Judiciário/2012) Todo processo de seleção de pessoal baseia-se, fundamentalmente, na análise comparativa de dois campos:

a) características do cargo e exigências do candidato.
b) exigências do cargo e características do candidato.
c) características da função e exigências da organização.
d) exigências da função e características da organização.
e) características do cargo e exigências da função.

Gabarito: b. Seleção é um processo de comparação entre as exigências do cargo e o perfil do candidato.

A seleção é uma responsabilidade de linha e uma função de *staff*, ou seja, a responsabilidade é dos gerentes assessorados pelo especialista de gestão de pessoas. Em suma, esta dá o apoio, realizando todo o processo de seleção, mas, no fim, não escolhe efetivamente o candidato a ser contratado, fornecendo apenas as opções ao gerente de linha que decide quem trabalhará no seu setor.

3.1 Modelos de seleção

Como processo de decisão, a seleção possui três modelos:

- **Modelo de colocação**: neste há somente um candidato e uma vaga, devendo-se, então, o candidato, obrigatoriamente, preencher a vaga sem sofrer rejeição alguma.
- **Modelo de seleção**: quando há vários candidatos e apenas uma vaga a ser preenchida, o candidato mais apto é selecionado.
- **Modelo de classificação**: é quando existem vários candidatos para cada vaga e várias vagas para cada candidato.

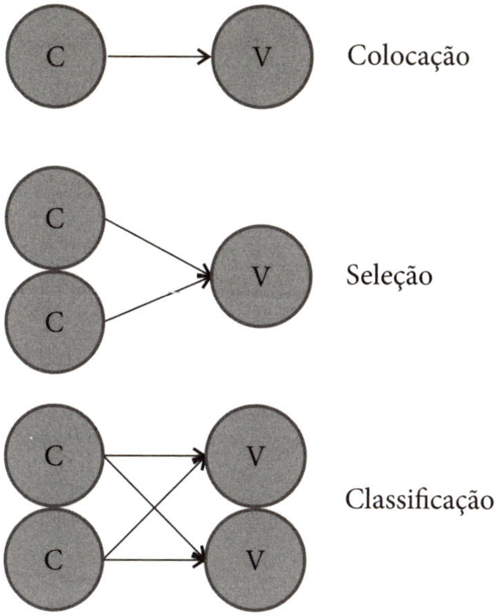

ATENÇÃO!

O modelo de classificação é uma abordagem mais ampla e situacional, por aproveitar melhor os candidatos e ser eficiente, uma vez que envolve a totalidade de cargos vacantes a serem preenchidos e reduz os custos envolvidos, evitando duplicidade ou repetição de despesas com o processo.

3.2 Estágios de seleção

Na escolha do processo de seleção, pode-se aplicar mais de uma técnica em um processo sequencial, que definirá se o candidato passará à técnica seguinte.

- **Seleção de estágio único**: a abordagem faz com que as decisões sejam baseadas nos resultados de um único teste.
- **Seleção sequencial de dois estágios**: a seleção sequencial de dois estágios ocorre quando uma decisão de investigação mais demorada pode ser tomada, quando as informações colhidas no primeiro estágio forem julgadas insuficientes para uma decisão definitiva.
- **Seleção sequencial de três estágios**: envolve uma sequência de três decisões, com base em três técnicas de seleção.

Para que o processo seletivo seja realizado de forma adequada, é necessário gerar um perfil profissiográfico, construído a partir de informações obtidas na análise e na descrição do cargo.

Questão de Concurso

(Cespe/CNJ/Analista Administrativo/2013) Um dos processos de seleção de pessoal é a seleção sequencial de dois estágios de decisão. Nesse processo, o primeiro estágio é insuficiente para uma decisão definitiva, havendo a aplicação de uma segunda técnica seletiva que subsidiará a decisão final.

Gabarito: certo. Conforme definição da seleção de dois estágios.

Questão de Concurso

(Cespe/MPU/Técnico Administrativo/2010) Para a realização de um processo eficaz de recrutamento e seleção, deve-se proceder, primeiramente, à descrição e análise do cargo ofertado.

Gabarito: certo. A descrição e a análise de cargo são primordiais.

VEJA BEM!

No perfil profissiográfico, as informações sobre o cargo e o perfil desejado do ocupante são transferidos para uma ficha de especificações do cargo. Por meio dela, o selecionador poderá saber o que pesquisar sobre os candidatos no decorrer do processo seletivo.

3.3 Ferramentas de seleção

O primeiro passo para a realização do processo seletivo ocorre por meio do perfil profissiográfico, baseado na coleta de informações sobre o cargo, que pode ser adquirida pelos seguintes procedimentos:

- **Descrição e análise do cargo**: a descrição é o levantamento dos aspectos intrínsecos (tarefas, atribuições e responsabilidades do cargo) e a análise é o levantamento dos aspectos extrínsecos (conhecimentos, habilidades, aptidões exigidas para o ocupante do cargo).
- **Técnica dos incidentes críticos**: anotação sistemática e criteriosa a respeito de todos os fatos e comportamentos que produzem excelente ou péssimo desempenho.
- **Requisição de pessoal**: formulário em que o gerente anota os requisitos e as características desejáveis do futuro ocupante do cargo.
- **Análise do cargo no mercado**: pesquisa de mercado feita em empresas semelhantes, com cargos que possam ser comparados.
- **Hipótese de trabalho**: previsão aproximada do conteúdo do cargo. É utilizada quando nenhuma das alternativas anteriores serve, como nos casos dos cargos novos e que nunca foram pensados.

Questão de Concurso

(FCC/TRE-SP/Analista Judiciário/2012) As informações a respeito do cargo a ser preenchido podem ser colhidas por meio de cinco maneiras distintas: descrição e análise do cargo; técnica dos incidentes críticos; requisição de pessoal; análise do cargo no mercado e hipótese de trabalho. A análise do cargo no mercado ocorre quando:

a) a ficha de inscrição de novos candidatos se torna fonte primordial para o lançamento do processo de seleção dos candidatos.
b) a coleta de dados, a respeito de cargos, cujo conteúdo depende basicamente das características pessoais que o ocupante do cargo deverá possuir para um desempenho bem-sucedido.
c) a coleta de dados, a respeito de cargos, cujo conteúdo depende basicamente das competências técnicas que o ocupante do cargo deverá possuir para um desempenho considerado bem-sucedido no mercado concorrente.
d) a organização não dispõe de informações sobre os requisitos e características essenciais ao cargo a ser preenchido, por se tratar de algum cargo novo ou cujo conteúdo esteja fortemente atrelado ao desenvolvimento tecnológico, ela lança mão da pesquisa no mercado.
e) há necessidade de se acompanhar de forma sistemática e criteriosa a ocorrência dos bons desempenhos e dos desempenhos fracos ocorridos por colaboradores de outras empresas no mercado de trabalho, visando, assim, auxiliar na definição de um critério claro de obtenção das competências necessárias para a definição do processo seletivo para o cargo em aberto.

Gabarito: d. A pesquisa no mercado é feita quando se trata de cargos novos na empresa. O procedimento também pode ser entendido como benchmark job. Benchmarking *é a comparação da estrutura da empresa com a estrutura de outras empresas bem-sucedidas, buscando conhecer as suas práticas e aperfeiçoá-las.*

3.4 Técnicas de seleção

Com as informações a respeito do cargo a ser preenchido, o passo seguinte é a escolha das técnicas de seleção adequadas para escolher os candidatos. Chiavenato (1999) elenca cinco categorias de técnicas de seleção de pessoal, sendo cada uma delas com objetivos específicos e características próprias, a saber:

Entrevista de seleção	Entrevista direta com o candidato, podendo ser dirigida (com roteiro preestabelecido) ou não dirigida (sem roteiro definido).
Provas de conhecimento ou capacidades	Aplicação de provas com conteúdo geral ou específico.
Testes psicológicos (psicométricos)	Testes que aferem e mensuram determinadas características e aptidões dos candidatos.

Testes de personalidade	Aferem a personalidade dos candidatos por meio de testes padronizados.
Técnicas de simulação	Utilização de técnicas de psicodrama, dramatizações (*role-playing*) e dinâmicas de grupo no processo seletivo.

3.4.1 Entrevistas de seleção

A entrevista de seleção, embora seja uma técnica bastante subjetiva, é ainda a mais utilizada e a que mais influencia a decisão final a respeito dos candidatos. Geralmente, as entrevistas são utilizadas para encontrar indivíduos que se ajustem à cultura e à imagem da instituição, visto que permitem conhecer características de personalidade e valores pessoais dos candidatos.

- **Entrevista de triagem**: é mais rápida e superficial; serve para verificar se o candidato dispõe dos requisitos e das qualificações anunciadas pelas técnicas de recrutamento.
- **Entrevista técnica**: é realizada pelo gerente de linha e aborda aspectos técnicos relacionados ao trabalho.
- **Entrevista de seleção**: é mais profunda e complexa, busca avaliar a qualificação, o potencial e a motivação do candidato para ocupar o cargo.

3.4.1.1 Tipos de entrevista

<table>
<tr><th>Tipos</th><th>Subtipos</th><th>Características</th><th>Vantagens</th></tr>
<tr><td rowspan="2">Questões abertas</td><td>Diretiva</td><td>Determina o tipo de resposta desejada, mas não especifica as questões, ou seja, deixa as perguntas a critério do entrevistador.</td><td rowspan="2">Ambas apresentam, como vantagens, a facilidade, o aprofundamento dos temas abordados e, como desvantagem, a dificuldade de comparação dos candidatos.</td></tr>
<tr><td>Não diretiva</td><td>Não especifica nem as questões nem as respostas requeridas. São denominadas entrevistas não diretivas, exploratórias, informais. São entrevistas totalmente livres, cuja sequência e orientação ficam a cargo de cada entrevistador.</td></tr>
<tr><td rowspan="2">Questões fechadas (formulários)</td><td>Totalmente padronizada</td><td>Estruturada, fechada ou direta, com roteiro preestabelecido, na qual o candidato é solicitado a responder a questões padronizadas e previamente elaboradas.</td><td rowspan="2">Ambas apresentam, como vantagem, a facilidade para comparar os candidatos e, como desvantagem, a dificuldade para aprofundar os temas abordados.</td></tr>
<tr><td>Padronizada apenas quanto às perguntas</td><td>As perguntas são previamente elaboradas, mas permitem respostas abertas, isto é, respostas livres. O entrevistador, com uma listagem (check list) de assuntos a questionar, colhe as respostas do candidato.</td></tr>
</table>

Entrevista comportamental ou *target*	A forma de entrevista conhecida como entrevista comportamental é um tipo relativamente novo, em que é analisado o comportamento em situações específicas. Muitos empregadores acreditam que examinar o desempenho do candidato é uma forma muito mais precisa de prever a *performance* futura. É muito utilizada nas seleções por competências. São usadas perguntas comportamentais, que fazem com que os candidatos descrevam comportamentos anteriores, ações realizadas e resultados obtidos.
Entrevista situacional	Questiona os comportamentos dos candidatos em situações fictícias, por exemplo, como ele agiria em determinada situação.

Questão de Concurso

(FCC/TRE-CE/Analista Judiciário/2012) A entrevista, em que o entrevistador precisa saber formular as questões, de acordo com o andamento da entrevista para obter o tipo de resposta ou informação requerida, é denominada:

a) diretiva.
b) mista.
c) padronizada nas respostas.
d) padronizada nas perguntas.
e) não diretiva.

Gabarito: a. Por determinar a resposta, mas não a pergunta, trata-se da entrevista diretiva.

Questão de Concurso

(Esaf/CVM/Analista de Recursos Humanos/2010) São técnicas de seleção: entrevistas de seleção, provas de conhecimento ou de capacidade, testes psicométricos, testes de personalidade e técnica de simulação. As entrevistas de seleção podem ser do tipo:

a) gerais ou específicas.
b) dirigidas ou não dirigidas.
c) psicodrama ou *role-playing*/dramatização.
d) expressivos, projetivos ou inventários.
e) de aptidões gerais ou específicas.

Gabarito: b. São entrevistas com questões fechadas (dirigidas, padronizadas, estruturadas) e abertas (não dirigidas, não padronizadas, não estruturadas).

3.4.1.2 Erros de entrevista

Kinvex (2002) relata que o entrevistador pode ser influenciado pelas suas inclinações pessoais, e conhecê-las ajudará na eficiência das entrevistas. As interferências pessoais ocorrem quando o entrevistador avalia o candidato influenciado por algo não relacionado com a função em questão.

- **Enviesamento por afinidade**: esta influência ocorre quando o entrevistador está perante um entrevistado que possui algo em comum consigo, por exemplo, *hobbies*, atitudes, convicções. Esta familiaridade com o candidato tem como consequência a negligência de alguma eventual falha do entrevistado. Desse modo, haverá tendência a beneficiar o candidato. O inverso ocorre na situação oposta, ou seja, quando o entrevistador está perante um entrevistado diferente de si, tem tendência a clivar os aspectos positivos, dando importância apenas aos aspectos negativos dele, atitude que, portanto, não será benéfica para o candidato.
- **Interferência das primeiras impressões**: esta interferência ocorre quando o entrevistador cria uma imagem definitiva do candidato a partir das primeiras impressões, havendo tendência para procurar mais informação que confirme a impressão inicial, não dando ênfase a qualquer dado que não a confirme.
- **Erro de Halo**: acontece quando o entrevistador permite que uma característica do candidato influencie a sua perspectiva global sobre ele, generalizando essa característica para outras áreas relevantes à função, por exemplo, a crença de que bons vendedores serão bons gestores de vendas.
- **Interferência da "necessidade urgente de preencher vagas"**: esta interferência ocorre quando há urgência em preencher uma vaga. O entrevistador tem tendência em baixar os padrões de admissão, conseguindo mais candidatos. O candidato selecionado não é considerado uma boa escolha, mas, devido ao caráter de urgência do recrutamento, este acaba por ser aprovado.
- **Efeito de contraste**: esta influência ocorre quando, após a entrevista a alguns candidatos péssimos, surge um candidato que é abaixo da média, mas, se comparado aos anteriores, parece razoável, e o entrevistador acaba selecionando este. Para anular essa influência, há que se ter critérios de avaliação fixos e preestabelecidos.

3.4.2 Provas de conhecimento e capacidade

As provas de conhecimento são utilizadas para avaliar os níveis de conhecimentos gerais e específicos dos candidatos. Procuram aferir os graus de conhecimentos profissionais ou técnicos.

Questão de Concurso

(FCC/TRT 8ª Região/Analista Judiciário/2010 Adaptada) Entre os principais testes de seleção estão os testes de conhecimento que normalmente são escritos e avaliam conhecimentos específicos ou habilidades, como capacidade de articulação do pensamento e do raciocínio.

Gabarito: certo. Os testes de conhecimento buscam aferir o grau de conhecimento técnico. As provas de capacidade, por sua vez, constituem amostras de trabalho que são utilizadas como testes para verificar o desempenho dos candidatos.

ATENÇÃO!

Quanto à forma de aplicação, as provas de conhecimentos ou de capacidade podem ser orais, escritas ou de realização.

Provas orais	São aplicadas, verbalmente, por meio de perguntas e respostas. Em concursos públicos, são utilizadas com a finalidade de avaliar o nível de conhecimento, como, também, raciocínio e fluência verbal.
Provas escritas	São feitas mediante perguntas e respostas, que devem ser respondidas por escrito. São as provas geralmente realizadas nas escolas, universidades, concursos públicos etc., para aferir conhecimentos dos candidatos e alunos.
Provas de realização	Trata-se da execução de um trabalho ou atividade que simule tarefas realizadas no ambiente de trabalho.

Questão de Concurso

(FCC/TRE-SP/Analista Judiciário/2011) As provas de conhecimentos são utilizadas nos processos de seleção de pessoal para avaliar o nível de conhecimentos gerais e específicos dos candidatos exigidos para o cargo ao qual se candidatam. Ao classificá-las pela sua forma de aplicação, elas podem ser provas:

a) gerais, específicas ou de conhecimentos técnicos.
b) orais, escritas ou de realização.
c) tradicionais, objetivas ou de alternativas simples.
d) múltipla escolha, ordenação ou dissertativa.
e) abertas, de habilidades ou de conhecimentos gerais.

Gabarito: b. As demais referem-se a outros tipos de classificação, tais como organização e abrangência.

ATENÇÃO!

As provas, quanto à sua abrangência, podem ser gerais (noções de cultura geral ou aspectos genéricos do conhecimento) ou específicas (conhecimentos técnicos e específicos diretamente relacionados ao cargo).

ATENÇÃO!

As provas, quanto à sua organização, podem ser tradicionais ou objetivas. As provas tradicionais são do tipo dissertativo e expositivo, as quais avaliam com profundidade determinado conhecimento. Não exigem planejamento e podem ser improvisadas. Por outro lado, as provas objetivas têm aplicação, correção e aferição rápida e simples. São provas planejadas e estruturadas na forma de testes objetivos.

3.4.3 Testes psicométricos

Os testes psicológicos constituem uma medida objetiva e estandartizada de uma amostra de comportamento, personalidade ou aptidões dos indivíduos. Apresentam três características, a saber:

- **Preditor**: capacidade de oferecer resultados capazes de servir como prognósticos para o desempenho do cargo.
- **Validade**: capacidade do teste de aferir exatamente aquela variável que se pretende medir.
- **Precisão**: capacidade de apresentar resultados semelhantes, em várias aplicações, no mesmo indivíduo.

Segundo Chiavenato (1999), a abordagem mais conhecida a respeito das aptidões é a teoria multifatorial de Thurstone, em que a estrutura mental das pessoas é constituída por um número de fatores relativamente independentes entre si, cada qual responsável por determinada aptidão. Thurstone definiu sete fatores específicos e criou um conjunto de testes para medi-los, os chamados testes de habilidades primárias. Acrescentou um fator geral (Fator G), ao qual deu o nome de inteligência geral, pelo fato de condicionar e complementar todas as aptidões. Os específicos são: Fator V ou compreensão verbal, fator N ou Fator numérico, Fator S ou relações espaciais, Fator M ou memória associativa, Fator P ou rapidez perceptual, Fator R ou de raciocínio.

Questão de Concurso

(Consulplan/TSE/Analista Judiciário/2012) A seleção de pessoal é um sistema de comparação e de tomada de decisão; para tanto, necessita usar técnicas que permitam validar esse processo. Qual das técnicas citadas a seguir é passível de utilização no processo seletivo?

a) Aplicação da técnica de incidentes críticos.

b) Aplicação de testes psicométricos.

c) Aplicação da análise de requisição de empregado.
d) Utilização de cartazes e anúncios da empresa.

Gabarito: b. Os demais representam atividades de recrutamento e levantamento de perfil profissiográfico.

3.4.4 Testes de personalidade

Personalidade é mais do que o conjunto de certos aspectos mensuráveis. Constitui uma integração de traços pessoais, uma mistura, um todo organizado. O termo **personalidade** representa a integração única de características mensuráveis relacionadas com aspectos permanentes e consistentes de uma pessoa. Essas características são identificadas como traços de personalidade e distinguem a pessoa das demais. Os testes de personalidade revelam certos aspectos das características superficiais das pessoas, como aqueles determinados pelo caráter (traços adquiridos ou fenotípicos) e aqueles determinados pelo temperamento (traços inatos ou genotípicos).

Os testes de personalidades são denominados psicodiagnósticos quando revelam traços gerais de personalidade em uma síntese global. Nesta categoria estão os chamados testes expressivos (de expressão corporal), como o PMK - psicodiagnóstico miocinético de Mira y López e os chamados testes projetivos (de projeção da personalidade), como o psicodiagnóstico de Rorschach, Teste de Apercepção Temática (TAT), teste de árvore de Koch, teste da figura humana de Machover, teste de Szondi etc.

Os testes de personalidade são chamados específicos quando pesquisam determinados traços ou aspectos de personalidade, como equilíbrio emocional, frustrações, interesses, motivação etc. Nessa categoria estão os inventários de interesses, de motivação e de frustração.

Os testes projetivos são utilizados para identificar traços de personalidade dos candidatos, que são importantes para a execução das atividades e das rotinas laborativas deles. Tais testes, quando aplicados, projetam conteúdos inconscientes do indivíduo avaliado, possibilitando a identificação de fatores mais profundos e de difícil acesso por outras formas de seleção.

ATENÇÃO!

Testes de integridade

Segundo Robbins (2005), os testes de integridade são testes escritos que procuram mensurar fatores como confiabilidade, responsabilidade e honestidade. Existem algumas evidências de que esses testes podem prever o desempenho e os comportamentos contraproducentes dos funcionários, tais como roubos, problemas disciplinares e excesso de absenteísmo.

Questão de Concurso

(Cespe/Anatel/Analista Administrativo/2012) Os testes de integridade constituem uma ferramenta utilizada em processos seletivos. Eles visam excluir candidatos que possam vir a apresentar comportamentos contraproducentes.

Gabarito: certo. Entre outros comportamentos, a possibilidade de apresentarem comportamentos contraproducentes é avaliado.

3.4.5 Técnicas de simulação

São, essencialmente, técnicas de dinâmicas de grupos, em que o profissional responsável pela seleção executa atividades em grupo, que podem ser dinâmicas, simulações, jogos empresariais e até dramatizações ligadas ao psicodrama.

As técnicas de simulação são indicadas para os cargos que exijem relacionamento interpessoal ou em situações em que houver muitos candidatos no processo seletivo.

5. AVALIAÇÃO DO PROCESSO SELETIVO

O quoeficiente de seleção (QS) é utilizado para medir a eficácia do processo seletivo pela fórmula:

$$QS = \frac{\textbf{Número de candidatos admitidos x 100}}{\textbf{Número de candidatos examinados}}$$

ATENÇÃO!

À medida que o QS diminui, aumenta a eficiência do processo. Porém, essa fórmula nada informa a respeito da qualidade do pessoal escolhido/selecionado.

Questão de Concurso

(FCC/TRT 8ª Região/Analista Administrativo/2010) A eficácia do processo seletivo se encontra no fato de conseguir trazer talentos para a empresa, tornando-a cada dia melhor com as novas aquisições e/ou movimentações internas. No entanto, algumas organizações preferem utilizar o quociente de seleção para mediar a eficácia dos processos seletivos. À medida que o quociente de seleção diminui,

a) obtêm-se dados sobre a satisfação dos candidatos quanto ao processo seletivo aplicado.
b) diminui a eficiência do processo.
c) estabiliza-se a eficiência do processo.
d) aumenta a eficiência do processo.
e) mantém-se a eficácia do processo.

Gabarito: d. À medida que o QS diminui, aumenta a eficiência do processo.

6. SELEÇÃO POR COMPETÊNCIAS

Segundo Rabaglio (2004), a seleção por competências tem como finalidade a criação de um perfil de competências, para cada cargo dentro da empresa, por meio do mapeamento de competências.

Esse mapeamento possibilita a seleção de pessoas com base na definição das competências e das habilidades necessárias para cada função, facilitando a implantação de políticas de pessoal e de planos de carreira.

A seleção por competências objetiva trazer para a organização um profissional que possa desenvolver seu potencial de forma contínua, que possibilite o seu desenvolvimento dentro da carreira da pessoa na organização.

Questão de Concurso

(FGV/Badesc/Analista Administrativo/2010) Assinale a alternativa que apresente uma característica da abordagem por competências na captação de pessoas.
a) O perfil procurado é para um cargo específico.
b) As ferramentas de escolha são testes de conhecimento, habilidades e atitudes necessárias.
c) O contrato psicológico construído visa à determinada posição na organização.
d) O horizonte profissional leva em consideração a carreira da pessoa na organização.
e) O processo de escolha considera a adequação para um cargo.

Gabarito: d. Além de selecionar o melhor candidato, a seleção por competência possibilita a sua adequação para desenvolvimento dentro da carreira.

Uma das principais ferramentas utilizadas na seleção por competências é a entrevista comportamental baseada em competências, em que as perguntas são realizadas buscando informações sobre comportamentos passados do candidato. Nesse caso, o candidato é questionado sobre situações similares que envolveram a competência investigada, levando em consideração que tais comportamentos serão repetidos em situações semelhantes no futuro.

Questão de Concurso

(FCC/TRE-AP/Analista Judiciário/2011) A entrevista comportamental, com foco em competências, é estrategicamente estruturada para:

a) pesquisar momentos na vida da pessoa nos quais ela apresentou dificuldades para concluir tarefas.
b) investigar o conhecimento técnico da pessoa na resolução de uma situação-problema.
c) pesquisar a estrutura de aprendizagem que possibilitará o desenvolvimento de competências.
d) analisar situações em que a pessoa demonstrou elevada motivação para lidar com as relações interpessoais.
e) investigar o comportamento passado da pessoa em uma situação similar da competência a ser investigada.

Gabarito: e. A entrevista comportamental busca informações sobre comportamentos passados, levando em consideração que tais comportamentos serão reaplicados no futuro, em situações semelhantes.

6.1 Entrevista comportamental *x* entrevista situacional

Ainda existe muita confusão no que tange aos conceitos de entrevista comportamental e entrevista situacional. Veja o esquema abaixo, que elucida essa questão.

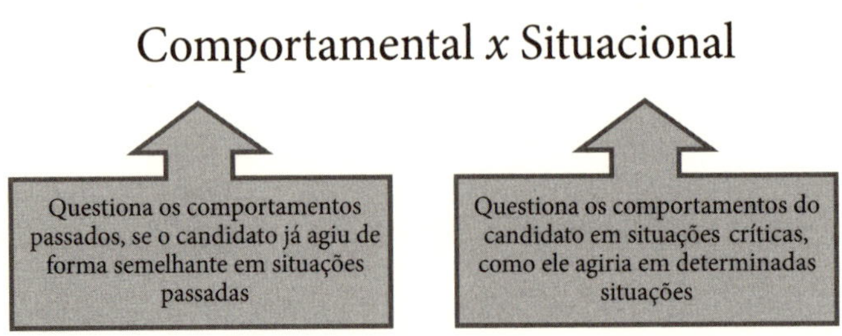

Questão de Concurso

(FCC/TRE-AP/Analista Judiciário/2011) A entrevista comportamental com foco em competências é estrategicamente estruturada para

a) pesquisar momentos na vida da pessoa no qual ela apresentou dificuldades para concluir tarefas.

b) investigar o conhecimento técnico da pessoa na resolução de uma situação-problema.
c) pesquisar a estrutura de aprendizagem que irá possibilitar o desenvolvimento de competências.
d) analisar situações onde a pessoa demonstrou elevada motivação para lidar com as relações interpessoais.
e) investigar o comportamento passado da pessoa em uma situação similar da competência a ser investigada.

Gabarito: e. A entrevista comportamental busca informações do comportamento passado, levando em consideração que tais comportamentos serão replicados no futuro, em situações semelhantes.

CAPÍTULO 5
Remuneração e Benefícios

1. CONCEITO DE REMUNERAÇÃO

A remuneração está relacionada a toda contraprestação dos serviços prestados por um funcionário e, neste contexto, cada organização e empresa desenvolve uma forma específica de compensar seus colaboradores e, com isso, administra o trabalho humano dentro da organização.

Questão de Concurso

(Cespe/PM-DF/Soldado/2009) A remuneração é entendida como uma contrapartida econômica e(ou) financeira de um trabalho realizado por uma pessoa, isto é, é o salário que se recebe, uma recompensa por um trabalho, a princípio, adequadamente executado.

Gabarito: errado. Remuneração refere-se a todas as contrapartidas de um trabalho, não se limitando a contrapartidas financeiras e econômicas.

Remuneração, portanto, representa a área da organização que lida com a recompensa que o indivíduo recebe pela execução de tarefa, mantendo uma relação de troca entre empresa e funcionários.

Alguns conceitos de remuneração:

- processo que envolve todas as formas de pagamento ou de recompensas dadas aos funcionários e decorrentes do emprego;
- função de RH que lida com as recompensas recebidas pelas pessoas em troca do desempenho das tarefas organizacionais;
- pacote de recompensas quantificáveis que um empregado recebe pelo trabalho executado.

Chiavenato (2008) ressalta que, quando uma pessoa aceita um cargo, ela está se comprometendo a uma rotina diária e a um padrão de atividades. No entanto, para as organizações, o salário representa tanto um custo quanto um investimento, pois, embora reflita no custo do produto ou valor do serviço, também representa a aplicação de dinheiro em um fator de produção.

Dentro da organização, o salário pode aumentar devido à promoção vertical – mudança de cargo para um nível acima da hierarquia – ou à promoção horizontal – quando o indivíduo mantém-se no mesmo cargo, mas recebe determinado aumento.

> **Questão de Concurso**
>
> **(Cespe/TCDF/Auditor de Controle Interno/2012)** Na administração de pessoal, diferentemente da promoção vertical, a promoção horizontal não enseja aumento salarial.
>
> *Gabarito: errado. Tanto na vertical quanto na horizontal há aumento salarial.*

Taranto e Fortunato (2008) afirmam que o desenvolvimento e as mudanças organizacionais vivenciadas nos últimos anos trouxeram a necessidade de adequar os sistemas tradicionais de remuneração a um mais flexível e estratégico. A nova perspectiva estratégica da remuneração tira o foco do custo, gerado com o pagamento do salário e dos benefícios, para trazer um conceito de aperfeiçoamento profissional que impulsiona a competitividade e a produtividade da empresa, gerando controle dos custos, cumprimento legal e tratamento justo aos funcionários.

Objetivos da Remuneração

- Motivação e Comprometimento do Pessoal
- Aumento da Produtividade
- Controle de Custos
- Tratamento Justo aos Funcionários
- Cumprimento da Legislação

Segundo Chiavenato (1999), a remuneração pode incluir três componentes: remuneração básica, incentivos salariais e benefícios.

Composição da Remuneração

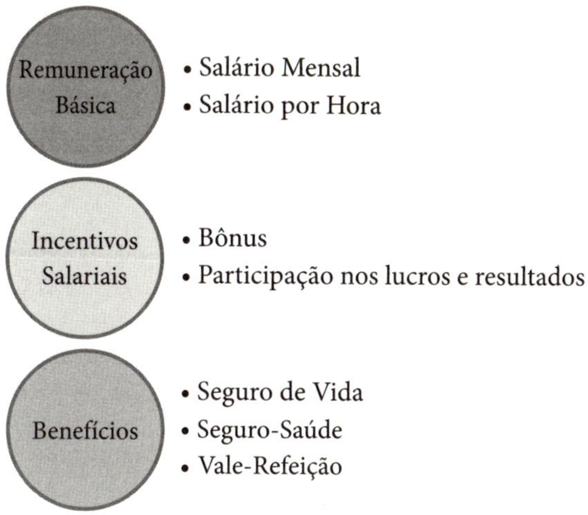

2. REMUNERAÇÃO DIRETA *X* INDIRETA

Segundo Chiavenato (1999), a remuneração também pode ser classificada em direta ou indireta e financeira ou não financeira.

2.1 Remuneração financeira

A remuneração financeira direta consiste no pagamento em forma de salários, bônus, prêmios e comissões.

A remuneração financeira indireta é o salário indireto, relacionado ao plano de benefícios e serviços sociais oferecidos pela empresa; inclui férias, gratificações, adicionais e participação nos resultados.

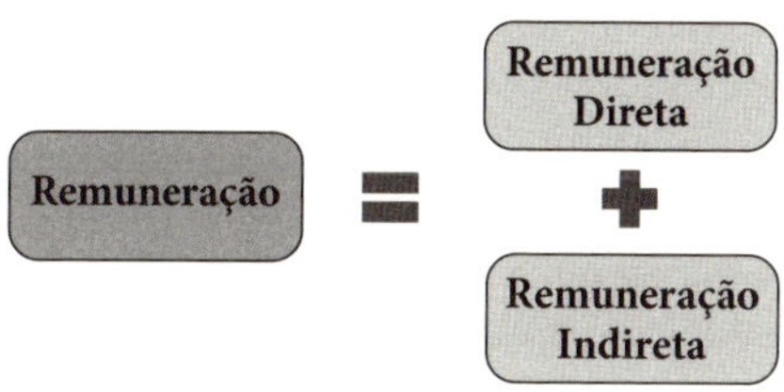

2.2 Recompensa não financeira

Recompensa não financeira é aquela oferecida pela empresa, e que, geralmente, é imensurável, por exemplo: o reconhecimento e a segurança no emprego.

Tipos de Remuneração

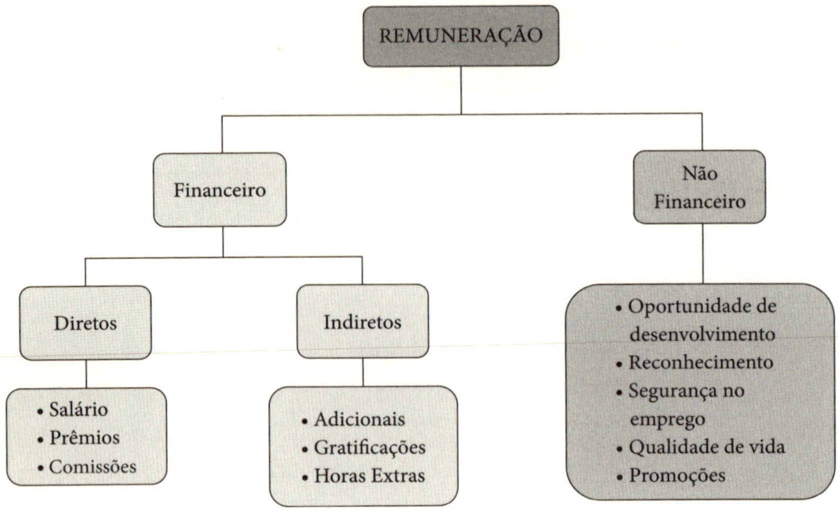

Fonte: Chiavenato (1999) – Adaptado

3. SALÁRIO NOMINAL *X* SALÁRIO REAL

O salário nominal representa o volume de dinheiro fixado em contrato e está relacionado ao cargo ocupado, de tal forma que, se não for atualizado periodicamente, sofre desgaste devido à inflação.

O salário real representa a quantidade de bens e produtos que o empregado pode comprar com certo volume de dinheiro; corresponde ao poder aquisitivo.

Questão de Concurso

(Cesgranrio/EPE/Analista de Gestão Corporativa/2010 – Adaptada) Considerando o caráter multivariado do salário, analise as afirmativas a seguir.

I – Salário direto é aquele percebido como contraprestação do serviço no cargo ocupado, e salário indireto é aquele decorrente de cláusulas da convenção coletiva de trabalho e do plano de serviços e benefícios sociais oferecido pela organização.

II – Salário nominal representa a quantidade de bens que o empregado pode adquirir com aquele volume de dinheiro e o salário real representa o volume de dinheiro fixado em contrato individual pelo cargo ocupado.

III – Os salários, para as organizações, são, a um só tempo, um custo, porque se refletem no custo do produto ou do serviço final, e um investimento, porque representam a aplicação de dinheiro em um fator de produção como uma tentativa de conseguir maior retorno.

Gabarito:
I - certo.
*II - errado. (É exatamente o contrário. O conceito de **nominal** foi trocado pelo de **real**.)*
III - certo.

4. MODELOS DE REMUNERAÇÃO

4.1 Remuneração funcional

Trata-se da forma mais tradicional de remuneração utilizada pelas empresas. Esse sistema está ligado ao cargo ocupado e, para ser implementado, mede-se o valor relativo do cargo na empresa e no mercado de trabalho.

O sistema de remuneração funcional é utilizado por muitas empresas porque é implantado junto com um sistema de cargos e salários, permitindo a equidade externa por meio de pesquisas salariais e, a equidade interna, pela comparação entre os cargos internos.

O equilíbrio interno é alcançado pela avaliação e classificação de cargos, baseados no programa de descrição e análise destes. O equilíbrio externo é alcançado por meio de pesquisa de salários.

EQUILÍBRIO INTERNO	EQUILÍBRIO EXTERNO
Avaliação e Classificação de Cargos	Pesquisa de Salários

- **Vantagens e desvantagens**

Remuneração Funcional

⇧ Forma mais utilizada

⇧ Geralmente é implementado como sistema de cargos e salários

⇧ Permite à empresa equiparar-se ao mercado

⇩ Muito burocrático

⇩ Torna as promoções muito importantes

4.2 Remuneração por habilidades

Desenvolvida devido ao aumento da complexidade das organizações, da diminuição dos níveis hierárquicos e da necessidade de redução de custos. Neste sistema, a remuneração não se vincula ao cargo, mas sim, diretamente às pessoas, remunerando conforme habilidades.

A utilização deste com um sistema de cargos e salários é inviabilizado por não permitir a consolidação de um modelo único e genérico de remuneração.

Os planos baseados em habilidades podem ser agrupados em dois tipos:

- **Plano baseado no conhecimento**: vincula a remuneração ao conhecimento relacionado a um cargo ou função (cientistas e professores).
- **Plano baseado em multi-habilidades**: vincula a remuneração ao número de diferentes cargos ou funções que um funcionário tem capacidade de desempenhar, como funções operacionais de produção. O aumento salarial decorre da aquisição de novos conhecimentos, mas estes são voltados para um conjunto de tarefas inter-relacionadas.

- **Vantagens e desvantagens**

Remuneração por Habilidades

↑ Remunera os profissionais segundo suas habilidades

↑ Favorece o desenvolvimento profissional

↑ Estimula o desenvolvimento horizontal

↓ Pouco indicado para níveis gerenciais e administrativos

↓ Necessita de sistema complexo de desenvolvimento organizacional

4.3 Remuneração por competências

Além de mudar o foco de remuneração do cargo para as pessoas, também diferencia os funcionários de acordo com as habilidades. A base da remuneração está relacionada com os conhecimentos, habilidades e atitudes apresentadas pelos funcionários.

Este tipo de remuneração está totalmente ligado à gestão integrada de pessoas, contemplando a avaliação de desempenho, a capacitação constante, a seleção de pessoas adequadas e o alinhamento com o mercado.

> **Questão de Concurso**
>
> **(Cespe/TCU/Analista de Controle Externo/2008)** A remuneração por competências tem como requisitos a existência de pessoas qualificadas em busca de desenvolvimento constante, a remuneração alinhada com o mercado e a gestão integrada de pessoas.
>
> *Gabarito: certo. São os principais requisitos para implantação de um sistema de gestão por competência.*

- **Vantagens e desvantagens**

Remuneração por Competências

↑ Garante a disseminação do conhecimento

↑ Favorece o desenvolvimento profissional

↑ Estimula o desenvolvimento horizontal

↓ Exige a construção de um sistema integrado de avaliação de desempenho

4.4 Remuneração variável

A remuneração fixa privilegia a padronização salarial e facilita o equilíbrio interno e externo. Da mesma forma, propicia uma base lógica para a distribuição salarial, focalizando o cargo ou as atividades desempenhadas pelo servidor. Um dos problemas da remuneração fixa está no fato de não motivar o indivíduo a ter melhor desempenho.

Remuneração variável representa uma parcela da remuneração total, podendo ser creditada por mês, por trimestre, por semestre ou por ano, e depende dos resultados alcançados pela empresa, pelo setor ou pelo próprio funcionário. A maioria das empresas chama este tipo de remuneração de Participação nos Lucros e Resultados (PLR).

Questão de Concurso

(Cesgranrio/EPE/Analista de Gestão Corporativa/2010 - Adaptada) Dentre as práticas avançadas de formas de remuneração, encontra-se a remuneração variável. Sobre ela, analise as características a seguir.

a) É determinada pela função e ajustada ao mercado, o pagamento é proporcional ao período de tempo dedicado ao trabalho e está dissociada do desempenho ou do resultado de produção.
b) É destinada a proporcionar incentivo ao pessoal técnico da empresa que trabalha em atividades em que o conhecimento tecnológico é fundamental e exige experiência prática e atualização constante.
c) É determinada pela formação e capacitação dos funcionários e desloca o foco do cargo ou função para o indivíduo, aplicando-se, preferencialmente, a organizações que passaram por processos de mudanças.
d) É vinculada a metas de desempenho dos indivíduos, das equipes ou da organização, além de incluir a participação nos lucros e a remuneração por resultados.

Gabarito: d. A alternativa apresenta as novas abordagens de remuneração variável.

VEJA BEM!

Os modelos de avaliação podem ser classificados em tradicionais ou modernos. Enquanto a remuneração funcional representa o modelo tradicional, os modelos de remuneração por habilidade, por competência e variável classificam-se como modelos modernos.

5. AVALIAÇÃO DE CARGOS E SALÁRIOS

Para saber quanto será pago a determinado cargo, é necessário avaliá-lo, levantando características, atividades, responsabilidades, exigências e importância na cadeia produtiva. A avaliação e a classificação de cargos são os dois componentes da administração salarial que cuidam do equilíbrio interno dos salários.

A avaliação de cargos realiza o levantamento dos dados de cada cargo, indicando as diferenças entre eles, tanto qualitativamente quanto quantitativamente. Após a análise e a comparação, os cargos são colocados em uma ordem de classes, que podem ser usadas como base para um sistema de remuneração.

A seguir estão alguns métodos de avaliação de cargos.

Método	Descrição
Método do escalonamento (*job ranking*)	Método que dispõe os cargos em uma relação (crescente ou decrescente), de acordo com determinado critério de comparação. É um método simples e rudimentar, não exigindo muitos detalhes na análise.
Método das categorias predeterminadas (*job classification*)	Variação do método de escalonamento. Realiza a divisão em conjuntos de cargos com características comuns, para posterior aplicação do escalonamento simples.
Método da comparação de fatores (*fator comparison*)	Compara os cargos por meio de fatores de avaliação, tais como requisitos mentais, habilidades requeridas, requisitos físicos, responsabilidades e condições de trabalho.
Método de avaliação por pontos (*point rating*)	Método mais completo e mais utilizado nas empresas. Compara os cargos quantitativamente, por meio de fatores de avaliação. Para tanto, pontos são atribuídos para cada elemento do cargo e depois são contados. A classificação ocorre de forma decrescente, após a soma das pontuações.

ATENÇÃO!

O método "Hay" destina-se exclusivamente à avaliação de cargos gerenciais, sendo ineficaz para cargos administrativos, técnicos ou operacionais.
Criado e desenvolvido pela Hay Consultoria Empresarial, ficou mundialmente conhecido pela sua eficiência em avaliar "executivos" de grandes empresas, inclusive no Brasil (*ex.: Shell*).
Basicamente, o método Hay avalia os cargos com base em três fatores:

- *know-how*;
- Solução de problemas; e
- Acontabilidade (*accountability*).

Know-how: é a soma total de quaisquer aptidões, conhecimentos e experiências requeridas pelo cargo, de maneira a propiciar um desempenho satisfatório, independente da forma como foram obtidos. *Know-how* tem três dimensões, ou seja, os requisitos para:

- conhecimentos e habilidade prática, técnicas ou especializadas e disciplinas correlatas;
- capacidade para integrar e harmonizar as diversas funções envolvidas em atividades gerenciais: esta capacidade poderá ser necessária em um cargo de linha ou *staff*;
- habilidade na área de relações humanas.

Solução de problemas: mede a intensidade do processo mental que utiliza o *know-how* na análise, avaliação, formação de conclusões e solução para os problemas.
À medida que o raciocínio vai ficando restrito a soluções-padrão, baseadas em precedentes ou relativas a outras, a solução de problemas diminui, havendo, então, a enfatização do *know-how*.

Acontabilidade: é responder por uma ação e as consequências desta ação. É o efeito medido que o cargo exerce nos resultados finais.

Os três fatores são interligados à medida que o processo de avaliação desenvolve-se, os julgamentos deveriam conduzir a um todo coerente. Não é correto, por exemplo, admitir que um cargo requer grande proporção de *know-how* e, então, decidir que ele precisa de relativamente pouca "solução de problemas" e "acontabilidade".
Por outro lado, a integração das características levantadas em duas das áreas de julgamento, "solução de problemas" e "acontabilidade", constituem o perfil do cargo. Esse perfil pode ser nivelado, negativo ou positivo, dependendo de qual seja a variação, para mais ou para menos, nos valores numéricos atribuídos ao cargo em ambas as áreas.
Assim, sempre que a "acontabilidade" apresentar um número maior que a "solução de problemas", o perfil será positivo; porém, se ocorrer o inverso, será negativo, e, em havendo equilíbrio, será nivelado. Cargos de assessoria devem ser nivelados e cargos executivos (de linha) devem ser positivos.

Questão de Concurso

(Cespe/Inca/Analista em C&T Júnior/2010) No método de avaliação dos cargos por meio da comparação de fatores, deve-se identificar poucos, mas amplos fatores de avaliação, para proporcionar simplicidade e rapidez nas comparações.

Gabarito: certo. Os fatores são requisitos mentais, habilidades requeridas, requisitos físicos, responsabilidades e condições de trabalho.

Segundo Dessler (2005), são quatro os fatores considerados para determinar os salários pagos aos indivíduos. Quais sejam:

- **Fatores legais**: estão atrelados a leis que determinam e regulam o valor a ser pago para cada funcionário.
- **Sindicais**: o sindicato influencia no valor salarial ao negociar coletivamente direitos e valores por meio de convenções e acordos coletivos.

- **Políticos**: fatores políticos internos e externos influenciam a remuneração.
- **Equitativos**: buscam o equilíbrio interno dos salários (avaliação e classificação de cargos) e o externo (pesquisa salarial).

Questão de Concurso

(Cesgranrio/Petrobras/Administrador/2010) A maioria das empresas da indústria de petróleo utiliza quatro fatores básicos para definir a remuneração dos colaboradores: legal, sindical, político e equitativo. O fator equitativo é aquele que define a remuneração em função do(a):

a) reajuste na data base.
b) piso salarial negociado.
c) salário médio da indústria.
d) influência de governantes.
e) diretriz interna de promoção.

Gabarito: c. O fator equitativo busca o equilíbrio interno e externo.

5.1 Classificação de cargos

De acordo com os resultados da avaliação, visando facilitar a administração salarial, os cargos podem ser classificados em classes, o que permite que cada uma tenha um tratamento genérico em termos de remuneração e benefícios.

Há vários critérios para classificação de cargos:

Tipo de classificação	Critério
Classificação por pontos	Os cargos são agrupados em classes, de acordo com intervalos de pontos. *Ex.*: Classe 1 - até 100 pontos. Classe 2 - de 101 a 200. Classe 3 - de 201 a 300.
Classificação por carreira	Escriturário I. Escriturário II. Escriturário III.
Classificação por grupo ocupacional	Engenheiro Civil. Engenheiro Eletricista. Engenheiro Químico.

Classificação por área de serviço	Gerente de Finanças. Tesoureiro. Contador. Subcontador.
Classificação por categoria	Secretária Júnior. Secretária Português. Secretária Bilíngue. Secretária Executiva.

5.2 Pesquisa salarial

A análise e a classificação dos cargos são utilizadas na busca do equilíbrio salarial interno nas organizações. No entanto, o equilíbrio externo de salários também é fundamental, uma vez que a defasagem salarial em relação ao mercado de trabalho pode trazer altos índices de rotatividade e desmotivação. Assim, antes de se definirem as estruturas salariais da empresa, é necessário pesquisar e analisar os salários de outras empresas, utilizando:

- pesquisas feitas por empresas das quais tenha participado.
- pesquisas feitas por empresas especializadas.
- própria pesquisa salarial.

5.3 Política salarial

Política salarial refere-se ao conjunto de princípios e diretrizes que refletem a orientação e a filosofia da organização, relacionado aos assuntos de remuneração dos colaboradores. Assim, as normas e as decisões sobre os salários e benefícios dos colaboradores são orientadas por esses princípios e diretrizes. A política salarial não é imutável; ela evolui de acordo com os fatores internos e externos. (CHIAVENATO, 1999)

6. PROGRAMA DE INCENTIVOS

6.1 Planos de incentivo

Atualmente, apenas a remuneração fixa não é suficiente para manter as pessoas da organização motivadas. Os planos de incentivos surgem como alternativa para essas situações.

Os principais planos de incentivo utilizados no mercado são:

Plano de bonificação anual	Trata-se de valor monetário oferecido ao fim de cada ano a determinados colaboradores em função da contribuição deles ao desempenho da organização.
Distribuições de ações da organização aos colaboradores	A distribuição gratuita de ações da empresa para determinados colaboradores é uma forma de compensação rumo à remuneração flexível.
Opções de compra de ações da organização	É a oferta de ações que são vendidas por preço subsidiado ou transferidas aos colaboradores, conforme certos critérios.
Participação nos resultados alcançados	Está relacionada com o desempenho do colaborador no alcance de metas e resultados estabelecidos para determinado período de tempo.
Remuneração por competência	É a remuneração relacionada com o grau de informação e o nível de capacitação de cada colaborador.
Distribuição do lucro aos colaboradores	A Participação nos Lucros e Resultados (PLR) é legalmente regulamentada e significa a distribuição anual de uma parcela dos lucros da organização entre os colaboradores.

Fonte: Chiavenato (2008).

7. BENEFÍCIOS E SERVIÇOS

Os benefícios sociais são as facilidades, as vantagens e os serviços que as empresas oferecem aos empregados, no sentido de poupar-lhes esforços e preocupação (CHIAVENATO, 2008).

O benefício é uma forma de remuneração indireta, conforme visto anteriormente, e visa oferecer aos funcionários elementos de satisfação das necessidades pessoais. Entre os itens, os principais são: assistência médico-hospitalar, seguro de vida em grupo, alimentação, transporte, previdência privada etc.

Questão de Concurso

(Cesgranrio/EPE/Analista de Gestão Corporativa/2010) Um programa de salários deve levar em consideração o pacote de benefícios que compõe a contraprestação final do trabalho do empregado. Nessa perspectiva, os planos de benefícios sociais visam à(ao):

a) melhora do clima organizacional, elevando a moral dos empregados, a rotatividade e o absenteísmo.
b) melhora da qualidade de vida dos empregados, oferecendo conveniências avaliáveis em dinheiro e em compensação extra.
c) redução da rotação de pessoal e do absenteísmo, aumentando o bem-estar do empregado e a satisfação no trabalho.
d) aumento da facilidade na atração e na manutenção de recursos humanos com a maximização do custo unitário de trabalho.
e) favorecimento da equidade das expectativas de remuneração dos empregados.

Gabarito: c. Os benefícios sociais visam à melhoria do ambiente de trabalho por meio de remuneração indireta.

Os planos de serviços e benefícios sociais são feitos para auxiliar o empregado em três áreas:

- no exercício do cargo (como gratificações, seguro de vida, prêmios de produção etc.).
- fora do cargo, mas dentro da empresa (lazer, refeitório, cantina, transporte etc.).
- fora da empresa, ou seja, na comunidade (recreação, atividades comunitárias etc.).

Questão de Concurso

(Cespe/Inca/Analista em C&T Júnior/2010) Alta rotatividade de pessoal e alto índice de absenteísmo podem ser fatores desencadeadores da implantação de uma política de benefícios sociais no âmbito da organização.

Gabarito: certo. A política de benefícios sociais visa, entre outros, à redução da rotatividade e do absenteísmo.

8. CLASSIFICAÇÃO DOS BENEFÍCIOS SOCIAIS

Os planos de serviços e benefícios sociais podem ser classificados de acordo com certa exigência, natureza e certos objetivos.

8.1 Quanto à exigibilidade

Os planos podem ser classificados em legais ou espontâneos, conforme exigibilidade:

- **Benefícios legais**: são os benefícios exigidos pela legislação trabalhista, previdenciária ou por convenção coletiva entre sindicatos, tais como:
  - 13º salário;
  - férias;
  - aposentadoria;
  - seguro de acidentes de trabalho;
  - auxílio-doença;
  - salário-família;
  - salário-maternidade;
  - horas extras;
  - adicional por trabalho noturno etc.

- **Benefícios espontâneos**: são os benefícios concedidos por liberalidade das empresas, já que não são exigidos por lei, nem por negociação coletiva. São, também, chamados benefícios marginais (os americanos os denominaram *fringe benefits*). Incluem:
  - gratificação;
  - seguro de vida em grupo;
  - refeições;
  - transporte;
  - empréstimos;
  - assistência médico-hospitalar diferenciada mediante convênio;
  - complementação de aposentadoria etc.

8.2 Quanto à natureza

Os planos podem ser classificados em monetários e não monetários, conforme a natureza.

- **Benefícios monetários**: são os benefícios concedidos em dinheiro, por meio da folha de pagamento, que geram encargos sociais deles decorrentes.
- **Benefícios não monetários**: são os benefícios oferecidos na forma de serviços, vantagens ou facilidades para os usuários, a saber: serviço social, clube, transporte, restaurante, estacionamento privativo etc.

8.3 Quanto aos objetivos

Os planos podem ser classificados em relação aos objetivos em assistenciais, recreativos e supletivos.

- **Planos assistenciais**: são os benefícios que visam prover o empregado e a família deste de certas condições de segurança e previdência em casos de imprevistos ou emergências, muitas vezes, fora do controle ou da vontade. Incluem:
  - assistência médico-hospitalar;
  - assistência odontológica;
  - assistência financeira por meio de empréstimos;
  - serviços sociais;
  - complementação de aposentadoria;
  - complementação de salários nos afastamentos prolongados por doença;
  - seguro de vida em grupo;
  - seguro de acidentes pessoais etc.

- **Planos recreativos**: são serviços e benefícios que visam proporcionar ao empregado condições de repouso, diversão, recreação, higiene mental ou lazer construtivo. Em alguns casos, esses benefícios também se estendem à família do empregado. Incluem:
  - grêmio ou clube;
  - áreas de lazer nos intervalos de trabalho;
  - música ambiente;
  - passeios e excursões programadas etc.

Algumas atividades recreativas são saturadas de objetivos sociais, como de festividades e congraçamentos, visando ao fortalecimento da organização informal.

- **Planos supletivos**: são serviços e benefícios que visam proporcionar aos empregados certas facilidades, conveniências e utilidades, para melhorar a qualidade de vida. Incluem:
  - transporte ou condução do pessoal;
  - restaurante no local de trabalho;
  - estacionamento privativo dos empregados;
  - horário móvel de trabalho;
  - cooperativa de gêneros alimentícios;
  - agência bancária no local de trabalho.

Questão de Concurso

(Esaf/CVM/Analista de Recursos Humanos/2010) Os Planos de Benefícios Sociais, segundo Chiavenato (1989), podem ser classificados, em relação aos objetivos, em:

a) legais ou espontâneos.
b) principais ou secundários.
c) monetários ou não monetários.
d) assistenciais, recreativos ou supletivos.
e) de mútua responsabilidade e de retorno do investimento de critério.

Gabarito: d. Quanto ao objetivo, são classificados como assistenciais, recreativos ou supletivos.

9. BENEFÍCIOS FLEXÍVEIS

Os antigos e tradicionais pacotes fixos e genéricos de benefícios estão sofrendo mudanças rumo à flexibilização. De homogêneos e fixos, eles estão adequando-se às conveniências pessoais de cada funcionário. Isso significa adequação das diferentes necessidades individuais das pessoas.

Em resumo, os planos de benefícios sociais estão, geralmente, apontados para certos objetivos, que se referem às expectativas de curto e longo prazos da empresa, em relação aos resultados dos planos. Quase sempre, os objetivos básicos dos planos de benefícios sociais são:

- melhoria da qualidade de vida dos empregados;
- melhoria do clima organizacional;
- redução da rotação de pessoal e do absenteísmo;
- facilidade na atração e na manutenção de recursos humanos;
- aumento da produtividade em geral.

CAPÍTULO 6
Gestão do Desempenho

1. AVALIAÇÃO DE DESEMPENHO

Segundo Chiavenato (1999), a avaliação de desempenho consiste na análise e mensuração sistemática do desempenho de cada indivíduo na organização, levando em consideração as atividades desempenhadas, as metas estipuladas, os resultados a serem alcançados e o potencial de desenvolvimento. Nesse processo, é possível julgar quantitativa e qualitativamente as qualidades e a contribuição do indivíduo na organização.

VEJA BEM!

Dentro da classificação das políticas de Gestão de Pessoas proposta por Chiavenato, a avaliação de desempenho está inserida na Aplicação de Pessoas.

A avaliação de desempenho também é chamada de avaliação do mérito, avaliação de pessoal, relatórios de progresso, avaliação de eficiência individual ou grupal.

Entre os principais benefícios da implantação de um processo de avaliação de desempenho estão localização de problemas de supervisão e gerência, de integração das pessoas à organização, de adequação da pessoa ao cargo, de possíveis dissonâncias ou carência de treinamento, além de propiciar a possibilidade de resolução desses problemas com a adoção de ações para melhoria do desempenho do funcionário.

Questão de Concurso

(FCC/TRF 5ª Região/Técnico Judiciário/2012) Na abordagem atual, a avaliação de desempenho deve se preocupar mais efetivamente:

a) em julgar o desempenho do passado de cada funcionário.

b) em importar modelos já implantados em outras organizações.

c) em mapear somente os pontos fracos da organização.

d) em apontar ações para melhorar o desempenho futuro.

e) em auxiliar cada funcionário na progressão da carreira.

Gabarito: d. O principal objetivo da avaliação de desempenho é avaliar o desempenho passado para melhorar o desempenho futuro.

Um dos principais objetivos da avaliação de desempenho consiste na possibilidade de fornecer *feedback* para a melhoria do desempenho dos servidores. Por esse motivo é necessário que se configure como um processo claro, sistemático e constante.

Questão de Concurso

(Cespe/Anac/Analista Administrativo/2012) A forma mais adequada de avaliar os desempenhos individuais e coletivos nas organizações públicas é realizar mensurações anuais com base em indicadores quantitativos.

Gabarito: errado. A avaliação deve ser sistemática e constante, não sendo indicada apenas aplicação anual. Da mesma forma, os indicadores nem sempre serão quantitativos, podendo ser utilizados itens qualitativos.

Outra importante função deste sistema caracteriza-se pela possibilidade de o empregado saber o que o chefe pensa sobre o trabalho executado, permitindo a possibilidade de melhoria.

Além de proporcionar *feedback* aos funcionários, a avaliação de desempenho também serve:

- como base na distribuição e alocação de recompensas, uma vez que as recompensas diretas e indiretas, além de promoções e movimentações, podem ser atreladas ao resultado da avaliação de desempenho;
- como auxílio na tomada de decisões gerenciais, uma vez que a avaliação demonstra pontos de melhorias e pontos de destaque no desempenho dos funcionários;
- como *input* no processo de identificação de necessidades de treinamento e desenvolvimento, tendo em vista que os resultados negativos apresentados na avaliação de desempenho demonstram a necessidade de melhoria do resultado dos funcionários por meio de ações de capacitação;
- como validação do processo de seleção de pessoal, tendo em vista que, se o funcionário foi bem avaliado alguns meses após a contratação, significa que a seleção, e posterior escolha por ele, foi correta.

Questão de Concurso

(Cespe/EBC/Analista/2011) As avaliações de desempenho, instrumentos valiosos para a alta administração de uma organização, servem como base de alocação de recompensas, auxiliam a tomada de decisão, permitem a identificação de necessidades de treinamento e desenvolvimento e ainda fornecem *feedback* aos funcionários.

Gabarito: certo. Todas representam formas de utilização da avaliação de desempenho.

CUIDADO!

A avaliação de desempenho não deve ser utilizada exclusivamente como base para demissão de funcionários. A utilização dela para este fim pode acabar com a credibilidade do processo e aumentar a incidência de rejeições ao método e distorções na avaliação.

2. GESTÃO DO DESEMPENHO

Um conceito mais amplo que o de avaliação de desempenho é o de gestão do desempenho, que se apresenta atualmente como o modelo mais completo para o acompanhamento do desempenho dos colaboradores, por abranger o planejamento, acompanhamento e avaliação do desempenho, com o intuito de melhorar o trabalho, objetivando estimular o alcance de metas organizacionais e a promoção do desenvolvimento dos recursos humanos. O planejamento, a partir da missão, visão, análise do ambiente interno e externo da empresa, identifica as metas a serem alcançadas. Em seguida, vem o acompanhamento das ações, para verificar se estão de acordo com as metas estabelecidas, identificar as discrepâncias entre as ações realizadas e esperadas e, então, desenhar as ações de desenvolvimento e capacitação.

A gestão do desempenho envolve não só a avaliação de desempenho, mas todo o ciclo para que ela ocorra. Esta gestão é fundamental, pois só assim a organização sabe o valor que cada um está agregando à organização, quais os resultados e como aproveitá-los melhor.

O ciclo de desempenho é estruturado para permitir à organização conhecer e avaliar a contribuição de cada colaborador e de cada equipe para o bom desempenho da empresa, como acompanhar eficazmente esses desempenhos e que instrumentos utilizar para avaliá-los. Para isso, a gestão de desempenho passa pelas seguintes etapas:

- **Planejamento**: a partir do plano estratégico da organização, é realizado o diagnóstico da situação atual, que constitui fonte de informação relevante à definição de objetivo, resultados e metas. Objetivos e metas devem ser definidos de modo compartilhado entre a liderança e os liderados. A identificação e a construção de medidas para verificar o grau de afastamento ou de aproximação do desempenho desejado também são realizadas nessa etapa. A validade das medidas é uma questão crítica em qualquer sistema dessa natureza. Quanto maior o alinhamento entre as medidas construídas para mensurar o desempenho humano e as modeladas para mensurar o desempenho organizacional, maior a validade das informações geradas.

- **Acompanhamento**: é a etapa do ciclo do processo de gestão do desempenho que objetiva a sustentação do foco das demandas essenciais do cliente, refletida no plano estratégico e, portanto, assegurando a conexão entre objetivos e resultados. Caracteriza-se pela orientação do trabalho, principalmente a partir de *feedback* a respeito do desempenho observado.
  O principal desta etapa são as avaliações intermediárias, insumos ao aperfeiçoamento do processo de avaliação, dos resultados obtidos, do perfil de competência e, fundamentalmente, da parceria liderança-equipe.
- **Avaliação**: etapa que formaliza periodicamente o diagnóstico do desempenho individual e da equipe. É o momento do ciclo de desempenho destinado a identificar, analisar e avaliar a discrepância entre desempenhos esperados e obtidos e verificar os respectivos impactos no desempenho organizacional.

VEJA BEM!

É importante destacar que a avaliação de desempenho passa a ser simplesmente uma etapa complementar do processo mais amplo (gestão do desempenho), ou seja, um instrumento complementar do acompanhamento, planejamento e avaliação do desempenho.

Avaliação de Desempenho	Gestão do Desempenho
Análise e mensuração sistemática do desempenho de cada indivíduo na organização.	Método mais completo que envolve planejamento, acompanhamento e avaliação do desempenho.

2.1 Quem deve avaliar o desempenho?

O principal interessado na avaliação de desempenho é o próprio funcionário, pois é possível que o trabalho dele melhore por meio do retorno fornecido pela avaliação. No entanto, a empresa também se beneficia com o processo, já que a melhoria do resultado dos funcionários impacta no resultado da organização.

Quase sempre, as organizações criam sistemas de avaliação que são centralizados na gestão de pessoas, configurando-se como a área responsável por operacionalizar todo o processo. No entanto, pensando na gestão de pessoas estratégica e na descentralização da área (atividade de linha e função de *staff*) vista no primeiro capítulo, verifica-se que o ideal seria o gestor ser o responsável por avaliar, e a área de gestão de pessoas definir as políticas e práticas de avaliação, além de orientar e ajudar as outras áreas no processo.

Questão de Concurso

(Consulplan/TSE/Analista Judiciário/2012) O conceito de avaliação de desempenho está relacionado aos objetivos. Pode-se citar a avaliação de desempenho como um processo com as seguintes características:
I – é um processo para estimar ou julgar o valor, a excelência e as qualidades de algum indivíduo.
II – está centrada no ocupante do cargo.
III – colabora no desenvolvimento de uma política organizacional adequada às necessidades da empresa.

Gabarito: todas estão certas. A avaliação de desempenho é centrada no ocupante do cargo, uma vez que ele é o foco da avaliação, e não o cargo ocupado, e avalia o valor e as qualidades do ocupante do cargo. Como visa à melhoria do desempenho individual, colabora com o desenvolvimento da organização.

Na verdade, o ideal seria um sistema simples de avaliação no qual o próprio cargo ou trabalho proporcionasse todo retorno a respeito do desempenho do ocupante, sem necessidade de intermediários ou da intervenção de terceiros.

2.2 Critérios de avaliação de desempenho

Os critérios de avaliação de desempenho devem ser claros e objetivos e estarem baseados nos requisitos descritos na análise de cargos. As pessoas precisam entender como estão sendo avaliadas e o que está sendo considerado.

Os padrões servem para que os gerentes possam comunicar aos funcionários, de maneira precisa, os critérios de avaliação qualitativa e quantitativa da produção. É importante lembrar que esses critérios devem estar redigidos de maneira clara e devem estar expressos de forma a serem mensuráveis e quantificados.

Para que se estabeleçam padrões confiáveis, deve-se considerar, segundo Bohlander (2003):

- **Relevância estratégica**: diz respeito à extensão com que os padrões relacionam-se com os objetivos estratégicos da organização;
- **Deficiência de critério**: refere-se a conseguir captar todas as responsabilidades dos funcionários. Ou seja, não ter como foco somente um critério, para que as demais dimensões do desempenho não fiquem prejudicadas;
- **Contaminação de critério**: os critérios podem estar contaminados quando fatores que fogem ao controle do funcionário influenciam o desempenho. *Exemplo:* funcionários da área de produção que trabalham com máquinas novas serem comparados com aqueles que trabalham com maquinário mais antigo.

2.3 Medidas de desempenho

O **instrumento de medida** descreve o mecanismo utilizado para se obter valores de um atributo particular. Deve ser quantitativo, isto é, poder ser medido numericamente. No entanto, a medida pode ser objetiva ou subjetiva. A **medida objetiva** refere-se às medidas quantitativas do desempenho observável do avaliado durante a realização de tarefas e a **medida subjetiva** é baseada em opiniões.

Segundo Spector (2010), as organizações mantêm o controle do comportamento de muitos funcionários e os resultados desses comportamentos.

As medidas objetivas representam a contagem objetiva do número de comportamentos ou da quantidade de trabalho produzida. São exemplos de medidas objetivas (número de acidentes, de atrasos, de vendas etc.).

As medidas subjetivas são os meios mais frequentemente utilizados para avaliar o desempenho de funcionários. O formulário de classificação por gráfico é o tipo mais comum de medida subjetiva utilizada para avaliar indivíduos, considerando várias dimensões de um desempenho. A maioria dos formulários requer a classificação quantitativa e qualitativa do trabalho, e muitos deles incluem traços pessoais, como aparência, postura, confiança e motivação.

3. MÉTODOS DE AVALIAÇÃO DE DESEMPENHO

Segundo Chiavenato (1999), os métodos de avaliação de desempenho podem ser divididos em tradicionais e modernos, cada um apresentando, além de características peculiares, pontos positivos e negativos.

A avaliação de desempenho pode ser executada por medidas objetivas, com foco no resultado do funcionário, onde o desempenho é medido e analisado objetivamente. No entanto, pode-se realizar a avaliação por meio de medidas subjetivas, baseadas na percepção do avaliador sobre aspectos do avaliado. Nesse caso, podemos dizer que as avaliações baseadas em medidas objetivas referem-se a métodos modernos, enquanto as avaliações baseadas em medidas subjetivas e de percepção aproximam-se dos métodos tradicionais de avaliação.

VEJA BEM!

Quanto mais objetivo for o método de avaliação adotado, menor será a incidência de erros e distorções de avaliação e subjetividade, podendo chegar a zero em alguns casos.

Segundo Robbins (2005), os critérios mais comuns a serem analisados nas avaliações são os resultados de tarefas individuais, os comportamentos dos avaliados e seus traços individuais de personalidade. Nesse caso, os resultados de tarefas são mais indicados por proporcionarem fatores objetivos, enquanto os comportamentos e traços estão ligados a fatores subjetivos.

Questão de Concurso

(Cespe/TRT 10ª Região/Analista Administrativo/2013) As medidas objetivas, tais como índices de produtividade, questionários de percepção e indicadores referentes a resultados quantitativos, constituem as principais métricas de avaliação de desempenho nas organizações, pois eliminam a subjetividade.

Gabarito: errado. Questionários de percepção são medidas subjetivas e, portanto, não eliminam a subjetividade.

3.1. Métodos tradicionais

3.1.1 Escala gráfica

Utiliza um formulário de dupla entrada e avalia o desempenho das pessoas por meio de fatores de avaliação previamente definidos e graduados.

Exemplo:

Escala Gráfica					
Fatores	**Ótimo**	**Bom**	**Regular**	**Ruim**	**Péssimo**
Assiduidade (comparece ao trabalho sem faltas)					

Pontualidade (comparece ao trabalho sempre no horário)					
Trabalho em equipe					
Criatividade (capacidade de inovar)					
Produção (realiza o trabalho solicitado)					
Resolução de problemas					

PRÓS E CONTRAS:
Avaliação do desempenho por escalas gráficas

Prós:

- Facilidade de planejamento e de construção do instrumento de avaliação.
- Simplicidade e facilidade de compreensão e de utilização.
- Visão gráfica e global dos fatores de avaliação envolvidos.
- Facilidade na comparação dos resultados de vários funcionários.
- Proporciona fácil retroação de dados ao avaliado.

Contras:

- Superficialidade e subjetividade na avaliação do desempenho.
- Produz efeito de generalização (*hallo efect*): se o avaliado recebe bom em um fator, provavelmente receberá bom em todos os demais fatores.
- Peca pela categorização e homogeneização das características individuais.
- Limitação dos fatores de avaliação: funciona como um sistema fechado.
- Rigidez e reducionismo no processo de avaliação.
- Nenhuma participação ativa do funcionário avaliado.
- Avalia apenas o desempenho passado.
- Favorece o erro de tendência central.
- Necessita de procedimentos matemáticos e estatísticos para corrigir distorções e influência dos avaliadores.
- Tende a apresentar resultados condescendentes ou exigentes para todos os seus subordinados.

Fonte: Chiavenato (1999).

Questão de Concurso

(Cespe/Anac/Analista Administrativo/2012) Servidor público avaliado pelo método da escala gráfica sujeita-se à ocorrência do efeito Halo.

Gabarito: certo. Uma das desvantagens desse tipo de avaliação é a incidência do efeito Halo.

3.1.2 Lista de verificação

Baseada em uma relação de fatores de avaliação a serem considerados (*check-lists*) a respeito de cada funcionário.

Cada fator de desempenho recebe uma avaliação quantitativa - 1, 2, 3, 4 e 5.

É uma simplificação do método da escala gráfica e, por isso, apresenta os mesmos pontos positivos e negativos.

Exemplo:

	1	2	3	4	5
Assiduidade					
Pontualidade					
Trabalho em equipe					
Criatividade					
Produção					
Resolução de problemas					

Chiavenato (1999)

Questão de Concurso

(Cespe/Anac/Analista Administrativo/2012) A avaliação de desempenho que aprecia a assiduidade, a pontualidade, a capacidade de trabalho e o conhecimento técnico de servidor público, assim como o relacionamento com o grupo, atribuindo-lhe notas de 1 a 5, é compreendida pelo método de incidentes críticos.

Gabarito: errado. A definição apresentada refere-se à avaliação por lista de verificação.

3.1.3 Escolha forçada

Este método de avaliação utiliza blocos de frases, devendo o avaliador escolher a frase que mais se aplica ao desempenho do avaliado. Em cada bloco de frases, o avaliador deverá, obrigatoriamente, escolher uma frase, por isso o nome "escolha forçada".

Cada bloco apresenta duas, quatro ou mais frases. A natureza das frases varia bastante.

Bloco 1	+	-
Produz conforme solicitado		
Dificuldade em lidar com pessoas		
Não suporta pressão		
É criativo		

Bloco 3	+	-
É pontual		
Não toma decisões em tempo hábil		
Apresenta proatividade		
Gosta de reclamar		

Bloco 2	+	-
Comportamento dinâmico		
Aceita críticas construtivas		
É lento e demorado		
Tem boa memória		

Bloco 4	+	-
Tem boa aparência pessoal		
Erra constantemente		
Concentra-se no trabalho		
Desmotiva-se com facilidade		

PRÓS E CONTRAS: **Avaliação do desempenho por escolha forçada**
Prós:
• Elimina o efeito de generalização (*hallo efect*) na avaliação. • Tira a influência pessoal do avaliador, isto é, a subjetividade. • Sua aplicação é simples e não exige preparo intenso ou sofisticado dos avaliadores.
Contras:
• Complexidade no planejamento e na construção do instrumento. • Apresenta somente resultados globais. • Não provoca retroação de dados, nem permite comparações. • Técnica pouco conclusiva a respeito dos resultados. • Nenhuma participação ativa do avaliado.

Fonte: Chiavenato (1999).

CUIDADO!

Existe um método de avaliação denominado **frases descritivas**. Este método é diferente do método de **escolha forçada** apenas por não exigir obrigatoriedade na escolha de frases. Dessa forma, o avaliador assinala as frases que caracterizam o desempenho do subordinado e aquelas que demonstram o oposto do desempenho dele.

Questão de Concurso

(Cespe/TJES/Analista Judiciário/2011) Se uma organização pretender adotar método de avaliação de desempenho que afaste a subjetividade do avaliador do processo de avaliação, ela deve adotar o método de avaliação denominado escolha forçada.

Gabarito: certo. Este método tem como característica diminuir a incidência de avaliações subjetivas.

3.1.4 Incidentes críticos

Baseados na observação e no registro dos aspectos, dos comportamentos considerados extremos, tanto positivos quanto negativos. O avaliador registra os aspectos do trabalho considerados excepcionalmente positivos e negativos.

Aspectos excepcionalmente positivos	Aspectos excepcionalmente negativos
Apresenta boa comunicação	Apresenta muitos erros
Sabe lidar com as pessoas	Não produz conforme esperado
Apresenta proatividade	Dificuldade de atuar objetivamente
Define prioridades adequadamente	Atrasa e falta com frequência
Argumenta de forma clara	Irrita-se com facilidade

PRÓS E CONTRAS:
Avaliação do desempenho pelos incidentes críticos

Prós:

- Avalia o desempenho excepcionalmente bom e excepcionalmente ruim.
- Enfatiza os aspectos excepcionais do desempenho. As exceções positivas devem ser realçadas e melhor aplicadas, enquanto as exceções negativas devem ser eliminadas ou corrigidas.

- Método de fácil montagem e fácil utilização.
- Reduz a generalização (*hallo efect*).

Contras:

- Não se preocupa com aspectos normais do desempenho.
- Peca por fixar-se em poucos aspectos do desempenho, ou seja, é parcial.

Fonte: Chiavenato (1999).

Questão de Concurso

(FCC/MPE-AL/Analista Ministerial/2012) O sistema em que o avaliador concentra-se em determinar os grandes pontos fortes e fracos de quem está sendo avaliado, apontando comportamentos externos e sem analisar especificamente traços de personalidade, denomina-se método:

a) comparativo.
b) de incidentes críticos.
c) de escalas gráficas.
d) de escolha forçada.
e) 360 graus.

Gabarito: b. Os incidentes críticos são métodos de observação e registro sistemático de comportamentos críticos positivos e negativos.

3.1.5 Pesquisa de campo

Considerado o método mais completo de avaliação de desempenho e o mais demorado. Esse método baseia-se em uma entrevista no setor, em que se levantam as causas e os motivos do desempenho do subordinado.

Segundo Pontes (2005), a aplicação da pesquisa de campo segue etapas definidas, conforme descrito abaixo:

Etapa 1: Avaliação inicial: consiste em perguntas preliminares para levantamento de aspectos superficiais sobre o avaliado e o trabalho realizado.

Etapa 2: Análise suplementar: indagações aprofundadas sobre o desempenho das tarefas realizadas e análise sobre as providências tomadas para solucionar as deficiências no desempenho.

Etapa 3: Planejamento: um planejamento é realizado visando a melhoria do desempenho do avaliado.

Etapa 4: Acompanhamento: os novos resultados são monitorados para verificar a possível melhoria do desempenho do indivíduo.

Questão de Concurso

(FCC/TRT 8ª Região/Analista Judiciário/2010) O método de avaliação de desempenho que consiste em quatro etapas: entrevista inicial para avaliar o desempenho e os fatores que afetaram positiva ou negativamente o resultado final; entrevista de análise complementar para obter novas informações pertinentes; planejamento das providências necessárias e acompanhamento posterior dos resultados; é denominado

a) escalas gráficas.

b) pesquisa de campo.

c) listas de verificação.

d) escolha forçada.

e) método dos incidentes críticos.

Gabarito: b. Estas etapas referem-se ao método de pesquisa de campo.

A entrevista é realizada pela Gestão de Pessoas (*staff*); o superior vai a cada seção para entrevistar a chefia sobre o desempenho dos respectivos subordinados.

Pesquisa de Campo	
Desempenho Geral	O desempenho foi satisfatório?
	Por que o desempenho foi insatisfatório/satisfatório?
	O que pode ser feito para melhorar esse desempenho?
Apoio Organizacional	Que tipo de ajuda o funcionário recebeu?
	Ele foi treinado?
	Que tipo de treinamento ele recebeu?
Planejamento	O que pode ser feito para melhorar o desempenho do funcionário?
	Quais são os substitutos do funcionário?
	Existe possibilidade de progressão na carreira?

Questão de Concurso

(FCC/TRT 8ª Região/Analista Administrativo/2010) A avaliação de desempenho é uma sistemática apreciação do comportamento dos colaboradores nos cargos que ocupam. Para que essa apreciação seja realizada de forma satisfatória, se faz necessário o emprego de métodos de avaliação. Qual dos métodos a seguir citados aplica-se à avaliação de desempenho?

a) Método de pesquisa de campo.

b) Método experimental.

c) Psicotécnico.

d) Anamnese.

Gabarito: a. Os demais não se referem a tipos de avaliação de desempenho.

3.1.6 Comparação aos pares (comparação binária)

É considerada o método mais simples, e também o mais rudimentar. Consiste em comparar dois a dois empregados de cada vez, anotando, na coluna da direita, aquele que é considerado melhor, quanto ao desempenho.

Comparação de pares			
Funcionário 1	X		Funcionário 2
Funcionário 1		X	Funcionário 3
Funcionário 1	X		Funcionário 4
Funcionário 2		X	Funcionário 3
Funcionário 3		X	Funcionário 4
Funcionário 3	X		Funcionário 4

Melhor	1º	Funcionário 3
	2º	Funcionário 1
	3º	Funcionário 4
Pior	4º	Funcionário 2

PRÓS E CONTRAS: Avaliação do desempenho pela comparação entre pares.
Prós:
• Simples de ser executado.
Contras:
• Muito rudimentar. • Não especifica os aspectos do desempenho. • Não define os pontos de melhoria. • Pouco eficiente; só deve ser utilizado quando a organzação não dispõe de outros métodos mais apurados ou quando os avaliadores não têm condições de usar outros métodos mais apurados.

Fonte: Chiavenato (1999).

Questão de Concurso

(Cespe/Aneel/Analista Administrativo/2010) O gerente de RH que pretende evitar o efeito Halo deve utilizar métodos de avaliação de desempenho como a comparação binária e a escala gráfica.

Gabarito: errado. Tanto a comparação binária quanto a escala gráfica propiciam o aparecimento do efeito Halo.

4. MÉTODOS MODERNOS

Segundo Souza (2005), uma mudança marcante nos métodos de avaliação é a passagem do avaliado como ser passivo para ser agente, apresentando característica mais proativa. Além disso, a introdução dos conceitos de Gestão por Competências levou à criação de novas formas de avaliar as pessoas em uma organização.

4.1 360 graus ou circular

A avaliação 360 graus é uma forma contemporânea de avaliação que está diretamente ligada à visão estratégica, em que a preocupação é com o desempenho e o atendimento das necessidades dos *stakeholders* (agentes relacionados com a organização).

Nesse método, o avaliado recebe *feedbacks* (retornos) de todas as pessoas com quem se relaciona e, nesse caso, o critério para escolha dos avaliadores é a proximidade com o avaliado.

CUIDADO!

A autoavaliação é inerente ao processo de avaliação 360 graus. Dessa forma, todas as avaliações baseadas nesse método devem apresentar a autoavaliação como componente do processo.

Esse método tem como vantagem a redução do efeito Halo, a facilidade de compreensão do processo e a possibilidade de obtenção de diversas perspectivas sobre o desempenho do avaliado.

Como desvantagem, pode apresentar problemas de autoridade, uma vez que várias pessoas avaliam um funcionário, exige investimento em tecnologia e treinamento para funcionar e o retorno pode intimidar e provocar ressentimentos no avaliado. Outro ponto delicado está no fato de que, para implementação da avaliação 360 graus, é necessário que os envolvidos no processo apresentem bastante maturidade.

Principais avaliadores da avaliação 360°

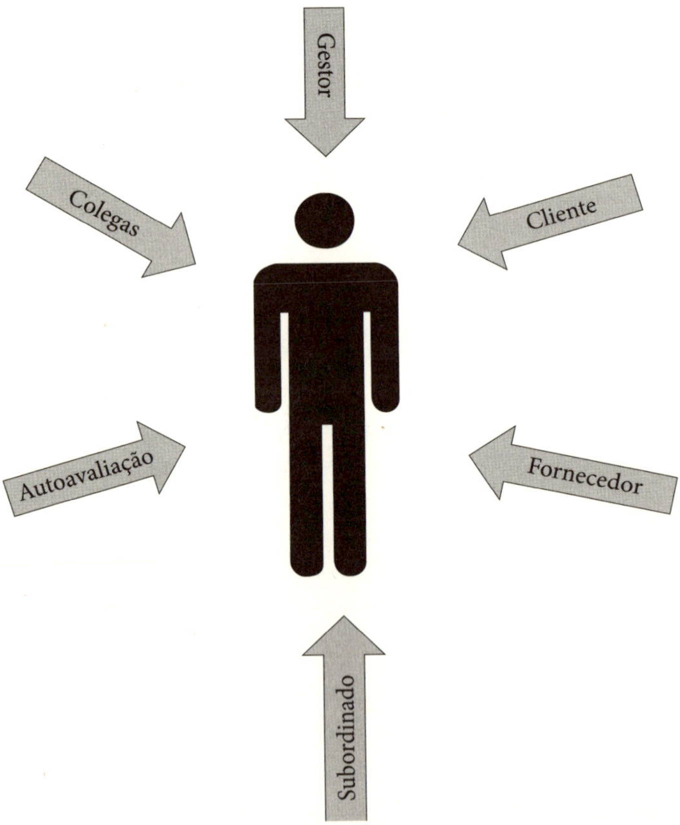

ATENÇÃO!

Alguns autores afirmam que a técnica de avaliação é considerada 360 graus independente do número de pessoas que estão avaliando. No entanto, outros autores denominam avaliação de 180° aquela em que existe a autoavaliação e a avaliação do gestor imediato, e ainda a avaliação de 90°, quando só a avaliação do superior é realizada.

4.2 Avaliação participativa por objetivos (APPO)

Um método moderno de avaliação de desempenho que considera o estabelecimento consensual de objetivos entre gerentes e subordinados, o compromisso do subordinado para o alcance dos objetivos, a alocação adequada de recursos e meios necessários para a realização das tarefas e o monitoramento constante dos resultados alcançados em comparação com os resultados esperados, como, também, retroação intensiva e contínua.

4.3 Avaliação de competências

Trata-se da identificação de competências conceituais (conhecimento teórico), técnicas (habilidades) e interpessoais (atitudes) necessárias para que determinado desempenho seja obtido.

4.4 Avaliação de competências e resultados

É a conjugação das avaliações de competências e resultados, ou seja, é a verificação da existência ou não das competências necessárias de acordo com o desempenho apresentado.

4.5 Avaliação de potencial

Com ênfase no desempenho futuro, identifica as potencialidades do avaliado que facilitarão o desenvolvimento de tarefas e atividades que lhe serão atribuídas. Possibilita a identificação de talentos que estejam trabalhando aquém das capacidades, fornecendo base para a recolocação dessas pessoas.

4.6 *Balanced scorecard*

Sistema desenvolvido por Robert S. Kaplan e David P. Norton na década de 1990; avalia o desempenho sob quatro perspectivas: financeira, do cliente, dos processos internos e do aprendizado e crescimento. São definidos objetivos estratégicos para cada uma das perspectivas e tarefas para o atendimento da meta em cada objetivo estratégico.

ATENÇÃO!

O *balanced scorecard* constitui alternativa para avaliar alcance de metas e resultados dos empregados em relação a perspectivas diferenciadas do desempenho organizacional.

4.7 Outros métodos de avaliação de desempenho

- **Avaliação chefe-subordinado (*top-down*)**: segundo Andrade e Vilas Boas (2009), a avaliação de desempenho é realizada pelo superior hierárquico do funcionário. O avaliado faz uma autoavaliação e, posteriormente, se reúne com seus chefes para debater o próprio desempenho.
- **Autoavaliação**: é a avaliação feita pelo próprio avaliado com relação à própria performance. O ideal é que esse sistema seja utilizado conjuntamente a outros sistemas, para minimizar o forte viés e a falta de sinceridade que podem ocorrer.

ATENÇÃO!

Segundo Robbins (2005), a autoavaliação costuma atenuar a postura defensiva dos colaboradores em relação à avaliação e é um veículo excelente para estimular as discussões sobre o desempenho no trabalho. Contudo, como se pode imaginar, esse processo sofre com o risco de vieses autocondescendentes superestimados. Por causa dessa desvantagem, a autoavaliação é mais indicada para propósitos de desenvolvimento do que de avaliação, ou combinada com outros métodos para reduzir a margem de erros.

- **Relatório de performance**: também chamada de avaliação por escrito ou avaliação da experiência, trata-se de uma descrição mais livre acerca das características do avaliado, os pontos fortes e fracos, as potencialidades e as dimensões de comportamento, entre outros aspectos. A desvantagem está na dificuldade de se combinar ou comparar as classificações atribuídas e, por isso, exige a suplementação de outro método, mais formal.

- **Avaliação por resultados**: é um método de avaliação baseado na comparação entre os resultados previstos e realizados. É um método prático, mas que depende somente do ponto de vista do supervisor a respeito do desempenho avaliado.
- **Padrões de desempenho**: também chamada de padrões de trabalho, é quando há estabelecimento de metas somente por parte da organização, mas que devem ser comunicadas às pessoas que serão avaliadas.

5. PRINCIPAIS ERROS E DISTORÇÕES DA AVALIAÇÃO DE DESEMPENHO

A principal dificuldade na implementação e manutenção de um processo de avaliação de desempenho refere-se aos erros e às distorções cometidas pelos avaliadores.

A maioria dos erros de avaliação de desempenho ocorre devido às falhas do avaliador.

Principais erros e distorções cometidos na avaliação de desempenho:

Efeito Halo (generalização): tendência de nivelar o julgamento de uma pessoa por cima ou por baixo. O avaliador generaliza um aspecto do desempenho, bom ou ruim, e aplica para todos os quesitos.

ATENÇÃO!

Algumas bancas e alguns autores dividem o efeito Halo em dois: efeito Halo e efeito Horn. No efeito Halo, o julgamento é nivelado por cima (pontos positivos), enquanto no efeito Horn a avaliação é nivelada por baixo (pontos negativos).

Questão de Concurso

(Cespe/TST/Técnico Administrativo/2008) O efeito Halo deve ser evitado no processo de avaliação de desempenho, por se tratar de generalização de comportamentos positivos ou negativos observados em relação a um empregado.

Gabarito: certo. Nesse caso, o Cespe não fez a distinção entre efeito Halo e Horn.

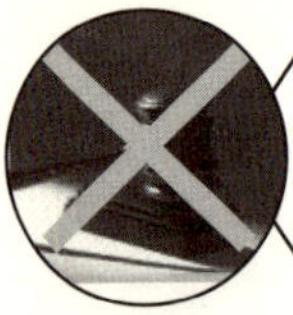

Leniência: o avaliador apresenta-se pouco rigoroso na avaliação, atribuindo, geralmente, notas muito altas nos itens avaliados por minimizar os erros do avaliado.

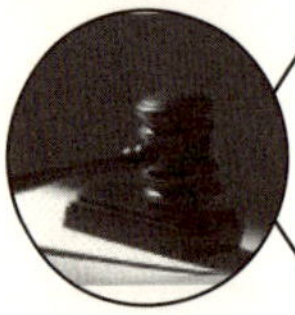

Excesso de rigor: o avaliador apresenta-se muito rigoroso na avaliação, atribuindo, geralmente, notas muito baixas nos itens avaliados por maximizar os erros do avaliado.

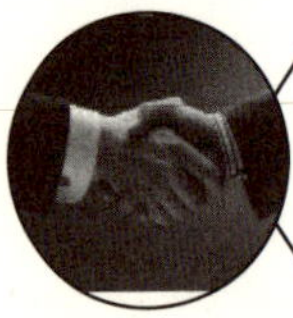

Obstáculos políticos: entraves relacionados à distorção das informações por interesses políticos, na busca da manutenção de uma boa imagem própria ou do setor, por exemplo.

Questão de Concurso

(Iades/PGDF/Analista Jurídico/2011- Adaptada) A avaliação de desempenho corresponde a uma análise sistemática do desempenho do profissional em função das atividades que realiza, das metas estabelecidas, dos resultados alcançados e do potencial de desenvolvimento. O efeito Halo é a disfunção da avaliação de desempenho que leva em consideração fatos recentes da vida do avaliado.

Gabarito: errado. A disfunção apresentada refere-se à recentidade.

Tendência central: o avaliador não assume valores extremos na avaliação por medo de prejudicar os fracos e assumir responsabilidade pelos excelentes, marcando sempre valores medianos para não se comprometer.

Recenticidade (falta de memória): o avaliador atém-se apenas aos últimos acontecimentos; a avaliação fica viciada, pois situações recentes de erros ou acertos interferem exageradamente na avaliação.

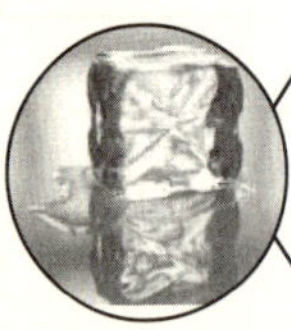

Avaliação congelada (força de hábito): o avaliador mantém o mesmo padrão de avaliação, avaliando o funcionário do mesmo jeito e com os mesmos conceitos em todas as avaliações.

Questão de Concurso

(Cesgranrio/Termo - Macaé/Técnico Administrativo/2009) Uma das atividades centrais na gestão de pessoas é a avaliação de desempenho. No processo de avaliação podem ocorrer falhas por parte dos avaliadores, algumas delas denominadas "vícios de avaliação".

Qual das alternativas abaixo está relacionada ao desconhecimento das principais características da avaliação, conduzindo à emissão de julgamentos baseados unicamente no bom senso do avaliador?

a) Efeito Halo.
b) Subjetivismo.
c) Falta de técnica.
d) Vício de tendência central.
e) Desvalorização da avaliação.

*Gabarito: c. No erro de avaliação chamado **falta de técnica**, os avaliadores, por desconhecimento do método de avaliação, avaliam apenas com base no bom senso.*

Falta de técnica: o avaliador age apenas pelo bom senso por desconhecer as técnicas de avaliação e as técnicas utilizadas na rotina de trabalho do funcionário avaliado.

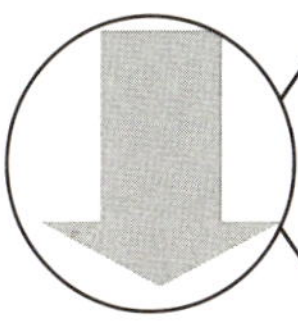

Desvalorização da avaliação: o avaliador não considera a avaliação algo importante e a desvaloriza; esta atitude compromete a fidegnidade das notas e do resultado do processo avaliativo.

Unilateralidade: o avaliador valorizar aspectos que apenas ele julga importantes, dando maior atenção a esses itens na avaliação.

Falsidade: o avaliador distorce ou oculta propositalmente dados sobre o julgamento do avaliado, objetivando favorecê-lo ou prejudicá-lo.

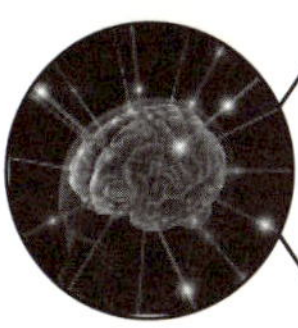

Projeção (subjetividade): o avaliador atribui (projeta) ao avaliado qualidades e defeitos que são próprios do avaliador.

ATENÇÃO!

Outro erro de avaliação que também já foi cobrado nos certames é o **erro de distribuição** – o avaliador tende a classificar todas as pessoas da mesma forma.

Para Marra (2000), os erros e distorções na avaliação, chamados de **vícios de julgamento**, podem ser divididos em conscientes e inconscientes.

Os erros de avaliação **conscientes** são:

- efeito halo;
- efeito tendência central.

Os erros de avaliação inconscientes são:

- julgar sob a impressão de uma qualidade;
- basear-se em acontecimentos recentes;
- levar em conta características extracargo;
- supervalorizar as qualidades potenciais.

Questão de Concurso

(FCC/TST/Analista Judiciário/Área Administrativa/2012) Em abordagens de avaliação de desempenho, tem-se vícios de julgamento que dão origem a críticas que apontam para a subjetividade de sistemas de avaliação. Tais vícios são classificados como conscientes ou inconscientes. Dois efeitos são tidos como conscientes e são vistos com maior frequência no mundo das organizações que se valem de avaliação de desempenho. São eles:

a) basear-se em acontecimentos recentes e supervalorizar as qualidades potenciais.
b) levar em conta características pessoais extracargo e julgar sob a impressão de uma qualidade.
c) basear-se em acontecimentos recentes e julgar sob a impressão de uma qualidade
d) levar em conta características pessoais extracargo e basear-se em acontecimentos recentes.
e) efeito halo e efeito de tendência central.

Gabarito: e. Segundo Marra (2000), efeito halo e tendência central são erros de avaliação conscientes.

As questões sobre avaliação de desempenho normalmente aplicadas pelas bancas, de modo geral, seguem os referenciais teóricos do Chiavenato e Benedito Pontes – métodos de avaliação de desempenho classificados em tradicionais e modernos.

Em **Fundamentos de Comportamento Organizacional** - James G, Hunt e Richard N. Osborn (1999) apresentam as seguintes abordagens e métodos de avaliação de desempenho numa linguagem bem atípica:

> Abordagens Comparativas: (1) Classificação (2) comparação aos pares (distribuição forçada).
> Abordagens absolutas: (1) classificação por escalas gráficas (2) diário de incidentes críticos (3) escalas de classificação com base em comportamentos (4) administração por objetivos.

As abordagens comparativas procuram identificar um padrão relativo da pessoa em relação aos outros avaliados. Podem indicar que uma pessoa é melhor que outra em determinada dimensão, mas não quanto é melhor. Elas também não indicam se a pessoa que tem a melhor pontuação é **suficientemente boa** num sentido absoluto.

Em contraste com as abordagens comparativas, as abordagens absolutas de avaliação de desempenho especificam padrões exatos de medição.

Questão de Concurso

(FCC/TST/Técnico Administrativo/2012) Em contraste com as abordagens comparativas de avaliação de desempenho, as abordagens absolutas especificam padrões exatos de medição. Das abordagens absolutas, o método que se utiliza de frases qualitativas e não de informações quantitativas, dificultando assim sua aplicação em decisões de avaliação, denomina-se

a) comparação em pares.
b) incidentes críticos.
c) classificação ancorada no comportamento.
d) escala gráfica.
e) administração por objetivo.

Gabarito: b.

Alternativa a: errada. *A comparação em pares trata-se de uma abordagem comparativa. Cada pessoa é diretamente comparada com cada uma das demais que estão sendo avaliadas. A frequência com que cada pessoa é melhor em todos os pares determina a classificação final. Toda comparação possível de um grupo é considerada.*

Alternativa b: certa. *O enunciado da questão corresponde ao método* ***incidentes críticos*** *que se trata de uma das abordagens absolutas. Os supervisores podem utilizar esses diários para registrar os incidentes de comportamentos de cada subordinado que resultam em sucesso ou em fracasso inusitado em determinado aspecto do desempenho. Geralmente, esses incidentes são registrados num formulário atualizado diário ou semanalmente.*

Essa abordagem é excelente para o feedback do funcionário, ***contudo, como o método se utiliza de frases qualitativas e não de informações quantitativas, dificulta sua aplicação em decisões de avaliação.***

Alternativa c: errada. *O método de classificação ancorado no comportamento é o mesmo que escalas de classificação com base em comportamentos. É uma abordagem que começa com uma coleta cuidadosa de descrição de comportamentos observáveis no trabalho. Essas descrições são feitas normalmente pelos gerentes e especialistas de RH e incluem tanto o desempenho inferior quanto o superior. Depois de se obter uma amostra grande de comportamentos, cada comportamento é avaliado para determinar até que ponto ele descreve o bom* versus *mau desempenho. O passo final consiste em desenvolver uma escala de classificação em que a base são comportamentos críticos específicos onde cada qual reflete um grau diferente de eficácia do desempenho. Essa abordagem é detalhada e complexa e requer uma grande quantidade de tempo e esforço para ser desenvolvida. Mas, também, mostra comportamentos específicos importantes para o aconselhamento e* feedback.

Alternativa d: errada. *Utiliza um formulário de dupla entrada e avalia o desempenho das pessoas por meio de fatores de avaliação previamente definidos e graduados.*

Alternativa e: errada. *Um método moderno de avaliação de desempenho que considera o estabelecimento consensual de objetivos entre gerentes e subordinados, o compromisso do subordinado para o alcance dos objetivos, a alocação adequada de recursos e meios necessários para a realização das tarefas e o monitoramento constante dos resultados alcançados em comparação com os resultados esperados, como, também, retroação intensiva e contínua.*

CAPÍTULO 7
Educação Corporativa

1. CONCEITO DE CAPACITAÇÃO

Os processos de capacitação, segundo Chiavenato (1999), referem-se a atividades da política de desenvolvimento de pessoas e envolve os processos utilizados para capacitar e incrementar o desenvolvimento profissional e pessoal, os quais incluem treinamento e desenvolvimento das pessoas, programas de mudanças e desenvolvimento organizacional.

Para a maioria das organizações, o processo de capacitação está relacionado às atividades de treinamento, desenvolvimento e educação. Dessa forma, surge o primeiro ponto a ser esclarecido, qual seja, a diferença entre os três conceitos apresentados.

1.1 Conceitos

A aprendizagem humana pode dar-se por várias maneiras. Abbad, Mourão e Borges-Andrade (2004) esclarecem que, nas organizações, nem todas as situações que geram aprendizagem são ações formais de treinamento, desenvolvimento e educação. Nessa ação serão abordados, além desses três conceitos, outros envolvendo ações de indução de aprendizagem.

1.1.1 Informação

Informação, aqui entendida como uma forma de indução de aprendizagem, pode ser definida como módulos ou unidades organizados de conteúdo, disponibilizados em diferentes meios, com ênfase nas novas tecnologias da informação e da comunicação. O acesso à informação pode dar-se, por exemplo, por meio de portais corporativos, *links*, bibliotecas virtuais, boletins, folhetos e similares.

1.1.2 Instrução

A instrução pode ser definida como uma forma mais simples de estruturação de eventos de aprendizagem, que envolve definição de objetivos e aplicação de procedimentos instrucionais. É utilizada para a transmissão de conhecimentos, habilidades e atitudes simples, por intermédio de eventos de curta duração, como aulas e similares. Os materiais podem assumir a forma de cartilhas, manuais, roteiros etc., podendo, em alguns casos, serem autoinstrucionais.

1.1.3 Treinamento

Existem na literatura várias definições sobre treinamento, entretanto, observa-se que, embora sejam numerosas, apresentam grande coerência entre si.

O quadro seguinte sumariza algumas definições encontradas na literatura.

DEFINIÇÕES DE TREINAMENTO (Segundo Borges-Andrade, Abbad e Mourão, 2004)	
Autor	**Definição**
Hinrichs (1976)	"Treinamento pode ser definido como quaisquer procedimentos, de iniciativas organizacionais, cujo objetivo é ampliar a aprendizagem entre os membros da organização".
Nadler (1984)	"Treinamento é aprendizagem para propiciar melhoria de desempenho no trabalho atual".
Wexley (1984)	"Treinamento é o esforço planejado pela organização para facilitar a aprendizagem de comportamentos relacionados ao trabalho por parte de seus empregados".
Departamento do Reino Unido de emprego (1971, *apud* LATHAM, 1988)	"Treinamento é o desenvolvimento sistemático de padrões dos comportamentos, atitudes, conhecimentos e habilidades requeridos por um indivíduo, de forma a desempenhar, adequadamente, uma dada tarefa ou trabalho".
Goldstein (1991)	"Treinamento é uma aquisição sistemática de atitudes, conceitos, conhecimentos, regras ou habilidades que resultem na melhoria do desempenho no trabalho".

Em suma, na maioria das provas de concurso, **treinamento** significa o conjunto de eventos **planejados** sistematicamente pela organização para remover lacunas nas competências do indivíduo, as quais não são devidas a condições inadequadas de trabalho.

VEJA BEM!

O conceito de treinamento está relacionado ao desenvolvimento de competências nas atividades e atribuições do cargo atual do funcionário.

1.1.4 Desenvolvimento

Eventos de aprendizagem que capacitam o indivíduo a atuar em postos de trabalho específicos em um futuro próximo. Tais eventos buscam o desenvolvimento de competências para subsidiar a sua promoção ou transferência, buscando a adequação a situações novas de trabalho.

ATENÇÃO!

Programas de qualidade de vida, orientação profissional e autogestão de carreira também caracterizam ações de desenvolvimento de pessoas nas organizações.

1.1.5 Educação

Processos mais gerais de aprendizagem que propiciam o amadurecimento e o crescimento individuais de forma ampla, sem visar, diretamente, ao preparo do indivíduo para uma atividade ou trabalho.

Processos de Capacitação

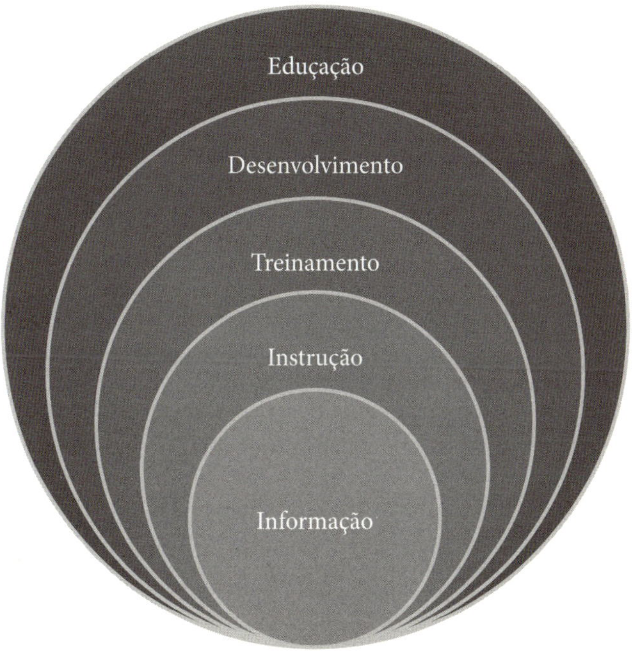

Borges-Andrade, Abbad e Mourão (2004) - Adaptado.

Questão de Concurso

(Cespe/TST/Técnico Judiciário/2008) Volume de reclamações de clientes, distância entre os resultados alcançados e os esperados, ocorrência de problemas de relacionamento com colegas, subordinados ou superiores hierárquicos e inserção de novas tecnologias na organização são insumos para o planejamento de ações de desenvolvimento de pessoas.

Gabarito: errado. Os itens apresentados estão relacionados ao trabalho atual do indivíduo, referindo-se, portanto, ao treinamento, e não ao desenvolvimento.

ATENÇÃO!

Em algumas provas, de forma genérica, o processo de capacitação envolvendo informação, instrução, treinamento, desenvolvimento e educação pode ser chamado apenas de treinamento.

2. CONTEÚDO DO TREINAMENTO

Chiavenato ainda divide a avaliação do treinamento de acordo com o seu conteúdo, que pode envolver quatro tipos de mudança de comportamento, a saber:

- **Transmissão de informações**: repartir informações entre os treinandos, como um corpo de conhecimentos. Normalmente, as informações são genéricas, de preferência sobre o trabalho, como informações sobre a empresa, seus produtos e serviços, sua organização e políticas, regras e regulamentos etc.
- **Desenvolvimento de habilidades**: principalmente habilidades, destrezas e conhecimentos diretamente relacionados com o desempenho do cargo atual ou de possíveis ocupações futuras. Trata-se de um treinamento orientado diretamente para as tarefas e as operações a serem executadas.
- **Desenvolvimento ou modificação de atitudes**: geralmente, mudanças de atitudes negativas para atitudes mais favoráveis entre os trabalhadores, aumento da motivação, desenvolvimento da sensibilidade do pessoal de gerência e de supervisão quanto aos sentimentos e às reações das pessoas.
- **Desenvolvimento de conceitos**: o treinamento pode ser conduzido no sentido de elevar o nível de abstração e conceituação de ideias e filosofias, seja para facilitar a aplicação de conceitos na prática administrativa, seja para elevar o nível de generalização, desenvolvendo gerentes que possam pensar em termos globais e amplos.

3. TIPOS DE TREINAMENTO

Técnico-operacional	Objetiva capacitar o indivíduo a desempenhar tarefas específicas. É feito em curto prazo.
Integração	Programas intensivos de treinamento inicial destinados aos novos membros da organização, para familiarizá-los com a linguagem usual desta, com os usos e costumes, valores internos (cultura organizacional), normas e padrões de comportamento, a estrutura de organização (áreas existentes), os principais produtos e serviços, missão e os objetivos organizacionais.
Gerencial	Objetiva desenvolver as competências técnica, administrativas e comportamentais do treinando. É feita em longo prazo.
Comportamental	Visa desenvolver ou modificar atitudes.

4. ETAPAS DO TREINAMENTO

Para que o treinamento seja bem executado e otimizado, as ações de capacitação da organização devem ser planejadas. Segundo Borges-Andrade, Abbad e Mourão (2004) e Chiavenato (1999), o processo de treinamento consiste em quatro etapas: **diagnóstico, planejamento, execução** e **avaliação.**

Questão de Concurso

(Cespe/Anac/Analista Administrativo/2013) O planejamento educacional tem como pressuposto a análise da eficiência do sistema educacional e tem como requisito a continuidade da ação sistemática para alcançar os fins propostos.

Gabarito: certo. Para a realização do planejamento educacional, ou plano instrucional, ou ainda planejamento da capacitação, é necessário realizar a análise do sistema educacional, que se configura como uma ação sistemática e contínua, que se desenvolve ao longo dos anos.

No entanto, algumas bancas podem cobrar outra forma de sequência desse processo de planejamento da capacitação, pois utilizam referenciais teóricos, como os dos autores Vilas Boas e Andrade (2009), que apresentam a sequência do processo de treinamento com quatro etapas: **programação, organização, implantação** e **avaliação.**

- **Programação:** seleciona o tipo de treinamento, o tempo, o instrutor, o público e como será feito.
- **Organização:** organiza os recursos disponíveis (espaço físico, logística etc.)
- **Implantação:** executa o planejado.
- **Avaliação:** verifica o atingimento das metas e objetivos. Em qualquer caso, após a execução deve ser sempre feita uma avaliação dos resultados, seja para avaliar o grau de conhecimento técnico adquirido, seja para medir o desenvolvimento dos participantes e a aceitação do treinamento.

Diferença entre as duas sequências

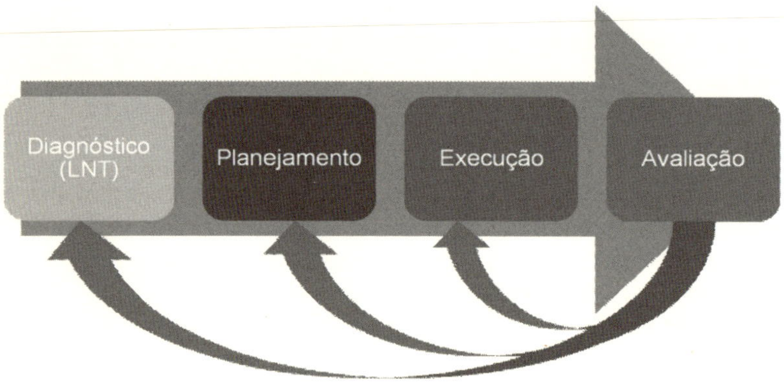

Planejamento da Capacitação segundo Chiavenato (1999) e Borges-Andrade, Abbad e Mourão (2004)

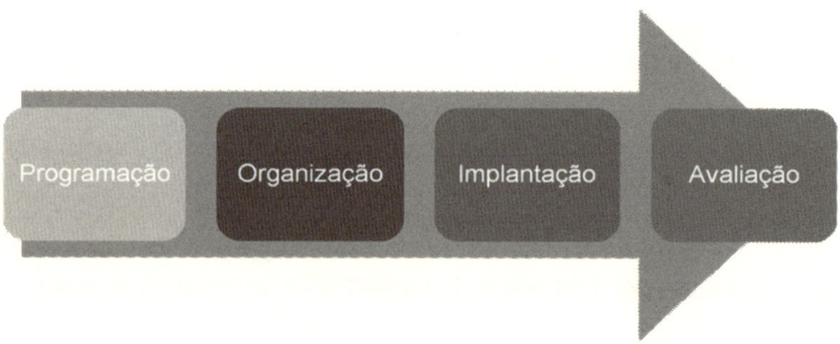

Planejamento da Capacitação segundo Vilas Boas e Andrade (2009)

Por ser mais usual e, portanto, mais cobrado nas provas, detalharemos a divisão proposta por Borges-Andrade, Abbad e Mourão (2004) e Chiavenato (1999).

4.1 Diagnóstico

Também podemos encontrar essa fase com o nome de Levantamento de Necessidades de Treinamento (LNT). Nesta, todas as necessidades de treinamento são levantadas, e diversos elementos disponíveis na organização podem ser utilizados. Para tanto, é necessário fazer uma análise dos três níveis da organização: a análise organizacional, a análise de tarefas e a análise do desempenho do indivíduo.

4.1.1 Análise organizacional

É realizada a análise dos objetivos, valores organizacionais, competências emergentes e essenciais, além do clima e do suporte organizacional à transferência de treinamento. Tem como objetivo a análise de longo prazo e analisa não apenas a missão, os objetivos, os recursos, as competências e a sua distribuição para a consecução dos objetivos, como também o ambiente socioeconômico e tecnológico no qual a organização está inserida.

4.1.2 Análise de tarefa

Ocorre a identificação das características das tarefas e das exigências do cargo, posto, trabalho, ocupação, definição dos conhecimentos, capacidades, atitudes e/ou habilidades associadas ao desempenho das tarefas e à classificação e à categorização das tarefas por natureza, complexidade e identidade de objetivos.

4.1.3 Análise de desempenho do indivíduo

Nesta dimensão acontece a identificação dos colaboradores que apresentam discrepâncias de desempenho e a escolha do tipo de treinamento de que eles necessitam.

4.1.3.1 Análise dos três níveis da organização, segundo Chiavenato

Chiavenato (1999) sugere uma pequena modificação nesses níveis, conforme descrito a seguir.

- **Análise organizacional: o sistema organizacional**: a análise organizacional envolve não só o estudo de toda a empresa, envolvendo sua missão, seus objetivos, seus recursos, suas competências e sua distribuição para a consecução dos objetivos, mas também o ambiente socioeconômico e tecnológico no qual a organização está inserida. Essa análise ajuda a responder a questão sobre o que deve ser ensinado e aprendido em termos de um plano e estabelece a filosofia de treinamento para toda a empresa. Consiste em uma análise em longo prazo.

- **Análise dos recursos humanos: o sistema de treinamento**: procura verificar se os recursos humanos são suficientes quantitativa e qualitativamente para as atividades atuais e futuras da organização. Consiste em uma análise da força de trabalho: o funcionamento organizacional pressupõe que os empregados possuam as habilidades, os conhecimentos e as atitudes desejados pela organização.
- **Análise das operações e tarefas: o sistema de aquisição de habilidades**: é o nível de abordagem mais restrito no levantamento de necessidades de treinamento: a análise é feita em nível do cargo, tendo como fundamento os requisitos exigidos pelo cargo ao seu ocupante. Além da organização e das pessoas, o treinamento deve também considerar os cargos para os quais as pessoas devem ser treinadas.

4.1.3.2 Ferramentas do diagnóstico

O levantamento das necessidades de treinamento ainda pode ser realizado com informações extraídas com as seguintes ferramentas:

- Avaliação de desempenho.
- Observação.
- Questionário.
- Solicitação de supervisores e gerentes.
- Entrevistas com supervisores e gerentes.
- Reuniões interdepartamentais.
- Exame de empregados.
- Modificação do trabalho.
- Entrevista de saída.
- Análise de cargos.
- Relatórios periódicos.

4.2 Planejamento

Nessa fase, o planejamento instrucional (ou desenho instrucional) é elaborado. No plano instrucional constam a elaboração da redação dos objetivos, a escolha das modalidades, estabelecimento da sequência e escolha dos procedimentos de capacitação, definição dos critérios de avaliação e teste do desenho.

No planejamento instrucional, a primeira etapa é transformar as necessidades de treinamento em objetivos instrucionais, descritos em termos de descrições objetivas e precisas dos conhecimentos, habilidades e atitudes (CHAs) que se deseja observar no comportamento do aprendiz durante e após o treinamento.

Os verbos que caracterizam ações observáveis são: **dirigir**, **escolher**, **avaliar**, **nomear**, **calcular**, **sorrir**, **classificar**, **analisar**, **redigir**, **manusear**, **modificar**.

Existem verbos de eventos encobertos que não devem ser utilizados na redação de objetivos instrucionais por não caracterizarem ações observáveis, tais como: **crer**, **sensibilizar**, **conhecer**, **reconhecer**, **pensar**, **raciocinar**, **saber**, **entender**, **apreciar**, **sentir**, **perceber**.

Questão de Concurso

(Cespe/CNJ/Técnicos Administrativo/2013) Na redação de objetivos instrucionais é recomendado o emprego de verbos como conhecer, saber, analisar, avaliar, reconhecer e modificar, que denotam comportamentos observáveis no trabalho.

Gabarito: errado. Os verbos apresentados na afirmativa, tais como: ***conhecer***, ***saber*** *e* ***reconhecer*** *não caracterizam eventos observáveis.*

A escolha da modalidade do curso; presencial, a distância, semipresencial depende da análise do perfil dos aprendizes (características sociodemográficas, funcionais e profissionais, além daquelas ligadas aos *gaps* (lacunas de competências) e da natureza e do grau de complexidade dos objetivos descritos).

As chamadas características sociodemográficas incluem: idade, sexo, escolaridade, profissão e estado civil, que ajudam na definição da estratégia de ensino, horários de encontros presenciais e tempo de estudo, respeito à realidade dos futuros participantes. Desconsiderar essas informações poderá levar à discriminação de gênero, idade, entre outras e ao insucesso do curso.

Questão de Concurso

(Cespe/CNJ/Técnico Administrativo/2013) Durante a seleção da modalidade de ensino-aprendizagem adequada às ações de treinamento não deve considerar as características sociodemográficas dos treinandos.

Gabarito: errado. A afirmativa diz que ***não*** *deve considerar as características sociodemográficas dos treinandos. A escolha da modalidade do curso; presencial, a distância, semipresencial depende da análise do perfil dos aprendizes (características sociodemográficas, funcionais e profissionais, além daquelas ligadas aos* gaps *(lacunas de competências) e da natureza e do grau de complexidade dos objetivos descritos).*

CUIDADO!

A identificação de quem necessita de treinamento e das competências que precisam ser treinadas ocorre na etapa de diagnóstico das necessidades de treinamento, e não na etapa de planejamento.

Dessa forma, segundo Borges-Andrade, Abbad e Mourão (2004), é possível definir as etapas do planejamento, e suas respectivas atividades, da seguinte forma:

Redação dos objetivos	As necessidades de treinamento são transformadas em objetivos instrucionais, especificando os níveis de conhecimento, habilidade e/ou atitudes que se deseja alcançar. É importante salientar que os objetivos instrucionais devem ser compostos por verbos observáveis, uma vez que servirão de base para a avaliação do processo de avaliação do treinamento.
Escolha da modalidade	É realizada uma análise do contexto da organização para definição da modalidade de ensino, que pode ser presencial, a distância, semipresencial ou mista.
Estabelecimento da sequência	Os objetivos são categorizados e a sequência de aprendizado é definida. Ocorre a hierarquização dos objetivos e conteúdos instrucionais para a definição da sequência lógica de ensino.
Escolha do procedimento	Ocorre a seleção e a criação de situações de aprendizagem adequadas ao domínio a que pertencem os objetivos instrucionais, às características dos treinandos e ao contexto em que a capacitação será realizada.
Definição dos critérios de avaliação	Nesta etapa os critérios da avaliação de aprendizagem serão definidos de acordo com o objetivo, ou seja, as avaliações de treinamento que ocorrerão ao final de cada capacitação devem ser planejadas.
Teste do desenho	Acontece a validação dos materiais e das situações de aprendizagem. Neste caso, ou o procedimento é testado por inteiro, ou, caso não seja possível testar, o projeto é analisado pelas pessoas envolvidas para a coleta de sugestões e possíveis modificações do desenho.

4.3 Execução (implementação)

Essa fase é simples, todas as ações de treinamento que foram planejadas são executadas. Nesse caso, a execução depende de diversos fatores, tais como a adequação do programa de treinamento às necessidades da organização, a qualidade do material de treinamento, a cooperação dos gerentes e dos dirigentes e a qualidade e a preparação dos instrutores e aprendizes.

4.4 Avaliação

A etapa final do processo de treinamento é a avaliação dos resultados obtidos. O programa de treinamento deve ter uma avaliação de sua eficiência. A avaliação deve considerar dois aspectos:

- verificar se o treinamento produziu as modificações desejadas no comportamento e no desempenho dos empregados;
- verificar se os resultados do treinamento apresentam relação com o alcance das metas da empresa.

Questão de Concurso

(Cespe/Antaq/Analista Administrativo/2009) A avaliação de treinamento pode ser definida como uma coleta sistemática de informações descritivas e valorativas necessárias para tornar eficazes as decisões relacionadas à seleção, à adoção, à valorização e à modificação de várias atividades instrucionais.

Gabarito: certo. A avaliação de treinamento tem a capacidade de retroagir, avaliando a seleção, a adoção, a valorização e a modificação de várias atividades instrucionais.

Além dessas duas questões, é preciso verificar se as **técnicas de treinamento** são eficazes para o alcance dos objetivos propostos.

Segundo Chiavenato (1999), a avaliação dos resultados do treinamento pode ser feita em três níveis, a saber:

4.4.1 Avaliação em nível organizacional

O treinamento deve proporcionar resultados, como:

- aumento da eficácia organizacional;
- melhoria da imagem da empresa;
- melhoria do clima organizacional;
- melhor relacionamento empresa e empregados;
- facilidades nas mudanças e na inovação;
- aumento da eficiência etc.

4.4.2 Avaliação em nível dos recursos humanos

O treinamento deve proporcionar resultados, como:

- redução da rotatividade de pessoal;
- redução do absenteísmo;
- aumento da eficiência individual dos empregados;
- aumento das habilidades das pessoas;
- aumento do conhecimento das pessoas;
- mudanças de atitudes e de comportamentos das pessoas etc.

4.4.3 Avaliação em nível das tarefas e das operações

O treinamento deve proporcionar resultados, como:

- aumento da produtividade;
- melhoria da qualidade dos produtos e serviços;
- redução no fluxo da produção;
- melhor atendimento ao cliente;
- redução do índice de acidentes;
- redução no índice de manutenção de máquinas e equipamentos etc.

Questão de Concurso

(Cespe/MPU/Técnico Administrativo/2010) Na avaliação de um programa de treinamento no nível organizacional, deve-se verificar a elevação dos conhecimentos dos servidores.

Gabarito: errado. Segundo Chiavenato (1999), a elevação dos conhecimentos dos servidores ou funcionários é avaliada no nível de recursos humanos, e não no nível organizacional.

4.5 Quatro níveis de avaliação de treinamento

De acordo com Donald Kirkpatrick (1976), existem quatro níveis de avaliação de treinamento que, ao serem aplicados em sequência, formam uma maneira eficaz de avaliação de resultados. Para o autor, cada nível tem sua importância à medida que se passa de um nível para o seguinte; assim, o processo se torna cada vez mais complexo, aumentando, também, o dispêndio de tempo, mas em compensação, provê informações cada vez mais valiosas.

Assim sendo, nenhum nível deve ser menosprezado, mesmo que o responsável pelo treinamento considere algum menos importante.

Veja as descrições a seguir.

Nível 1: reação	Neste primeiro nível, mensura-se a reação dos participantes ao programa de treinamento. Kirkpatrick (1976) descreve este nível como a medida de satisfação dos treinandos. A reação dos participantes é a mensuração imediata da satisfação dos clientes e envolve a avaliação do instrutor, do ambiente, do material didático e da execução do treinamento, entre outros.
Nível 2: aprendizado	Kirkpatrick (1976) define aprendizado, em consequência de o indivíduo ter participado do curso, como: mudança na forma de perceber a realidade e/ou aumento de conhecimentos e/ou aumento de habilidades. Na aprendizagem ocorre, portanto, alteração da forma de perceber a realidade, aumento dos conhecimentos e melhoria das habilidades.
Nível 3: comportamento (impacto)	Este nível é definido como a extensão da mudança de conduta e de procedimento que ocorre porque a pessoa participou do treinamento. Para que essa mudança de comportamento ocorra, quatro condições são necessárias: 1. A pessoa precisa querer mudar; 2. A pessoa precisa saber o quê e o como mudar; 3. A pessoa precisa trabalhar num ambiente com o clima correto; 4. A pessoa precisa ser premiada pela mudança. Um programa de treinamento pode atender aos dois primeiros requisitos, criando uma postura positiva em relação à mudança desejada, os conhecimentos e as habilidades necessárias. A terceira condição, no entanto, **clima correto**, depende do chefe imediato.
Nível 4: resultados	Refere-se aos resultados alcançados devido à participação dos funcionários no treinamento. Resultados incluem aumento de produção, melhoria da qualidade, redução de custo, redução de acidentes, aumento de vendas, redução de rotatividade de pessoal, aumento do lucro ou do retorno do investimento. É importante reconhecer que resultados como esses são a razão de ser dos programas de treinamento.

Questão de Concurso

(Cespe/MPE-PI/Analista Ministerial/2012) Quando bem planejadas e executadas para suprir os gaps de competências identificados, as ações de treinamento garantem que os indivíduos apliquem no trabalho os novos CHAs aprendidos.

Gabarito: errado. As ações de capacitação visam suprir os gaps, *mas não garantem que os indivíduos apliquem o que aprenderam no trabalho. Para saber se foi aplicado no trabalho, utiliza-se a avaliação de comportamento.*

ATENÇÃO!

Embora todas as avaliações apresentadas mensurem determinado aspecto do sucesso do treinamento, o nível de reação não é considerado para determinar o resultado deste, sendo avaliados apenas com os níveis de aprendizado, comportamento e resultado.

Questão de Concurso

(Cespe/Correios/Analista de Correios/Administrador/2011) A avaliação de resultados de programas de treinamento tende a mensurar, no mínimo, as variáveis relativas a aprendizagem, impacto, mudança e valor final.

Gabarito: certo. A avaliação de resultado mede o alcance dos objetivos organizacionais, que, na perspectiva do sistema de capacitação, está relacionado diretamente com o aprendizado dos treinandos, o impacto do treinamento em sua rotina de trabalho, as mudanças organizacionais e o valor final de todos os treinamentos do programa.

4.6 Outros conceitos de avaliação de treinamento

Hamblin (1978) subdivide o quarto nível de Kirkpatrick (resultados) em dois, a saber:

- **Mudança organizacional**: a avaliação toma como critério o funcionamento da organização ou mudanças que nela possam ter ocorrido em decorrência do treinamento.
- **Valor final**: o foco é na produção ou no serviço prestado pela organização, o que geralmente implica comparar custos e benefícios que podem ser de natureza econômica. A avaliação no nível de valor final busca identificar em que medida os programas de capacitação contribuem para a organização cumprir seus objetivos finalísticos. Geralmente, tem como base indicadores financeiros.

Philips, citado por Borges-Andrade, Abbad e Mourão (2004), alinhado ao conceito de valor final adotado por Hamblin (1978), considera a necessidade de realização de um processo de análise do retorno sobre o investimento (ROI) nas atividades de capacitação.

Questão de Concurso

(FCC/TRF 2ª Região/Analista Judiciário/Área Administrativa/2007) De acordo com o modelo de Hamblin de níveis de avaliação no treinamento, quando o treinando, após participar de um processo de treinamento que gostou e demonstra ter aprendido, embora continue a executar a tarefa sob sua responsabilidade pelo mesmo método utilizado antes do treinamento, retrata o nível de avaliação de

a) resultados finais.
b) aprendizado.
c) valores.
d) reação.
e) comportamento.

Gabarito: e. Se o treinando gostou e aprendeu o que foi ministrado, mas não aplicou, esse nível de avaliação refere-se à avaliação de comportamento.

Veja o quadro abaixo, que especifica os conceitos dos três principais autores sobre o tema.

NÍVEIS DE AVALIAÇÃO DE TREINAMENTO

PHILLIPS	KIRKPATRICK	HAMBLIN	
	Reação	Reação	Atitudes ou opiniões sobre os diversos aspectos do Treinamento e a sua satisfação. O objetivo é avaliar o conteúdo, o programa, o material didático, o local, a carga horária e o instrutor do programa de treinamento.
	Aprendizagem	Aprendizagem	Grau de assimilação do conteúdo, transmitido pelo instrutor, ou seja, o alcance dos objetivos instrucionais (conhecimentos, habilidades e atitudes). Podem ser utilizadas provas e simulações no ambiente de trabalho.
	Comportamento	Comportamento	Efeito no desempenho do papel ocupacional esperado. A finalidade é averiguar se o que foi aprendido pelos funcionários está sendo aplicado no ambiente de trabalho.
	Resultado	Organização	Alcance dos objetivos da organização, mudanças ocorridas na organização após a capacitação.
ROI		Valor Final	Tem foco na produção e no serviço prestado, implica comparação entre custo e benefício das ações de capacitação.

Questão de Concurso

(FCC/MPE-AP/Analista Ministerial/Administração/2012) Um fator indicativo de resultados de um módulo de treinamento é:
a) material didático.
b) horas do instrutor.
c) despesas com pessoal.
d) inteligência emocional.
e) aumento da produtividade.

Gabarito: e. O aumento de produtividade é o único que, dentre as demais alternativas, apresenta componente da avaliação de resultados, não sendo possível avaliar resultados com os outros itens apresentados.

5. TÉCNICAS DE TREINAMENTO E DESENVOLVIMENTO (T&D)

5.1 Classificação das técnicas de T&D

5.1.1 Técnicas de treinamento quanto ao *uso*

- **Conteúdo**: desenhadas para transmissão de conhecimento (leituras, vídeo, instrução programada).
- **Processo**: desenhadas para mudar atitudes (*role-playing*, simulações, dinâmicas de grupo).
- **Mistas**: por meio delas são transmitidas informações e procura-se mudar atitudes e comportamentos (estudo de casos, simulações e jogos, treinamento de iniciação, rotação de cargos).

Questão de Concurso

(FCC/TRT 8ª Região/Analista Judiciário Administrativo/2010) As técnicas de treinamento desenhadas para mudar atitudes, desenvolver consciência de si e dos outros, e desenvolver habilidades interpessoais são consideradas técnicas de treinamento orientadas para

a) o conteúdo.
b) o processo.
c) a aprendizagem técnico-operacional.
d) o tempo.
e) o comportamento.

Gabarito: b. A classificação é quanto ao uso. Se utilizadas para desenvolver consciência de si e dos outros e desenvolver habilidades interpessoais, ou seja, mudar atitudes trata-se de técnicas orientadas para o processo.

5.1.2 Técnicas de treinamento quanto ao *tempo*

- **Treinamento de indução ou de integração à empresa**: visa à adaptação e à ambientação inicial.
- **Treinamento depois no ingresso no trabalho**: pode ser feito no local de trabalho (em serviço) ou fora do local de trabalho.

Questão de Concurso

(FCC//TRT 8ª Região/Analista Judiciário Administrativo/2010) O treinamento, depois do ingresso no cargo, poderá ser levado a efeito sob dois aspectos:

a) capacidade de aprendizagem e experiência apresentada pelo novo profissional.

b) customização e capacidade de aprendizagem do novo profissional.

c) customização e experiência apresentada pelo novo profissional.

d) treinamento no local de trabalho e fora do local de trabalho.

e) avaliação de aprendizagem e de custos.

Gabarito: d. Trata-se da classificação do treinamento quanto ao tempo.

5.1.3 Técnicas de treinamento quanto ao *local* de aplicação

Aplicadas *internamente* (no contexto do trabalho) *on the job*

- Rotação de cargos.
- Enriquecimento de cargos/ampliação/extensão.
- Treinamento por instrução no próprio cargo.
- Outras: orientação da chefia, estabelecimento de metas e avaliações, participação em grupos e comitês.

Segundo Chiavenato (2007), verifica-se a necessidade de ajustar o trabalho ao trabalhador no formato de programas de mudanças, como:

- **Rotação de cargos**: rodízio do funcionários em diferentes cargos que tenham certa afinidade entre si e graus de complexidade semelhantes.
- **Extensão de cargos**: constitui um acréscimo de tarefas do mesmo nível de dificuldades ou de responsabilidade ou algum deslocamento horizontal.
- **Ampliação de cargos**: representa um acréscimo de tarefas ou de responsabilidades de nível superior ou algum deslocamento vertical do cargo.
- **Enriquecimento de cargos**: consiste em elevar deliberadamente a responsabilidade, os objetivos e os desafios das tarefas do cargo. Pode ser vertical (adição de responsabilidades de níveis de complexidade mais elevados) ou horizontal (adição de responsabilidade no mesmo nível de complexidade).

ATENÇÃO!

De todas as alternativas - rotação, extensão e ampliação – , o enriquecimento do cargo representa a mais defendida pelos autores ligados à Teoria Comportamental.

VEJA BEM!

À medida que cada pessoa se desenvolve e aprende novas coisas, a empresa deve eliminar as tarefas mais simples do seu cargo e adicionar tarefas gradativamente mais complexas, acompanhando o seu desenvolvimento profissional. Enquanto tradicionalmente (escola clássica) fragmentava-se o trabalho com a especialização dos operários, para evitar erros e despesas, atualmente as organizações enriquecem os cargos (variação, criatividade, diversidade, desafio, autonomia), tornando-os mais complexos.

Aplicadas *externamente* (fora do contexto do trabalho)

- Vídeos.
- Palestras, conferências.
- Seminários e *workshops.*
- Aulas expositivas.
- Jogos empresarias.
- *Role playing* (dramatizações).
- Estudos de casos.
- Discussão em grupo, painéis, debates etc.
- Simulação: método de treinamento onde os aspectos relacionados do ambiente são reaplicados ou modificados em um ambiente de treinamento.

Questão de Concurso

(Cespe/TRT 10ª Região/Técnico/2013) Uma das principais expectativas da gestão de pessoas nas organizações modernas é garantir que o trabalho a ser realizado seja simples e as pessoas, bem gerenciadas, para que os objetivos sejam alcançados.

Gabarito: errado. Tornar um trabalho mais simples, rotineiro, especializado era característica da administração tradicional e não das organizações modernas.

5.4 Métodos de desenvolvimento de pessoas

Para Chiavenato (1999) existem técnicas de desenvolvimento de habilidades pessoais no cargo (como rotação de cargos, posições de assessoria e atribuições de comissões) e fora do cargo (como cursos e seminários, exercícios de simulação e treinamento fora da empresa).

Os principais métodos de desenvolvimento de pessoas no cargo atual são:

- **Rotação de cargos**: refere-se à movimentação das pessoas em várias posições na organização, no esforço de expandir suas habilidades, conhecimentos e capacidades, podendo ser vertical, nos casos de promoção, ou horizontal, com transferência para outra área.

- **Posições de assessoria**: oferece oportunidade para que a pessoa com elevado potencial trabalhe provisoriamente sob a supervisão de um gerente bem-sucedido, em diferentes áreas da organização. Trabalhando como assistente de *staff* ou em equipes de assessoria direta, a pessoa pode desempenhar diferentes tarefas sob a condução apoiadora de um gerente.
- **Aprendizagem prática**: técnica de treinamento por meio da qual são resolvidos problemas em certos projetos ou em outros departamentos. Em geral, é aplicada em conjunto com outras técnicas.
- **Atribuição de comissões**: oferece oportunidade para o funcionário participar de comissões de trabalho – compartilhar da tomadas de decisões, aprender pela observação dos outros e pesquisar problemas específicos da organização.
- **Participação em cursos e seminários externos**: é uma forma tradicional de desenvolvimento mediante cursos formais de leitura e seminários. Oferece oportunidade de adquirir novos conhecimentos e desenvolver habilidades conceituais e analíticas.
- **Exercícios de simulação**: os exercícios de simulação incluem estudos de casos, jogos de empresas e simulação de papéis. O estudo de casos proporciona discussões entre os participantes, enquanto os jogos de empresas e os exercícios de dramatização colocam a pessoa no lugar de autor ou somente participando de problemas gerenciais.
- **Treinamento fora da empresa**: está relacionado com a busca de novos conhecimentos, atitudes e comportamentos que não existem dentro da organização e que precisam ser obtidos fora dela.
- **Estudo de casos**: é um método de desenvolvimento em que a pessoa defronta-se com uma descrição escrita de um problema organizacional para ser analisado e resolvido.
- **Jogos de empresas:** também chamados de *management games* ou *business games*, são técnicas de desenvolvimento em que grupos de funcionários competem entre si, tomando decisões a respeito de situações reais ou simuladas de empresas. Podem ser realizados em ambiente físico e digital.
- **Centros de desenvolvimentos internos**: ou *in house development centers*, são métodos baseados em centros localizados na empresa para expor os gerentes e as pessoas a exercícios analíticos, a fim de desenvolver e melhorar habilidades pessoais. É o caso das universidades corporativas.
- ***Coaching***: preparação, orientação e incentivo para a transformação de determinados aspectos do indivíduo por parte dos gerentes.

Por outro lado, os dois métodos de desenvolvimento de pessoas fora do cargo são:

- **Tutoria**: consiste na assistência que executivos oferecem a pessoas que aspiram crescimento na carreira. Também conhecida como *mentoring*, esta técnica caracteriza-se quando um gerente exerce um papel ativo em guiar e orientar uma pessoa em sua carreira.
- **Aconselhamento de funcionários**: o gerente assessora as pessoas, aconselhando-as, visando ao melhor desempenho de suas atividades. O aconselhamento aproxima-se da abordagem de tutoria, mas ocorre apenas quando surge algum problema de desempenho, e o foco da discussão é relacionado com o processo de disciplina, exigindo do gerente capacidade de ouvir e influenciar.

Questão de Concurso

(Consulplan/TSE/Analista Judiciário/Psicologia/2012) A execução do treinamento pode ser feita em diferentes locais. A esse respeito, considere os itens a seguir:

I – No próprio local de trabalho do colaborador. O treinamento é executado onde o funcionário trabalha e enquanto trabalha.

II – Na empresa, mas fora do local de trabalho.

III – Fora da empresa. O treinamento é executado numa instituição externa.

Analisando-se os itens anteriores, verifica-se que:

a) apenas o item I está correto.

b) apenas o item II está correto.

c) todos os itens estão corretos.

d) apenas o item III está correto.

Gabarito: c. O treinamento pode ser executado no próprio local de trabalho, na empresa, fora do local de trabalho ou fora da empresa. O tipo de capacitação é que direcionará a melhor opção de local para a sua realização.

5.5 *Coaching* e *mentoring*

Entre as técnicas apresentadas, os conceitos de *coaching* e *mentoring* (tutoria) são os mais parecidos e, portanto, os mais confundidos pelos candidatos. As diferenças básicas entre os dois conceitos serão apresentadas a seguir.

Coaching	*Mentoring*
Condução ativa do superior imediato.	Orientação profissional por pessoa da organização ou não.
Estilo de liderança e supervisão.	Estilo de desenvolvimento de carreira.

Foco no curto prazo e no cotidiano.	Foco no longo prazo e no futuro.
Relação entre chefe e subordinado.	Relação entre protetor e protegido.
Impulso no trabalho atual.	Impulso no encarreiramento futuro.

CHIAVENATO (2002). Adaptado

6. GESTÃO DE CARREIRAS

O desenvolvimento de carreira está ligado tanto às atividades da organização quanto aos interesses individuais dos funcionários, uma vez que, apesar de a organização fornecer possibilidades de crescimento e desenvolvimento, o interesse em crescer profissionalmente cabe ao próprio funcionário.

A Gestão de Carreiras foca o gerenciamento das possibilidades de encarreiramento de seus funcionários, caracterizando-se como um processo formalizado e sequencial, que focaliza o planejamento da carreira futura dos funcionários que têm potencial para ocupar cargos mais elevados, integrando o processo com outros programas de RH, como avaliação do desempenho, capacitação e planejamento de RH.

As principais ferramentas utilizadas pelas organizações para o desenvolvimento de carreiras, segundo Chiavenato (1999) são:

- **Centro de avaliação**: adotam técnicas de seleção de talentos humanos, tais como entrevistas, exercícios dirigidos, jogos de empresa e centros de avaliação. São também utilizadas no desenvolvimento de carreiras e proporcionam retroação sobre as forças e as fraquezas dos participantes.
- **Testes psicológicos**: utilizados na seleção de pessoal, servem para ajudar os funcionários a compreender melhor seus interesses e habilidades.
- **Avaliação do desempenho**: fonte de informação que demonstra quais pontos devem ser melhorados pelo servidor.
- **Projeções de promovabilidade**: são julgamentos feitos pelos gerentes quanto ao avanço potencial de seus subordinados. Essas projeções ajudam a organização a identificar pessoas que apresentam grande potencial de avanço e ajudam os funcionários a melhorar seus conhecimentos e experiências.
- **Planejamento de sucessão**: focaliza o preparo das pessoas para preencher posições mais complexas. Há uma ênfase no desenvolvimento, e não nas promoções. Os funcionários recebem novos encargos, que servem para prepará-los para assumir crescentes responsabilidades.

7. PLANOS DE CARREIRA

O plano de carreira é o instrumento que define as trajetórias de carreiras existentes na empresa, possibilitando a escolha do caminho mais adequado para cada funcionário trilhar, de acordo com as suas vontades e necessidades. Apesar de ser de interesse do funcionário, o desenvolvimento do plano de carreira é de responsabilidade da empresa e pode ser definido de acordo com as seguintes trajetórias:

- **Estruturas em linha**: apresenta uma trajetória linear de desenvolvimento do indivíduo, não permitindo opções para outras trajetórias de carreira. O limite desse tipo de carreira corresponde a posições gerenciais, não existindo alternativas para os profissionais que preferem carreira técnica.
- **Linha de especialização**: fornece ao colaborador um plano de desenvolvimento em sua área de atuação.
- **Linha generalista**: propicia ao colaborador crescimento por meio do conhecimento profundo, de uma área específica, agregado ao conhecimento geral e menos profundo de outras áreas da organização.
- **Linha hierárquica**: segundo Pontes (1995), é a mais comum nas organizações e culmina, obrigatoriamente, com os cargos gerenciais no topo da estrutura. Como as posições gerenciais são em menor número e dependem de vagas, inibem o desenvolvimento profissional, pois apenas algumas pessoas podem acessar essa carreira.
- **Estruturas paralelas**: Dutra (1996) define carreira paralela como uma sequência de posições que uma pessoa pode assumir no interior de uma organização, orientada em duas direções, uma de natureza técnica e outra de natureza gerencial. Entre as carreiras paralelas, a mais comum é a carreira em Y, pois todos entram nas estruturas básicas da carreira e, em determinado momento, escolhem se querem seguir a carreira técnica ou a carreira gerencial.

Questão de Concurso

(Cespe/Embasa/2009) A organização que valoriza do mesmo modo profissionais que buscam ascender na estrutura organizacional tanto desenvolvendo funções técnicas como gerenciais adota a carreira em Y.

Gabarito: certo. Corresponde, exatamente, à carreira em Y.

8. TRILHA DE APRENDIZAGEM

Segundo Freitas (2002, *apud* BORGES-ANDRADE; ABBAD e MOURÃO, 2004), as trilhas de aprendizagem são caminhos alternativos e flexíveis, oferecidos pela organização, que promovem o desenvolvimento profissional e pessoal, fugindo do aspecto rígido e imutável do treinamento tradicional.

As trilhas de aprendizagem permitem que o funcionário escolha, de acordo com a sua conveniência e interesse, que caminho deve ser percorrido, levando em consideração as competências já desenvolvidas e aquelas que ainda necessitam de desenvolvimento.

9. APRENDIZAGEM ORGANIZACIONAL

O conceito de aprendizagem organizacional está diretamente ligado ao conceito de inovação, possuindo foco sobre o conhecimento e a competência dentro das organizações.

A aprendizagem nas organizações pode ocorrer em três níveis.

Individual	Primeiro nível do processo de aprendizagem.
Grupal	Processo social partilhado pelas pessoas participantes de um grupo.
Organizacional	O processo de aprendizagem torna-se institucionalizado e expressa-se em diversos artefatos organizacionais. As organizações desenvolvem memórias que retêm e recuperam informações.

Aprendizagem organizacional *x* organizações de aprendizagem

Aprendizagem organizacional	Organizações de aprendizagem
Visa descrever e compreender processos e comportamentos. É pautada pelo rigor científico (abordagem normativa e descritiva).	Buscam desenvolver um estado ideal, um conjunto de recomendações baseado em experiências de empresas de consultoria sobre as melhores práticas para se criar uma organização que aprende (abordagem prescritiva).

9.1 Modelos de aprendizagem

Existem diversos modelos de aprendizagem. A seguir, são descritos os principais.

9.1.1 Modelo *behaviorista*

No modelo behaviorista, o foco é o comportamento, que pode ser observado e modificado. Sua análise está pautada no estudo das relações entre o comportamento, os estímulos e as consequências.

9.1.2 Modelo cognitivista

É mais abrangente que a teoria **behaviorista** e procura explicar fenômenos mais complexos, como a aquisição de conceitos e a solução de problemas. Esse modelo considera dados objetivos, comportamentais e subjetivos e considera as crenças e as percepções dos indivíduos como fatores que influam na percepção da realidade. Ambas as vertentes trabalham com representações e levam em conta o processamento de informações pelo indivíduo.

9.1.3 Cinco vias de aprendizagem, segundo Garvin

Garvin (*apud* FLEURY; FLEURY, 1995) descreve o modo como as organizações são capacitadas para criar, adquirir e transferir conhecimentos e *insights*. Segundo Fleury e Fleury (1995), aquele autor identificaria cinco vias possíveis para a aprendizagem:

- **Resolução sistemática de problemas**: contempla diagnósticos elaborados com uso de métodos científicos, utilização de dados para a tomada de decisão e recursos da estatística para organizar as informações e fazer inferências.
- **Experimentação**: consiste na procura sistemática e no teste de novos conhecimentos por meio de método científico. A experimentação seria motivada pelas oportunidades de expandir horizontes.
- **Experiência passada**: apoia-se na sistemática de revisão e avaliação de situações de sucesso e fracasso da própria organização, seguida da disseminação dos resultados entre os membros integrantes.
- **Circulação de conhecimento**: orienta-se pela circulação rápida e eficiente de novas ideias por toda a organização como forma de aumentar seu impacto por serem compartilhadas coletivamente.
- **Experiências realizadas por outras organizações**: têm como referência a observação de experiências de outras organizações, vista como importante caminho de aprendizagem.

9.1.4 A quinta disciplina, segundo Peter Senge

Senge (*apud* BEMFICA e BORGES: 1999) considera a capacidade de adaptação um dos passos do processo de aprendizagem, sendo, além disso, necessário existir, por parte da empresa, desejo de criar e de ser produtiva.

O foco está na aprendizagem individual dentro da organização e, conforme o autor, haveria cinco **disciplinas** fundamentais para a constituição de organizações capazes de **aprender** generativa e adaptativamente:

- **Domínio pessoal:** entendido como a capacidade de os indivíduos da organização esclarecerem e buscarem a efetivação de suas aspirações pessoais; possibilita esclarecer a visão pessoal e o significado e importância do aprendizado para cada funcionário.

- **Modelos mentais**: identificados como as ideias profundamente arraigadas, generalizações e imagens que influenciam a visão de mundo e os comportamentos pessoais.
- **Objetivo comum**: considerado como a busca de imagens do futuro que promoveriam o engajamento dos membros da organização.
- **Aprendizado em grupo**: considerado como decorrente da capacidade de reconhecer os padrões de interação entre integrantes de um grupo capazes de favorecer ou dificultar o desempenho conjunto.
- **Raciocínio sistêmico**: definido como a estrutura conceitual, cujo objetivo seria tornar clara a visão de conjunto, a partir da qual as alterações necessárias à melhoria da organização seriam identificadas.

9.1.5 A espiral do conhecimento, segundo Nonaka e Takeuchi

Nonaka e Takeuchi (1995) consideram que a criação do conhecimento organizacional resultaria da conversão de conhecimento tácito (relacionado ao conhecimento que o indivíduo possui informalmente, dentro de sua estrutura cognitiva) em conhecimento explícito (conhecimento formal e racional em que o conhecimento é explicitado em registros), em um processo espiralado envolvendo tanto a dimensão epistemológica quanto a dimensão ontológica.

Questão de Concurso

(Cespe/Antaq/Analista Administrativo/2009) Dentro de uma organização, a aprendizagem das práticas relevantes para o exercício de suas funções por um trabalhador só ocorre se esse for submetido a situações formais de instrução ou treinamento.

Gabarito: errado. A aprendizagem das práticas também pode ocorrer informalmente.

A espiral do conhecimento foi descrita por Nonaka e Takeuchi (1997) como um processo que necessita ser implantado para que a organização se transforme em uma empresa que gera conhecimento. Para isso, a organização deve completar uma espiral que vai do tácito ao tácito, do explícito ao explícito, do tácito ao explícito, e, finalmente, do explícito ao tácito. Sendo assim, o conhecimento deve ser articulado e internalizado para tornar-se parte da base de conhecimento de cada pessoa.

O conhecimento tácito é aquele que o indivíduo adquiriu ao longo da vida, que é difícil de ser formalizado ou explicado a outra pessoa e é subjetivo e inerente às habilidades de um funcionário.

O conhecimento explícito é aquele formal e claro, fácil de ser comunicado. Geralmente, encontra-se em forma de textos, diagramas, manuais, documentos, instruções, artigos, revistas e tudo aquilo que formalize, explique ou declare determinado conhecimento.

Os quatro passos para completar a espiral do conhecimento serão apresentados a seguir:

1º Passo – Socialização (tácito para tácito): refere-se ao compartilhamento do conhecimento tácito, por meio da observação, da imitação ou da prática.

2º Passo – Externalização (tácito para explícito): ocorre a conversão do conhecimento tácito em explícito, e sua comunicação ao grupo, por meio da escrita, da fala ou do desenho.

3º Passo – Combinação (explícito para explícito): caracteriza-se pela padronização do conhecimento. Chama-se combinação por juntar dois tipos de conhecimentos explícitos, tais como um manual, um guia de trabalho, uma publicação, um livro etc.

4º Passo – Internalização (explícito para tácito): ocorre quando os novos conhecimentos explícitos são compartilhados na organização. Dessa forma, outras pessoas começam a internalizá-los e os utilizam para incrementar, estender, assimilar e reorganizar seu próprio conhecimento tácito.

Questão de Concurso

(Cespe/TRT 10ª Região/Analista Judiciário/Aréa Administrativa/2013) Os modelos de conversão do conhecimento (externalização, internalização, socialização e combinação) são operacionalizados nas organizações a partir de espaços de interação, chamados de "ba" em que conhecimentos, experiências, habilidades e demais recursos valiosos são combinados nas interações entre as pessoas.

Gabarito: certo. A afirmativa refere-se à teoria da espiral do conhecimento de Nonaka e Takeuchi e traz a expressão "Ba" (filosofia japonesa), que é um conceito adaptado por Nonaka e significa, grosseiramente, lugar *(em um contexto que envolve tempo, local e pessoas). Ba não significa necessariamente um espaço físico. Pode ser:*
Um escritório
Uma sala de reunião
Espaço virtual
Email
Intranet
Teleconferência
Espaço mental
Ideias
Experiências
Emoções compartilhadas.

10. EDUCAÇÃO CORPORATIVA

Éboli (*apud* BORGES-ANDRADE; ABBAD e MOURÃO, 2004) esclarece que programas educacionais sempre existiram nas organizações, mas, normalmente, eram restritos aos níveis gerenciais e à alta administração. O surgimento da universidade corporativa, segundo a autora, foi o grande marco da passagem do tradicional centro de treinamento e desenvolvimento (T&D) para uma preocupação mais ampla e abrangente com a educação de todos os colaboradores de uma organização.

VEJA BEM!

Embora os conceitos de **educação corporativa** e **universidade corporativa** tenham surgido concomitantemente no ambiente organizacional, observe-se que a **universidade corporativa** é um termo muito restritivo, principalmente porque nem toda organização precisa ou vai criar esse tipo de unidade educacional em sua estrutura.

Na visão de Vargas (2002), educação coorporativa é um conceito emergente, surgido como fruto das mudanças geradas na arquitetura física e na estratégia das organizações, provocadas pela revolução tecnológica iniciada em meados do século passado. A partir, principalmente, da década de 1990, as ações T&D começaram a deslocar-se da esfera restrita da antiga área de recursos humanos, mais preocupada em promover treinamentos específicos para desenvolver habilidades dos empregados, e passaram a permear toda a organização sob o nome da educação corporativa.

Questão de Concurso

(Consulplan/TSE/Analista Judiciário/2012) A educação corporativa compreende um processo educativo e um sistema de desenvolvimento de pessoas cujos objetivos são:

I - desenvolver competências nos colaboradores da organização.

II - promover a gestão de conhecimento da organização.

III - desenvolver e qualificar os profissionais da organização.

Analisando-se os itens anteriores, verifica-se que:

a) apenas o item I está correto.

b) apenas o item II está correto.

c) apenas os itens II e III estão corretos.

d) todos os itens estão corretos.

Gabarito: d. Quando desenvolvida estrategicamente e com toda a sua capacidade, a educação corporativa é capaz de desenvolver as competências, promover a gestão do conhecimento e qualificar seus funcionários.

10.1 Princípios e práticas da educação corporativa

Éboli (2004) esclarece que os princípios são as bases filosóficas e os fundamentos que norteiam uma ação, ou seja, são os elementos qualitativos conceituais predominantes na constituição de um sistema de educação corporativa bem-sucedido. Os sete princípios de sucesso de um sistema de educação coorporativa e as principais práticas a eles relacionadas, segundo a visão da autora, são os seguintes:

PRINCÍPIOS E PRÁTICAS DE SUCESSO DE EDUCAÇÃO CORPORATIVA (Borges-Andrade, Abbad e Mourão, 2004)	
Princípios	**Práticas**
Competitividade	Obter o comprometimento e envolvimento da alta cúpula com sistema de educação. Alinhar as estratégias, diretrizes e práticas de gestão de pessoas às estratégias do negócio.

ALUMNUS

	Implantar um modelo de gestão de pessoas por competências. Conceber ações e programas educacionais alinhados às estratégias do negócio.
Perpetuidade	Ser veículo de disseminação da cultura empresarial. Responsabilizar líderes e gestores pelo processo de aprendizagem.
Conectividade	**Adotar, implementar a educação inclusiva, contemplando o público interno e o externo.** Implantar modelo de gestão do conhecimento que estimule o compartilhamento de conhecimentos organizacionais e a troca de experiências. Integrar o sistema de educação com o modelo de gestão de conhecimento. Criar mecanismos de gestão que favoreçam a construção social do conhecimento.
Disponibilidade	Utilizar de forma intensiva tecnologia aplicada à educação. Implantar projetos virtuais de educação (aprendizagem mediada por tecnologia). Implantar múltiplas formas e processos de aprendizagem que favoreçam a **aprendizagem a qualquer hora e em qualquer lugar**.
Cidadania	Obter sinergia entre programas educacionais e projetos sociais. Comprometer-se com a cidadania empresarial, estimulando: - a formação de atores sociais dentro e fora da empresa; - a construção social do conhecimento organizacional.
Parceria	**Parcerias internas:** responsabilizar líderes e gestores pelo processo de aprendizagem de suas equipes, estimulando a participação nos programas educacionais e criando um ambiente de trabalho propício à aprendizagem. **Parcerias externas:** estabelecer parcerias estratégicas com as instituições de ensino superior.
Sustentabilidade	Torna-se um centro de agregação de resultados para o negócio. Implantar sistema métrico para avaliar os resultados obtidos, considerando-se os objetivos do negócio. Criar mecanismos que favoreçam a autossustentabilidade financeira do sistema.

VEJA BEM!

A educação corporativa não se restringe apenas aos funcionários e ao público interno. As ações de capacitação também podem atingir a sociedade, os clientes e os fornecedores da instituição.

Questão de Concurso

(Cespe/Anac/Analista Administrativo/2012) As ações da educação corporativa são voltadas basicamente aos funcionários e aos colaboradores, não atingindo os fornecedores e a comunidade em geral.

Gabarito: errado. A educação corporativa atinge toda a cadeia produtiva, não apenas o público interno.

10.2 Universidade corporativa

Uma das definições mais completas de universidade corporativa é anotada por Allen (2002):

> Uma universidade corporativa é uma entidade educacional que funciona como uma ferramenta estratégica desenhada com o fim de ajudar a organização-mãe a atingir sua missão, por intermediário da condução de atividades que cultivem a sabedoria, o conhecimento e a aprendizagem individual e organizacional.

Uma universidade corporativa trabalha no sentido inverso do que é hoje a função treinamento, centralizando os programas ao invés de descentralizá-los. Ou seja, uma vez instalada, funciona como um guarda-chuva estratégico, que abriga todas as ações de T&D da organização, alinhando os objetivos empresariais, além de oferecer soluções de aprendizagem com relevância estratégica para cada conjunto de cargos ou funções.

Questão de Concurso

(Cespe/Previc/Analista Administrativo/Área Administrativa/2011) As universidades corporativas são responsáveis pelo estabelecimento do processo de desenvolvimento de pessoas alinhado à definição das estratégias de negócio e às competências essenciais da organização.

Gabarito: certo. As universidades corporativas funcionam como um guarda-chuva estratégico organizacional. Todos os processos de Treinamento, Desenvolvimento e Educação (TD&E) ficam sob sua tutela. Da mesma forma, um de seus objetivos está relacionado com o estabelecimento de processos alinhados à estratégia da empresa.

VEJA BEM!

A principal diferença entre os conceitos de **educação corporativa** e **universidade corporativa** está no fato de que a segunda refere-se a uma entidade, geralmente com estrutura própria, *slogan* e identidade visual própria. A universidade corporativa pode ser compreendida como a institucionalização da educação corporativa.

Questão de Concurso

(Cespe/MPU/Técnico Administrativo/2010) A educação corporativa pode ser entendida como uma entidade educacional que funciona como ferramenta estratégica para ajudar a organização a cumprir sua missão.

Gabarito: errado. A educação corporativa não é uma entidade educacional. O referido conceito refere-se às universidades corporativas.

10.3 Definições de educação a distância (EaD)

Dohmem (1967): educação a distância é uma forma sistematicamente organizada de autoestudo em que o aluno se instrui a partir do material de estudo que lhe é apresentado. O acompanhamento e a supervisão do sucesso do estudante são levados a cabo por um grupo de professores. Isso é possível mediante a aplicação de meios de comunicação capazes de vencer longas distâncias.

Peters (1973): educação/ensino a distância é um método racional de partilhar conhecimento, habilidades e atitudes, por meio da aplicação da divisão do trabalho e de princípios organizacionais, tanto quanto pelo uso extensivo de meios de comunicação, especialmente para o propósito de reproduzir materiais técnicos de alta qualidade, os quais tornam possível instruir um grande número de estudantes ao mesmo tempo, enquanto esses materiais durarem. É uma forma industrializada de ensinar e aprender.

Moore (1973): ensino a distância pode ser definido como a família de métodos instrucionais onde as ações dos professores são executadas a parte das ações dos alunos, incluindo aquelas situações continuadas que podem ser feitas na presença dos estudantes. Porém, a comunicação entre o professor e o aluno deve ser facilitada por meios impressos, eletrônicos, mecânicos ou outros.

Holmberg (1977): o termo **educação a distância** caracteriza várias formas de estudo nos níveis que não estão sob a contínua e imediata supervisão de tutores presentes com seus alunos nas salas ou num mesmo local. A educação a distância beneficia-se do planejamento, direção e instrução da organização do ensino.

Keegan (1991), resume os elementos centrais dos conceitos anteriormente citados:

- separação física entre professor e aluno, que a distingue do ensino presencial;
- influência da organização educacional (planejamento, sistematização, plano, organização dirigida etc.), que a diferencia da educação individual;
- utilização de meios técnicos de comunicação para unir o professor ao aluno e transmitir os conteúdos educativos;
- previsão de uma comunicação de mão dupla, onde o estudante beneficia-se de um diálogo e da possibilidade de iniciativas de dupla via;
- possibilidade de encontros ocasionais com propósitos didáticos e de socialização.

ATENÇÃO!

A EaD é o ensino que ocorre quando o aluno e o professor estão separados (no tempo ou no espaço). No sentido que a expressão assume hoje, enfatiza-se mais a distância no espaço e propõe-se que ela seja contornada por meio de tecnologias de telecomunicação e de transmissão de dados, voz e imagens (incluindo dinâmicas, isto é, televisão ou vídeo). São tecnologias que convergem para o computador.

10.4 *E-learning*

Rosenberg (2001) define *e-learning* como o uso das tecnologias da internet para a entrega de um amplo arranjo de soluções que estimule o conhecimento e o desempenho. Segundo o autor, o *e-learning* baseia-se em três critérios fundamentais:

- trabalho em rede;
- chega até o usuário final por intermédio de um computador, usando uma tecnologia padrão de internet;
- focaliza em uma visão mais abrangente de soluções e aprendizagem, que vão muito além do paradigma tradicional do treinamento.

Segundo Rosenberg (2001), a primeira organização a introduzir o *e-learning* foram as Forças Armadas norte-americanas. As Forças Armadas fizeram parcerias com as universidades e buscaram as contribuições para o processo de aprendizagem da psicologia comportamental e cognitiva.

10.5 Educação a distância: características, vantagens e limitações

O termo **educação a distância** adquiriu aceitação universal em 1982, quando o Conselho Internacional de Educação por Correspondência (ICCE) mudou seu nome para Conselho Internacional de Educação a Distância (ICDE), hoje chamado de Conselho Internacional de Educação Aberta e a Distância (ICDE).

A Educação a Distância no Brasil foi normatizada pela Lei de Diretrizes e Bases da Educação Nacional (dezembro de 1996), em fevereiro de 1998.

De acordo com o art. 2º do Decreto nº 2.494/1998,

> os cursos a distância que conferem certificado ou diploma de conclusão do ensino fundamental para jovens e adultos, do ensino médio, da educação profissional e de graduação serão oferecidos por instituições públicas ou privadas especificamente credenciadas para esse fim (...).

ATENÇÃO!

Os cursos nesses níveis deverão ser encaminhados ao órgão do sistema municipal ou estadual responsável pelo credenciamento de instituições e autorização de cursos – a menos que se trate de instituição vinculada ao sistema federal de ensino, quando, então, o credenciamento deverá ser feito pelo Ministério da Educação.

No caso de cursos de **graduação** e educação **profissional** em nível tecnológico, a instituição interessada deve credenciar-se junto ao MEC, solicitando, para isto, a autorização para cada curso que pretenda oferecer.

Os programas de **mestrado** e **doutorado** na modalidade a distância, no Brasil, ainda é objeto de regulamentação específica.

Segundo Borges-Andrade e Gardênia (2006), duas características básicas caracterizam a EaD: a separação física entre o professor e o aluno e a utilização de meios técnicos para a comunicação. O desenvolvimento tecnológico tem pautado a busca de superação da distância entre professor e aluno. A distância física e mesmo temporal surge com a EaD, entretanto, surge **um novo espaço pedagógico e psicológico, quando comparado à educação tradicional e presencial.** Segundo Michael Moori (1989), destacado teórico da EaD, esse fato denomina-se **distância transacional**.

Assim, outras características da EaD são:

- **interatividade**: qualquer processo que permite a participação do usuário;
- **individualização do estudo**: respeito ao ritmo do aluno (repetir a atividade ou interrompê-la, apreensão gradual do conteúdo e a autoavaliação permanente;
- **disponibilidade**: os conteúdos disponíveis onde e quando solicitados.

ATENÇÃO!

A interatividade é um conceito que está presente em qualquer processo que permita a participação do usuário, desde a simples mudança da tela ("enteratividade") até o total controle sobre o processo.

VEJA BEM!

Há dois tipos de atividades em cursos a distância:

- **as síncronas**: todos os participantes conectam ao mesmo tempo e podem interagir em tempo real;
- **as assíncronas**: cada participante acessa o conteúdo na hora que desejar e faz o curso sozinho.

10.6 Educação a distância: evolução e mídias utilizadas

Borges-Andrade e Gardênia (2006) seguem uma classificação das tecnologias para EAD que está associada, de certa forma, com as diversas gerações de EaD usualmente narradas na literatura.

10.6.1 1ª Geração: tecnologias distributivas

Na primeira geração, o material impresso foi o principal meio para viabilizar a oferta do curso. As estratégias mais utilizadas por meio de impressos são literatura de textos e instrução programada. Trata-se de recursos que proporcionam a comunicação de um para muitos. Suas formas de uso mais comuns são:

- instrução programada audiovisual;
- apresentação de *slide*/som controlada pelo treinando;
- apresentação automática de *slide*/som;
- apresentação de vídeos;
- programas de rádio;
- teleconferência;
- televisão.

VEJA BEM!

- **Teleconferência**: acontece como num programa de televisão no qual o conferencista é o único que fala. Os participantes podem interagir apenas por fax, *email* etc. (1ª Geração)
- **Videoconferência**: utiliza um canal de duas mãos no qual os participantes podem falar, ver e ouvir e serem vistos simultaneamente. (3ª Geração)

ATENÇÃO!

- A instrução programada é a educação por computador com pequenas etapas compreensíveis.
- A instrução programada consiste em dividir o material a ser ensinado em pequenos segmentos logicamente encadeados, denominados módulos.
- Linear: todos os treinandos seguem a mesma sequência de etapas. Entende-se que os erros inibem o aprendizado do aluno.
- Ramificado: as respostas dos treinandos determinam o que será apresentado a seguir. Entende-se que os erros são essenciais para o aprendizado do aluno.

Questão de Concurso

(Cespe/Anac/Analista Administrativo/2012) A capacitação de servidores feita sem a condução e a orientação de um instrutor caracteriza-se como uma instrução programada.

Gabarito: certo. A ausência do instrutor é uma das características da instrução programada.

10.6.2 2ª Geração: tecnologias interativas

Na segunda geração, a EaD é marcada pela informática, há maior interatividade e a possibilidade de combinação de múltiplas mídias, incluindo textos, *softwares* e audiovisuais. As tecnologias interativas permitem um modelo de aprendizagem centrado no aluno.

No caso da EaD, as tecnologias interativas da segunda geração permitem, ainda, as seguintes estratégias:

- simulação de situações dinâmicas;
- simulação de tarefas, usando instrumentos reais e equipamentos;
- utilização de roteiros de trabalho ou sistema de suporte ao desempenho ou ajuda no trabalho;
- simulação de situações envolvendo alternativas de decisões complexas.

10.6.3 3ª Geração: tecnologias colaborativas

A EaD adotou o treinamento baseado na *web* (TBW), com ambientes virtuais que se utilizam da telecomunicação por meio da internet e multimídia.

As tecnologias colaborativas permitem a interação não apenas de um indivíduo com a tecnologia, mas entre indivíduos, com comunicação interpessoal entre sujeitos que compartilham um objetivo comum. As interações podem ser facilitadas por um tutor. Essas tecnologias incluem o uso de grupos de *chats* e fóruns, sendo os primeiros utilizados em tempo real, exigindo estudantes e tutores conectados ao mesmo tempo. A tecnologia de videoconferência pode ser usada para criar uma sala de aula virtual, abrangendo grandes distâncias geográficas, considerada uma tecnologia colaborativa, porém limitada, já que não permite ao tutor dar o apoio mais efetivo à abordagem de aprendizagem centrada na equipe.

A abordagem de aprendizagem centrada na equipe propicia um ambiente do qual o conhecimento emerge e é compartilhado por meio de colaboração dos indivíduos, dentro de grupos de aprendizagem.

ATENÇÃO!

Chats. Espaços virtuais em redes de comunicação voltados para a troca de informações, ideias e experiências em tempo real.
Fóruns de discussão. Os fóruns são espaços virtuais que têm por finalidade a troca de ideias, debates sobre temas específicos. Permitem que as pessoas enviem mensagens a um grupo previamente composto, sob a coordenação de um mediador.

(**Fonte: Conceitos extraídos de** BORGES-ANDRADE, Jairo E., GARDÊNIA, da Silva Abbad, MOURÃO, Luciana e colaboradores. **Treinamento, desenvolvimento e educação em organizações e trabalho: fundamentos para a gestão de pessoas**, Porto Alegre: Artmed, 2006).

Questão de Concurso

(Cespe/Aneel/Analista Administrativo/2010) Ao criar um programa de capacitação embasado em educação a distância, o gerente de RH tem dificuldades em levantar modelos, pois é um advento recente próprio da era dos computadores em rede.

Gabarito: errado. Além de não ser recente, também é possível utilizar vídeos, fitas cassete, educação por rádio e vários outros mecanismos, não se restringindo ao uso do computador.

Questão de Concurso

(Cespe/MMA/Analista Ambiental/2011) O ensino a distância, uma das modalidades de educação continuada utilizada nos processos de educação corporativa, não tem proporcionado aos seus participantes melhor desempenho de seus papéis nas organizações.

Gabarito: errado. A EaD apresenta boa aceitação e capacidade de gerar impacto e trazer resultado para a organização.

10.7 Planejamento educacional para EaD

O planejamento educacional para EaD deve ser configurado no contexto sistêmico, pois se trata de um processo multidisciplinar.

VEJA BEM!

Apresenta como requisito a continuidade da ação sistemática para alcançar os fins propostos.

10.7.1 Componentes do planejamento

- Identificação
- Justificativa
- Objetivos – Geral e Específicos
- Metas
- Carga horária
- Público-alvo
- Requisitos da seleção e ingresso

Recursos

- Estrutura necessária
- Equipe
- Proposta metodológica
- Indicadores de qualidade
- Custo
- Cronograma
- Acompanhamento, controle e avaliação.

ATENÇÃO!

O planejamento educacional tem como pressuposto a análise da eficiência do sistema educacional.

10.7.2 Objetivos

Os objetivos de ensino devem ser executados de forma multidisciplinar e ter como referência:

- a legislação;
- os conteúdos produzidos historicamente; e
- as expectativas e necessidades da sociedade.

10.7.3 Avaliação

É um processo evolutivo e comprobatório do desenvolvimento do indivíduo quanto a sua atitude comportamental, intelectual e social.

Apresenta as seguintes funções: pedagógico-didática, diagnóstica e de controle da avaliação.

10.7.3.1 Avaliação diagnóstica

O próprio nome já indica a função desta avaliação que tem objetivo verificador, buscando do educando suas competências preexistentes para que o educador tenha uma fotografia do conhecimento e das habilidades pré-requisitadas para prosseguimento da vida acadêmica.

10.7.3.2 Avaliação formativa

É a avaliação utilizada durante o ciclo/período letivo e tem como finalidade controlar o nível de absorção de conhecimento do educando.

10.7.3.3 Avaliação somativa

Esta avaliação tem por objetivo classificar o educando dentro de uma proposta educacional preestabelecida e de acordo com o aproveitamento apresentado; é conferida uma nota, que dá ou não direito ao educando avançar o nível.

CAPÍTULO 8
Sistemas de Informações Gerenciais

A política de monitoração de pessoas envolve os processos utilizados para acompanhar e controlar as suas atividades e verificar resultados. Inclui os sistemas de informações gerenciais, banco de dados e auditoria de recursos humanos.

> **Questão de Concurso**
>
> **(Cespe/TRT/Analista Administrativo/2008)** A manutenção de um banco de dados capaz de apresentar informações quantitativas e qualitativas da força de trabalho em uma organização e a definição de critérios da aplicação e adequação das políticas e dos procedimentos relacionados com recursos humanos da organização são aspectos que envolvem uma política de monitoração de recursos humanos.
>
> *Gabarito: certo. Corresponde à política de monitoramento de pessoas.*

1. SISTEMAS DE INFORMAÇÕES EM RH

Segundo Chiavenato (2006), as empresas modernas precisam ser atualizadas em suas informações de modo que venham a auxiliar os gerentes na tomada de decisão. É necessária a implantação de um sistema de informação gerencial (SIG) que proporcione melhor organização das tarefas organizacionais.

1.1 Conceito

O **sistema de informação gerencial (SIG)** é um sistema planejado de colher, processar, armazenar e disseminar informação, de modo a permitir a tomada de decisões eficazes pelos gerentes envolvidos. As necessidades de informação gerencial em uma organização são amplas e variadas e exigem a atuação de contadores, auditores, pesquisadores de mercado, analistas e um enorme número de especialistas de *staff* (CHIAVENATO, 2006). O sistema de informação gerencial ocupa um papel importante no desempenho dos gerentes, principalmente nas tarefas de planejamento e de controle. Sob o aspecto específico de controle, o SIG deve proporcionar informação oportuna e relevante para que os gerentes possam fazer uso do controle antecipado em relação à ação, permitindo à organização uma vantagem competitiva quanto a seus concorrentes.

O conceito de SIG está relacionado com a tecnologia da informação. Ele envolve a presença do computador ou rede de microcomputadores, além de programas específicos para processar dados e informações.

Os sistemas de informação fornecem *feedback* para a Administração sobre as operações do sistema para sua direção e manutenção, enquanto ele troca entradas e saídas com seu ambiente. Nesse sentido, o termo **sistemas de informação** é definido como um conjunto organizado de recursos para coletar, transformar e disseminar informações em uma organização. Os recursos são: pessoas, *hardware*, *software*, dados e redes, bancos de dados e procedimentos

De acordo com O'Brien (2004), os SIGs são relacionados da seguinte forma:

- ***Hardware***: computadores e periféricos como: impressoras, processadores, monitores, teclados, dispositivos de leitura externos etc. Juntos, eles aceitam dados e informação, processam-nos e permitem sua visualização.
- ***Software***: é um conjunto de programas que permitem que o *hardware* processe dados. *Ex.*: *software* utilitário (sistema operacional); *software* aplicativo (conjunto de programas que realizam as funções necessárias para dar suporte às atividades empresariais, como gerar folha de pagamento, emitir nota fiscal etc.).
- ***Pessoas***: são os indivíduos que trabalham com o sistema ou utilizam sua saída. São usuários e operadores de *hardware* e *software*.
- ***Banco de dados***: é uma coleção de arquivos, tabelas e outros dados inter-relacionados que armazenam dados e suas respectivas associações.
- ***Redes***: é um sistema de ligação que permite o compartilhamento de recursos entre diversos computadores.
- ***Procedimentos***: conjunto de instruções sobre como combinar os elementos mencionados de forma a processar as informações e gerar saídas desejadas. Também podemos dizer que são as funções que o sistema deve executar.

Questão de Concurso

(Cespe/Anac/Analista Administrativo/2012) Os sistemas de informação em RH são projetados para dar apoio à tomada de decisão gerencial acerca de variáveis típicas de pessoal, a fim de gerar soluções orientadas à eficiência e à eficácia organizacional.

Gabarito: certo. Os sistemas de informação em RH são importantes no assessoramento aos gerentes no que tange às soluções efetivas para organização.

1.2 Alinhamento do sistema de informações gerenciais ao planejamento estratégico organizacional

A gestão de pessoas contemporânea é integrada ao planejamento estratégico organizacional, assim, a integração vertical busca o alinhamento das políticas e práticas de gestão de pessoas aos objetivos estratégicos organizacionais e envolve também, o sistema de informações gerenciais.

Segundo Oliveira (2002), o sistema de informação gerencial pode, sob determinadas condições, trazer os seguintes benefícios para as empresas:

- redução dos custos das operações;
- melhoria no acesso às informações, proporcionando relatórios mais precisos e rápidos, com menor esforço;
- melhoria na produtividade;
- melhoria nos serviços realizados e oferecidos;
- estímulo de maior interação dos tomadores de decisão;
- fornecimento de melhores projeções dos efeitos das decisões;
- melhoria na estrutura organizacional, para facilitar o fluxo de informações;
- melhoria na estrutura de poder, proporcionando maior poder para aqueles que entendem e controlam os sistemas;
- redução do grau de centralização de decisões na empresa; e
- melhoria na adaptação da empresa para enfrentar os acontecimentos não previstos.

ATENÇÃO!

O sistema de informação gerencial (SIG) tem por finalidade dar suporte às funções de planejamento, controle e organização de uma empresa, fornecendo informações seguras e em tempo hábil para tomada de decisão. O sistema de informação gerencial é mostrado pelo conjunto de subsistemas, visualizados de forma integrada e capaz de gerar informações necessárias ao processo decisório. No mundo globalizado, é superimportante ter-se informações em tempo real, pois isso gera competitividade à empresa.

Questão de Concurso

(Cespe/AGU/Administrador/2010) O sistema de informações gerenciais de uma organização deve ter independência em relação à organização, sem submissão ou alinhamento ao planejamento estratégico da organização.

Gabarito: errado. O sistema de informações gerenciais de uma organização deve ser integrado à organização e está alinhado ao planejamento estratégico.

2. BANCO DE DADOS EM RH

2.1 Conceito

Deve-se distinguir **dado** de **informação**.

2.1.1 Dados

Dados devem ser vistos como matérias-primas que são processadas em produtos finais de informação.

O dado é geralmente submetido a um processo de adição de valor (processamento de dados ou de informações) no qual seu formato é adicionado, manipulado e organizado, seu conteúdo é analisado e avaliado. Ele é inserido num contexto adequado para um usuário humano.

ATENÇÃO!

É qualquer elemento identificado em sua forma bruta que, por si só, não conduz a uma compreensão de determinado fato ou situação. É um conjunto de letras, números ou dígitos que isoladamente não transmitem nenhum conhecimento.

2.1.2 Informações

São dados trabalhados que permitem ao gerente tomar uma decisão.

ATENÇÃO!

Informação pode ser definida como dados que foram transpostos para um contexto significativo e útil para determinados usuários finais.

2.1.3 Conhecimento

Conhecimento é a informação trabalhada e estruturada por pessoas ou recursos computacionais, possibilitando a geração de cenários, simulações e oportunidades.

O conceito de conhecimento complementa o de informação com valor relevante e propósito definido. Pode ser definido como percepções humanas tácitas ou inferências computacionais.

2.1.4 Sistema

Sistema é um conjunto de partes interagentes e interdependentes que, conjuntamente, forma um todo unitário com determinado objetivo e efetua determinada função.

Sistema é grupo de componentes inter-relacionados que trabalham juntos rumo a uma meta comum, recebendo insumos (entradas do sistema) e produzindo resultados (saídas do sistema) em um processo organizado de transformação.

2.1.5 Banco de dados

O banco de dados é um sistema de armazenamento e acumulação de dados devidamente codificados e disponíveis para o processamento e obtenção de informações. Na realidade, banco de dados é um conjunto de arquivos relacionados logicamente, de forma a facilitar o acesso aos dados e eliminar a redundância. A eficiência da informação é maior com o auxílio de banco de dados e permite redução da **memória** para arquivos, porque os dados logicamente interligados permitem atualização e processamento integrados e simultâneos. Isso reduz inconsistências e erros ocorridos em razão de arquivos duplicados. É comum existirem vários bancos de dados relacionados logicamente entre si por meio de um *software* (programa) que executa as funções de criar e atualizar arquivos, recuperar dados e gerar relatórios.

2.2 Bancos de dados interligados

Na área de RH, os vários bancos de dados interligados permitem obter e armazenar dados a respeito de diferentes estratos ou níveis de complexidade, a saber:

- Dados pessoais sobre cada empregado, formando um **cadastro pessoal**.
- Dados sobre os ocupantes de cada cargo, formando um **cadastro de cargos**.
- Dados sobre os empregados de cada seção, departamento ou divisão, formando um **cadastro de seções**.
- Dados sobre os salários e incentivos salariais, formando um **cadastro de remuneração**.
- Dados sobre os benefícios e serviços sociais, formando um **cadastro de benefícios**.
- Dados sobre candidatos (**cadastro de candidatos**), sobre cursos e atividades de treinamento (**cadastro de treinamento**) etc.

Oliveira (2001) define sistema de informação como o conjunto de elementos interdependentes (subsistemas) logicamente associados, para que de sua interação sejam geradas **informações** necessárias à tomada de decisões.

Como a ARH **é uma responsabilidade de linha e função de *staff***, o órgão de ARH deve municiar e abastecer os órgãos de linha das **informações** relevantes sobre o pessoal lotado em cada um dos órgãos para que os respectivos gerentes possam administrar seus subordinados.

A informação recebida tem a seguinte importância para a organização: dar sentido a mudanças do ambiente externo, gerar novos conhecimentos por meio do aprendizado e possibilitar subsídios para tomar decisões importantes.

O ponto de partida para um sistema de informações de RH é o banco de dados. Um sistema de informações é, por definição, um sistema por meio do qual os dados obtidos, processados e transformados em informações, de forma esquematizada e ordenada servem de subsídios ao processo de tomada de decisões. O sistema de informações recebe entradas (*inputs*) que são processadas e transformadas em saídas (*outputs*) sob a forma de relatórios, documentos, índices, listagens, medidas estáticas de posição e tendência etc. Enquanto os dados envolvem detalhes e não permitem significado mais amplo, a informação obtida pelo tratamento, processamento e combinação de dados comporta significação mais ampla e definida.

Observa-se que cada subsistema da empresa age com o processamento de dados até se concluir a informação desejada. "Em essência, cada subsistema age como um coletor e processador de dados para a produção de determinadas informações". BIO (2008).

Exemplo:

COLETA DE DADOS DE ENTRADA ⇨ PROCESSAMENTO DE DADOS ⇨INFORMAÇÕES DE SAÍDA

VEJA BEM!

Sistemas de informação: série de elementos ou componentes inter-relacionados que coletam (entrada), manipulam e armazenam (processo), disseminam (saída) dados e informações e fornecem um mecanismo de *feedback*.

Questão de Concurso

(Cespe/MEC/Inipampa/Administrador/2009) A informação recebida tem a seguinte importância para a organização: dar sentido a mudanças do ambiente externo, gerar novos conhecimentos por meio do aprendizado e possibilitar subsídios para tomar decisões importantes.

Gabarito: certo. Corresponde à importância das informações geradas para a organização.

Questão de Concurso

(Consulplan/DMAE/Administrador/2011) Sistema de informação é o conjunto de componentes inter-relacionados que trabalham juntos na coleta de armazenamento e processamento de dados e na distribuição de informações, sendo caracterizado como Sistema de Informações Gerenciais, quando

a) a tecnologia da informação é utilizada como forma de produzir menor número de informações em maior tempo.
b) as informações utilizadas no processo decisório são descartadas em detrimento da utilização somente de dados monetários.
c) o processo gera dados através da transformação de informações sobre o ambiente geográfico e climático.
d) o processo visa à geração de informações necessárias e utilizadas para tomada de decisões organizacionais.
e) os gestores determinam quais os dados serão utilizados para geração de informações que elevem a lucratividade.

Gabarito: d. A tecnologia é utilizada para gerar o maior número de informações em menor tempo, ou seja, otimizar os recursos e gerar informações precisas e necessárias para o processo decisório organizacional.

3. SISTEMA DE INFORMAÇÕES DE RH

Um sistema de informações de recursos humanos utiliza como fontes de dados os elementos fornecidos por:

- banco de dados de recursos humanos;
- recrutamento e seleção de pessoal;
- treinamento e desenvolvimento de pessoal;
- avaliação de desempenho;
- administração de salários;
- registros e controles de pessoal, a respeito de faltas, atrasos, disciplina etc.;
- estatística de pessoal, higiene e segurança etc.

4. AUDITORIA DE RH

Segundo Chiavenato (2006), a avaliação da função de gestão de pessoas - também conhecida como auditoria de RH - é uma revisão sistemática e formal desenhada para medir custos e benefícios do programa global de RH e comparar sua eficiência e eficácia atual com o desempenho passado, com o desempenho em outras organizações comparáveis e sua contribuição para os objetivos da organização. Trata-se, na verdade, de avaliar o desempenho da ARH na organização.

A avaliação das atividades e programas de RH têm os seguintes propósitos:

- Justificar a própria existência e o orçamento de despesas de RH.
- Melhorar continuamente a função do RH, proporcionando meios para decidir quando adicionar ou suprimir atividades, alterar rumos e práticas.
- Proporcionar retroação para os especialistas de RH, gerentes de linha e funcionários a respeito da eficácia da ARH.
- Ajudar a ARH a proporcionar uma contribuição significativa para os objetivos da organização e para as necessidades dos clientes e funcionários.

Auditoria de RH é a análise sistemática das políticas e práticas de pessoal e avaliação do seu funcionamento, tanto para a correção dos desvios como para a sua melhoria contínua. A auditoria é um sistema de controle e baseia-se na determinação de padrões de quantidade, qualidade, tempo e custo. Esses padrões permitem a avaliação e o controle por meio da comparação do desempenho com os resultados daquilo que se pretende controlar.

As fontes de informação para a auditoria de RH residem nos próprios sistemas ou processos de ARH (provisão, aplicação, recompensas, desenvolvimento, manutenção e monitoração de pessoas).

4.1 Algumas definições de auditoria de RH

- Avaliação de RH é um estudo do sistema de ARH da organização para uma inteira apreciação de seus programas e práticas.
- Auditoria de RH é a análise das políticas e práticas de pessoal de uma organização e a avaliação do seu funcionamento atual, bem como sugestões para sua melhoria.
- Auditoria de RH é um sistema de revisão e controle para informar a administração sobre a eficiência e a eficácia do programa em desenvolvimento. Seu propósito é mostrar como o programa está funcionando, localizando práticas e condições prejudiciais à organização ou que não estão compensando o seu custo, ou, ainda, práticas e condições que devam ser acrescentadas.

4.2 Métodos de avaliação de ARH

Muitas organizações utilizam técnicas contábeis e estatísticas para calcular os custos e benefícios da função de RH, como o dinheiro investido em treinamento nos ativos humanos, o custo da rotatividade de pessoal ou dos benefícios sociais concedidos aos funcionários. São técnicas que permitem calcular quantitativamente a contribuição da ARH. Outras organizações utilizam pesquisas com os gerentes de linha, especialistas de RH, sindicatos, funcionários e clientes para determinar como as atividades da ARH são avaliadas e percebidas. As organizações bem-sucedidas utilizam técnicas contábeis e estatísticas e realizam pesquisas internas e externas periodicamente para saber como vai o desempenho da ARH. O *benchmarking* é intensamente utilizado.

Tomada a decisão de que é necessário avaliar a eficácia da função de ARH e da utilização das pessoas pela organização, o passo inicial é definir quais as medidas ou os critérios de eficácia a serem aplicados. Os critérios da avaliação podem ser agrupados da seguinte maneira:

4.2.1 Medidas de desempenho

- Desempenho global da ARH: como custos laborais unitários por unidade de resultados.
- Custos e desempenho do DRH: como custo dos programas de RH por funcionários.

4.2.2 Medidas de adequação

- Adequação aos requisitos legais: como salário mínimo, remuneração dos funcionários, programas de higiene e segurança do trabalho.
- Adequação à missão e aos objetivos organizacionais.

4.2.3 Medidas de satisfação dos funcionários

- Satisfação dos funcionários por meio de pesquisas de atitude.
- Satisfação dos funcionários com as atividades de RH: como programas de treinamento, remuneração, administração dos benefícios e programas de desenvolvimento de carreiras, por meio de pesquisas de atitude.
- Motivos que levam funcionários a pedir desligamento da empresa.

4.2.4 Medidas indiretas de desempenho dos funcionários

- Rotatividade do pessoal: índice de rotatividade do pessoal por departamento e por tempo (mensal e anual).

- Absenteísmo pessoal: índice de ausências voluntárias do pessoal por departamento e por tempo (mensal e anual).
- Índice de desperdício: como baixa qualidade dos resultados, índice de manutenção de máquinas e equipamentos, horas perdidas de produção.
- Índice de qualidade.
- Número de funcionários que solicitam transferências ou desligamento.
- Número de greves e reclamações por unidade e no total da força de trabalho por tempo.
- Índices de segurança e de acidentes.
- Número de sugestões de melhorias por funcionário, por departamento e por tempo (mensal e anual).

ATENÇÃO!

Cada uma dessas medidas – ou algumas combinações delas – expressa a eficiência e/ou eficácia dos esforços de RH.

4.3 Pesquisas internas de avaliação

A pesquisa interna constitui um excelente instrumento para avaliar a função de RH. Ela permite coletar dados e informações, opiniões e atitudes de todas as pessoas envolvidas por meio de técnicas de questionário para obtenção de informações e tabulação de resultados com base em critérios estatísticos. Há vários tipos de pesquisa: de clima organizacional, de atitude e de opinião, de satisfação no trabalho, cada qual com sua finalidade específica. As áreas cobertas por essas pesquisas nem sempre são bem definidas, pois quase sempre extrapolam seu campo de avaliação e invadem aspectos colaterais, trazendo superposição de resultados.

4.4 Pesquisas externas de avaliação

A avaliação dos processos e programas de RH pode também envolver uma comparação externa com aquilo que fazem outras organizações excelentes, sejam ou não do mesmo ramo de atividades. O *benchmarking* é a principal técnica utilizada para as pesquisas externas de RH.

Benchmarking é a arte de descobrir como e por que algumas empresas podem desempenhar muito mais tarefas e bem melhor do que outras. O *benchmarking* permite comparar as diferenças em termos de qualidade, velocidade e desempenho em custos de uma empresa com outras de classe mundial. O propósito de fazer *benchmarking* é melhorar ou tentar imitar o desempenho de empresas bem-sucedidas.

4.5 Tipos de *benchmarking*

4.5.1 *Benchmarking* competitivo

Caracteriza-se por ter como alvo específico as práticas dos concorrentes diretos. Na prática, é o menos usual, uma vez que é quase impossível que as empresas prestem-se a facilitar dados que estão ligados diretamente com a sua atividade à concorrência. Por isso, muitas vezes é necessário contratar uma consultoria externa para obter informações sobre o *benchmarking* competitivo. Um método recomendado para obter as informações dos concorrentes é a utilização de **cliente oculto**. Além disso, tem como objetivo atividades similares em diferentes locais, departamentos, unidades operacionais etc.

4.5.2 *Benchmarking* interno

A procura pelas melhores práticas ocorre dentro da própria organização em unidades diferentes (outros departamentos, sedes etc.). Tem como vantagens a facilidade para se obter parcerias, custos mais baixos e a valorização pessoal interna. A grande desvantagem é que as práticas estarão sempre impregnadas com os mesmos paradigmas. Este é o tipo mais utilizado.

4.5.3 *Benchmarking* genérico

Ocorre quando o *benchmarking* é baseado num processo que atravessa várias funções da organização e pode ser encontrado na maioria das empresas do mesmo porte, como, por exemplo, o processo desde a entrada de um pedido até a entrega do produto ao cliente. É nesse tipo de *benchmarking* que encontramos a maioria dos exemplos práticos e onde as empresas estão mais dispostas a colaborar e a ser mais verdadeiras.

4.5.4 *Benchmarking* funcional

Baseado numa função específica, que pode existir ou não na própria organização, serve para trocar informações acerca de uma atividade bem definida como, por exemplo, a distribuição, o faturamento ou a embalagem.

CAPÍTULO 9 Comportamento Organizacional

1. COMPORTAMENTO ORGANIZACIONAL

1.1 Conceito

Segundo Robbins (2005), o comportamento organizacional é o ramo que investiga o impacto que indivíduos, grupos e a estrutura têm sobre o comportamento dentro das organizações com o propósito de utilizar este conhecimento para melhorar a eficácia organizacional, partindo do entendimento de que os executivos realizam trabalhos por meio do trabalho de outras pessoas.

É uma ciência que descreve o que fazem os executivos, explica a importância do estudo sistemático do comportamento organizacional, lista as principais oportunidades e desafios no uso dos conceitos do comportamento organizacional, identifica as contribuições das principais disciplinas das ciências do comportamento ao estudo do comportamento organizacional, explica por que os executivos precisam de conhecimentos sobre comportamento organizacional.

Compreender o comportamento organizacional é importante, pois permite manutenção e melhoria da gestão de pessoas ao fornecer insumos para o trabalho dos líderes, possibilitando que eles prevejam e evitem problemas individuais ou coletivos entre os colaboradores.

1.2 Evolução do comportamento

Segundo Robbins (2005), embora na prática os executivos já tenham compreendido há muito tempo a importância das habilidades interpessoais para a eficácia da gestão, as escolas de administração demoraram um pouco para captar essa mensagem.

> Até o final da década de 1980, o currículo dessas escolas enfatizava os aspectos técnicos da gestão. Seu foco principal era em economia, contabilidade, finanças e métodos quantitativos. Temas como comportamento e habilidades interpessoais não recebiam quase nenhuma atenção. (ROBBINS, 2005)

Nas últimas décadas, contudo, os estudiosos começaram a perceber a importância do papel que o conhecimento sobre o comportamento humano tem na eficácia da gestão, e cursos voltados para essa área foram sendo agregados ao currículo.

> O conceito de Administração Geral esta mudando. Não existe mais o executivo capaz de utilizar princípios de Administração gerais e universais de maneira eficiente, em qualquer país, empresa ou setor. Cada organização é única, com características próprias que a diferenciam das demais, e um modelo de Administração bem-sucedido, utilizado em uma organização, não será necessariamente o ideal a ser adotado em outra. (PEREIRA, 2004)

O reconhecimento da importância das habilidades interpessoais dos executivos está relacionado à necessidade das organizações de conseguir e reter funcionários com alto nível de desempenho. Independentemente das condições do mercado de trabalho, funcionários que se destacam estão sempre em falta. Empresas com a reputação de serem bons locais de trabalho levam grande vantagem. A qualidade do trabalho e o apoio recebido no ambiente de trabalho são muito mais importantes.

> Ter executivos com boas habilidades interpessoais é o mesmo que garantir um ambiente de trabalho mais agradável, o que, por sua vez, facilita a contratação e a manutenção de pessoas qualificadas. Além disso, criar um ambiente de trabalho agradável parece fazer sentido do ponto de vista econômico. (ROBBINS, 2005)

VEJA BEM!

As habilidades técnicas são necessárias, mas insuficientes para o sucesso das atividades de gestão. Hoje, com um ambiente de trabalho cada vez mais competitivo e exigente, os executivos não podem depender apenas de suas habilidades técnicas.

A educação superior requerida deve proporcionar uma formação humanística e desenvolver a capacidade de visualizar globalmente os ambientes internos e externos de maneira a compreender o meio social, político e econômico no qual se insere a organização. Os administradores deverão tomar decisões em um mundo diversificado e interdependente.

1.3 Os administradores

Henry Mintzberg, ao contrário de Henry Fayol, que dizia que os administradores somente planejam, organizam, dirigem e controlam, acredita que os gerentes têm muitas outras funções.

Os executivos realizam trabalhos por meio do trabalho de outras pessoas. Eles tomam decisões, aplicam recursos e dirigem as atividades de outros com o intuito de atingir determinados objetivos.

De acordo com Pereira (2004), todo indivíduo que conduz um grupo de pessoas na realização de tarefas capazes de contribuir para o alcance dos objetivos da organização é um administrador, independentemente do nível hierárquico em que esteja situado, do tipo de formação profissional ou do tipo de organização em que esteja atuando, empresarial ou não empresarial.

Os executivos trabalham em uma organização que é uma unidade social conscientemente coordenada, composta de duas ou mais pessoas, que funciona de maneira relativamente contínua para atingir um objetivo comum.

> As pessoas que supervisionam as atividades das outras e que são responsáveis pelo alcance dos objetivos nestas organizações são os executivos (eles também são chamados de administradores, especialmente nas organizações sem fins lucrativos). (ROBBINS, 2005)

As organizações existem para atingir objetivos. O executivo define objetivos e as possíveis formas de alcançá-los. A função de planejamento engloba a definição das metas da organização, o estabelecimento de uma estratégia geral para o alcance dessas metas e o desenvolvimento de um conjunto abrangente de planos para integrar e coordenar as atividades. Os executivos também são responsáveis pela elaboração da estrutura da empresa.

VEJA BEM!

Todas as organizações englobam pessoas, e é parte do trabalho do executivo dirigir e coordenar essas pessoas. Essa é a função da liderança.

> Quando os executivos motivam os funcionários, dirigem as atividades dos outros, escolhem os canais mais eficientes de comunicação ou resolvem conflitos entre as pessoas, eles estão exercendo sua liderança. (ROBBINS, 2005)

1.3.1 Papéis dos executivos, segundo Mintzberg

Os papéis gerenciais fazem parte do comportamento e das atividades desempenhadas pelos gerentes em uma organização. Para executar bem esses papéis, é necessário ter bom relacionamento interpessoal (colegas do mesmo nível de trabalho, com os superiores etc.) dentro e fora da empresa (clientes, fornecedores, executivos etc.).

Os executivos desempenham dez papéis diferentes, altamente interligados, ou conjuntos de comportamentos atribuíveis às suas funções. Esses papéis podem ser agrupados de acordo com suas características básicas relativas aos relacionamentos interpessoais, à transferência de informações ou à tomada de decisões.

> Esses papéis não são facilmente destacados por constituir o comportamento dos indivíduos que desempenham ora um, ora outro desses papéis. Eles fazem parte, portanto, do comportamento dos administradores no desempenho de suas funções administrativas. Entretanto, apesar de fazerem parte do comportamento administrativo, nem todos os gerentes dedicam igual atenção a cada um deles. Dependendo da área funcional na qual atuam, seus comportamentos serão influenciados mais por uns papéis do que por outros. (PEREIRA, 2004)

- **Papéis de relacionamento interpessoal**: todo executivo precisa realizar tarefas de natureza cerimonial e simbólica. Quando o diretor de uma faculdade entrega os diplomas aos formandos na colação de grau ou quando um gerente de produção conduz um grupo de estudantes secundaristas em uma visita à fábrica, eles estão desempenhando o papel de **figura de proa**. Todos os executivos desempenham papel de **liderança**. O terceiro papel desempenhado na área de relacionamento interpessoal é o **de ligação**. De acordo com Pereira (2004), esse papel envolve as obrigações que demandam o desempenho de papéis interpessoais que podem, ocasionalmente, transformar-se em rotina, envolvendo uma série de comunicações e não significando importantes decisões a serem tomadas. Entretanto, são importantes para o bom funcionamento da organização e não podem ser ignoradas. Os papéis interpessoais podem fazer do administrador um símbolo, um líder ou apenas **um elemento de ligação** entre os subordinados, internamente, e com as demais organizações, externamente.
- **Papéis de informação**: todos os executivos obtêm, de algum modo, informações de outras organizações e instituições. Essas informações, sobre as mudanças nos gostos dos consumidores ou sobre os planos da concorrência, por exemplo, são obtidas geralmente por meio de leituras de revistas ou de conversas com outros profissionais.

> Os administradores podem não conhecer tudo, mas certamente conhecerão mais do que seus subordinados, pois têm acesso formal e fácil a cada membro da equipe. Além do mais, redes de contatos expõem os gerentes a informações externas às quais os subordinados dificilmente teriam acesso. (...) Os gerentes desenvolvem

um poderoso arquivo de informações. A comunicação é, seguramente, a parte mais importante de seu trabalho. Três papéis descrevem os aspectos informacionais do trabalho do gerente: **monitor, disseminador e porta-voz.** (PEREIRA, 2004)

- **Papéis de decisão**: requerem que os administradores sejam **empreendedores; gerenciadores de turbulências; alocadores de recursos e desempenham o papel de negociadores.**

Uma organização é constituída por pessoas, com papéis formalmente determinados, que trabalharão em conjunto para alcançar objetivos. Todas as organizações têm vários pontos em comum, sem ser idênticas.

Papel	Descrição
INTERPESSOAIS	
• Figura de proa	• É o símbolo da liderança, necessário para o desempenho de diversas atividades rotineiras de natureza legal ou social.
• Líder	• Responsável pela motivação e direção dos subordinados.
• Ligação	• Mantém uma rede externa de contatos que fornece favores e informações.
INFORMAÇÕES	
• Monitor	• Recebe uma grande variedade de informações; funciona como o sistema nervoso central para as informações internas e externas da organização.
• Disseminador	• Transmite as informações recebidas de fontes externas ou de subordinados para os demais membros da organização.
• Porta-voz	• Transmite externamente informações sobre os planos, políticas, ações e resultados da organização; atua como um especialista no setor econômico ao qual pertence a organização.
DECISÕES	
• Empreendedor	• Busca oportunidades dentro do ambiente organizacional e inicia projetos de mudanças.
• Gerenciador de turbulências	• É responsável por ações corretivas quando a organização enfrenta problemas sérios e inesperados.
• Alocador de recursos	• Toma decisões organizacionais significativas, ou dá apoio a elas.
• Negociador	• Responsável por representar a organização em negociações importantes.

Papéis dos executivos segundo Mintzberg (Robbins, 2005)

VEJA BEM!

O nível do gerente e sua especialidade irão influenciar nesses papéis de acordo com a função que ele desempenha na organização. Para entender sobre processo decisório, conheça mais sobre **tomada de decisão nas organizações**.

1.4 Habilidades dos executivos

Nas instituições de hoje é necessário que os gestores apresentem perfil que reúna habilidades técnicas, humanas e conceituais.

• **Habilidades técnicas**: englobam a capacidade de aplicação de conhecimentos ou especialidades específicas.

> Quando pensamos nas habilidades de profissionais como engenheiros civis ou cirurgiões dentistas, geralmente temos em mente suas habilidades técnicas. Por meio da educação formal extensiva, eles obtiveram os conhecimentos e as práticas específicas de suas áreas. (...) Todo trabalho requer algum tipo de habilidade especializada e muitas pessoas adquirem tal conhecimento no exercício de suas funções. (ROBBINS, 2005)

• **Habilidades humanas**: capacidade de trabalhar com outras pessoas, compreendendo-as e motivando-as, tanto individualmente como em grupos, define as habilidades humanas. Muitas pessoas são tecnicamente proficientes, mas incompetentes nos relacionamentos interpessoais.

> Elas podem não ser boas ouvintes, incapazes de entender habilidades dos outros ou ainda ter dificuldade para administrar conflitos. Como os executivos realizam coisas do trabalho de outras pessoas, eles precisam ter habilidades humanas para se comunicar, motivar e delegar. (ROBBINS, 2005)

• **Habilidades conceituais**: os administradores precisam entender com clareza como as partes e as funções da organização ajustam-se e inter-relacionam-se.

> Os executivos precisam ter capacidade mental para analisar e diagnosticar situações complexas. Um executivo pode possuir competência técnica e humana, mas fracassar por incapacidade de processar e interpretar racionalmente as informações. (ROBBINS, 2005)

1.5 Comportamento organizacional

O comportamento organizacional é um campo de estudos que investiga o impacto que indivíduos, grupos e estrutura têm sobre o comportamento dentro das organizações com o propósito de utilizar esse conhecimento para melhorar a eficácia organizacional.

> O comportamento organizacional preocupa-se com o estudo do que as pessoas fazem nas organizações e de como este comportamento afeta o desempenho das empresas. Como este estudo está voltado especificamente para situações relacionadas ao emprego, enfatiza-se o comportamento relativo a funções, trabalho, absenteísmo, rotatividade, produtividade, desempenho humano e administração. (ROBBINS, 2005)

Os componentes que constituem a área de estudos do comportamento organizacional incluem motivação, comportamento e poder de liderança, comunicação interpessoal, estrutura e processos de grupos, aprendizado, desenvolvimento de atitudes e percepção, processos de mudanças, conflitos, planejamento do trabalho e estresse no trabalho.

O estudo do comportamento organizacional é uma ciência aplicada que se apoia na contribuição de diversas outras disciplinas comportamentais. As áreas predominantes são a Psicologia, a Sociologia, a Psicologia Social, a Antropologia e a Ciência Política.

1.5.1 Psicologia

A Psicologia é a ciência que busca medir, explicar e, algumas vezes, modificar o comportamento. Os psicólogos dedicam-se ao estudo do comportamento individual. Inicialmente, os psicólogos organizacionais e industriais estudavam os problemas de fadiga, falta de entusiasmo e outros fatores que poderiam influir no desempenho.

ATENÇÃO!

Mais recentemente, sua contribuição expandiu-se para incluir estudos sobre aprendizagem, motivação, percepção, personalidade, emoções, treinamento, eficácia de liderança, satisfação com o trabalho, processos de tomada de decisões, avaliação de desempenho, mensuração de atitudes, técnicas de seleção de pessoal, planejamento do trabalho e estresse profissional. As contribuições da psicologia têm o foco no **indivíduo**.

Questão de Concurso

(Cespe/Anac/Técnico Administrativo/2012) As contribuições da psicologia social para a área de comportamento organizacional incluem os estudos sobre motivação.

Gabarito: errado. São contribuições da psicologia e não da psicologia social, como afirma.

1.5.2 Sociologia

Enquanto a Psicologia foca suas atenções sobre o indivíduo, a Sociologia estuda as pessoas em relação umas às outras. Assim, a contribuição dos sociólogos foi no estudo do comportamento dos grupos dentro das organizações, especialmente aquelas formais e complexas.

ATENÇÃO!

As contribuições da Sociologia são dinâmicas de grupo, trabalho em equipe, comunicação, poder, conflitos, comportamentos intergrupais, teoria da organização formal, tecnologia organizacional, mudança organizacional e cultura organizacional. As contribuições da Sociologia têm foco no **grupo e no sistema organizacional**.

1.5.3 Psicologia Social

A Psicologia Social é uma área dentro da Psicologia que combina conceitos desta ciência e da sociologia. A ênfase é a influência de um indivíduo sobre o outro. Um dos temas mais investigados pela Psicologia Social é a mudança – como implementá-la e como reduzir as barreiras de sua aceitação.

ATENÇÃO!

As contribuições da Psicologia Social são: mudança comportamental, mudança de atitude, comunicação, processos grupais e tomadas de decisões em grupo. As contribuições da Psicologia Social têm foco no **grupo**.

1.5.4 Antropologia

A Antropologia é o estudo das sociedades para compreender os seres humanos e suas atividades. O trabalho dos antropólogos sobre culturas e ambientes contribui para se compreender melhor as diferenças nos valores, atitudes e comportamentos fundamentais entre pessoas em diferentes organizações.

ATENÇÃO!

As contribuições da antropologia são: valores comparativos, atitudes comparativas, análise multicultural, cultura organizacional e ambiente organizacional. As contribuições da Antropologia têm foco **no grupo e sistema organizacional.**

1.5.5 Ciências Políticas

As Ciências Políticas estudam o comportamento dos indivíduos e dos grupos dentro de um ambiente político. Alguns tópicos específicos dessa área são a estruturação de conflitos, a alocação de poder e como as pessoas manipulam o poder para o atendimento de seus próprios interesses.

ATENÇÃO!

As contribuições das Ciências Políticas são: conflito, políticas intraorganizacionais e poder. As contribuições das Ciências Políticas têm foco no **sistema organizacional.**

Contribuições das Ciências Sociais para a Área de Gestão de Pessoas

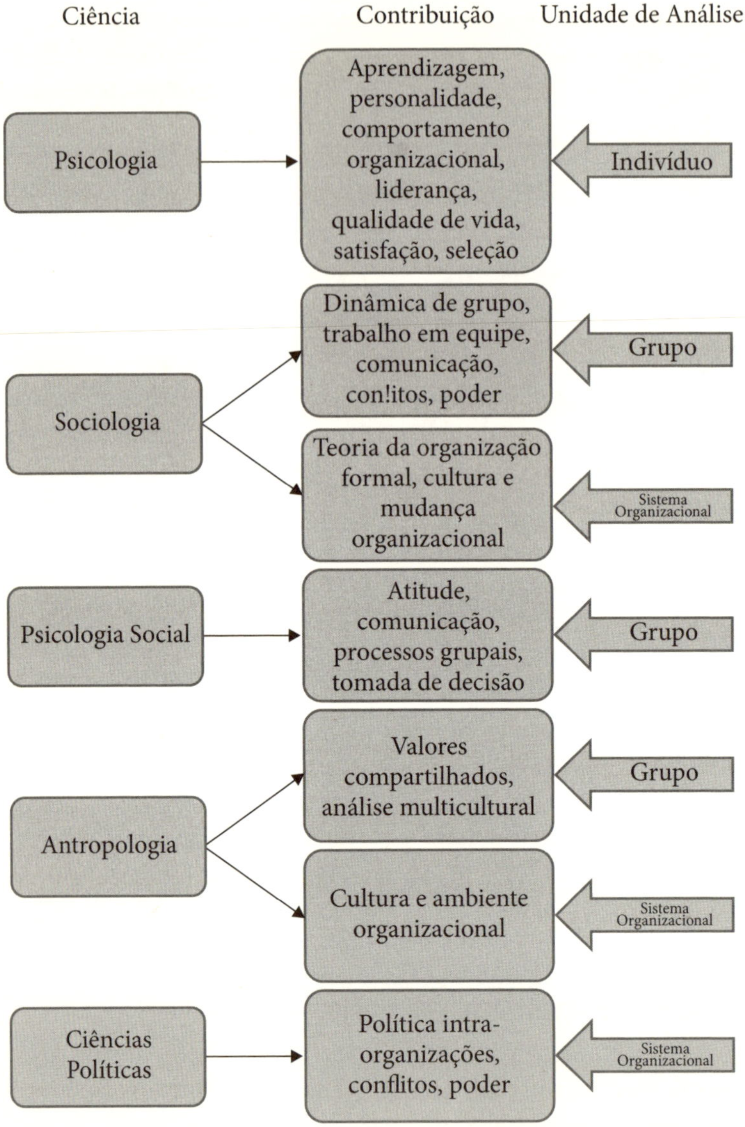

Robbins (2005) – Adaptado

Questão de Concurso

(Cespe/Anac/Técnico Administrativo/2012) Os estudos desenvolvidos pela área de ciências políticas sobre os conflitos no trabalho contribuíram para a compreensão dos comportamentos individuais nas organizações.

Gabarito: errado.
***Gabarito preliminar:** errado. Das disciplinas que contribuíram para o estudo do comportamento organizacional, temos a ciência política, que estuda o comportamento dos indivíduos e de grupos no ambiente político. Alguns tópicos específicos desta área são os estudos dos conflitos, da relação de poder na organização, em que há os constantes jogos de interesses próprios entre os indivíduos (como as pessoas manipulam o poder para o atendimento de seus próprios interesses). Como uma área que estuda conflitos, políticas intraorganizacionais e poder contribuiu com conceitos macro, tais como os processos grupais e os sistemas organizacionais. Não corresponde a compreensão dos comportamentos individuais nas organizações.*

1.6 Relações indivíduo/organização

1.6.1 Organização

- Formada de pessoas (recursos *x* pessoas);
- Composta de estruturas formais e informais;
- Exercem atividade – processo organizacional.

1.6.2 Influências no comportamento organizacional:

- Fatores externos (como cultura, estrutura, sistemas de recompensas);
- Fatores internos (personalidade, aprendizagem, percepção, cognição e motivação).

1.6.3 Objetivos organizacionais *x* objetivos individuais

O cerne do equilíbrio organizacional está na relação entre os objetivos organizacionais e os objetivos individuais, que quase sempre se contrapões.

Dentro dessa colocação, o relacionamento entre pessoas e organização nem sempre é cooperativo e satisfatório. Muitas vezes, torna-se um relacionamento tenso e conflitivo em que o alcance do objetivo de um lado impede ou cerceia o alcance do objetivo do outro.

Barnard (1971) distingue eficácia e eficiência na relação das pessoas com a organização. Segundo o autor, o indivíduo precisa atingir os objetivos organizacionais por meio de sua participação (ser eficaz) e satisfazer as suas necessidades individuais mediante sua participação (ser eficiente) para sobreviver dentro do sistema.

ATENÇÃO!

Barnard (*apud*, ROBBINS, 2005) distingue a participação das pessoas na organização:

- **Eficiência**: alcance dos objetivos individuais como promoção pessoal, prestígio, carreira, salário.
- **Eficácia**: alcance dos objetivos organizacionais como produtividade, redução de custos, lucro.

1.6.4 Reciprocidade entre o indivíduo e a organização

- **Contrato formal**
  É um acordo assinado com relação ao cargo a ser ocupado, ao conteúdo do trabalho, ao horário, ao salário etc.
- **Contrato psicológico**
  É uma expectativa/norma de reciprocidade entre indivíduo e a organização, o que esperam realizar e ganhar que vai além do contrato formal. É um acordo tácito com direitos, privilégios, obrigações, ideias, sentimentos, habilidades e valores.

1.6.5 Equilíbrio organizacional

A relação entre incentivos (induzimentos) e contribuições (pagamentos), reflete o êxito da organização em **remunerar** seus integrantes com incentivos adequados e motivá-los a contribuir para garantir a eficácia.

Questão de Concurso

(Cespe/MP-PI/Técnico Ministerial/Área administrativa/2012) O equilíbrio organizacional pode ser alcançado mediante a troca de contribuições e incentivos na relação entre as pessoas e as empresas. Nessa troca, as pessoas colaboram para facilitar o alcance dos objetivos organizacionais, e as empresas fornecem para esses colaboradores os incentivos que proporcionam a realização de seus objetivos pessoais.

Gabarito: certo. O equilíbrio organizacional, em termos de gestão de pessoas, ocorre quando as contribuições dadas pelos colaboradores são compatíveis, em quantidade e qualidade, com as respectivas recompensas ofertadas pela organização.

- **Incentivos (induzimentos)** são **pagamentos** feitos pela organização aos seus participantes (salários, prêmios, benefícios sociais, oportunidades de crescimento, segurança no emprego, supervisão aberta, elogios etc.).
- **Contribuições** são **pagamentos** que cada participante efetua à organização a que está ligado (trabalho, esforço, dedicação, pontualidade, assiduidade, comprometimento etc.).

ATENÇÃO!

Equilíbrio organizacional em termos de gestão de pessoas é quando as contribuições dadas pelos colaboradores são compatíveis em quantidade e qualidade com as respectivas recompensas ofertadas pela organização.

1.6.6 Relações de intercâmbio

Quando há equilíbrio entre expectativas. A pessoa permanece na organização quando percebe que a sua satisfação é maior que os esforços pessoais.

2. DESAFIOS E OPORTUNIDADES

A compreensão do comportamento organizacional nunca foi tão importante para os administradores. Um rápido exame das enormes mudanças que estão ocorrendo nas organizações confirma essa ideia.

Cada vez mais mulheres e membros de minorias estão entrando para o mercado de trabalho; o *downsizing* (enxugamento - remodelagem para tornar-se mais competitiva e melhorar o controle) e o amplo uso de trabalhadores temporários estão minando os laços de lealdade, que historicamente prendiam os funcionários a seus empregadores; e a globalização está exigindo que os funcionários tornem-se mais flexíveis para adaptar-se à rápida mudança (ROBBINS, 2005).

2.1 Resposta à globalização

As organizações não podem se limitar às fronteiras dos países, pois a necessidade de interação é muito grande. Nesse contexto, as habilidades dos gestores ficam afetadas em dois aspectos. Primeiro, crescem as chances de transferência para outro país. Segundo, mesmo não mudando de país, pode ser necessário trabalhar com chefes e colegas de culturas diferentes.

2.2 Administração da diversidade da força de trabalho

A globalização também traz à tona outro desafio: a diversidade da força de trabalho, discriminação. As organizações estão se tornando mais heterogêneas em termos de raça, etnia e sexo de seus participantes. O termo aplica-se a qualquer pessoa que fuja da norma convencional: pessoas com necessidades especiais, representantes da terceira idade e homoafetivos. A diversidade da força de trabalho traz implicações importantes para as práticas administrativas e para compreensão do comportamento organizacional. Os executivos precisam modificar sua filosofia de tratar todo mundo do mesmo modo, reconhecendo as diferenças e respondendo a elas de maneira a assegurar a retenção dos funcionários e uma maior produtividade, sem que se cometa nenhuma discriminação.

Questão de Concurso

(Cespe/Anac/Técnico Administrativo/2012) A heterogeneidade das organizações decorrente da inclusão de diferentes grupos sociais é um desafio para os estudos acerca do comportamento organizacional.

Gabarito: certo. A diversidade da força de trabalho traz implicações importantes para os estudos acerca do comportamento organizacional.

2.3 Ampliação da qualidade e da produtividade

Na década de 1990, organizações em todo o mundo aumentaram sua capacidade produtiva em resposta ao crescimento da demanda. As empresas construíram novas unidades, expandiram seus serviços e contrataram pessoas. Em busca de melhoria de qualidade e de produtividade, elas estão implementando programas como a gestão de qualidade (QM) e a reengenharia, que exigem amplo envolvimento dos funcionários. Gestão de qualidade:

- foco intenso no cliente;
- preocupação com a melhoria constante;
- melhoria da qualidade de tudo o que a organização faz;
- mensurações acuradas;
- autonomia dos funcionários.

2.4 Enfrentamento da escassez de mão de obra

Em tempo de escassez de mão de obra, bons salários e benefícios não serão suficientes para encontrar e manter profissionais talentosos. Os executivos precisarão encontrar estratégias sofisticadas de recrutamento e manutenção. Além disso, será preciso modificar algumas práticas organizacionais para atender às necessidades dos trabalhadores mais velhos e para motivar os mais jovens, que se sentirão estagnados enquanto aguardam a aposentadoria daqueles. Os conhecimentos de comportamento organizacional podem ajudar os executivos a lidar com essa situação. Em um mercado com força de trabalho escassa, os administradores que não entenderem de comportamento humano e não conseguirem tratar adequadamente seus funcionários correm o risco de não ter a quem comandar.

2.5 *Empowerment*: autonomia para as pessoas

O processo de tomada de decisão está sendo levado para o nível operacional, em que os empregados estão tendo a liberdade de fazer escolhas sobre cronogramas e procedimentos e de resolver sozinhos problemas relacionados ao seu trabalho. Um crescente número de empresas vem adotando as equipes autogerenciadas, em que os trabalhadores operam praticamente sem qualquer chefia externa. O *empowerment* (delegar o controle para que os colaboradores tenham responsabilidade sobre o seu trabalho e sobre as decisões que tomam) está modificando os estilos de liderança, relações de poder, planejamento do trabalho e a forma como as organizações são estruturadas.

2.6 Melhorias no atendimento ao cliente

O comportamento organizacional pode melhorar com as atitudes dos funcionários associadas à satisfação dos clientes, pois, muitas vezes, a empresa fracassa quando não os agradam. Podem oferecer também orientações para a criação de culturas, aquelas nas quais os funcionários estariam prontos a fazer o que for possível para agradá-los.

2.7 Estímulo à inovação e à mudança

Antigamente, os administradores só tinham de introduzir programas importantes de mudança uma ou duas vezes a cada década. Hoje, a mudança é uma atividade contínua para a maioria deles. Administrar, atualmente, poderia ser definido como longos períodos de mudanças constantes, interrompidos ocasionalmente por curtos períodos de estabilidade.

O mundo enfrentado pelos administradores e trabalhadores é de permanente temporariedade. Todas as atividades realizadas pelos trabalhadores estão em permanente mudança e eles precisam continuamente atualizar seus conhecimentos e habilidades para atender às novas exigências do trabalho.

As próprias organizações estão constantemente reorganizando suas divisões, desfazendo-se de negócios que não têm bom desempenho, fazendo operações de *downsizing*, subcontratando serviços e substituindo os funcionários permanentes por temporários.

O estudo do comportamento organizacional pode ajudar a entender de um mundo profissional em contínua mudança, a aprender a superar as resistências à mudança e a criar uma cultura organizacional que seja voltada para ela.

2.8 Trabalho em organizações interconectadas

Em organizações interconectadas, os funcionários podem comunicar-se e trabalhar juntos, mesmo que estejam fisicamente distantes. Nesse tipo de organização, o trabalho do administrador requer habilidades e técnicas diferentes das tradicionais no que diz respeito à gestão de pessoas, uma vez que necessita motivar e liderar pessoas, assim como tomar decisões colaborativas *online*. É um novo desafio para os administradores, pois cada vez mais as pessoas estão trabalhando interconectadas pelas redes de computadores.

2.9 Equilíbrio da vida pessoal e profissional dos funcionários

O trabalho típico dos anos 1960 e 1970 consistia em jornada diária fixa, de segunda a sexta-feira, em horário e local definidos, o que possibilitava delimitar claramente o tempo dedicado ao trabalho e vida pessoal. O surgimento de organizações globais, tecnologia, informática e comunicação, hoje, possibilitam que funcionários trabalhem em casa ou em qualquer outro local e a exigência das empresas para que funcionários trabalhem mais tempo, fizeram com que esse panorama mudasse. A linha divisória entre o trabalho e a vida pessoal tornou-se obscura para muitos funcionários, o que gera conflitos pessoais e estresse e dificulta às pessoas conciliar compromissos domésticos, conjugais e sociais. As organizações estão diante do desafio de conseguir ajudar seu pessoal a atingir o equilíbrio entre o trabalho e a vida pessoal sob pena de não atrair e perder funcionários capazes e motivados.

2.10 Desenvolvimento do comportamento ético

Hoje em dia, existe grande competição e, de modo geral, os funcionários sentem-se pressionados para **dar um jeitinho** e quebrar as regras.

São muitos os dilemas éticos e muitas situações em que há desvio do certo e do errado. Há estímulo à politicagem, ao desvio e à corrupção de valores morais e éticos. Os trabalhadores expressam cada vez menos confiança em seus dirigentes e sentem-se inseguros em relação ao comportamento ético que devem ter. Os executivos têm reagido a essas questões de diversas maneiras: entregando aos funcionários código de ética, promovendo seminários e programas de treinamento para estimular a atuação com comportamento ético.

Existe uma grande necessidade de se criar um clima saudável para que os funcionários possam trabalhar com produtividade, harmonia e confiança.

3. MODELO DE COMPORTAMENTO ORGANIZACIONAL

No modelo de comportamento organizacional há três níveis de análise, cada um construído sobre o nível anterior. O conceito de grupo sai do nível básico do indivíduo e, do grupo, chegamos ao nível do comportamento organizacional.

3.1 As variáveis dependentes

As variáveis dependentes são os fatores-chave que se pretende explicar ou prever e que são afetados por outros fatores. Quais são as variáveis dependentes básicas no comportamento organizacional? Os estudiosos do assunto tradicionalmente enfatizam a produtividade, o absenteísmo, a rotatividade e a satisfação com o trabalho.

3.1.1 Produtividade

Uma organização é produtiva quando consegue atingir seus objetivos, obtendo resultado com o mais baixo custo possível (eficiência e eficácia). Precisamos descobrir quais são os fatores que influenciam a eficiência e a eficácia dos indivíduos, dos grupos e da organização como um todo.

3.1.2 Absenteísmo

O absenteísmo é o não comparecimento do funcionário ao trabalho. É obviamente difícil para uma organização atingir seus objetivos, se seus funcionários não comparecem para trabalhar. Níveis de absenteísmo acima do normal, em qualquer caso, causam impacto direto sobre a eficiência e a eficácia da organização.

3.1.3 Rotatividade

Relação entre saída e entrada de pessoas da organização, voluntária ou involuntariamente. Altos índices de rotatividade resultam em aumento de custos para recrutamento, seleção e treinamento e prejudicam seriamente a eficiência da organização.

3.1.4 Satisfação com o trabalho

A última variável dependente que analisaremos será a satisfação com o trabalho, definido como a diferença entre as recompensas recebidas de fato pelo funcionário e aquilo que ele acredita merecer.

3.2 Variáveis independentes

São os principais determinantes da produtividade, do absenteísmo, da rotatividade e da satisfação com o trabalho.

3.2.1 Variáveis no nível do indivíduo

As pessoas entram para as organizações com determinadas características que vão influenciar seus comportamentos no trabalho, tais como: biográficas: idade, sexo e estado civil; de personalidade; estrutura emocional; valores e atitudes e níveis básicos de capacitação.

Essas características pouco podem ser alteradas pelo esforço de gerenciamento e têm grande impacto sobre o comportamento.

3.2.2 Variáveis em nível do grupo

O comportamento de um grupo é mais do que a soma das ações dos indivíduos que fazem parte dele. A complexidade de nosso modelo aumenta quando compreendemos que o comportamento das pessoas é diferente quando elas estão sozinhas ou em grupo.

3.2.3 Variáveis em nível do sistema organizacional

O comportamento organizacional alcança seu mais alto nível de sofisticação quando somamos a estrutura formal ao nosso prévio conhecimento do comportamento dos indivíduos e dos grupos. Da mesma forma que os grupos são mais que a soma de seus membros individuais, a organização também é mais que a soma dos grupos que a compõem. O desenho da organização formal, os processos do trabalho e as funções, as políticas e as práticas de recursos humanos da organização e a cultura interna, tudo isso tem impacto sobre as variáveis dependentes.

ATENÇÃO!

Os próximos capítulos tratam de assuntos pesquisados no estudo do comportamento organizacional, tais como: liderança, poder, processo decisório, grupos e equipes de trabalho, gestão de conflitos, motivação e desempenho, QVT, comunicação organizacional, cultura e clima organizacional.

CAPÍTULO 10
Liderança

1. CONCEITO DE LIDERANÇA

O conceito de liderança norteia todos os tópicos relacionados à gestão de pessoas, uma vez que os líderes da organização são fundamentais para a implantação plena de todas as políticas de gestão de pessoas.

Existem diversos conceitos para liderança. Os principais encontrados na literatura convergem para os apresentados a seguir:

"Processo de influenciar as atividades de um grupo organizado na direção de um objetivo" (ROUCH & BEHLING, 1984).

"É a habilidade de influenciar pessoas para trabalharem entusiasticamente visando a atingir aos objetivos identificados como sendo para bem comum" (**O monge e o executivo**. James C. Hunter).

"É o processo de exercer influência sobre um indivíduo ou um grupo, nos esforços para realização de um objetivo, em determinada situação" (HERSEY e BLANCHARD).

"É como uma influência interpessoal exercida em uma dada situação e dirigida pelo processo de comunicação humana para a consecução de um ou mais objetivos específicos" (CHIAVENATO, 2006).

"É a capacidade de influenciar um grupo em direção ao alcance de objetivos" (ROBBINS, 2005).

"Liderança é a realização de metas por meio da direção de colaboradores" (MAXIMIANO, 2007).

Para que uma organização saia vencedora no atual mundo da corrida competitiva, é necessário que possua um atributo básico: a liderança eficiente e adequada.

Observa-se, atualmente, grande dificuldade de encontrar administradores capazes de gerenciar e liderar seus subordinados. Essa falta significa ausência de pessoas capazes de desempenhar papéis de liderança com adequação e eficácia.

Questão de Concurso

(Cespe/Ibama/Técnico Administrativo/2012) Saber ouvir, trabalhar em equipe e compreender as necessidades dos colaboradores são características valorizadas em gestores públicos.

> *Gabarito: certo. Todas representam características importantes de um líder, e, por consequência, do gestor público.*

Segundo Douglas McGregor (1960), a liderança refere-se a uma combinação de quatro variáveis ou elementos. Quais sejam:

1. Características pessoais do líder: a liderança é função, papel, tarefa ou responsabilidade que qualquer pessoa precisa desempenhar quando é responsável por um grupo. Independentemente das próprias qualidades, muitas pessoas são colocadas em posições de liderança, em que precisam dirigir esforços de outros para realizar objetivos - treinadores de equipes esportivas, professores, regentes de orquestras, sacerdotes, gerentes etc. A liderança é um dos papéis que devem desempenhar para atingir metas, entre outros papéis que definem os gerentes.

2. As atitudes, necessidades e outras características pessoais dos liderados: é importante considerar duas características pessoais: suas motivações e suas competências.

- **Motivação**: os liderados só realizarão a tarefa ou a missão se também tiverem interesse na realização dela, ou seja, se forem motivados. Dessa forma, toda liderança é um processo de troca entre o líder e os liderados.
- **Competências dos liderados**: quanto mais competência dos liderados, menos necessidade de intervenção e ação do líder. Segundo a teoria da substituição, os líderes acabam sendo desnecessários caso as pessoas saibam cuidar de si próprias.

3. Características da tarefa: o líder está atrelado aos liderados pela existência de uma tarefa ou missão, que podem ser classificadas nos três tipos de envolvimento:

- **Missão moral**: a obediência é fruto da crença ou fé na norma, pessoa ou ordenação;
- **Missão calculista**: o líder estabelece metas e oferece incentivos para a realização (troca) destas; e
- **Missão alienatória**: a obediência é fruto da coerção ou do desejo de se evitar um castigo, não estando convencido da necessidade de obedecer.

Questão de Concurso

(FCC/TRE-SP/Analista Judiciário/Psicologia/2012) O que liga o líder aos seguidores é a existência de uma tarefa ou missão. As missões que o líder propõe ao grupo podem ser classificadas em dois tipos: moral e calculista. Na missão calculista, o líder:

a) lança desafios e apela ao senso de responsabilidade, valores, desejos e aptidões dos seguidores.
b) usa palavras de ordem, como comprometimento e engajamento, para enfatizar a importância de todos no cumprimento das metas.
c) dá valor aos seguidores que se dedicam a atividades em que encontram recompensas psicológicas intrínsecas.
d) atua com promessas de recompensas em troca da obediência dos seguidores.
e) acredita que a recompensa que o liderado recebe é a satisfação no cumprimento de uma dada missão.

Gabarito: d. Na missão calculista existe uma troca: o líder oferece algo em troca do trabalho ou empenho do subordinado.

4. A conjuntura social, econômica e política: a liderança emerge da necessidade de um grupo em ser liderado, e está ligada à conjuntura social, econômica e política onde este grupo se apresenta.

2. GERENTE *X* LÍDER

Dentro do contexto organizacional, é necessário fazer a distinção entre o gerente (chefe) e o líder.

A liderança é informal; ela emerge do grupo quando a conjuntura social, econômica e política demonstra essa necessidade, sendo um produto de inúmeros fatores, tais como as características do liderado, do líder e o tipo de missão ou tarefa demandada. As pessoas seguem o líder devido à crença dos liderados.

Questão de Concurso

(Cespe/TRE-ES/Analista de Relações Públicas/2011) Os líderes informais influenciam o ambiente de trabalho em menor grau do que os líderes formalmente designados.

Gabarito: errado. A liderança informal, que emerge do grupo, tem igual capacidade e, em alguns casos maior, de influenciar o ambiente de trabalho.

O gerente, por sua vez, representa a autoridade formal, sendo o produto de um único fator, qual seja, o cargo a ser ocupado, de tal forma que o gerente é obedecido devido à relação de comum acordo entre a chefia e os subordinados.

Questão de Concurso

(Cespe/MPE-PI/Técnico Ministerial/Área Administrativa/2012) A liderança contemporânea é caracterizada pela capacidade de o líder conduzir a equipe na direção de objetivos sob a autoridade do cargo.

Gabarito: errado. A liderança ocorre de forma espontânea, e não sob a autoridade do cargo que, nesse caso, refere-se à chefia ou gerência.

Bennis (1996), *in* Calvacanti *et al.*, esquematiza diferenças entre gerente e líder no seguinte quadro:

Gerente	Líder
Administra	Inova
Prioriza sistemas e estruturas	Prioriza as pessoas
Tem uma visão de curto prazo	Tem perspectiva de futuro
Pergunta como e quando	Pergunta o quê e por quê
Atributo singular	Múltiplos atributos
Exerce o controle	Inspira confiança
Aceita e mantém o *status quo*	Desafia o *status quo*
É o clássico bom soldado	É a própria pessoa
Faz certo as coisas (é eficiente)	Faz coisa certa (é eficaz)

Questão de Concurso

(Consulplan/TSE/Analista Judiciário/2012) Considerando a dicotomia gerente vs. líder nos estudos sobre liderança, corresponde a um líder no sentido contemporâneo do termo aquele que:

a) prioriza fazer as coisas da maneira certa.

b) pergunta, principalmente, como e quando as coisas devem ser feitas.

c) focaliza as pessoas, primordialmente.

d) mantém, preferencialmente, os olhos na base da organização.

Gabarito: c. As demais alternativas referem-se ao gerente.

Pode-se verificar, no quadro apresentado, a dicotomia existente entre o líder e o chefe. Enquanto o chefe apenas administra os recursos e os resultados alcançados buscando a eficiência, o líder busca inovar, tentando ser eficaz. O líder se interessa com a forma que um trabalho é realizado, questionando o porquê de determinada ação, enquanto o chefe, em busca de resultados, questiona quando e como uma ação será realizada, enfatizando o controle. O líder tem visão de futuro e inspira confiança, enquanto o chefe necessita exercer o controle, pensando em curto prazo.

A chefia (ou gerência) e a liderança não se anulam, podendo conviver em harmonia. Na verdade, o adequado é que o chefe seja escolhido como chefe, por possuir características de líder, ou seja, o ideal é que o chefe seja também um líder, pois as duas características complementam-se.

CUIDADO!

Na prova, a nomenclatura **líder** pode ser substituída por chefe, gestor ou gerente. Neste caso, a questão deve ser respondida na perspectiva de liderança e chefia como funções complementares. A dicotomia chefe *x* líder só será abordada quando a questão cobrar explicitamente essa diferença.

3. ABORDAGENS SOBRE LIDERANÇA

Os conceitos de liderança e a forma de trabalhá-los vêm se desenvolvendo ao longo dos anos, sofrendo grandes alterações na forma de conceber a figura do líder. As principais fontes literárias dividem os conceitos sobre liderança em três abordagens: traços de personalidade, estilos de liderança e situacional.

3.1 Traços de personalidade

A primeira abordagem sobre a liderança é da década de 1940 e descreve o líder como aquele que possui características ou traços que o diferencia dos não líderes. Um traço é uma qualidade, uma característica que a pessoa possui. Dessa forma, a liderança era considerada algo nato, não podendo ser desenvolvida.

Os traços mais comumente apontados pelas pesquisas foram:

- traços físicos;
- traços intelectuais;
- traços sociais;
- traços relacionados com a tarefa.

Segundo Robbins (2005), tal abordagem, além de restringir a liderança a quem nascesse com os tais traços, apresentava quatro **limitações**:

- não há um traço universal de liderança;

- os traços provêm melhor o comportamento em situações **fracas** que em situações **fortes**, ou seja, em situações que exigem mais habilidade de liderar;
- as evidências são pouco claras quanto à separação de causa e efeito. Um exemplo disso seria o questionamento se o líder é mais autoconfiante, ou se o sucesso da liderança é que o torna mais autoconfiante;
- os traços funcionam melhor para prever o surgimento da liderança do que para distinguir entre líderes eficazes e ineficazes.

Por conta dessas limitações, surgiram as teorias de Estilo de Liderança, baseadas no comportamento do líder.

Questão de Concurso

(Cespe/STJ/Analista Judiciário/2012) Teorias baseadas em traços de personalidade visam determinar as características pessoais de bons líderes.

Gabarito: certo. Segundo tais teorias, os líderes nascem com características pessoais que o tornam um bom líder.

3.2 Estilos de liderança

Nas teorias de estilos de liderança, também chamadas de Teorias Comportamentais, o que predomina não são os traços de personalidade, mas, sim, o estilo de liderança adotado pelo líder, ou seja, o comportamento apresentado por cada líder. O foco ainda é o líder, mas, neste caso, a liderança pode ser aprendida.

Questão de Concurso

(Cespe/MPE-PI/Analista Ministerial/2012) Segundo as teorias contingenciais de liderança, as metas organizacionais só são atingidas de maneira eficaz pelo grupo se o seu líder adota um comportamento democrático.

Gabarito: errado. A adoção de determinado estilo de liderança refere-se à teoria dos estilos de liderança, e não à teoria contingencial.

As principais teorias desta abordagem são:

3.2.1 Estilos clássicos de liderança – Kurt Lewin

Kurt Lewin orientou, na década de 1930, uma pesquisa que envolvia três grupos clássicos de crianças submetidas a lideranças diferentes: autocrática, democrática e liberal (*laissez-faire*).

Questão de Concurso

(Consulplan/TSE/Analista Judiciário/2012) Em relação à teoria de estilos de liderança, é correto afirmar que:

a) o líder democrático se preocupa com o relacionamento entre as pessoas, fornece alguma estrutura, compartilha responsabilidade com os liderados, envolvendo-os no planejamento e execução das tarefas.
b) o líder autocrático dá o mínimo de direção e o máximo de liberdade aos liderados.
c) a estrutura permissiva (*laissez-faire*) tem como principal preocupação a realização das tarefas e a centralização do poder.
d) a liderança carismática se caracteriza pelo reduzido fascínio exercido pelo líder em relação aos liderados.

Gabarito: a. O compartilhamento de responsabilidades e a preocupação com os relacionamentos são as principais características da liderança democrática.

VEJA BEM!

Em todas as teorias de liderança, tanto da abordagem de estilo de liderança quanto da abordagem situacional, é possível observar a dicotomia Pessoas – Tarefas/Produção.

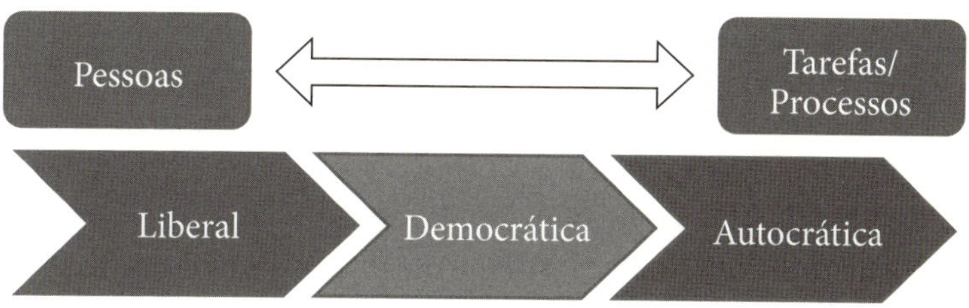

Estilos de Liderança, segundo Kurt Lewin

Questão de Concurso

(FCC/TST/Analista Judiciário/2012) Teorias situacionais ou contingenciais apontam para dois tipos de liderança: as orientadas para pessoas e as orientadas para:

a) autoridade.
b) tarefas.
c) poder.
d) liberdade.
e) recompensas.

Gabarito: b. Também pode ser chamado de Processos ou Produção.

A partir dessa pesquisa, eles desenvolveram uma teoria que viria a se chamar Os Três de *White e Lippitt* ou Estilos Clássicos de Liderança.

Aspectos	Autocrática	Democrática	Liberal
Tomada de decisões	Apenas o líder decide e fixa as diretrizes, sem nenhuma participação do grupo.	As diretrizes são debatidas e decididas pelo grupo, que é estimulado e orientado pelo líder.	Total liberdade ao grupo para tomar decisões, com mínima intervenção do líder.
Programação dos trabalhos	O líder dá as ordens e determina providências para a execução de tarefas, sem explicá-las ao grupo.	O líder aconselha e dá orientação para que o grupo esboce objetivos e ações. As tarefas ganham perspectivas com os debates.	Participação limitada do líder. Informações e orientações são dadas, desde que solicitadas em grupo.
Divisão de trabalho	O líder determina a tarefa a cada um e qual o companheiro de trabalho.	O grupo decide sobre a divisão das tarefas e cada membro tem liberdade para escolher os colegas.	A divisão das tarefas e a escolha dos colegas são do grupo. Não há participação do líder.
Comportamento do líder	O líder é dominador e pessoal nos elogios e nas críticas ao grupo.	O líder é objetivo e limita-se aos fatos nos elogios ou críticas.	O líder atua somente quando é solicitado.

Chiavenato. **Os três estilos de liderança**– Administração geral e pública. (Adaptado).

3.2.2 Estudos da Universidade de Ohio – Stogdill e Coons

Nos anos 1940, esses estudiosos buscaram identificar dimensões independentes do comportamento do líder. Os estudos descreveram duas categorias de liderança: estrutura de iniciação e consideração.

A **estrutura de iniciação** é o ponto de capacidade em que o líder consegue definir e estruturar o próprio papel e dos liderados em busca dos objetivos. Isso inclui organizar o trabalho, as relações de trabalho e as metas. Um líder com alta estrutura de iniciação delega tarefas específicas aos membros do grupo, espera que os trabalhadores mantenham padrões definidos de desempenho e enfatiza o cumprimento dos prazos.

A **consideração** pode ser definida como o ponto no qual o líder tem relacionamentos de trabalho caracterizados pela confiança mútua e pelo respeito por ideias e sentimentos dos funcionários. O líder com alta consideração preocupa-se com o bem-estar, conforto, *status* e satisfação dos liderados.

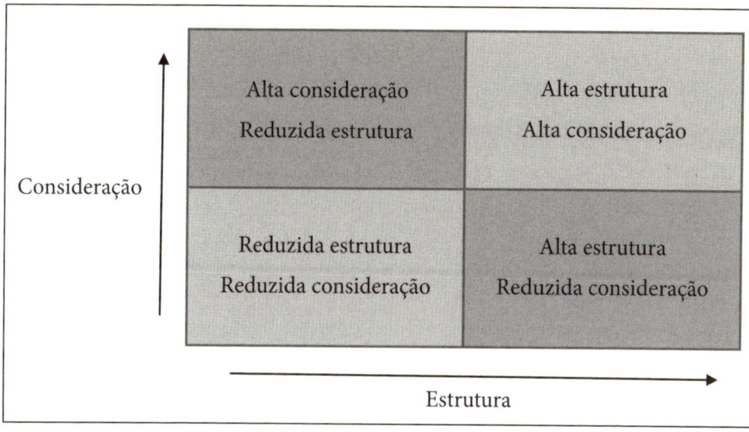

Teixeira. **Modelos de liderança da Universidade de Ohio.** Gestões das organizações. (Adaptado).

3.2.3 Estudos da Universidade de Michigan – Teoria Bidimensional

Contemporâneos dos estudos de Ohio, um grupo de pesquisadores de Michigan, liderados por Rensis Likert, realizou pesquisas com objetivos similares. Eles queriam identificar características da liderança que estariam ligadas com o desempenho eficaz. Dessa forma, chegaram, também, às duas dimensões do comportamento da liderança: orientação para o funcionário e orientação para a produção.

O líder com comportamento **centrado nas preocupações com a tarefa**, ou seja, orientado para a tarefa, preocupa-se mais com esta do que com a equipe que a executa. Ele é classificado como um líder autocrático, direto e socialmente distante. É, portanto, uma liderança preocupada excessivamente com o trabalho, com as metas e com os recursos disponíveis.

O líder que é **centrado nas relações pessoais**, ou seja, orientado para as pessoas e seus relacionamentos, acredita que o processo administrativo deve proporcionar um ambiente de trabalho em que as pessoas se sintam confortáveis.

Classificado como democrático, consultor, participativo e preocupado com o funcionário, ele procura compreender e ajudar os liderados.

Orientado para as tarefas	**Orientado para as pessoas**
Planeja como será feito	Apoio e retaguarda
Atribui responsabilidades	Ensina e desenvolve
Define padrões de trabalho	Mostra os objetivos
Busca meios para completar as tarefas	Desenvolve relações sociais
Monitora o resultado	Mostra confiança
Focaliza produtividade e qualidade	Sensível às necessidades das pessoas

Chiavenato (1999) – Adaptado.

3.2.4 Os quatro estilos de Likert

Likert continuou a desenvolver estudos sobre liderança. Ele aprofundou conceito e abordagem no entendimento desse tipo de comportamento. Era defensor da **gestão participativa**, ou seja, defendia que a gestão eficaz é fortemente orientada para subordinados, apoiando-se na comunicação para que exista maior concentração de ideias e de objetivos.

Ele propôs **quatro tipos de liderança**, baseados no estilo de autoridade do líder. Essa abordagem ficou conhecida como os quatro estilos de Likert, **Sistemas Gerenciais de Likert** ou **Sistemas 4 de Likert**.

O sistema proposto pelo autor possui quatro variáveis: processo decisório, sistema de comunicações, relacionamento interpessoal e sistema de recompensas e punições. Os sistemas são:

Estilo	Característica
Autoritário-coercitivo	O líder decide todo o processo, o que será feito, quando será feito e como será feito. Geralmente, é encontrado em instituições com mão de obra intensiva, com nível de escolaridade mais baixo e tecnologia rudimentar. Por exemplo: seguimento voltado para a construção.
Autoritário-benevolente	O líder toma as decisões, mas permite que os subordinados possuam alguma liberdade ou flexibilidade no desempenho das tarefas. Encontrado em empresas industriais com mão de obra e tecnologia mais especializada e apurada, mas ainda com controle sobre o comportamento das pessoas. *Ex.*: indústria, linhas de montagem.
Consultivo	O líder consulta os subordinados antes de estabelecer os objetivos e tomar as decisões. É, geralmente, utilizado em empresas de serviços, como bancos e financeiras, e áreas administrativas das empresas industriais mais organizadas.
Participativo	Apresenta como principal característica o envolvimento total dos empregados na definição dos objetivos das decisões. É o estilo recomendado por Likert, sendo, no entanto, ainda pouco encontrado na prática. É encontrado em empresas de sofisticada tecnologia, de pessoal especializado e preparado, desenvolvendo atividades extremamente complexas. *Ex.*: consultorias em administração e engenharia, propaganda.

Questão de Concurso

(FCC/TRE-AP/Analista Judiciário/2011) Likert definiu quatro perfis organizacionais, considerando variáveis como processo decisório, sistema de comunicações, relacionamento interpessoal e sistema de recompensas e punições. Um desses perfis é o consultivo. Nas organizações que adotam esse sistema administrativo, as decisões são:

a) delegadas para a base e, em situações de emergência, a cúpula assume as consequências da decisão tomada.
b) participativas; a opinião das pessoas é considerada na definição das políticas e diretrizes da organização, e certas decisões específicas são delegadas e, depois, submetidas à aprovação.
c) centralizadas na cúpula, mas há a possibilidade de delegar decisões de caráter rotineiro e repetitivo e sujeitas à aprovação posterior, prevalecendo o aspecto centralizador.
d) realizadas em sistema de colegiado, sendo que as ocorrências imprevistas e não rotineiras devem ser levadas à cúpula para a resolução.
e) delegadas parcialmente para o nível gerencial, que deve centralizar as decisões de caráter rotineiro e repetitivo, e levar à cúpula situações que fogem ao padrão.

Gabarito: b. Na liderança participativa, de Likert, observa-se a capacidade de divisão de decisões e compartilhamento de ações e tarefas.

3.2.5 Teoria do *grid* gerencial: ênfase na produção *x* ênfase nas pessoas

Robert Blake e Mouton, em 1964, desenvolveram um modelo de análise comportamental dos líderes, conhecida por *grid* (ou grade) gerencial e que, ainda hoje, é o modelo mais utilizado na formação de líderes.

Segundo os autores, o gestor orienta a ação para dois aspectos fundamentais:

- **Ênfase na produção**: preocupação com os resultados dos esforços dos subordinados, isto é, com os resultados da tarefa.
- **Ênfase nas pessoas**: preocupação com as pessoas, sejam subordinadas, colegas ou chefes. Há uma grande atenção para as pessoas, atendendo às necessidades e às expectativas delas.

ATENÇÃO!

Em alguns casos, a nomenclatura **tarefa**, quando relacionada ao comportamento do líder, pode ser trocada por **produção ou resultado**. Ou seja, o líder pode ser voltado para as **pessoas** ou para as **tarefas/produção/resultado**.

Como instrumento de avaliação dos estilos de liderança, os autores apresentam a *managerial grid*, grade gerencial, que é uma tabela de dupla entrada, composta por dois eixos: o eixo vertical representa a "ênfase nas pessoas" e o eixo horizontal representa a "ênfase na produção".

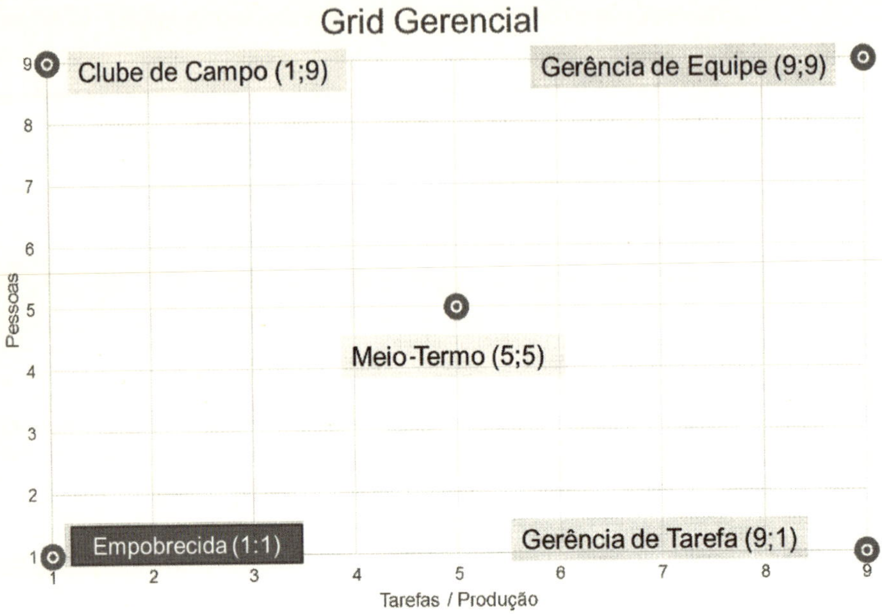

Blake e Mouton consideram bastante importante que cada gestor aprenda a observar o próprio estilo de liderança por meio da grelha, a fim de melhorar o desempenho individual, sempre na perspectiva de comparar o estilo pessoal com o estilo 9.9, que é o ideal, em que se dá grande importância à produção e ao desenvolvimento profissional das pessoas.

Questão de Concurso

(FCC/TRE-SP/Analista Judiciário/Psicologia/2012) No *Grid* Gerencial, proposto por Blake e Mouton, são identificados cinco estilos de liderança: *country club*; enfraquecido; meio-termo; tarefa e:

a) equipe.
b) democrático.
c) autoritário.
d) submisso.
e) carismático.

Gabarito: a. São os cinco estilos de liderança apresentados por Blake e Mouton. O equipe é o 9,9.

Do *grid* gerencial resulta:

POSIÇÃO	NOMENCLATURA	DEFINIÇÃO
1,1	**Empobrecida ou burocrática/enfraquecida**	O emprego do esforço é o mínimo necessário para que o trabalho seja executado e é também o esforço suficiente para permanecer como membro da organização.
1,9	**Clube de campo ou *Country club***	A atenção concentrada nas necessidades das pessoas leva a uma atmosfera agradável e a um confortável ritmo de trabalho.
5,5	**Homem organizacional ou gerência de meio termo**	Um adequado desempenho organizacional pode ser obtido por um equilíbrio entre o atendimento das necessidades das pessoas, a manutenção do moral satisfatório e a necessidade de obtenção de resultados.
9,1	**Autoridade, gerenciamento de "tarefas" ou autoridade-obediência**	A eficiência dos liderados é decorrente da organização das condições de trabalho, de tal forma que o fator humano interfira em grau mínimo.
9,9	**Equipe ou gerência em equipe**	Os resultados do trabalho provêm do empenho pessoal. O comprometimento de todos leva à interdependência e à criação de um relacionamento confiante e respeitoso.

3.2.6 Estudos escandinavos

As abordagens anteriores foram desenvolvidas entre as décadas de 1940 e 1960, ou seja, em uma época em que as mudanças ocorriam mais lentamente e a tecnologia estava se desenvolvendo de forma rudimentar.

Pesquisadores da Finlândia e da Suécia acabaram ampliando o escopo da existência de apenas duas dimensões que pudessem descrever o comportamento dos líderes.

A ideia básica dessa teoria é a de que os **líderes eficazes**, em um mundo com mudanças tão rápidas, devem estar **voltados para o desenvolvimento**. São líderes que valorizam a experimentação, buscam novas ideias, geram e implementam mudanças.

Assim, no ambiente tão dinâmico em que vivemos, os pesquisadores conduziram os estudos para a terceira dimensão: a orientação para o desenvolvimento. Essa dimensão é relacionada diretamente com uma liderança eficaz.

3.3 Teorias situacionais

Essas teorias vieram suprir a lacuna que as teorias comportamentais não conseguiram preencher. Além de considerar o comportamento do líder, a situação vivenciada em determinado momento no ambiente de trabalho deveria ser também considerada, ou seja, o líder deve agir de acordo com as contingências e situações apresentadas pelo ambiente.

Questão de Concurso

(FCC/TST/Técnico Judiciário/Área Administrativa/2012) Teorias situacionais ou contingenciais apontam para dois tipos de liderança: as orientadas para pessoas e as orientadas para:

a) autoridade.
b) tarefas.
c) poder.
d) liberdade.
e) recompensas.

Gabarito: b. A dicotomia entre ***pessoas*** *e* ***tarefa*** *está sempre presente nas abordagens e teorias da liderança.*

Questão de Concurso

(Cespe/Ancine/Analista Administrativo/Ciências Contábeis/2006) O modelo de liderança situacional, em oposição aos princípios da teoria contingencial, não busca a eficácia mediante um estilo gerencial ótimo. Na visão dos defensores do referido modelo, não existe um melhor estilo de liderança (estilo ideal). Para tanto, o gerente deve adaptar seu estilo e sua forma de gerenciar equipes à situação imposta pelo ambiente em que atua.

Gabarito: certo. Para as teorias situacionais não existe melhor estilo de liderança, e sim, a melhor adaptação à situação exigida.

As teorias são as seguintes:

3.3.1 Modelo de Fiedler

Fiedler propôs que o desempenho eficaz do grupo depende da combinação adequada entre o estilo de interação do líder com os subordinados e o grau em que a situação dá o controle e a influência para o líder.

Ele isolou três critérios situacionais, a saber: relações dos membros com os líderes (líder-liderado), estrutura da tarefa e poder de posição.

Fiedler conclui que os líderes voltados para a tarefa tendem a ter desempenho melhor em situações extremas, ou seja, que são muito favoráveis ou muito desfavoráveis para eles. Pesquisas mostraram que esse estilo de liderança pode trazer alta rotatividade e desmotivação, se utilizado por longo tempo.

Em situações cotidianas e medianas, o líder orientado para pessoas é o mais adequado.

No fim da década de 1980, Fiedler e Joe Garcia reconceitualizaram a teoria original, e deram um novo nome: **teoria do recurso cognitivo**.

A essência dessa **nova** teoria é que o estresse é inimigo da racionalidade. Se o líder estiver sob forte tensão, fica difícil para ele conseguir pensar lógica e analiticamente. Assim, o estresse afeta desfavoravelmente a situação. Além disso, enfatizou a importância da inteligência e da experiência do líder na situação de pressão. Consequentemente, a inteligência e a experiência interferem uma na outra. De acordo com Robbins (2005), as três principais conclusões da teoria são:

- o comportamento diretivo resulta em bom desempenho apenas quando vinculado à alta inteligência em situações apoiadoras e de baixa tensão;
- nas situações de alta tensão, existe uma relação positiva entre experiência no trabalho e desempenho;

- as habilidades intelectuais do líder correlacionam-se com o desempenho do grupo nas situações percebidas por ele como de baixa tensão.

Robbins (2005) descreve que a maior colaboração dessa reformulação foi incluir o estresse como uma variável situacional relevante no entendimento e na identificação da liderança.

3.3.2 Teoria caminho-meta ou caminho-objetivo

Robert House (*apud*, ROBBINS, 2005) desenvolveu essa teoria com base nos estudos da Universidade de Ohio e nas ideias da teoria da expectativa. A principal ideia dessa teoria é a de que o líder será aceito pelos liderados como líder, quando estes o virem como fonte de satisfação, imediata ou futura. Dessa forma, o líder deve auxiliar os liderados a alcançarem objetivos, orientando-os e apoiando-os para garantir que esses objetivos sejam compatíveis com os organizacionais.

O comportamento do líder será motivacional se:

- fizer com que sejam contingentes: satisfação das necessidades do liderado e desempenho eficaz;
- proporcionar o apoio e a orientação necessários aos liderados.

House detalhou quatro comportamentos de liderança:

- **Líder diretivo**: semelhante à “estrutura de iniciação” da Universidade de Ohio. Este líder deixa claro o que espera dos liderados, organiza e proporciona diretrizes claras e objetivas sobre como as tarefas deverão ser realizadas.
- **Líder apoiador**: semelhante à “consideração”. O líder apoiador é receptivo e sensível às necessidades dos liderados.
- **Líder participativo**: antes de tomar decisões, consulta os liderados. É semelhante ao democrático-consultivo da liderança clássica.
- **Líder orientado para a conquista** ou **líder voltado para a realização**: estabelece desafios e espera que os liderados demonstrem desempenho máximo.

House (*apud*, ROBINS, 2005) afirma que os líderes são flexíveis. Eles irão adequar o estilo de liderança à situação. São duas as classes ambientais propostas pelo autor: fatores contingenciais ambientais e fatores contingenciais do subordinado. Observe a figura:

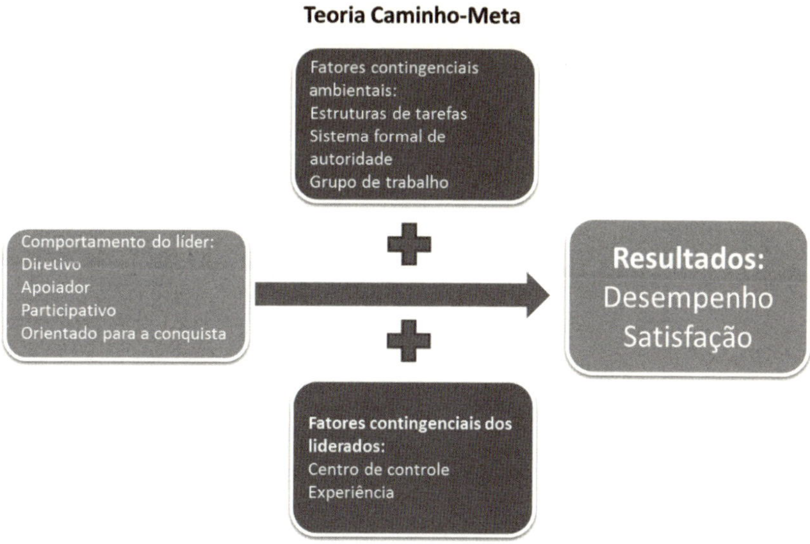

Robbins (2005).

Robbins (2005) ressalta as seguintes colocações para a teoria:

- a liderança diretiva leva a uma maior satisfação quando as tarefas são ambíguas ou estressantes do que quando são altamente estruturadas e planejadas;
- a liderança diretiva pode ser percebida como redundante por liderados com grande capacidade de percepção ou com razoável experiência;
- a liderança apoiada leva a um melhor desempenho e satisfação quando os liderados realizam tarefas estruturadas;
- os liderados com centro de controle interno ficam mais satisfeitos com o estilo de liderança participativa.

3.3.3 Teoria 3-D de eficácia gerencial de Reddin

O autor apresenta um modelo denominado teoria 3-D, voltado para o desenvolvimento da eficácia gerencial. Este modelo é baseado na ideia de que o administrador deve ser eficaz em diferentes situações, e essa eficácia é mensurada proporcionalmente ao quanto ele é capaz de adequar o próprio estilo às situações de mudanças.

Essa teoria possui dois principais conceitos:

- **Eficácia gerencial**: avaliada em termos de resultado ao invés de insumo. Isso significa que a eficácia está relacionada diretamente ao resultado que ele obtém, não com o que ele faz. Essa eficácia é um aspecto ligado à manipulação correta da situação, e não com a personalidade do líder.

Vamos apresentar os conceitos de eficiência e eficácia:

- **Eficácia**: obter o resultado, atingir objetivos.
- **Eficiência**: utilizar da melhor forma os recursos, melhor custo *x* benefício.

Dessa forma, pode-se comparar os aspectos relacionados a um gerente eficiente com os de um gerente eficaz:

GERENTE EFICIENTE	GERENTE EFICAZ
Faz as coisas de maneira certa	Faz as coisas certas
Resolve os problemas	Produz alternativas criativas
Cuida dos recursos	Otimiza a utilização dos recursos
Cumpre o dever	Obtém resultados
Reduz custos	Aumenta lucros

CHIAVENATO. **Gerente eficiente e gerente eficaz**– Administração geral e pública. (Adaptado).

- **Estilos gerenciais**: nesta teoria, o estilo do gerente será composto de dois elementos: a tarefa a realizar e as relações com as pessoas.

A combinação dessas duas variáveis resulta do seguinte esquema:

Teoria 3D

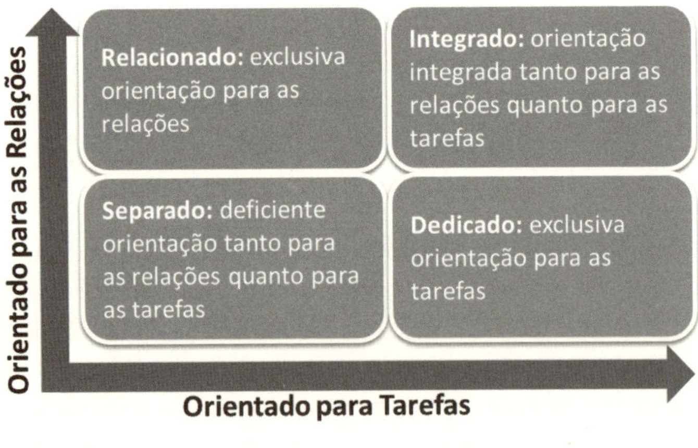

3.3.4 *Continuum* de liderança de Schmidt Tannenbaum e Schmid

Schmidt Tannenbaum e Schmid (1958) sugerem um gráfico denominado *Continuum* de padrões de liderança, que apresentaram uma abordagem contingencial da liderança com bastante interesse. Os autores sugerem um conjunto alargado de comportamentos de liderança que o gestor pode escolher na relação com os subordinados. Cada tipo de comportamento está relacionado com o grau de autoridade adotado pelo líder ou o nível de liberdade disponível para os subordinados na tomada de decisões.

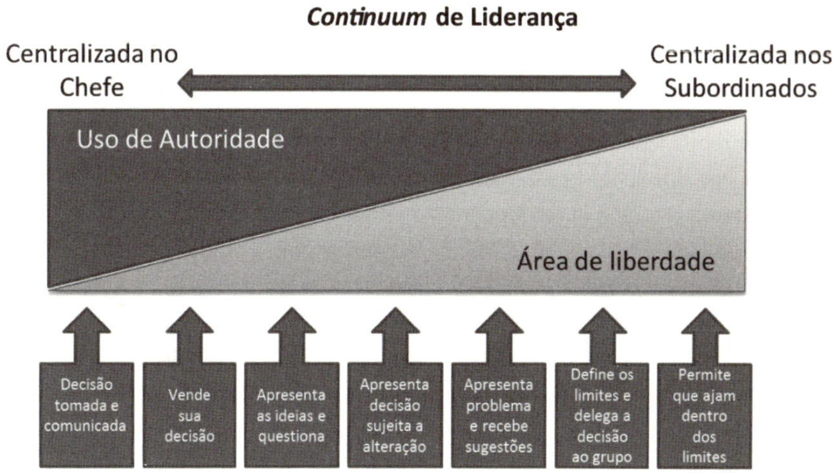

3.3.5 Teoria da liderança situacional – Hersey e Blanchard

Segundo Paul Hersey e Kenneth Blanchard, "liderança é o processo de exercer influência sobre um indivíduo ou um grupo, nos esforços para a realização de um objetivo, em determinada situação".

Necessita-se, então, de um método, pelo qual se consiga resultados predefinidos, com e por meio de pessoas.

Hersey e Blanchard desenvolveram um **modelo situacional** de análise da liderança com ênfase nos liderados, introduzindo uma variável muito importante: a maturidade dos subordinados. Para os autores, a eficácia da liderança depende da adequação do estilo de liderança ao grau de maturidade dos subordinados.

- **Maturidade**: é a capacidade e a vontade das pessoas assumirem a responsabilidade pela orientação do próprio comportamento, e pode ser dividida em: maturidade no trabalho e maturidade psicológica.
- **Maturidade no trabalho**: refere-se à capacidade de conhecimento e treino necessários para desempenhar o trabalho, e é avaliada numa escala de quatro intervalos: 1. pouca maturidade; 2. alguma maturidade; 3. bastante maturidade; e 4. muita maturidade.

- **Maturidade psicológica**: refere-se ao querer ou à vontade, o que pressupõe autoconfiança e dedicação, e é também avaliada numa escala de quatro intervalos: 1. raramente; 2. às vezes; 3. frequentemente; e 4. geralmente.

O nível de maturidade (no trabalho + psicológica) dos indivíduos pode, assim, assumir quatro estágios:

- **M1**: Demonstram incapacidade para realizar as tarefas e, ao mesmo tempo, falta de vontade para assumir responsabilidades;
- **M2**: Insuficiente capacidade de realização, mas algumas vezes demonstram vontade; têm alguma motivação, mas carecem de competências necessárias para a realização das tarefas de um nível maior de responsabilidade;
- **M3**: Capacidade de realização, mas com níveis de motivação por vezes instáveis, nem sempre respondendo favoravelmente às solicitações do líder;
- **M4**: Elevado grau de capacidade de realização e competências e com muita vontade de fazer o que lhe é solicitado.

Com base nos critérios de maturidade dos subordinados, adota-se um dos quatro estilos específicos de liderança:

- **E1 dirigir/determinar**: o líder define os papéis e informa os subordinados sobre as tarefas, quando e como executá-las; há, por isso, uma grande ênfase no comportamento diretivo. Apresenta alta orientação para a tarefa e baixo relacionamento.
- **E2 persuadir/vender**: o líder fornece comportamento diretivo e de apoio aos subordinados para que as tarefas possam ser executadas conforme ele as definiu e estruturou. Apresenta alta orientação para as tarefas e alto relacionamento com as pessoas.
- **E3 participar/partilhar**: o processo de decisão é partilhado, sendo o papel principal do líder o de facilitador e comunicador. Apresenta baixa ênfase na estruturação das tarefas e alto nível de relacionamento com as pessoas.
- **E4 delegar**: o líder dá escassa direção e apoio aos colaboradores. Este estilo só é adequado quando os colaboradores são realmente capazes de desenvolverem o trabalho e têm elevados níveis de motivação para fazer o que lhes é solicitado. Apresenta baixa ênfase na estruturação das tarefas e baixo nível de relacionamento com as pessoas.

Questão de Concurso

(FCC/TRE-SP/Analista Judiciário/2012) Segundo Hersey e Blanchard, existem quatro estilos ou formas de liderança. O Estilo 2 compreende:

a) alto nível de comportamentos orientados para a tarefa e baixo nível de relacionamento.

b) alto nível de comportamentos orientados simultaneamente para a tarefa e relacionamento.
c) baixo nível de comportamentos orientados para a tarefa e baixo nível de relacionamento.
d) alto nível de comportamentos orientados para a tarefa e alto nível de produção.
e) baixo nível de comportamentos orientados para a tarefa e alto nível de relacionamento.

Gabarito: b. Neste caso, o líder fornece comportamento diretivo e de apoio aos subordinados, para que as tarefas possam ser executadas conforme ele as definiu e estruturou.

3.4 Abordagens emergentes da liderança (teoria neocarismática)

3.4.1 Liderança carismática

Esta teoria descreve o líder como uma pessoa capaz de fazer com que os liderados lhe atribuam capacidades heroicas ou extraordinárias de liderança.

São muitos os estudos existentes que tentam identificar características pessoais em líderes carismáticos. O mais bem documentado identificou cinco. Nesse estudo, identificou-se que os líderes carismáticos:

- têm uma visão;
- estão dispostos a correr riscos por essa visão;
- são sensíveis a limitações ambientais;
- são sensíveis às necessidades dos liderados;
- exibem comportamentos diferentes dos comuns.

Robbins (2005) descreve que os líderes carismáticos influenciam os liderados por meio de um processo de quatro etapas:

- o líder articula uma visão atrativa;
- o líder comunica expectativas e expressa confiança nos liderados de que vão conseguir alcançá-las;
- o líder comunica, por meio de palavras e de ações, um novo sistema de valores. Oferece um exemplo de comportamento aos liderados;
- para demonstrar coragem e convicção em relação a própria visão, o líder submete-se a autossacrifícios e se engaja em comportamentos não convencionais.

Questão de Concurso

(Cespe/Abin/Agente Técnico de Inteligência/2010) A liderança carismática é exercida mediante apresentação de meta idealizada, compromisso com essa meta, assertividade e autoconfiança na relação com subordinados.

Gabarito: certo. São características do líder carismático, que precisa fazer com que os subordinados acreditem na meta e adotem comportamentos como um padrão ideal.

3.4.2 Liderança transacional

O líder transacional é o que conduz ou motiva os liderados na direção das metas preestabelecidas, esclarecendo papéis e exigências do trabalho. É o tipo de líder que consegue dos liderados o desempenho esperado.

Essa liderança é **baseada na troca**. Por isso o nome: transacional (de transações, trocas). O liderado apresenta desempenho, atinge os resultados e, em troca, o líder dispõe de benefícios.

3.4.3 Liderança transformacional

Na liderança transformacional, os liderados são inspirados a transcenderem os próprios papéis, causando efeito profundo e impacto maior na organização. Nesse tipo de liderança, os líderes proporcionam atendimento personalizado e estímulo intelectual aos liderados, além de possuírem carisma.

Questão de Concurso

(Cespe/STJ/Analista Judiciário/2012) A teoria da liderança transformacional baseia-se em traços de personalidade.

Gabarito: errado. A teoria transformacional não está relacionada com a abordagem de traços de personalidade.

VEJA BEM!

A liderança transformacional cria um vínculo bastante forte em termos de influência mútua, que se propõe como uma ligação muito mais estável, em que líder e liderados aprendem juntos nas situações diárias, elevando um ao outro ao maior nível de motivação e moralidade.

Questão de Concurso

(Consulplan/TSE/Analista Judiciário/2012) A liderança transformacional é compreendida como um processo de influenciar mudanças relevantes nas atitudes e no comportamento dos colaboradores, criando um comprometimento com a missão e os objetivos da organização. No que se refere à liderança transformacional, assinale a alternativa que não corresponde às suas características.

a) Visão e missão por meio do carisma.

b) Estimulação intelectual.

c) Consideração pessoal.

d) Administração ativa por exceção.

Gabarito: d. Refere-se a uma característica da liderança transacional.

Observe o quadro comparativo de líderes transacionais e transformacionais:

LÍDER TRANSACIONAL	LÍDER TRANSFORMACIONAL
Recompensa contingente: negocia a troca de recompensas por esforço, promete recompensas pelo bom desempenho, reconhece as conquistas.	**Carisma**: oferece uma visão e o sentido da missão, estimula o orgulho, ganha o respeito e a confiança.
Administração por exceção (ativa): procura e observa desvios das regras e padrões, tomando as atitudes corretivas necessárias.	**Inspiração**: comunica as altas expectativas, utiliza símbolos para focar os esforços e expressa propósito importante de maneira simples.
Administração por exceção (passiva): intervém apenas quando os padrões não são alcançados.	**Estímulo intelectual**: promove inteligência, racionalidade e cuidadosa resolução dos problemas.
Laissez-faire: abdica das responsabilidades, evita a tomada de decisões.	**Consideração individualizada**: dá atenção personalizada, trata cada funcionário individualmente, aconselha e orienta.

Robbins (2005).(Adaptado).

CUIDADO!

As novas teorias da liderança (transacional e transformacional) não se encaixam nas abordagens da liderança (traços de personalidade, estilos de liderança e situacional).

Questão de Concurso

(Cespe/Ancine/Técnico Administrativo/2012) As lideranças transformacional e transacional assemelham-se quanto ao estilo comportamental do líder, sendo elemento comum dessas abordagens a capacidade de adequação do comportamento de liderança ao contexto.

Gabarito: errado. Além de não se assemelharem, não se encaixam em nenhum dos estilos apresentados.

4. OUTRAS CLASSIFICAÇÕES DE LIDERANÇA

A literatura apresenta, ainda, classificações de liderança:

- **Liderança institucional**: é aquela liderança exercida pela força da instituição que nomeia o líder. *Ex.*: Pastor, Ministro de Estado, Secretário de Governo etc.
- **Liderança natural**: é aquela exercida pelas qualidades naturais indispensáveis à liderança e presentes na vida do líder.
- **Liderança paternalista**: o líder é amável, paternal, cordial ante as necessidades do **rebanho**, mas sente que deve tomar as decisões mais importantes em nome do grupo e pelo bem do grupo. Esse tipo de liderança evita as discórdias e produz uma ação de grupo feliz e efetiva.

Um dos defeitos desse tipo de liderança é o crescimento e o desenvolvimento apenas dos líderes, que têm oportunidade de tomar decisões, cometer erros e aprender com a própria experiência.

Esse tipo de líder teme entregar seu cargo a outra pessoa, porque nunca está seguro de que outro líder possa conduzir seu grupo com tanta dedicação, eficiência e proteção como ele. É muito trabalhador, exclusivista e perfeccionista. Em discussões, é comum ver esse tipo de líder dando conselhos paternais e expressando opiniões **de peso** e **palavras finais**, decisivas e importantes.

- **Liderança educadora**: capacitação e desenvolvimento de equipes. Em um mundo muito mais complexo, os líderes da atualidade percebem que, para atender aos desafios presentes e futuros da organização, precisam ser muito mais atuantes no desenvolvimento das pessoas no trabalho. Este é o caminho para que as pessoas estejam capacitadas para enfrentar desafios, cujas soluções adotadas no passado possivelmente não irão funcionar mais. Desenvolver uma equipe, formar sucessores e líderes organizacionais passou a ser parte integrante do papel da liderança. Para isso, líderes passaram a utilizar ferramentas adicionais: processos de avaliação de desempenho (estabelecendo desafios dentro do trabalho que promovessem desenvolvimento), *feedback* no dia a dia e planos individuais de desenvolvimento (incluindo *coaching*, psicoterapia, atividades voluntárias, esportes, leituras, entre outras ações).

5. PODER

5.1 Conceito de poder

É importante conceituar poder e, posteriormente, diferenciar os conceitos de poder e liderança. Robbins (2005) define poder como "a capacidade que A tem para influenciar o comportamento de B, de maneira que B aja de acordo com a vontade de A". Isso implica dois aspectos fundamentais: potencial para influenciar e relação de dependência.

Robbins (2005) afirma que sobre a relação de dependência, há uma regra geral: quanto maior a dependência de B em relação a A, maior o poder de A. Quando alguém possui e controla algo de que os outros precisam, esse alguém possui poder sobre as outras pessoas. Portanto, a dependência é inversamente proporcional às fontes alternativas de suprimento. Três fatores potencializam a dependência: a importância do recurso, a escassez desse recurso e a não substituição desse recurso.

Porém, ao lermos o conceito inicial do poder, rapidamente vem à cabeça os conceitos que vimos sobre liderança. Portanto, é importante começarmos diferenciando esses conceitos.

Questão de Concurso

(Cespe/STJ/Analista Judiciário/2012) Nas organizações, tanto as características individuais quanto as condições organizacionais referentes às interações entre líder e liderado ou supervisor e subordinado determinam o exercício do poder.

Gabarito: certo. Diversos aspectos interferem no processo de definição da dinâmica do poder nas organizações.

5.2 Poder *x* liderança

Os dois conceitos são interligados. Os líderes se utilizam do poder para atingir os objetivos necessários.

A diferença entre poder e liderança, de acordo com Robbins (2005), está em três aspectos:

- **Compatibilidade de objetivos**: a liderança requer que haja compatibilidade de objetos. O poder, não.
- **Direção da influência**: a liderança foca na influência descendente do líder sobre os liderados, minimizando padrões ascendentes e laterais. O poder, não.
- **Ênfase nas pesquisas**: enquanto as pesquisas sobre liderança focam quase sempre no estilo do líder, aquelas sobre poder se dedicam às táticas de conquista e submissão. Elas acabam por transpor a barreira do poder individual, já que este pode ser exercido por grupos, para controle de outros grupos ou indivíduos.

5.3 Poder organizacional

O poder organizacional reflete o comportamento organizacional. Mintzberg (*apud* Zanelli e Borges-Andrade, 2004) formulou uma teoria, chamada **Teoria do Poder Organizacional**. Ela possui **movimento e fluidez** que explica o comportamento organizacional por meio do poder, esclarecendo os jogos, a intensidade da utilização das bases e dos sistemas de influências.

A teoria do Poder Organizacional contempla muitas dimensões do poder e explica o comportamento organizacional com foco no poder nos níveis individual e coletivo, interno e externo, intra e entre grupos. Assim, para o autor, **comportamento organizacional é um jogo de poder no qual vários influenciadores tentam controlar as ações da organização.** Os elementos básicos do poder são os influenciadores, que podem ou não pertencer à organização, mas que têm intenção de influenciar os resultados.

Para compreender essa dinâmica organizacional, é preciso identificar quem são esses influenciadores, quais as pretensões, e, claro, qual a capacidade de exercerem poderes em busca das necessidades.

O influenciador deve possuir três características importantes:

- ser hábil para utilizar as bases do poder;
- deve investir energia;
- possuir habilidade política.

Mintzberg define **poder**, portanto, como uma **força mobilizadora capaz de afetar os resultados da organização.**

5.4 Jogos políticos

Segundo Mintzberg (*apud* Zanelli, Borges-Andrade, 2004) os jogos de poder fazem com que o poder flua na organização tornando-a dinâmica. Há treze tipos de jogos políticos, a saber:

Categoria de jogos	Tipos de jogos
De resistência à autoridade	• Rebeldia ou resistência: sutil (pequenos grupos) ou agressivo (grandes grupos).
Para conter a resistência à autoridade	• Contrarresistência: controle mais rigoroso e ênfase na autoridade.
Para construir bases de poder	• Patrocínio: contrato implícito com superiores. • Construção de alianças: contrato implícito com apoio mútuo entre os pares. • Construção de império: jogo individual com busca de conquistar território com apoio e captação de subordinados. • Orçamento: com conquistas de recursos por meio de processos políticos. • Perícia, especialização: com conhecimentos e habilidades. • Dominação: com autoridade e poder para subjulgar subordinados.
Para derrotar rivais	• Linha (gerentes) *x Staff* (especialistas): para controlar escolhas e decisões, conflito entre poder formal e informal. • Campos rivais: dois jogadores ou grupos em conflito sem tréguas.
Para efetivar mudanças organizacionais	• Candidatos estratégicos: escolha de um líder para influenciar decisões (poder legítimo). • Denúncia: promove uma mudança particular; é um jogo rápido e silencioso. • "Jovens turcos": mudança profunda na qual todo o poder legítimo é questionado (rebelião ou revolução). É utilizado por influenciadores do alto escalão que se reúnem em pequenos grupos e de modo secreto. Se a crise for mais intensa, o jogo jovens turcos será intensamente utilizado.

Categorias e Jogos de Poder (adaptada) Zanelli, Borges-Andrade, Bastos e Cols – **Psicologia, Organizações e trabalho no Brasil** (adaptada de Mintzberg, 1983)

ATENÇÃO!

Os jogos anteriores não são jogados em todos os tipos de configuração de poder. Nas autocracias, por exemplo, quase não há espaço para os jogos políticos. Nas autocracias é mais comum o patrocínio e o domínio.

Questão de Concurso

(Cespe/Detran-DF/Analista de Trânsito/2009) O jogo de poder denominado jovens turcos caracteriza-se por ser aquele no qual os influenciados questionam todo o poder legítimo proveniente de influenciadores internos mais idosos ou próximos da aposentadoria.

Gabarito: errado. Esse jogo é utilizado por influenciadores que ocupam altos postos, que se reúnem em pequenos grupos e de modo secreto. São pequenos grupos infiltrados na estrutura organizacional para efetuar uma mudança inesperada.

5.5 Bases do poder

Segundo French e Raven (*apud* Robbins, 2005) descrevem as bases de poder, ou seja, a fonte de onde emana o poder, o que dá ao indivíduo a influência sobre o outro.

Na proposição de French e Raven, são classificadas cinco bases ou fontes de poder: coerção, recompensa, legitimidade, talento e referência.

Vejamos cada uma delas, de acordo com Robbins (2005):

Poder coercitivo (coerção)	É aquela baseada no medo. A pessoa se submete ao poder de outra por medo das consequências negativas do comportamento. Emana, portanto, da aplicação (ou possibilidade) de sanções.
Poder de recompensa	Baseada no benefício que outra pessoa pode ofertar. Vista como oposta ao poder de coerção. Uma pessoa se submete ao poder de outra porque esta pode distribuir recompensas consideradas por aquela como valiosas.
Poder legítimo (de posição ou legitimidade)	Representa o poder que uma pessoa recebe pela posição hierárquica formal na organização. É a aceitação da autoridade de um cargo.
Poder do talento (ou de perícia)	É a influência exercida por alguém pela perícia, por uma habilidade específica ou conhecimento que possui.
Poder de referência ou referente	Baseia-se na identificação com uma pessoa por esta possuir recursos ou traços desejáveis. É semelhante ao carisma. Surge do desejo de se parecer com alguém com características admiráveis.

Questão de Concurso

(Cespe/STJ/Analista Judiciário/2012) Se uma pessoa exerce influência sobre outra por saber fazer o trabalho de forma exemplar, então, nesse caso, a relação de poder entre ambas baseia-se na referência que uma é para a outra.

Gabarito: errado. A questão demonstra as características do poder de talento ou perícia.

5.6 Outros dois tipos de poder, segundo Robbins (2005)

- **Poder de informação**: baseia-se na posse ou no acesso, por parte do líder, a informações, consideradas importantes pelos outros. Esta base de poder influencia as pessoas porque estas necessitam de tais informações ou desejam estar a par das coisas.
- **Poder de conexão**: baseia-se nas "conexões" do líder com pessoas importantes ou influentes dentro ou fora da organização. Um líder com alto poder de conexão induz outras pessoas a cumprir desejos, porque quer obter favores ou evitar as ameaças de conexão influente.

5.7 Bases do poder, segundo Mintzberg

Mintzberg (*apud* ROBBINS, 2005) identifica cinco categorias de base de poder:

- **Controle dos recursos**: recursos são insumos básicos (dinheiro, materiais, tecnologia pessoal etc.). A forma como a organização os administra é um indicador da concentração do poder dos influenciadores. Uma organização eficiente hierarquiza os objetivos e depende de menos influenciadores. Quanto menor essa dependência, maior a capacidade da organização de responder de forma eficiente aos problemas que surgem.
- **Competência ou habilidade técnica**: os influenciadores "especialistas" a detêm. São mais poderosos quanto mais crítica (importante) for a especialidade para a organização.
- **Corpo de conhecimentos críticos para a organização**: a influência dessa base é exercida quando o influenciador acessa uma base de informações críticas, cujo acesso é restrito. Aqui, o influenciador não possui alguma "especialidade" crítica, mas alguma informação importante.
- **Prerrogativas legais**: são os direitos da organização decorrentes de leis. A legislação poderia ser um forte influenciador externo. Porém, internamente, o poder se concentra nos detentores do poder legal (poder formal).
- **Acesso aos poderosos**: o influenciador utiliza habilidades políticas e interage com o maior número de pessoas, inclusive as poderosas, e obtém o maior número de informações. Isso lhes dá acesso a outras bases de poder e outros poderosos que irão alimentá-lo.

5.8 Táticas de poder

As pessoas usam táticas de poder para transferir as bases do poder em ações específicas. A literatura apresenta as seguintes táticas de influência:

- **Razão/persuasão racional**: utiliza fatos e dados para elaborar uma apresentação lógica-racional das ideias. Essa tática exige que a pessoa tenha certa habilidade para se expressar de forma clara.
- **Amabilidade**: elogios, clima de boa vontade, postura humilde, ser amigável antes de pedir algo. Essa tática funciona já que, normalmente, trata-se melhor e dá-se mais atenção às pessoas mais dóceis.
- **Coalizão**: obtém apoio de outras pessoas para ideias. Pode-se entender como **apoio** ou **união**.
- **Barganha/troca**: negociação por troca de benefícios ou favores.
- **Afirmação**: abordagem direta e vigorosa.
- **Autoridades superiores**: obtêm apoio dos níveis mais altos.
- **Sanções/pressão**: utilizam punições, promessas, ameaças, avaliação de desempenho ou promoções, avisos, repetidas solicitações,
- **Consulta**: aumenta o comprometimento do alvo, envolvendo na decisão de como o plano ou mudança vai ser implementada.
- **Apelos pessoais**: pedido de apoio com base na amizade ou lealdade.
- **Apelo inspirativo**: gera um comprometimento emocional por meio do apelo dos valores, necessidades, esperanças e aspirações do alvo de influência.

ATENÇÃO!

Algumas táticas geralmente são mais eficazes do que outras. A persuasão racional, o apelo inspirativo e a consulta tendem a ser as mais eficazes. Por outro lado, as sanções/pressões tendem a ser menos eficazes.

A escolha de qual tática de poder utilizar depende das variáveis que afetam a seleção de uma tática de poder.

- **Poder relativo do administrador**: os administradores que controlam os recursos tendem a empregar maior variedade de táticas do que aqueles que não controlam. Os mais poderosos utilizam a firmeza com mais frequência.
- **Dependência com o objetivo**: a seleção da tática varia de acordo com o objetivo que se quer alcançar.
- **Expectativa em relação ao sucesso para a seleção da tática**: o sucesso com uma tática específica aumenta as chances de ser novamente utilizada.
- **Cultura organizacional**: ela influencia as táticas mais adequadas. É ela que irá delinear que táticas farão maior sucesso do que outras.

As coalizões, os sistemas de poder e de metas e as bases de poder são organizadas em uma tipologia de configurações de poder, proposta por Mintzberg. Essa tipologia demonstra **como o poder flui dentro e ao redor das organizações**.

5.9 Configurações de poder

- **Autocracia**: um único influenciador detém o poder: o mais alto chefe da organização, o líder poderoso. Nessa configuração, não há espaço para jogos políticos.
- **Instrumento**: a organização é o instrumento para o alcance dos objetivos claramente definidos pelo influenciador ou pelo grupo de influenciadores dominantes e que estão fora da organização. Nessa configuração, a coalizão interna é burocrática, a hierarquia é rígida e o poder flui de fora para dentro da organização.
- **Missionária**: a ideologia é o influenciador mais poderoso, que mantém a coalizão externa de forma passiva.
- **Meritocracia**: o centro do sistema são os especialistas. O poder tem como base as habilidades e o conhecimento. O sistema de autoridade é fraco, assim como a ideologia organizacional. Já a ideologia profissional é forte. Os objetivos formais da organização são deslocados para as pessoas dos especialistas.
- **Sistema autônomo (ou fechado)**: os membros da organização são os influenciadores, principalmente os administradores que, para exercerem controle interno, utilizam padrões burocráticos e trabalham com sistema de metas claramente operacionalizado sem imposição externa. A hierarquia é achatada e flexível e aberta à análise crítica. Como o poder é relativo e difuso, há mais espaço para jogos políticos.
- **Arena política**: é típica da organização em crise. A atividade política aumenta com a diminuição das forças de integração. Nessa configuração predomina o conflito.

5.10 Poder grupal

Os grupos passam pelos seguintes estágios de desenvolvimento: formação, conflito, normativo, desempenho. Eles vivem os estágios e transferem o poder de uma fonte a outra.

Os **estágios de evolução** do poder grupal são semelhantes aos da formação de equipes (que veremos com mais detalhes no próximo tópico). São eles:

- **Estágio personalista**: é a fase de formação do grupo. Caracteriza-se pelo conhecimento dos membros. Nesse estágio, cada indivíduo quer estabelecer a própria identidade no grupo e, portanto, o poder é mais individualizado.
- **Estágio burocrático**: é a fase de conflitos. O grupo é ainda individualista e há certa hostilidade interpessoal. Existe, também, a percepção de que é necessário despersonalizar o poder, transferindo-o para o sistema de regras que facilitará a manutenção e o desenvolvimento do grupo. O maior poder, aqui, é o sistema de regras por meio do qual os conflitos são amenizados.

- **Estágio coletivista**: é o estágio normativo, a fase de coesão do grupo. Ocorre a identificação dos membros com o grupo e o poder migra do sistema de regras para o coletivo. A identidade grupal é estabelecida.
- **Estágio cívico**: é a fase de desempenho, de maturidade. Direitos e deveres dos membros são estabelecidos e os limites entre o eu e o outro são definidos. O poder migra para o civismo e a tônica é o compromisso com a cidadania.

Para entender o poder nos grupos, duas noções são fundamentais: barganha e persuasão.

Por meio da união (coalizão), os grupos barganham (negociam) possibilidades e recursos para o alcance de objetivos comuns. São essas negociações (que necessitam de persuasão) que originam os alinhamentos políticos ocorridos entre as coalizões que apresentam o mesmo interesse e a mesma lógica de ação.

5.11 O poder, segundo Amitai Etzioni

Etzioni (*apud*, MAXIMIANO, 2005) afirma que o modelo de Weber se aplicaria particularmente a empresas e governo, mas não a todos os tipos de organizações.

A partir disso, Etzioni sugeriu que as organizações poderiam ser agrupadas em três categorias. E cada tipo (ou categoria) de organização é definido pelo tipo de poder exercido sobre os membros. Ele acrescenta, ainda, que **cada tipo de organização origina um tipo de obediência**.

Para Maximiano (2005), **a obediência (envolvimento ou contrato psicológico)** deve ser entendida como a relação em que uma pessoa se comporta de acordo com a orientação de outra e se apoia no poder desta.

Para Etzioni, as organizações que possuem contratos psicológicos semelhantes, têm, também, objetivos similares. Portanto, o tipo de poder determina o tipo de obediência.

Veja:

Poder Coercitivo	Baseia-se em punições. Contrato psicológico: alienatório (obediência sem questionamento). Organização coercitiva: o objetivo é controlar o comportamento.
Poder Manipulativo	Baseia-se em recompensas. Contrato psicológico calculista (obediência interesseira). Organização utilitária: o objetivo é obter resultados por meio de barganhas com os funcionários.

Poder Normativo	Baseia-se em crenças e símbolos. Contrato psicológico moral (disciplina interior). Organização normativa: o objetivo é realizar missão ou tarefa em que os participantes acreditam.

Maximiano (1995).

- **Organização coercitiva**: usa da coerção, da força para controlar os participantes. O objetivo é manter a disciplina ou um padrão esperado de comportamento. *Ex.*: hospitais penitenciários, prisões etc.
- **Organização utilitária**: o principal meio de controle é a remuneração e os participantes se envolvem de forma calculista. Também utiliza promoções, benefícios e incentivos para obter um comportamento esperado.
- **Organização normativa**: depende mais do comprometimento dos participantes do que de recompensas. São organizações religiosas, políticas, com forte ideologia. *Ex.*: hospitais gerais, universidades etc.

Além dos três tipos de organização, Etzioni identifica as organizações que utilizam mais de um tipo de poder. São as com estrutura de dupla obediência:

- Normativo + Coercitivo: organizações de combate;
- Normativo + Utilitário: organizações sindicais;
- Utilitário + Coercitivo: operações de semiescravidão (com propriedades rurais).

6. PROCESSO DECISÓRIO

Segundo Chiavenato (1999), a tomada de decisão e o processo de tomar decisões é tarefa característica do gestor de determinada área. É possível perceber que estudar o processo de tomar decisões ajuda a compreender o trabalho gerencial e a desenvolver as habilidades de administrador. A função do administrador não é exclusivamente tomar decisões, mas também, tomar providências para que o processo de decisão se realize de maneira eficaz. O processo de escolher o caminho mais adequado à organização também é conhecido como tomada de decisão, em que uma decisão é uma escolha entre alternativas ou possibilidades, sendo tomadas para resolver problemas ou aproveitar oportunidades.

As decisões nas organizações dividem-se em duas categorias principais: programadas e não programadas. As decisões programadas se realizam por meio de um conjunto de normas preestabelecidas, concedidas em um ambiente de certeza.

As decisões não programadas não têm regras para serem seguidas e não possuem processo específico a ser utilizado; podem ser conhecidas ou inéditas.

Desde 1940, o estudo do processo decisório tem evoluído, em virtude do crescente conhecimento dos problemas aplicados, do desenvolvimento de novas técnicas administrativas, informacionais e da absorção de novos procedimentos quantitativos advindos da Matemática e da Pesquisa Operacional.

A teoria das decisões nasceu de Herbert Simon, que a utilizou para explicar o comportamento humano nas organizações. Para ele, a teoria comportamental concebe a organização como um sistema de decisões.

> A tomada de decisão é tarefa mais característica do administrador. Porém, os gestores não são os únicos a decidir, pois o trabalho do executivo consiste não apenas em tomar decisões próprias, mas também em providenciar para que toda a organização que dirige, ou parte dela, tome-as também de maneira efetiva (CHIAVENATO, 1999).

Uma decisão precisa ser tomada na organização, a todo momento, diante de uma situação que apresenta mais de uma alternativa de solução. Mesmo quando, para solucioná-la, há apenas uma opção a seguir, pode-se ter a alternativa de segui-la ou não. O processo de escolher o caminho mais adequado à organização também é conhecido como tomada de decisão.

> Uma decisão é uma escolha entre alternativas ou possibilidades. As decisões são tomadas para resolver problemas ou aproveitar oportunidades. O processo de tomar decisões (ou processo decisório) é a sequência de etapas que vai da identificação de uma situação que oferece um problema ou oportunidade, até a escolha e colocação em prática de uma ação ou solução (MAXIMIANO, 2004).

Quando a decisão é colocada em prática, o ciclo se fecha. Uma decisão que se coloca em prática cria uma situação nova, que pode gerar outras decisões ou processos de resolver problemas.

As decisões, normalmente, buscarão minimizar perdas, maximizar ganhos e criar uma situação em que o gestor julgue que haverá sucesso entre o estado em que se encontra a organização e o estado em que irá encontrar-se, após implementar tal decisão.

Ao administrador compete não apenas ter que tomar a decisão, mas também, elaborar todas as possíveis alternativas desse processo, escolhendo o melhor caminho para otimizá-la, possibilitando à empresa crescer e desenvolver-se nesse contexto de grandes transformações e mudanças.

VEJA BEM!

O processo decisório é importante e pode ser percebido em qualquer organização. As atividades da empresa, em todos os níveis hierárquicos, são essencialmente de tomadas de decisão ou resolução de problemas.

O processo decisório inicia-se pela identificação das necessidades, do que é possível fazer, da informação disponível e da comunicação a ser efetuada. Esses elementos, ordenados, resultam na possibilidade de melhor decisão.

As atividades de planejamento abarcam a tomada de decisão de forma mais estruturada ou de maneira mais pragmática.

As decisões em ambientes organizacionais podem abranger a coleta de dados, a identificação de alternativas, negociações e a avaliação de alternativas de ação, entre outros. Ao longo de cada um desses processos, o gestor defronta-se com decisões.

6.1 Tipos de decisões

Segundo Maximiano (2004), as decisões tomadas nas organizações afetam todo o contexto, influenciam determinada política e até mesmo uma parcela da sociedade onde elas estão inseridas. Por isso, ao longo do tempo, o processo decisório vem se apoiando em diversos fatores, para que o tomador de decisão tenha mais segurança diante dos possíveis problemas surgidos.

Conforme visto anteriormente, as decisões nas organizações, de acordo com a ideia de Simon, dividem-se em duas categorias principais: programadas e não programadas.

6.1.1 Decisões programadas

Estas decisões se realizam por meio de um conjunto de normas preestabelecidas, concedidas em um ambiente de certeza, pois os resultados já são conhecidos. Exemplos destas decisões são: políticas, algoritmos, procedimentos e regras de decisão.

> As decisões programadas fazem parte do acervo de soluções da organização. Resolvem problemas que já foram enfrentados antes e que se comportam sempre da mesma maneira. Não é necessário, nesses casos, fazer diagnóstico, criar alternativas e escolher um curso de ação original. Basta aplicar um curso de ação predefinido (MAXIMIANO, 2004).

As decisões programadas economizam tempo e energia intelectual, evitando que os gerentes se desgastem resolvendo problemas que já estão resolvidos. Assim, um dos objetivos do processo decisório deve ser o de procurar o maior número possível de oportunidades para criar decisões programadas.

6.1.2 Decisões não programadas

Estas decisões não têm regras para serem seguidas e não possuem processo específico a ser utilizado; podem ser conhecidas ou inéditas.

> As decisões não programadas são preparadas uma a uma, para atacar problemas que as soluções padronizadas não conseguem resolver. São as situações novas, que a organização está enfrentando pela primeira vez e admitem diferentes formas de serem resolvidas, cada uma com suas vantagens e desvantagens. Situações desse tipo precisam de um processo de análises sucessivas, desde o entendimento do problema até a tomada de uma decisão (MAXIMIANO, 2004).

Por exemplo: duas companhias aéreas estão endividadas e enfrentando problemas, como o excesso de concorrência de linhas aéreas e a falta de passageiros. Uma solução é proposta: a fusão das duas empresas. A fusão é uma situação inovadora, que exige um processo original de solução de problemas e tomada de decisões.

As decisões não programadas destinam-se àqueles problemas que não são bem compreendidos, carecem de estruturação, tendem a ser singulares e não se prestam aos procedimentos sistêmicos ou rotineiros. A chave para entender essas decisões é lembrar que acontecem raramente, ou seja, existem poucos precedentes para a tomada de decisões.

Os gerentes podem tomar decisões não programadas durante o curso de definição de metas de uma empresa e em suas atividades diárias. Pelo fato de as decisões não programadas serem tão importantes para as empresas e tão comuns para a gerência, a eficácia de um gerente, muitas vezes, será julgada de acordo com a qualidade de sua tomada de decisão.

6.2 Maneira como as decisões são tomadas nas organizações

Os tomadores de decisões dentro das organizações devem examinar cuidadosamente os problemas, identificar todos os critérios relevantes, usar a criatividade para identificar todas as alternativas viáveis e se dedicar à avaliação detalhada de cada alternativa até encontrar a escolha ideal.

> Os tomadores de decisões geralmente fazem uso limitado de sua criatividade. As escolhas costumam ficar na área dos sintomas do problema e na proximidade da alternativa mais óbvia. Como observou recentemente um especialista em tomada de decisões, a maioria das decisões significativas é tomada mais por meio de julgamentos subjetivos do que por um modelo estabelecido de prescrições (ROBBINS, 2005).

A diferença entre racionalidade e intuição está na proporção de informação, de um lado, e opinião e sentimentos, de outro. Quanto maior a de informações, mais racional é o processo. Quanto maior a proporção de opiniões e sentimentos, mais intuitivo se torna. A racionalidade e a intuição são atributos humanos complementares e não concorrentes.

6.2.1 Tomada de decisão racional

Quando se enfrenta um problema complexo, tende-se a reagir reduzindo-o a um nível em que ele pode ser compreendido mais facilmente. Isso acontece porque nossa capacidade limitada de processamento de informações torna impossível assimilar e compreender todos os dados necessários para a otimização. Então, as pessoas se satisfazem, isto é, buscam soluções que sejam suficientes e satisfatórias.

> Uma decisão racional baseia-se totalmente em informações e não em sentimentos, emoções ou crenças infundadas sobre a situação e as escolhas que ela requer. Além disso, a racionalidade pressupõe uma ordem lógica: se uma regra for criada, explicando quais passos devem ser seguidos, todos os problemas serão resolvidos (MAXIMIANO, 2004).

Como a capacidade da mente humana para formular e solucionar problemas complexos é bem menor do que a exigida por uma racionalidade total, as pessoas operam dentro de uma limitação da racionalidade. Elas constroem modelos simplificados que extraem os aspectos essenciais dos problemas, sem capturar toda a complexidade. Podem, então, agir racionalmente dentro dos limites desse modelo simplificado.

> Como a limitação da racionalidade funciona para a maioria das pessoas? Uma vez identificado um problema, começa a busca por critérios e alternativas de solução. Mas a lista de critérios costuma ser enorme. O tomador de decisões vai identificar, então, uma lista com as escolhas mais notáveis (ROBBINS, 2005).

Essas são as escolhas mais fáceis de encontrar e elas tendem a ter bastante visibilidade. Em muitos casos, vão representar critérios familiares e soluções previamente testadas. Quando essa lista limitada de alternativas tiver sido levantada, o tomador de decisões fará uma revisão de seus itens.

> O comportamento totalmente racional é utópico. Muitos problemas, provavelmente a grande maioria, não podem ser resolvidos por meio de regras. Além disso, é impossível obter todas as informações necessárias. Os tomadores de decisões, sabendo que a forma "correta" de decidir deve seguir um processo, e sendo impraticável obter todas as informações necessárias, tendem a adotar um comportamento de racionalidade limitada (MAXIMIANO, 2004).

Um dos aspectos mais interessantes da limitação da racionalidade é que a ordem em que as alternativas são consideradas é crítica para a determinação daquela que será escolhida. Como todas serão avaliadas, a ordem inicial em que elas aparecem é irrelevante. Todas as soluções potenciais serão avaliadas completamente. Mas isto não acontece com a limitação da racionalidade.

> A racionalidade limitada é uma simplificação da realidade. É a racionalidade limitada que permite simplificar situações complexas, lidar com as restrições de tempo e outros recursos e procurar tomar decisões que equilibram vantagens e desvantagens da melhor forma possível (MAXIMIANO, 2004).

As soluções com maior probabilidade de serem escolhidas são as mais próximas do *status quo*, e as que atendem aos critérios de decisão. Uma alternativa ímpar e criativa pode trazer uma solução ótima para o problema; contudo, é pouco provável que seja a escolhida, pois outra alternativa aceitável será identificada antes de haver a necessidade de buscar além.

6.2.2 Tomada de decisão intuitiva

A tomada de decisão intuitiva é um processo inconsciente gerado pelas experiências vividas. Esse processo não funciona, necessariamente, como alternativa ao método racional; na verdade, eles são complementares. A intuição, principalmente, pode ser uma força poderosa no processo de tomada de decisões.

> Em certas situações, a informação é tão insuficiente que a intuição se torna mais apropriada. Intuição é uma forma de percepção e aprendizagem. [...] A intuição nasce da experiência e de sentimentos a respeito dos estímulos, como

a percepção de que uma pessoa está mentindo ou dizendo a verdade, pelo estudo de suas expressões faciais. A intuição também é útil para preencher espaços vazios de dados (MAXIMIANO, 2004).

Durante a maior parte do século XX, acreditou-se que o uso da intuição pelos tomadores de decisões era irracional e ineficaz. Isso não acontece mais. Existe um reconhecimento cada vez maior de que o modelo racional tem sido enfatizado e de que, em certas situações, confiar na intuição pode resultar em melhores decisões.

As pessoas usam a intuição para tomar decisões quando: existe alto nível de incerteza; há poucos precedentes em que se basear; as variáveis são menos previsíveis cientificamente; os fatos são limitados; os fatos não indicam claramente o caminho a seguir; os dados analíticos não são muito úteis; existem várias alternativas plausíveis, todas com boa justificativa; e há limitação de tempo e existe uma pressão para que se chegue rapidamente à decisão certa.

Por fim, destaca-se o desafio do líder, que está relacionado à análise de cada contexto em que se tem que tomar uma decisão, avaliar a maturidade dos membros, os prazos, o tipo de assunto envolvido, e decidir até que ponto permitirá que as opiniões dos membros orientem o processo decisório e que as pessoas estão mais aptas a dele participar.

6.3 Modelos de decisão

Esse processo normalmente se adapta a um dos três modelos:

- **Decisão consultiva**: os membros participam apresentando opiniões (como consultores) e o líder toma a decisão, ou seja, faz a escolha do caminho a ser seguido, ou da alternativa a ser adotada (dentre as várias apresentadas).
- **Decisão democrática**: são passadas aos membros do grupo autonomia e autoridade para que eles mesmos façam a escolha, ou seja, tomem decisões. A decisão, normalmente, é tomada por voto da maioria.
- **Decisão consensual**: a decisão é tomada por todos e, mesmo que alguém discorde ou ache que alguma alternativa seria melhor do que a escolhida, todos concordam em apoiar a decisão do grupo. Sobre esse modelo, é importante observar que as decisões consensuais, em geral, exigem maior tempo para que se chegue a essa "posição central" e comum a todos.

6.4 Tipos de tomada de decisões em grupo

Segundo Schein (1972), o processo de tomada de decisão pode ocorrer de cinco maneiras diferentes. A saber:

6.4.1 Rejeição da proposta por falta de reação

Uma proposta é formulada e ninguém reage. Passa-se a outro assunto. A proposta é rejeitada pela falta de reação. Trata-se de maneira mais política de dizer um "não" indiretamente.

6.4.2 Decisão por imposição pessoal (autoridade)

É a decisão por autoridade. Quem está dirigindo decide sozinho, usando do poder do cargo ou do poder de liderança autocrática. Fazendo-se a distinção entre decisão eficiente e decisão eficaz, pode-se afirmar que a decisão por autoridade pode ser uma decisão eficiente - a melhor decisão é tomada sem perda de tempo - desde que quem decide seja uma pessoa capaz e bem informada. Mas, na maioria das vezes, a decisão por autoridade não é a mais eficaz, isto é, não obtém os melhores resultados, porque não provoca a motivação dos membros do grupo que devem executar algo que não decidiram. Em algumas oportunidades, porém, a decisão isolada de quem dirige torna-se necessária, como, por exemplo, nos casos em que a decisão deve ser tomada com urgência.

6.4.3 Decisão por minoria

Neste tipo de decisão, apenas uma minoria dos participantes se manifesta. Faz-se a suposição de que quem cala consente. Na verdade, trata-se de uma manipulação do silêncio da maioria. Em grupo, em geral, não é verdade que quem cala consente e, sim, que se acomoda. Há vários métodos, na prática, de manipular a maioria, mais sutis ou menos sutis, como, por exemplo, colocar em posição incômoda os que não concordam - "Quem não estiver de acordo, levante-se".

6.4.4 Decisão por votação (maioria)

Apresentadas as alternativas, faz-se a votação. Prevalece a posição da maioria. É um método de decisão tido como democrático e aparentemente como ideal. Na realidade, tem alguns inconvenientes. Parte de uma premissa falsa de que a opinião da maioria é a melhor. Tende a dividir o grupo entre vencedores e vencidos. Os últimos não se convencem e tenderão a ir à forra na próxima ocasião. Além disso, os elementos menos convictos e mais inseguros são levados a votar com a maioria apenas por influência. Esse método de decisão não amadurece o grupo. Pode ser, porém, indispensável, quando se trata de grupos muito grandes, em que é impossível estabelecer o consenso.

6.4.5 Decisão pelo consenso

É o método ideal para as decisões grupais. Ao invés da simples votação, no consenso cada um tem a chance de defender suficientemente sua posição dentro de um clima de diálogo. Todos falam, todos ouvem. Procura-se chegar a um ponto comum por meio das discussões. Todas as informações e os argumentos são examinados sem espírito prevenido. A decisão final não é necessariamente unânime, mas da maioria. A minoria que não concordar acatará a decisão, porque sentirá que foi ouvida e respeitada. No consenso pode acontecer que, ao final, prevaleça a opinião que no início era de apenas um participante ou de uma minoria, mas que teve argumentos para convencer a maioria. É, sem dúvida, o método que mais favorece o amadurecimento grupal e que desperta maior motivação para executar o que tenha sido decidido. Nem sempre é possível aplicá-lo, pois exige muito mais tempo.

CAPÍTULO 11

Grupos, Equipes de Trabalho e Gerenciamento de Conflito

1. GRUPOS E EQUIPES DE TRABALHO

Um assunto recorrente em concursos públicos refere-se ao conceito de equipe de trabalho e a sua diferença para o grupo de trabalho. Desta forma, uma frase importante para começar a diferenciar os dois conceitos é a seguinte: "**toda equipe é um grupo, mas nem todo grupo é uma equipe**".

No grupo, todos podem trabalhar com o mesmo objetivo e têm papéis previamente definidos, mas a comunicação pode ser prejudicada, pois não existe compromisso de clareza e alinhamento de ideias, o que pode inviabilizar o alcance de resultados esperados. No grupo não há cooperação e os líderes ficam distantes dos demais membros.

Na equipe, por ouro lado, existe transparência, colaboração e o ambiente contribui para o alcance do resultado. Trata-se de um time que assume riscos para alcançar o resultado almejado.

O grupo se transforma em equipe quando apresenta, além de um objetivo em comum, as atividades desempenhadas pelos membros da equipe devem ser complementares e deve haver relações de interação e interdependência dinâmicas e complexas. Além disso, é fundamental que as competências individuais sejam relacionadas nas atividades desempenhadas.

Quando as tarefas exigem múltiplas habilidades, julgamento e experiências, o trabalho em equipe é o mais adequado, pois potencializa a competitividade da organização.

As empresas descobriram que as equipes são mais flexíveis e reagem melhor às mudanças do que os departamentos tradicionais ou outras formas de agrupamentos permanentes, apresentando capacidade para se estruturar, iniciar seu trabalho, redefinir seu foco e se dissolver rapidamente. Outras características importantes é que as equipes são uma forma eficaz de facilitar a participação dos trabalhadores nos processos decisórios e aumentar a motivação dos funcionários.

É fundamental que, dentro de uma equipe, sejam reconhecidas as competências individuais necessárias para o desenvolvimento das atividades e o alcance das metas. O respeito ao princípio de equipe, a interação entre os membros e o reconhecimento da interdependência de todos pode, inclusive, favorecer os resultados das demais equipes da mesma organização.

Cada vez mais, as equipes se tornam a forma básica de trabalho nas organizações do mundo contemporâneo. As evidências sugerem que as equipes são capazes de melhorar o desempenho dos indivíduos quando a tarefa requer múltiplos julgamentos, habilidades e experiências. Quando as organizações se reestruturaram para competir de modo mais eficiente e eficaz, escolheram as equipes como forma de utilizar melhor os talentos dos funcionários.

As empresas descobriram que as equipes são mais flexíveis e reagem melhor às mudanças do que os departamentos tradicionais ou outras formas de agrupamentos permanentes, apresentando capacidade para se estruturar, iniciar o trabalho, redefinir o foco e se dissolver rapidamente. Outras características importantes é que as equipes são uma forma eficaz de facilitar a participação dos trabalhadores nos processos decisórios e aumentar a motivação dos funcionários.

1.1 Grupos de trabalho

Um grupo pode ser definido como o conjunto de dois ou mais indivíduos interdependentes e interativos que se juntam visando à obtenção de determinado objetivo. Ou seja, grupos são conjuntos de pessoas que interagem umas com as outras, são psicologicamente conscientes umas das outras e se percebem como grupo.

Um grupo de trabalho é aquele que interage basicamente para compartilhar informações e tomar decisões, a fim de ajudar cada membro em certo desempenho em uma área de responsabilidade (ROBBINS, 2005).

Os grupos de trabalho não têm necessidade nem oportunidade de se engajar em um trabalho coletivo que requeira esforço conjunto. Assim, o desempenho deles é apenas a somatória das contribuições individuais dos membros. Não existe uma sinergia positiva que possa criar um nível geral de desempenho maior do que a soma das contribuições individuais.

1.2 Equipes de trabalho

As **equipes de trabalho** geram uma sinergia positiva por meio do esforço coordenado. Os esforços individuais resultam em um nível de desempenho maior do que a soma das contribuições individuais.

ATENÇÃO!

As equipes ajustam-se melhor a culturas coletivistas.

O desafio é manter o sucesso do indivíduo como parte de uma equipe. Esse desafio se torna maior quando:

a) a cultura vigente é altamente individualista;

b) as equipes estão sendo introduzidas em uma organização que sempre valorizou as realizações individuais.

As principais características de uma equipe são cooperação, sinergia e coesão.

A palavra **sinergia** é derivada do grego *synergia* - *syn* - cooperação, *érgon* - trabalho. Diz-se que o todo supera a soma das partes. O oposto de sinergia, dentro da organização, refere-se à entropia, que significa a desorganização do sistema.

Questão de Concurso

(Cespe/Anatel/Técnico Administrativo/2012) A implementação do conceito de sinergia no ambiente organizacional auxilia as organizações a reduzir o nível de entropia e a aperfeiçoar a utilização dos recursos.

Gabarito: certo. A sinergia reduz a entropia e aperfeiçoa a utilização dos recursos.

A palavra coesão significa aderência, força (padrão comportamental compartilhado) que une e guia os membros de uma equipe.

Questão de Concurso

(Cespe/Ancine/Técnico Administrativo/2012) Pessoas motivadas e convencidas a permanecer em uma equipe constituem exemplo de coesão das equipes de trabalho.

Gabarito: certo. A coesão refere-se à aderência à equipe e influencia na motivação.

As principais diferenças entre Grupos de Trabalho e Equipes de Trabalho:

	GRUPOS	EQUIPES
Objetivos	Podem apresentar algum objetivo geral em comum, mas não é necessário que apresente.	Apresentam objetivos gerais e específicos em comum, compartilhados por todos os membros.
Atividades	Não são complementares.	São complementares, demandam convergências de esforços dos membros.
Relação	Normalmente não existe interdependência. Quando existe são simples e lineares.	Existe interdependência complexa, as tarefas e/ou resultados de um membro dependem do outro.
Metas	Podem compartilhar informações sobre a meta.	São conhecidas e compartilhadas por todos do grupo, uma vez que o desempenho é coletivo.
Sinergia	Neutra. Em alguns casos pode ser negativa.	Positiva. O alcance dos objetivos pressupõe a convergência dos esforços.
Responsabilidades	Individuais e isoladas.	Individuais, mas correlacionadas ou coletivas.
Habilidades	Aleatórias e variadas.	Correlacionadas e complementares.

Questão de Concurso

(Cespe/TST/Técnico Judiciário/2008) Cada membro da equipe de trabalho deve responsabilizar-se pela organização e pelo sucesso de sua parte no trabalho, não sendo adequado se envolver nas tarefas dos colegas, uma vez que eles, sendo responsáveis por essas tarefas, serão cobrados pelos resultados que obtiverem.

Gabarito: errado. O trabalho em equipe pressupõe interatividade e não o trabalho individual.

Tanto nos grupos que não são equipes, quanto nas equipes, há interesses, necessidades e objetivos individuais e, também, coletivos. Uma diferença importante com relação a isso é que nos grupos prevalecem os interesses individuais, enquanto nas equipes prevalecem os interesses coletivos.

CUIDADO!

Na prova, as nomenclaturas **grupos** e **equipes** são sinônimas. A dicotomia Equipe *x* Grupo só será abordada quando a questão cobrar explicitamente essa diferença.

1.3 Tipos de grupos

Os grupos e equipes podem ser divididos em formais e informais:

Tipos de Grupos

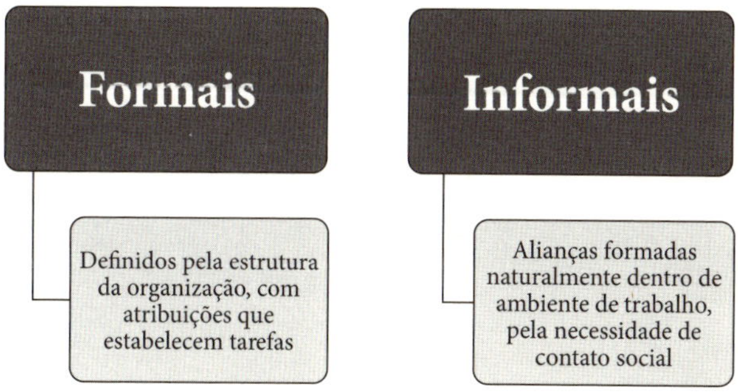

Questão de Concurso

(FCC/TRF/Analista Judiciário/2012) São grupos nas organizações que tendem a ter padrões mais rígidos de *status*, autoridade, papéis e comunicação. O grupo que **não** corresponde a esta descrição é:

a) o informal.

b) a equipe de projeto.

c) a equipe de trabalho.

d) a estrutura matricial.

e) o grupo de trabalho.

Gabarito: a. O grupo informal tem como característica as alianças formadas naturalmente, sem rigidez nos papéis.

VEJA BEM!

Apesar de ser informal, esse tipo de grupo não deve ser inibido, pois se trata de um apoio importante ao grupo formal, com capacidade para influenciar todos os participantes.

Outras classificações dos grupos

- **Grupos de comando**: um chefe e os subordinados.
- **Grupo de tarefa**: pessoas em conjunto para realizar uma tarefa.
- **Grupo de interesse**: pessoas se juntam para atingir um objetivo comum.
- **Grupo de amizade**: pessoas se juntam para compartilhar algumas características em comum.

1.4 Estrutura do grupo

A estrutura do grupo tem a capacidade de modelar o comportamento dos membros e torna possível a explicação e a previsão da maioria dos comportamentos, bem como do desempenho dos membros.

Os grupos e equipes também podem ser classificados em outras duas categorias:

Quanto à duração	Quanto à composição
Permanentes: fixos.	Vertical: mesmo departamento, mesma formação, diferentes níveis hierárquicos.
Temporários: após atingirem os objetivos, são dissolvidos.	Horizontal: mesmo nível hierárquico, diferentes formações ou áreas – misto.

ATENÇÃO!

O grupo temporário só tem sucesso se for dissolvido após o atingimento dos objetivos. Se for dissolvido antes, por qualquer motivo, significa fracasso.

1.5 Funcionamento do grupo

Segundo Shutz (1974), os grupos têm três necessidades básicas: inclusão, controle e afeição.

Inclusão	Fase inicial; **exploração do terreno**; necessidade de aceitação e afeição.
Controle	Depois da inclusão; jogos de poder; choque de liderança.
Afeição	Trocas afetivas; comunicação verbal e não verbal; reconhecimento de diferenças.

1.6 Estágios de desenvolvimento

Existem cinco fases de desenvolvimento dos grupos:

Fases de formação do grupo

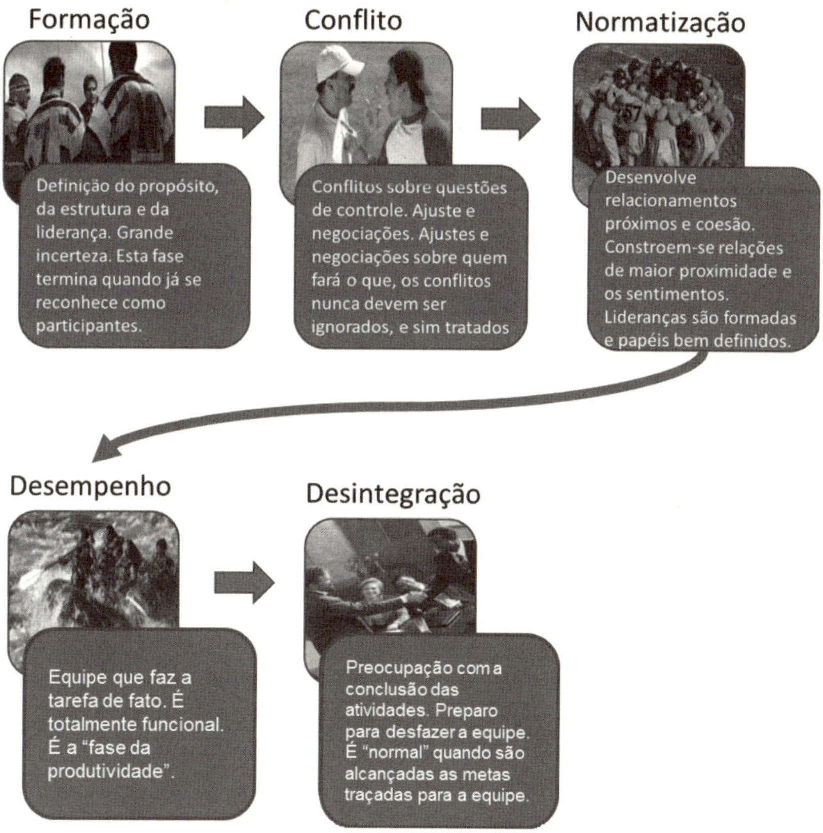

Questão de Concurso

(Cespe/Aneel/Analista Administrativo/2010) O primeiro estágio de desenvolvimento do grupo com o qual o gerente terá de se preocupar é o estágio de atrito.

Gabarito: errado. O gerente deve se preocupar desde o momento de formação da equipe.

1.7 Tipos de equipe

- **Equipes de trabalho autogerenciadas**: são equipes autônomas, que podem não apenas solucionar os problemas, mas também, implementar as soluções e assumir total responsabilidade pelos resultados.

- **Equipes multifuncionais/interfuncionais**: são equipes formadas por funcionários do mesmo nível hierárquico, mas de diferentes setores da empresa, que se juntam para cumprir uma tarefa. As equipes desempenham várias funções (multifunções) ao mesmo tempo, ou seja, não há especificação para cada membro. O sentido de equipe é exatamente este: os membros compensam entre si as competências e as carências, num aprendizado contínuo. *Ex.*: **Comitê e força-tarefa.**

Comitê	É uma equipe multifuncional. É composto por membros de diversas linhas departamentais. São equipes formadas por funcionários do mesmo nível hierárquico, mas de diferentes setores da empresa, que se juntam para cumprir uma tarefa. Podem ser equipes duradouras, às vezes até permanentes para as tarefas que se repetem.
Força-tarefa	É o nome dado a uma unidade militar criada para um trabalho temporário, em uma operação específica ou missão.

- **Equipes virtuais**: as equipes virtuais usam a tecnologia da informática para reunir os membros, fisicamente dispersos, e permitir que eles atinjam um objetivo comum. Elas permitem que as pessoas colaborem *online* - utilizando meios de comunicação como redes internas e externas, videoconferências ou correio eletrônico - quando estão separadas apenas por uma parede ou em outro continente. Geralmente, são utilizadas para elaboração de projetos.

1.8 As equipes e a gestão da qualidade

As equipes possuem, também, um papel central nos programas de **gestão da qualidade**, pois a essência desses programas está na melhoria dos processos e no envolvimento dos funcionários.

1.9 Nem sempre as equipes são a solução

O trabalho em equipe costuma tomar mais tempo e consumir mais recursos do que o trabalho individual. Sendo assim, para serem considerados mais viáveis, os benefícios das equipes precisam superar os custos.

Questão de Concurso

(Cespe/Anatel/Técnico Administrativo/2012) O trabalho em equipe, a despeito de demandar mais tempo e consumir mais recursos dos trabalhadores, comparado ao trabalho individual, é o modelo de trabalho mais eficiente para o desenvolvimento de quaisquer atividades nas organizações.

Gabarito: errado. Nem sempre o trabalho em equipe é o mais eficiente.

Testes para determinar a adequação de equipes de trabalho:
O trabalho pode ser melhor realizado por mais de uma pessoa?
A tarefa cria um propósito comum ou um conjunto de metas para os membros da equipe maior do que a soma dos objetivos individuais?
Os membros dos grupos são interdependentes?

São características das equipes eficazes:
Comprometimento dos membros com propósitos comuns e significativos.
O estabelecimento de metas específicas para a equipe, que conduzam os indivíduos a um melhor desempenho e energizem as equipes.
Os membros defendem ideias, sem radicalismo.
Liderança situacional: o líder age de acordo com o grau de maturidade da equipe, ou seja, de acordo com a contingência.
Questões comportamentais são discutidas abertamente, principalmente as que podem comprometer a imagem da equipe ou organização.
O nível de confiança entre os membros é elevado.
Demonstram confiança nos líderes, tornando a equipe disposta a aceitar e a se comprometer com as metas e as decisões do líder.
Flexibilidade, permitindo que os membros da equipe possam completar as tarefas uns dos outros. Isso deixa a equipe menos dependente de um único membro.
Conflitos são analisados e resolvidos.
Há preocupação/ação contínua em busca do autodesenvolvimento.

VEJA BEM!

O desempenho de uma equipe não é apenas a somatória das capacidades individuais dos membros. Contudo, essas capacidades determinam parâmetros do que os membros podem fazer e do quão eficiente eles serão dentro da equipe.

2. GERENCIAMENTO DE CONFLITOS

2.1 Conceito de conflito

De acordo com o *Dicionário Aurélio*, **conflito** é definido como luta, combate, guerra, enfrentamento, oposição entre duas ou mais partes, desavença entre pessoas, grupos. Divergências de ideias, de opiniões, de atitudes e de crenças.

Questão de Concurso

(Cespe/TRE/ES/Analista RP/2011) A existência de uma situação marcada por interesses divergentes e, em um primeiro momento, incompatíveis, é um traço comum aos diversos conceitos de conflito.

Gabarito: certo. Interesses divergentes, em um primeiro momento, formam a base de um conflito.

O conflito no ambiente organizacional, por sua vez, pode ser definido como a divergência entre duas ou mais partes sobre como melhor alcançar as metas da organização.

VEJA BEM!

O conflito pode ser definido como um processo que tem início quando uma das partes envolvidas percebe que a outra parte frustrou ou irá frustrar os interesses em questão.

2.2 Transições na conceituação de conflitos

A visão da importância e a forma de tratar o conflito vêm mudando ao longo dos anos. O quadro a seguir demonstra cada uma dessas fases.

Abordagem	Período	Descrição
Tradicional	Década de 1930 a 1940	A abordagem mais antiga parte do princípio de que todo conflito é ruim. O conflito é danoso e deve ser evitado.
Relações humanas	Década de 1940 até meados de 1970	A conceituação de relações humanas argumenta que o conflito é uma ocorrência natural nos grupos e organizações. Por ser inevitável, esta escola defende a aceitação dele. O conflito não pode ser eliminado e pode até ser benéfico, mas, de qualquer forma, ainda deve ser evitado, quando possível.
Interacionista	A partir da década de 1970	Enquanto a abordagem de relações humanas aceita o conflito, a visão interacionista o encoraja, no sentido de que um grupo harmonioso, pacífico, tranquilo e cooperativo está na iminência de tornar-se estático, apático e insensível à necessidade de mudança e inovação. Os líderes de grupo devem manter constantemente um nível mínimo de conflito – o suficiente para fazer com que o grupo continue viável, autocrítico e criativo.

3 Abordagens de conceituação dos conflitos

Tradicional. De acordo com essa abordagem, todo conflito é considerado ruim e, por isso, deve ser evitado.

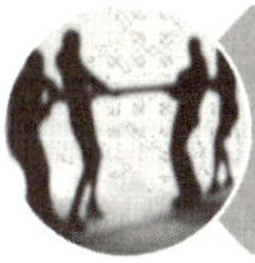

Relações Humanas. Conflito é uma consequência natural e inevitável em qualquer grupo, podendo ter o potencial de ser uma força positiva. No entanto, ainda é indesejado.

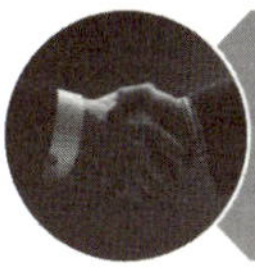

Interacionista. O conflito pode ser uma força positiva, além de ser, em alguns casos, necessário para o desempenho eficaz de um grupo.

Questão de Concurso

(Cespe/Anatel/Técnico Administrativo/2012) De acordo com a visão interacionista, nem todos os conflitos são prejudiciais a uma organização, havendo aqueles que proporcionam a consecução dos objetivos e o melhoramento do desempenho da equipe.

Gabarito: certo. Para a visão interacionista, alguns conflitos podem ser importantes para o aprimoramento da instituição.

2.3 O conflito na perspectiva das relações com os empregados

O conflito, na perspectiva das relações com os empregados, pode apresentar um caráter unitarista ou pluralista, a saber:

- **Caráter unitarista**: a organização é percebida como uma equipe que possui uma fonte comum de lealdade, um foco para os esforços de todos e um líder comum a todos. Há a imagem de que a organização é um todo integrado, possuindo estruturas de apoio e cooperação. Tanto os gerentes quanto os subordinados compartilham um interesse comum.
- **Caráter pluralista**: a organização é considerada como subgrupos que competem, tendo lealdade, metas e líderes próprios. Esses subgrupos certamente entraram em conflito. Na perspectiva pluralista, o conflito é aceito e até fomentado, em parte, pela própria estrutura organizacional. O conflito pode ser um agente para evolução, para mudanças internas e externas.

2.4 Causas ou antecedentes dos conflitos

Basicamente existem quatro condições antecedentes dos conflitos, que estão descritos na tabela a seguir:

Condição	Característica
Dependência mútua de tarefas	É comum termos mais de uma área ou pessoa relacionada a uma mesma tarefa. Quando isso ocorre, essa dependência pode gerar situações conflituosas de "atribuição de culpa" por problemas de desempenho, disputas por informação, disputas por posições de destaque quanto aos resultados, e assim por diante.
Ambiguidade de papéis	Podem estar presentes em diversos contextos, sempre contribuindo para o aparecimento de conflitos. Podem surgir da dificuldade em distribuir o mérito e a culpa e podem estar presentes nos critérios da avaliação de desempenho, gerando frustrações, tensões e conflitos. Vale acrescentar aqui a observação de Robbins (2005): "quanto maior a ambiguidade na definição das responsabilidades pelas ações, maior o potencial de conflitos".
Recursos compartilhados	Essa quantidade fixa de recursos precisa ser distribuída e alocada entre os grupos da organização, como o capital de giro, valores orçamentários, salários, créditos, espaço, pessoas, máquinas e equipamentos. Se um grupo quer aumentar a quantidade de recursos, outro grupo terá de perder ou abrir mão de uma parcela. Isso provoca a percepção de objetivos e interesses diferentes e talvez incompatíveis e incongruentes.
Comunicação	Representa as forças opostas que surgem das dificuldades semânticas, dos erros de compreensão e do **ruído** nos canais de comunicação. Assim, o potencial de conflitos aumenta quando há escassez ou excesso de comunicação.

2.5. Efeitos ou consequências dos conflitos

A partir de divergências de percepções e ideias, as pessoas se colocam em posições antagônicas, caracterizando uma situação conflitiva. Desde as mais leves até as mais críticas, as situações de conflito são componentes inevitáveis e necessárias da vida grupal e podem ser classificadas quanto às consequências. Caso apresente consequências positivas, o conflito é denominado **funcional**. Se as consequências forem negativas, é chamado **disfuncional**.

Questão de Concurso

(FCC/TRE/CE/Analista Judiciário/2012) O conflito disfuncional é aquele que:

a) interfere no desempenho, sendo prejudicial às metas e aos objetivos da organização.
b) causa prejuízos à imagem pública da organização.
c) dificulta a elaboração do planejamento estratégico e a definição de uma visão comum.
d) incentiva a adoção de comportamentos de resistência à mudança e gera o aumento de reclamatórias trabalhistas.
e) promove resultados benéficos tanto para a organização como para os indivíduos, pois gera mudanças nos processos de trabalho.

Gabarito: a. O conflito disfuncional, ao contrário do funcional, traz consequências negativas.

De um ponto de vista amplo, o conflito tem muitas funções positivas. Ele previne a estagnação decorrente do equilíbrio constante da concordância, estimula o interesse e a curiosidade pelo desafio da oposição, descobre os problemas e demanda resolução. Funciona como a raiz de mudanças pessoais, grupais e sociais.

2.6 Tipos de conflito

Segundo Robbins (2002), o conflito ainda pode ser dividido em conflito de tarefa, de processo e de relacionamento.

Conflito de tarefa: está relacionado ao conteúdo e às metas estipuladas para o trabalho.

Conflito de relacionamento/interpessoais: envolve situações complexas, movidas pelo relacionamento entre duas pessoas ou mais.

Conflito de processo: relaciona-se ao fato de como o trabalho é executado.

ATENÇÃO!

Segundo Robbins (2002), quase todos os conflitos de relacionamento ou interpessoais são disfuncionais.

Questão de Concurso

(FCC/TRF/Técnico Judiciário/2012) Existem três tipos de conflitos: de Tarefa, de Relacionamento e de Processo. Conflito de Processo é o que:

a) está relacionado ao conteúdo e às metas do trabalho.

b) está relacionado a como o trabalho é executado.
c) ocorre nas relações interpessoais.
d) melhora a qualidade das decisões, fornecendo meios pelos quais os problemas não podem ser manifestados.
e) impossibilita o desafio ao *status quo*, não promovendo a reavaliação de metas do grupo.

Gabarito: b. O conflito de processo está relacionado com o trabalho executado.

2.7 Níveis de gravidade do conflito

O conflito pode acontecer em três níveis de gravidade:

www.gpparaconcursos.blogspot.com.br

2.8 Competência interpessoal no gerenciamento de conflitos

De acordo com Fela Moscovici (1998), competência interpessoal é a habilidade de lidar eficazmente com relações interpessoais, de lidar com outras pessoas de forma adequada às necessidades de cada um e às exigências da situação. A habilidade de lidar com situações interpessoais engloba várias habilidades, entre as quais se destaca a flexibilidade perceptiva e comportamental, que significa procurar ver de vários ângulos ou aspectos a mesma situação e atuar de forma diferenciada, experimentando novas condutas percebidas como alternativas de ação.

Outro componente da competência interpessoal refere-se ao relacionamento em si e compreende a dimensão emocional-afetiva.

Ainda, segundo a autora, competência interpessoal, portanto, é resultante da percepção acurada realística das situações interpessoais e de habilidades específicas comportamentais que conduzem consequências significativas no relacionamento duradouro e autêntico, satisfatório para as pessoas envolvidas.

A competência interpessoal é habilidade de lidar eficazmente com relações interpessoais, de lidar com outras pessoas de forma adequada à necessidade de cada uma delas e às exigências da situação.

Para Argyris (1968), competência interpessoal refere-se à habilidade de lidar eficazmente com relações interpessoais de acordo com três critérios:

1. Percepção acurada da situação interpessoal, de suas variáveis relevantes e respectiva inter-relação.
2. Habilidade de resolver realmente os problemas de tal modo que não haja regressões.
3. Soluções alcançadas de tal forma que as pessoas envolvidas continuem trabalhando juntas tão eficientemente, pelo menos, como quando começaram a resolver seus problemas.

As diferenças entre objetivos organizacionais e interesses individuais sempre produzem alguma relação de conflito, que pode ser interno (psicológico ou intraindividual) ou externo (social). Administrar conflitos é uma importante tarefa gerencial no contexto da motivação da equipe de trabalho, visando a mais um passo decisivo para a administração participativa.

2.9. Tipos de resolução de conflitos

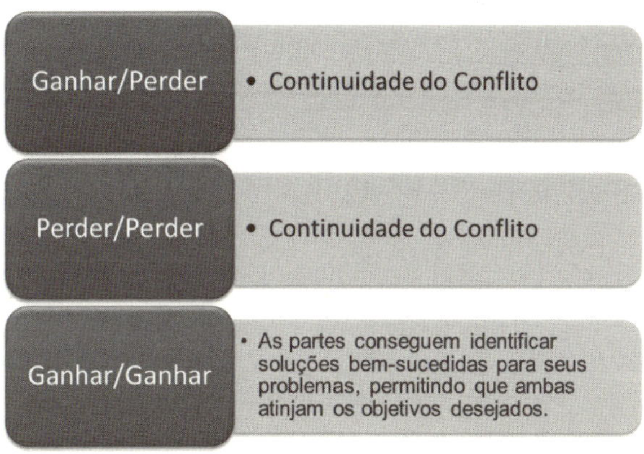

VEJA BEM!

A única relação que extingue por completo um conflito é a resolução ganhar/ganhar, em que as duas partes saem ganhando. Nas demais resoluções de conflitos (ganha/perde e perde/perde) há sempre a possibilidade de o conflito ressurgir.

2.10 Estratégia para lidar com conflitos

A estratégia mais adequada para lidar com os conflitos é a negociação. Negociar consiste na interação entre as partes envolvidas, que saem de posições divergentes e discutem determinado assunto até que alcancem graus satisfatórios de convergência entre as opiniões. Durante o processo ocorrem ofertas, contraofertas e concessões de ambas as partes, visando atingir um ponto no qual os interesses sejam atendidos da forma mais congruente possível.

Durante uma negociação, é importante que todos os envolvidos construam a percepção de que foram suficientemente ouvidos e tiveram chances equitativas para apresentar ideias e argumentações, gerando um resultado que, no todo, represente mais do que as posições individuais inicialmente apresentadas.

Segundo Hunt, Schermerhorn e Osborn (1999), a negociação ou barganha é considerada um processo de tomar decisões conjuntas quando as partes envolvidas têm preferências ou interesses diferentes, envolve pelo menos duas partes que apresentam conflito de interesses em um tipo de relacionamento voluntário e esse relacionamento volta-se para a divisão ou troca de recursos específicos ou para a resolução de assuntos entre as partes.

Segundo Chiavenato (1999), a negociação envolve a apresentação de demandas ou propostas por uma parte, a avaliação pela outra e, em seguida, concessões e contrapropostas. Ele é um processo, uma atividade sequencial - e não simultânea - e envolve lados opostos com interesses conflitantes. Possui sempre três realidades: pessoas, problemas e propostas.

2.11 Habilidades de negociação

Sempre requeridas para negociar. Significa saber apresentar propostas com clareza e objetividade, entender que o outro lado está oferecendo, argumentar adequadamente e saber ouvir. Quanto melhores as habilidades de negociação, maiores serão as chances de sucesso na negociação.

Ao negociarem, as pessoas podem chegar a dois tipos de troca e concessão:

- **Negociação distributiva**: sempre haverá um lado "vencedor" e um lado "perdedor", ou seja, é uma operação de "soma zero". Normalmente, ocorre quando não há possibilidade de expansão dos recursos disputados e esses têm de ser distribuídos entre todos os envolvidos.
- **Negociação integrativa**: parte do pressuposto de que é possível encontrar pelo menos uma situação de convergência de opiniões pela qual seja possível estabelecer uma relação "ganha-ganha". Torna-se possível quando é viável redimensionar recursos ou, ainda, quando se buscam resultados positivos menos imediatistas de relacionamento entre as partes.

2.12 Abordagem quanto à gestão de conflitos

Segundo Chiavenato (2006), o gerente tem à disposição três abordagens quanto à administração de conflitos:

1. Abordagem estrutural: o conflito surge de percepções criadas pelas condições de diferenciação, de recursos limitados e escassos e de interdependência. Nesse caso, as percepções e o conflito poderão ser controlados se tais elementos também forem. Esta abordagem atua sobre uma condição existente que predispõe ao conflito, que ainda não está instalado, na tentativa de minimizar as diferenças.

A abordagem estrutural procura:

- minimizar as diferenças entre os grupos, identificando objetivos que possam ser compartilhados por eles. Se o gerente conseguir conscientizar os grupos de que eles têm interesses em comum, eles deixarão de perceber os próprios objetivos como incompatíveis;
- reduzir a diferenciação dos grupos por meio do reagrupamento de indivíduos, de maneira que os grupos conflitantes se tornem parte de uma unidade maior.

> **Questão de Concurso**
>
> **(Cespe/Aneel/Analista Administrativo/2010)** O diretor que propõe uma reunião de confrontação visando sanar um conflito está adotando uma abordagem estrutural.
>
> *Gabarito: errado. A confrontação é uma situação empregada quando o conflito já existe, caracterizando a abordagem processual, e não estrutural.*

2. Abordagem de processo: é a abordagem que procura reduzir os conflitos por meio da modificação do processo e intervenção no episódio do conflito. Pode ser utilizada por uma das partes em conflito, por pessoas de fora ou por uma terceira parte, como um consultor, um gerente neutro ou algum superior da organização, podendo ser realizada de três diferentes maneiras:

- **desativação ou desescalonização do conflito**: ocorre quando uma parte reage cooperativamente ao comportamento de conflito da outra, encorajando comportamentos menos conflitantes ou desarmando conflito.
- **reunião de confrontação entre as partes**: ocorre quando o ponto de desativação já foi ultrapassado e as partes se preparam para um conflito aberto via confrontação direta e hostil. A intervenção nesse processo pode ser feita pela reunião de confrontação que procura reunir, face a face, as partes conflitantes, exteriorizar as emoções, discutir e identificar as áreas de conflito e localizar soluções do tipo ganha-ganha antes de qualquer solução beligerante.
- **Colaboração**: é usada depois de ultrapassada a oportunidade de desativação e de reunião de confrontação. Na colaboração, as partes trabalham juntas para solucionar problemas, identificar soluções do tipo ganha-ganha ou soluções integrativas capazes de conjugar os objetivos de ambas as partes.

Questão de Concurso

(Cespe/Aneel/Analista Administrativo/2010) O diretor que busca reduzir o nível do conflito com uma reação cooperativa está adotando uma abordagem processual.

Gabarito: certo. A reação cooperativa é utilizada como forma de resolução do conflito na abordagem processual.

3. Abordagem mista: procura administrar o conflito com aspectos estruturais e processuais; inclui intervenções sobre a situação estrutural e sobre o episódio conflitivo.

Pode-se adotar uma abordagem mista ao influenciar o processo de conflito por meios estruturais, como a adoção de regras para a resolução de conflitos e determinando-se, previamente, os procedimentos e os limites para trabalhar o conflito, que pode ser contido e controlado, conduzindo as partes para a solução do problema.

Outra maneira mista refere-se à criação de "terceiras partes" dentro da empresa, de modo que estejam disponíveis a qualquer momento para ajudar na solução do tipo ganha-ganha dos conflitos que possam surgir. Uma parte em conflito pode se comunicar com outra por meio de indivíduos que são formalmente responsáveis pela tarefa de comunicação entre as partes conflitantes. São chamados papéis de ligação. Estes podem ser exercidos pelo pessoal de ligação ou pelas equipes de trabalho intergrupais, representando os papéis integradores.

É importante escolher a forma correta de solucionar o conflito, pois a maneira pela qual as partes reagem ao conflito e a maneira pela qual o conflito é solucionado produzem uma influência sobre as percepções, os sentimentos e os comportamentos dos envolvidos.

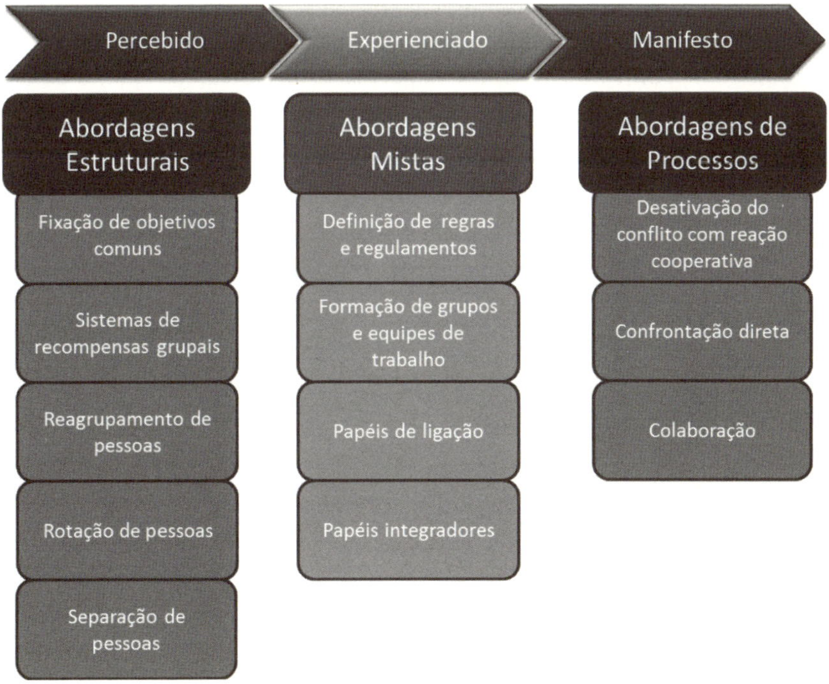

Questão de Concurso

(Esaf/CVM/Analista de Recursos Humanos/2010) Em relação à abordagem quanto à administração de conflitos, marque o item que apresenta as três abordagens à disposição do gerente.

a) Espera, tensão e resolução.
b) Estrutural, mista e de processo.
c) Impasse, vitória-derrota e conciliação.
d) Ganhar/perder, perder/perder e ganhar/ganhar.
e) Diferenciação de grupos, recursos compartilhados e interdependência de atividades.

Gabarito: b. As demais estão relacionadas ao conflito, mas não representam abordagens.

2.13 Técnicas de resolução de conflito

Existem inúmeras técnicas de resolução de conflitos. As principais são:

Técnica	Descrição
Resolução de problemas	Discussão aberta.
Metas superordenadas	Criação de uma meta compartilhada que não possa ser atingida sem a cooperação entre as partes conflitantes.
Expansão de recursos	Quando o conflito é causado pela escassez de um recurso, a expansão do recurso pode criar uma solução ganha-ganha.
Não enfrentamento	Suprimir o conflito ou evadir-se dele.
Suavização	Minimizar as diferenças entre as partes conflitantes, enfatizando os interesses comuns.
Concessão	Cada uma das partes abre mão de algo valioso.
Comando autoritário	A administração usa a autoridade formal para resolver o conflito e, depois, comunica o desejo às partes envolvidas.
Alteração de variáveis humanas	Técnicas de mudança comportamental, tal como treinamento em relações humanas, para alterar atitudes e comportamentos que causem conflitos.
Alteração de variáveis estruturais	Mudanças na estrutura formal da organização e nos padrões de interação entre as partes conflitantes, por meio de redesenho de atribuições, transferências, criação de posições coordenadas etc.

2.14 Estilos de administração de conflitos

Para Chiavenato (1999), os estilos de administração de conflitos podem ser definidos da seguinte forma:

2.14.1 Estilo de evitação/abstenção

A postura não é assertiva nem cooperativa. É utilizada quando um problema é trivial, quando não há chance de ganhar ou requer tempo para obter informações, quando os ânimos se alteram ou quando um desacordo pode ser oneroso ou perigoso. Este tipo de administração do conflito pode criar um conflito do tipo perder-perder.

2.14.2 Estilo de acomodação

Existe alto grau de cooperação para suavizar as coisas e manter a harmonia, no intuito de resolver os pontos menores de discordância e deixar os problemas maiores para a frente, o que pode acabar ignorando a essência real do conflito.

2.14.3 Estilo competitivo/impositivo

Existe o comando autoritário na busca de forte assertividade para impor o próprio interesse, sendo utilizado quando uma ação decisiva deve ser rapidamente imposta em situações importantes ou que necessitam de dominação. Geralmente, cria um conflito do tipo ganhar-perder, sendo que uma das partes sai ganhando à custa da outra.

2.14.4 Estilo de compromisso/acordo

Encontra-se neste estilo a combinação de ambas as características de assertividade e de cooperação, sendo utilizado quando uma parte aceita soluções razoáveis para a outra e cada parte aceita ganhos e perdas na solução, criando um conflito do tipo ganhar-perder, pois cada parte dá algo e ganha algo de valor.

2.14.5 Estilo de colaboração/solução integrativa

Também chamado de solução de problemas, apresenta elevado grau de assertividade e de cooperação e habilita ambas as partes a ganhar, sendo utilizado quando os interesses dos dois lados são importantes e quando o equilíbrio requer bom senso, possibilitando a reconciliação das diferenças entre as partes.

Questão de Concurso

(FCC/ALSP/Técnico Legislativo/2010) Na gestão das relações interpessoais, afastar-se do conflito ou ocultá-lo é uma solução que se denomina:
a) imposição.
b) acomodação.
c) abstenção.
d) acordo.
e) colaboração.

Gabarito: c. Abstenção, também conhecida como evitação.

VEJA BEM!

O estilo de colaboração é considerado o mais eficaz por seguir o formato de ganhar-ganhar.

Questão de Concurso

(FCC/TRE/AP/Analista Judiciário/2011) Existem quatro modos distintos de administrar conflitos: acomodação, dominação, compromisso e solução integrativa de problemas. Na solução integrativa de problemas busca-se:

a) encontrar uma solução que atenda aos interesses de todas as partes envolvidas.
b) encobrir o conflito, diminuindo sua importância e aguardando que ele se resolva por si só.
c) impor uma solução considerada a mais adequada para resolver de forma rápida e precisa o conflito.
d) encontrar uma solução que satisfaça parcialmente os envolvidos.
e) rejeitar discussões que não se baseiem em dados e fatos mensuráveis.

Gabarito: a. As demais alternativas referem-se, respectivamente, à acomodação, à dominação, ao compromisso e à evitação.

3. TÁTICAS DE RESOLUÇÃO DE CONFLITOS DE MOSCOVICI

3.1 Táticas de luta/fuga

Moscovici (1998) considera que as táticas de luta/fuga são as mais utilizadas e geralmente ineficazes. Como tática de luta considera-se a competição, enquanto as de fuga abrangem a repressão/supressão e a evasão.

A **tática de competição** implica reconhecer o conflito e engajar-se na luta aberta contra o adversário. Segundo o autor, a competição declarada e honesta tem, em geral, componentes sadios, embora seja difícil conseguir tal efeito em grupos pequenos.

A **tática de repressão ou supressão** traduz-se no uso da força para aniquilar o conflito, alcançando a eliminação dos sintomas, não do conflito. Embora pareça ter sido extinto, as causas, a motivação profunda, as ideias, as opiniões, as atitudes e os sentimentos antagônicos continuam presentes e, possivelmente, crescentes.

Na **tática de evasão**, as emoções são reduzidas, mas não existe o enfrentamento do conflito. A fuga ameniza a situação, mas não resolve o problema. Esta tática é muito utilizada no conflito dentro de pequenos grupos ou equipes, mas não promove melhoria de relacionamento nem resultados satisfatórios na resolução de conflitos.

3.2 Táticas de diálogo

Outro grupo de táticas descrito por Moscovici (1998) são chamadas **táticas de diálogo**, que incluem apaziguamento, negociação, confrontação e resolução de problemas.

- **Tática de apaziguamento**: pressupõe a ajuda de outro elemento na administração do conflito interpessoal, representando a figura do apaziguador. Após a catarse e o alívio da tensão emocional inicial, as partes podem recuperar o senso de proporção das coisas, dos eventos, das ações. O conflito, neste caso, é reconhecido e será administrado assim que possível.
- **Tática de confrontação**: exige maior habilidade interpessoal de negociação entre as partes em conflito e de quem eventualmente participar como mediador, que deve ter a confiança de ambas as partes, funcionando como um elemento neutro.
- **Tática de resolução de problemas**: é realizada em duas etapas: diferenciação e integração. A diferenciação compreende a exploração de percepções e sentimentos das partes envolvidas, e caracteriza-se como a etapa mais demorada e decisiva na administração do conflito.

A fase de integração leva à reformulação dos problemas existentes como tarefa participativa, ao estabelecimento de prioridades e à elaboração de alternativas para resolvê-los.

Dessa forma, segundo Moscovici, as táticas de conflito configuram-se da seguinte forma:

Táticas de Resolução de conflito para Moscovici

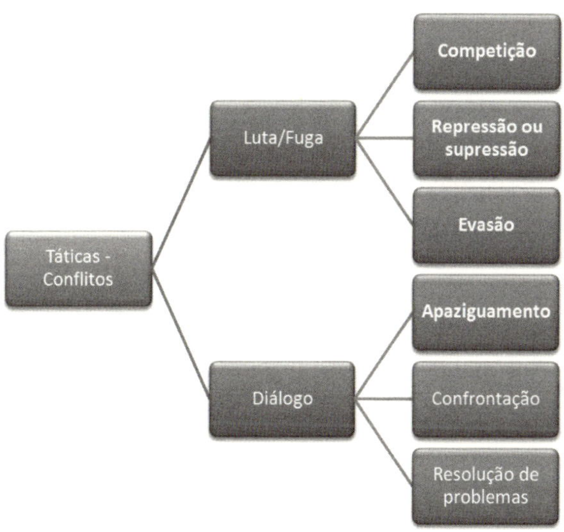

3.3 Negociações por meio de uma terceira parte

Até agora, foi discutida a barganha em termo de negociação direta. Ocasionalmente, as partes podem atingir uma situação de impasse, quando são incapazes de resolver as diferenças por meio da negociação direta. Nesses casos, elas podem optar pela utilização de uma terceira parte, capaz de ajudar a encontrar uma solução.

ATENÇÃO!

A literatura diverge muito com relação aos conceitos do papel de um terceiro na negociação. As definições segundo vários teóricos serão apresentadas a seguir.

Segundo Robbins (2002), há quatro papéis básicos da terceira parte: mediador, árbitro, conciliador e consultor.

Mediador	Elemento neutro que facilita a solução negociada por meio do emprego da razão e da persuasão, da sugestão de alternativas e assim por diante. Tem de ser visto como neutro e nunca como coercitivo.
Árbitro	Elemento com autoridade para ditar um acordo e pode ser voluntário, quando requerido pelas partes, ou compulsório, quando imposto por lei ou contrato. O principal benefício da arbitragem em relação à mediação é que ela sempre resulta em uma solução.
Conciliador	Elemento confiável que estabelece comunicação informal entre as partes oponentes e é amplamente empregada em disputas internacionais, trabalhistas, comunitárias e familiares. Diferente do mediador, esta figura tem o objetivo de persuadir os oponentes a chegar a um acordo.
Consultor	Elemento habilitado e imparcial que busca facilitar a resolução de certo problema por meio da comunicação e da análise, apoiado pelo conhecimento sobre administração de conflitos. Tem como principal objetivo melhorar as relações entre as partes conflitantes, para que elas cheguem a um acordo.

Questão de Concurso

(Cespe/TJ/AL/Analista Judiciário/2012 - Adaptada) Um conflito interpessoal causado por mudanças organizacionais pode ser solucionado por técnicas diferentes, que incluem a mediação e a atuação de um *Ombudsman* para pôr fim ao conflito.

Gabarito: certo. A mediação e a conciliação são formas de resolução de conflito.

VEJA BEM!

Em alguns casos, o conciliador ou ouvidor de um órgão é chamado de *Ombudsman* e refere-se ao profissional contratado para receber críticas, sugestões, reclamações e agir de forma imparcial na mediação dos conflitos entre as partes.

Outros autores corroboram com as definições apresentadas por Robbins (2005). Para Buitoni (2006), a mediação é uma forma de autocomposição dos conflitos, com o auxílio de um terceiro imparcial, que nada decide, mas apenas auxilia as partes na busca de uma solução, enquanto, para Nazareth (1998), a mediação configura-se como um método de condução de conflitos, aplicado por um terceiro neutro e especialmente treinado, cujo objetivo é reestabelecer a comunicação produtiva e colaborativa entre as pessoas que se encontram em um impasse, ajudando-as a chegar a um acordo.

Por outro lado, segundo Nazareth (2006), embora a conciliação apresente conceito bem similar ao da mediação, neste o conciliador atua opinando soluções quando as partes não conseguirem um entendimento. A diferença básica é, portanto, a intervenção do conciliador na proposição da solução, o que não é visível na mediação, em que as partes são responsáveis pela determinação das soluções.

VEJA BEM!

Segundo Nazareth (2006), a conciliação é mais eficaz em conflitos pontuais e novos, em que a relação entre as partes é transitória.

A arbitragem, por sua vez, é considerada por Moore (1998) como um processo em que as partes em conflito atribuem poderes a outra pessoa, ou pessoas, para decidirem por elas o objeto do conflito existente, desde que estas sejam imparciais e normalmente especialistas na matéria a ser disputada. Neste caso, como as partes escolhem quem decidirá por elas a lide, a nomeação decorre da vontade dos envolvidos no processo, minimizando o impacto negativo da solução que vier a ser adotada pelo árbitro nomeado.

CAPÍTULO 12
Motivação

1. MOTIVAÇÃO

1.1 Conceito

A palavra **motivação** tem origem no Latim (*movere*) e designa a condição do organismo que influencia a **direção** do comportamento. Ou seja, refere-se ao impulso que leva à ação, sendo ele interno ou externo. Segundo Udo (2003), a principal questão da psicologia da motivação é "por que o indivíduo se comporta da maneira como ele o faz?". Segundo o autor,"O estudo da motivação comporta a busca de princípios (gerais) que nos auxiliem a compreender por que seres humanos e animais em determinadas situações escolhem, iniciam e mantêm determinadas ações".

Segundo Chiavenato (1999), motivo é tudo aquilo que impulsiona a pessoa a agir de determinada forma ou que dá origem a uma propensão a um comportamento específico, podendo ser provocado por um estímulo externo (ambiente) ou internamente nos processos mentais. A motivação funciona em termos de forças ativas e impulsionadoras.

A motivação é geralmente descrita como um estado interior que induz uma pessoa a assumir determinados tipos de comportamento. Vista dessa perspectiva, ela tem a ver com a direção, a intensidade e a persistência de um comportamento ao longo do tempo.

A definição da motivação é autorregulada biológica ou cognitivamente por vários fatores como necessidade, estado de emoção, valores, metas, expectativas e objetivos, com ênfase importante na abordagem motivacional, sendo elas: ativação, direção, intensidade e persistência, que podemos definir da seguinte forma: **a ativação** que é o estado inicial do indivíduo onde está a estimulação que se encontra internamente ou externamente. Já na **direção**, a pessoa opta por uma alternativa de realizar o projeto, tendo várias opções; nisso, ela determina a melhor. A **intensidade** refere-se à força da ação, dependendo do estado emocional anterior, da necessidade de execução da tarefa ou posterior a ser alcançado. A **persistência** consiste no tempo que a pessoa demora até conseguir executar a tarefa.

Ativação	É o estado inicial do indivíduo onde está a estimulação que pode ser intrínseca (traço característico da pessoa de não gosta de deixar nada para fazer no dia seguinte) ou extrínseca (obter avaliação positiva do chefe com chances de resultar numa promoção).
Direção	Escolha de comportamentos específicos dentro de uma série de comportamentos possíveis.
Intensidade	Variabilidade da força da ação e que pode diferir ao se admitir que a força depende de um estado de carência anterior (necessidade ou afeto) ou de um estado posterior a ser alcançado (alvo). Quanto esforço a pessoa despende?
Persistência	Contínuo engajamento em determinado tipo de comportamento ao longo do tempo. Quanto tempo uma pessoa consegue manter seu esforço?

Questão de Concurso

(Cespe/Sead/Analista Administrativo/2010) A ativação, um aspecto relacionado ao conceito de motivação, refere-se ao objeto ou alvo da ação humana.

Gabarito: errado. O aspecto relacionado à motivação da afirmativa é a direção e não a ativação.

Questão de Concurso

(Cespe/Sead/Analista Administrativo/2010) Algumas teorias motivacionais enfatizam o estudo da intensidade da motivação, que está relacionada à variabilidade da força da ação e que pode diferir de acordo com um estado anterior de carência (necessidade ou afeto) ou de um estado posterior a ser alcançado (alvo, meta).

Gabarito: certo. É exatamente o conceito da intensidade da motivação.

1.2 Motivação intrínseca *x* motivação extrínseca

Heiz e Jutta (2008), nos estudos sobre motivação, diferem a motivação intrínseca da extrínseca. Enquanto a primeira refere-se à motivação gerada por necessidades e motivos da pessoa, a motivação extrínseca refere-se à motivação gerada por processos de reforço e punição. A motivação é fruto de uma interação entre a pessoa e o ambiente. Os dois tipos de motivação podem aparecer mesclados, como, por exemplo, quando um profissional realiza um projeto que o interessa (motivação intrínseca) e consegue, com isso, elogios do gestor (reforço: motivação extrínseca).

Questão de Concurso

(FCC/TST/Técnico Administrativo/2012) A motivação é algo intrínseco, embora alguns estudiosos acreditem ser discutível essa posição.

Gabarito: certo. Motivação é um processo psicológico (intrínseco) que causa um despertar para a ação. Entretanto, alguns estudiosos questionam a ideia de que a motivação é intrínseca. Entre esses estudos temos a teoria do reforço que afirma que a motivação é extrínseca. Enquanto a primeira (motivação intrínseca) refere-se à motivação gerada por necessidade e motivos da pessoa, a motivação extrínseca refere-se à motivação gerada por processos de reforço e punição.

Questão de Concurso

(Cespe/Assembleia Legislativa-CE/2011) Entendendo-se liderança como a capacidade de alguém exercer influência sobre outras pessoas, é correto afirmar que a motivação é extrínseca ao indivíduo.

Gabarito: certo. Se partir do pressuposto que "ninguém motiva ninguém", a motivação é intrínseca, porém, veja que a afirmativa parte do entendimento de que a liderança é a capacidade de alguém exercer influência sobre outras pessoas, ou seja, parte do pressuposto de que o líder é alguém (do ambiente/fora/extrínseco) que influencia/motiva pessoas, portanto, a partir do direcionamento apresentado pela afirmativa, pode-se dizer que a motivação é extrínseca.

1.3 Diferenças individuais

As pessoas são diferentes no que tange à motivação: as necessidades variam de indivíduo para indivíduo, produzindo diferentes padrões de comportamento (CHIAVENATO, 1999).

Há três princípios importantes que explicam o comportamento humano:

- o comportamento é causado por estímulos internos ou externos;
- o comportamento é motivado, ou seja, há uma finalidade em todo comportamento humano;
- o comportamento é orientado para objetivos. Existe sempre impulso, desejo e necessidade que servem para designar os motivos do comportamento.

1.4 Satisfação no trabalho: enfoque global e de facetas

Segundo Spector (2002), satisfação no trabalho é uma variável de atitude que reflete como uma pessoa se sente em relação ao trabalho de forma geral (global) e em seus vários aspectos (facetas). Para o autor, existem dois enfoques para o estudo de satisfação no trabalho: o global e o de facetas.

O enfoque global trata da satisfação como um sentimento único e geral em relação ao trabalho.

O enfoque alternativo ou de facetas discrimina aspectos do trabalho como:

a) recompensas (salários e benefícios);

b) outras pessoas no ambiente de trabalho (supervisores e colegas);

c) as condições de trabalho;

d) a natureza do trabalho em si.

A abordagem a seguir, mencionada por Spector, permite uma visualização mais completa da satisfação no trabalho.

Facetas comuns da satisfação no trabalho

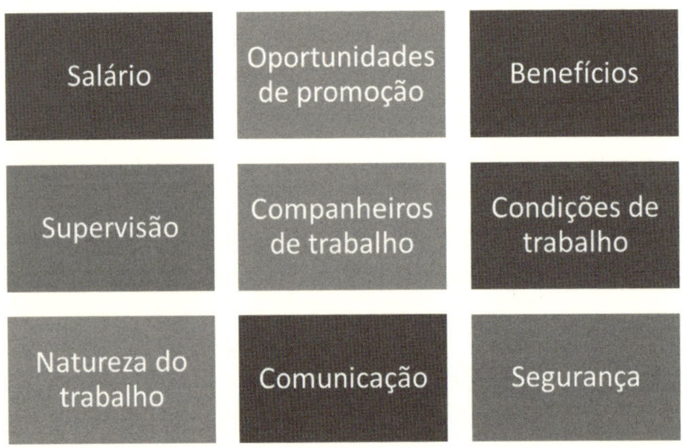

1.5 Motivação e satisfação

Como vimos no início deste capítulo, **motivação** significa mover e indica um estado psicológico caracterizado por um elevado grau de disposição ou vontade de realizar uma tarefa ou perseguir uma meta. Já a **satisfação** no trabalho é uma variável de atitude que mostra como as pessoas se sentem em relação ao trabalho que têm, seja no todo, seja em relação a alguns de seus aspectos.

ATENÇÃO!

O que leva à motivação tem diversos sentidos segundo as várias abordagens motivacionais. Para Herzberg – teoria dos dois fatores, por exemplo, como os fatores motivacionais, são satisfacientes, pode-se afirmar que quanto maior a satisfação, maior a motivação.

Entretanto, se pensarmos de acordo com o ciclo motivacional é a insatisfação que leva à motivação.

Questão de Concurso

(Cespe/Correios/Administrador/2010) Quanto maior a satisfação maior a motivação.

Gabarito: anulada. O Cespe fez a seguinte justificativa. Devido à existência de diversas teorias que orbitam o tema e que sinalizam sentidos diversos sobre o que gera a motivação, optou-se pela anulação do item.

1.6 Satisfação e comprometimento organizacional

O comprometimento organizacional é uma variável de atitude amplamente discutida no campo do trabalho. Ela está fortemente relacionada à satisfação no trabalho.

O comprometimento organizacional tem três componentes:

- a aceitação dos objetivos organizacionais;
- a disposição para trabalhar com afinco pela organização;
- o desejo de permanecer na organização.

Os três tipos de comprometimento são: afetivo, contínuo e normativo.

- Comprometimento afetivo: ocorre quando o funcionário deseja permanecer na organização devido a ligações emocionais. (EU QUERO)
- Comprometimento contínuo/calculativo: ocorre quando o funcionário deve permanecer na organização porque precisa dos benefícios e do salário ou não consegue encontrar outro emprego. (EU PRECISO)
- Comprometimento normativo: ocorre quando o funcionário acredita que deve este comprometimento para a organização, com base na sua crença de que é a coisa certa a se fazer. (EU TENHO)

2. Ciclo motivacional

A motivação é cíclica e começa com uma necessidade, que pode ser definida como uma força dinâmica e persistente que provoca o comportamento ao interromper o estado de equilíbrio do organismo, causando estado de tensão, desconforto e desequilíbrio. A tensão leva o indivíduo à ação, que é o movimento característico da motivação. A ação pode levar à satisfação, ou seja, ao equilíbrio interno.

No ciclo motivacional, contudo, a necessidade nem sempre pode ser satisfeita. Ela pode ser frustrada ou compensada (transferida para outro objeto, pessoa ou situação).

Ciclo Motivacional

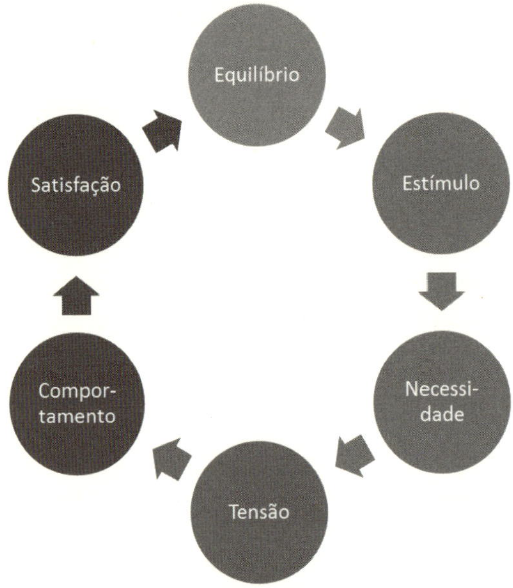

2.2 Motivação e desempenho

Para que uma organização alcance seus objetivos, os funcionários devem desempenhar suas tarefas com alto nível de desempenho. As pessoas podem desempenhar bem o seu trabalho apenas se tiverem a motivação e as habilidades necessárias para tal. As práticas organizacionais e as condições de trabalho podem aprimorar essas habilidades ou servir como limitações que interferem no desempenho no trabalho. Esses três fatores – motivação, habilidades e suporte organizacional – são determinantes do desempenho.

VEJA BEM!

O suporte organizacional envolve um conjunto de variáveis que interferem no desempenho, tais como: informações relacionadas ao trabalho, ferramentas e equipamentos, materiais e suprimentos, apoio financeiro, serviços e ajuda necessários fornecidos por outras pessoas, capacitações, tempo disponível, ambiente de trabalho - estrutura e clima, apoio do gerente, recompensas justas - princípio da reciprocidade e equidade etc.

A percepção de suporte organizacional é entendido como **crenças globais desenvolvidas pelo empregado sobre a extensão em que a organização valoriza as suas contribuições e cuida do seu bem-estar**. A percepção de suporte organizacional faz com que os funcionários sintam-se apoiados, confortáveis e confiantes, pois percebem a preocupação por parte da organização em relação ao seu bem-estar.

A percepção de suporte organizacional percebida pelo funcionário pela crença de que a organização valoriza suas contribuições resulta em comprometimento organizacional, satisfação no trabalho, além de desempenho e produtividade.

Chiuzi (2006) diz que a organização, para ser considerada positiva, deve oferecer suporte e atuar de forma justa nas relações com seus empregados.

A justiça de procedimento é percebida pelo funcionário conforme o que lhe é oferecido, se ela é justa ou não, assim ele tem prazer em trabalhar em determinada organização e melhorar seu desempenho. Quando o colaborador percebe a empresa na qual trabalha como justa, seu nível de bem-estar aumenta e, por consequência, torna-se mais comprometido com aquilo que realiza dentro dela.

ATENÇÃO!

A percepção de suporte organizacional se destaca no campo do comportamento organizacional devido a seu impacto sobre vários comportamentos relacionados à estabilidade e à intensidade da dedicação do empregado à organização. A literatura mostra os resultados organizacionais advindos de uma percepção de suporte favorável no ambiente de trabalho: comprometimento afetivo, diminuição da intenção de sair da organização, comportamento de cidadania organizacional, melhor desempenho, menor necessidade de ser supervisionado, criatividade e inovação.

Questão de Concurso

(Cespe/STM/Analista Judiciário/2011) É possível afirmar que, quanto maior for a motivação de um funcionário para o trabalho, tanto melhor será o seu desempenho em determinado contexto laboral.

> *Gabarito: errado. O desempenho humano também depende do apoio organizacional e das competências do indivíduo.*

Pode-se definir o desempenho humano pela seguinte equação:

> **Questão de Concurso**
>
> **(Cespe/Ancine/Técnico Administrativo/2012)** O desempenho humano, resultado da motivação e das competências para a realização do trabalho, está relacionado à inexistência ou pouca incidência de obstáculos contextuais.
>
> *Gabarito: certo. Desempenho = motivação + competências + suporte organizacional, que na questão está relacionado à pouca incidência de obstáculos contextuais.*

ATENÇÃO!

O desempenho humano, resultado da motivação e das competências para a realização do trabalho, está relacionado à inexistência ou pouca incidência de obstáculos contextuais, ou seja, está relacionado a suporte organizacional.

2.3 Classificação das teorias motivacionais

Existem duas linhas teóricas básicas sobre motivação:

- **Teorias de conteúdo**: procura explicar quais fatores motivam as pessoas (fatores dentro do indivíduo ou do ambiente que o envolve), sendo estáticos e descritivos. **O que motiva o homem.**
- **Teorias de processo**: procura explicar como funciona a motivação (compreensão dos processos cognitivos ou de pensamento das pessoas, que influencia o comportamento), sendo mais dinâmicas. **Como acontece a motivação.**

O quadro a seguir esquematiza as duas teorias:

Linhas teóricas básicas da motivação

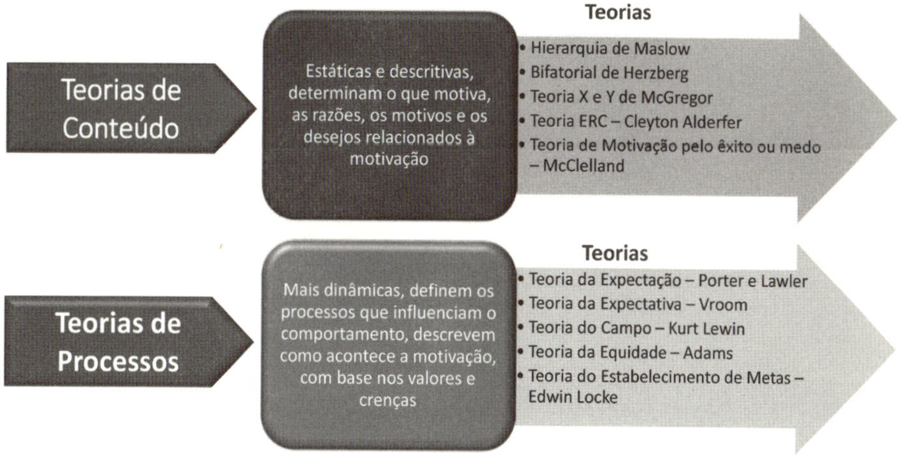

Questão de Concurso

(Consulplan/TSE/Analista Judiciário/2012) As abordagens teóricas sobre motivação são classificadas em dois grupos, a saber: as teorias de processo, que procuram explicar como funciona o mecanismo da motivação, e as teorias de conteúdo, que procuram explicar quais os motivos específicos que fazem as pessoas agirem.

Das alternativas a seguir, qual não faz parte do rol de teorias de processo no campo de estudo da motivação?

a) Teoria ERC.

b) Teoria da Equidade.

c) Teoria da Expectância.

d) Teoria da Definição de Objetivos.

Gabarito: a. As demais alternativas fazem parte do rol de teorias dos processos.

ATENÇÃO!

As teorias de motivação também já foram subdivididas com base na época em que surgiram. **Antigas**: Teoria X e Y; Teoria da Hierarquia das Necessidades Humanas e Teoria dos Dois Fatores (bifatorial). **Modernas**: Teoria das Necessidades de McClelland; Teoria da Fixação de Metas; Teoria do Reforço; Teoria da Equidade; Teoria da Expectativa; Teoria da Autoeficácia etc.

2.4 *Status* das teorias motivacionais, segundo Spector

Spector (2005) mostra o *status* de algumas teorias motivacionais por meio de uma classificação que indica o quanto cada uma tem encontrado sustentação em descobertas de pesquisas no campo organizacional. De acordo com a escala a seguir, 1 representa pouca ou nenhuma sustentação empírica para a teoria; e 5 indica sustentação empírica forte e coerente.

5 – Fixação de metas e autoeficácia.

4 – Expectativa e reforço.

3 – Equidade.

2 – ERC.

1 – Hierarquia das necessidades.

Teoria dos dois fatores.

3. TEORIAS MOTIVACIONAIS

3.1 Teoria da hierarquia das necessidades humanas – Abraham Maslow

Para o autor, as necessidades dos seres humanos seguem uma hierarquia, uma escala de valores a serem transpostos. Ou seja, após o indivíduo realizar uma necessidade, surge outra, exigindo sempre que as pessoas busquem meios para satisfazê-la. A ideia de hierarquia surge porque, segundo a teoria, o indivíduo não vai se sentir estimulado a suprir uma necessidade se a necessidade anterior não for satisfeita.

Segundo Maslow, as necessidades humanas estão organizadas e dispostas em níveis, em hierarquia de importância que formam uma pirâmide. Na sua base estão as necessidades mais básicas (necessidades fisiológicas e segurança) e, no topo, as necessidades mais elevadas (as necessidades de autorrealização).

Pirâmide de Maslow

Questão de Concurso

(TJSC/TJSC/Analista Administrativo/2011 - Adaptada) A Teoria da "Motivação de Maslow" afirma que as necessidades humanas não satisfeitas influenciam o comportamento das pessoas. Segundo Maslow, as necessidades humanas são classificadas em:

a) fisiológicas, de segurança, sociais, de estima e de autorrealização.
b) fisiológicas, de segurança, políticas, ambientais e de autorrealização.
c) fisiológicas, sociais, ambientais, políticas e financeiras.
d) fisiológicas, sociais, ambientais, políticas e organizacionais.

Gabarito: a.

De acordo com Maslow, as necessidades **fisiológicas** constituem a sobrevivência do indivíduo e a preservação da espécie: alimentação, sono, repouso, abrigo etc.

As necessidades de **segurança** constituem a busca de proteção contra a ameaça ou privação, preservação do emprego, moradia.

As necessidades **sociais** incluem a de associação, de participação, de aceitação por parte dos companheiros, de troca de amizade.

A necessidade de **estima** envolve a autoapreciação, a autoconfiança, a necessidade de aprovação social e de respeito, de *status*, de responsabilidade, de prestígio e de consideração, além de desejo de força e de adequação, de confiança perante o mundo.

As necessidades de **autorrealização** são as mais elevadas. Cada pessoa quer realizar o próprio potencial e autodesenvolver-se continuamente, buscando autonomia, liberdade, crescimento pessoal e profissional.

3.2 A teoria X e a teoria Y – McGregor

A teoria de McGregor é, na verdade, um conjunto de dois extremos opostos de suposições. Estes conjuntos foram denominados X e Y. Por esse motivo, também é conhecida pelo nome de Teoria X e Teoria Y. Para McGregor, se aceitarmos a teoria X, e nos comportarmos de acordo com ela, as pessoas se mostrarão preguiçosas e desmotivadas. Já, se aceitarmos a teoria Y, as pessoas com quem interagimos se mostrarão motivadas.

Teoria X – Concepção negativa da natureza humana.

- O homem médio não gosta do trabalho e o evita.
- Ele precisa ser forçado, controlado e dirigido.
- O homem prefere ser dirigido e tem pouca ambição.
- Ele busca apenas a segurança.

Teoria Y – Concepção positiva da natureza humana.

- O dispêndio de esforço no trabalho é algo natural.
- O controle externo e a ameaça não são meios adequados de se obter trabalho.
- O homem exercerá autocontrole e autodireção, se as necessidades próprias forem satisfeitas.
- A pessoa média busca a responsabilidade.
- O empregado exercerá e usará sua engenhosidade, quando lhe permitirem autodireção e autocontrole.

Questão de Concurso

(Funiversa/MTUR/Administrador/2010) Acerca da Teoria de McGregor, assinale a alternativa que apresenta uma pressuposição da Teoria X.

a) Os indivíduos comuns gostam de trabalhar, desde que as condições sejam favoráveis.
b) Os indivíduos procuram pela responsabilidade para realizar os objetivos da organização.
c) A motivação dos indivíduos ocorre nos níveis de necessidades sociais, de estima e de autorrealização, bem como nos níveis fisiológicos e de segurança das necessidades.
d) As pessoas podem ser criativas no trabalho, desde que adequadamente estimuladas.
e) Os indivíduos comuns são preguiçosos e indolentes; não gostam de trabalhar.

Gabarito: e.

3.3 Teoria dos dois fatores ou bifatorial – Herzberg

Herzberg desenvolveu sua teoria para tentar entender os fatores que causariam insatisfação e aqueles responsáveis pela satisfação no ambiente de trabalho. Os fatores que agradavam ao funcionário foram chamados de motivadores, enquanto aqueles que desagradavam foram chamados de higiênicos.

Segundo o autor, existem dois fatores:

- **Fatores de higiene**: são os fatores extrínsecos e são insatisfacentes, ou seja, os que previnem a insatisfação.
- **Fatores de motivação**: são os fatores intrínsecos, associados a sentimentos positivos e estão relacionados com o cargo.

Os fatores de higiene são os necessários para evitar a insatisfação no ambiente de trabalho, mas, por outro lado, não são suficientes para provocar satisfação.

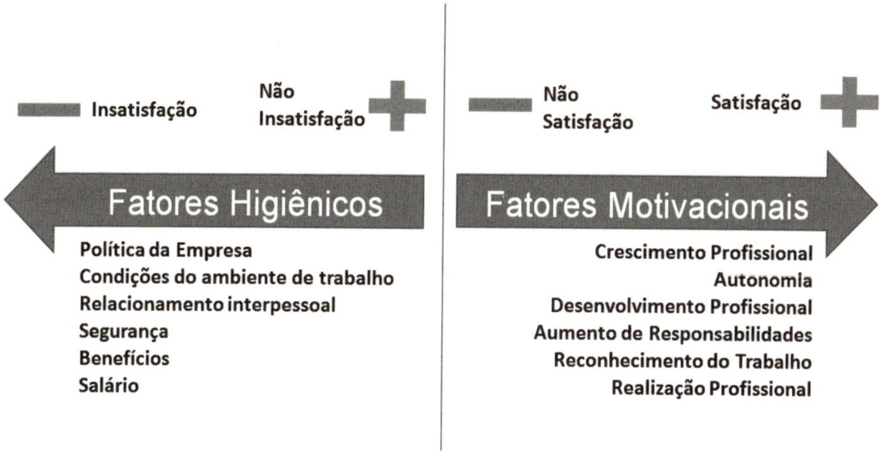

Dessa forma, para motivar um funcionário, não basta que os fatores de insatisfação estejam ausentes. Pelo contrário, os fatores de satisfação devem estar bem presentes.

CUIDADO!

Para Herzberg, o salário não representa um fator motivacional, e sim higiênico!

Para o autor, o contrário de **satisfação** não é **insatisfação**, mas sim, a **não satisfação**, ou neutralidade. Da mesma forma, o contrário de **insatisfação** é a **não insatisfação**, e não a **satisfação**.

Questão de Concurso

(Cespe/MPE-PI/Técnico Ministerial/2012) De acordo com a teoria dos dois fatores - motivação e higiene -, o oposto de satisfação não é a insatisfação. Ainda segundo essa teoria, a eliminação dos aspectos de insatisfação de um trabalho não o torna necessariamente satisfatório.

Gabarito: certo. Segundo a Teoria de Herzberg.

VEJA BEM!

É possível fazer uma relação entre a teoria de Herzberg e a de Maslow. Nesse caso, os fatores higiênicos representariam as necessidades fisiológicas e de segurança e sociais, e os fatores motivacionais representariam as necessidades de estima e autorrealização.

ATENÇÃO!

Status (necessidade de estima) e Promoção (autorrealização) são considerados fatores motivacionais.

3.4 Teoria ERC – Clayton Alderfer

A Teoria ERC afirma que a motivação do trabalhador pode ser medida seguindo uma hierarquia de necessidades, porém, diferente de Maslow, para esta teoria não é necessário subir progressivamente dentro da hierarquia das necessidades. O autor considera que as pessoas podem subir ou descer dentro da hierarquia das necessidades e que existiam apenas três fatores essenciais para a motivação:

- **Necessidade existencial (existência)**: necessidades básicas de Maslow, ou seja, necessidades de sobrevivência.
- **Necessidades de relacionamento**: o ser humano tem necessidade de relacionamentos interpessoais, ou seja, sociabilidade e relacionamento social.
- **Necessidades de crescimento**: necessidade que o ser humano tem de criar, dar sugestões, participar e desenvolver o potencial humano.

Esta teoria adota o princípio de frustração-regressão, ou seja, uma necessidade inferior pode ser ativada quando uma necessidade mais elevada não pode ser satisfeita e também salienta que mais de uma necessidade pode ser focalizada de uma única vez, podendo surgir simultaneamente.

3.5 Teoria da motivação pelo medo/êxito ou teoria das necessidades adquiridas – David Mcclelland

David McClelland, por meio da teoria da motivação pelo êxito e/ou medo, destaca três motivos (necessidades) que orientam a dinâmica do comportamento humano, como está demonstrado na tabela a seguir.

Teoria da motivação pelo êxito e/ou pelo medo (McClelland)

Necessidade	Meio de Satisfação
Realização	Busca da excelência, de se realizar em relação a determinados padrões, de lutar pelo sucesso. Competir como forma de autoavaliação.

Afiliação	Relacionar-se cordial e afetuosamente. Desejo de relacionamentos interpessoais próximos e amigáveis.
Poder	Exercer influência. Necessidade de fazer com que os outros se comportem de modo que não fariam naturalmente.

Questão de Concurso

(Cespe/MPE-PI/Técnico Ministerial/2012) Entre as teorias motivacionais focadas em necessidades, uma das mais importantes é a de McClelland, que trata das necessidades individuais de realização, de poder e de associação.

Gabarito: certo. Segundo McClelland, são as três necessidades que orientam a dinâmica do comportamento.

Esta teoria sustenta que diferentes indivíduos têm distintos níveis de cada motivo, mas nunca a inexistência de qualquer um deles, em especial o da realização (motivação pelo êxito), apreendido na infância.

Esses motivos têm relação íntima com a resolução de problemas. Sendo assim, quando o indivíduo obtém sucesso, utilizando-se de determinado meio (motivo), tenderá a repeti-lo para a solução de outros problemas, o que caracterizará o estilo da pessoa.

ATENÇÃO!

Das teorias que focam necessidades (conteúdo), é uma das mais importantes.

Questão de Concurso

(FCC/TST/Analista Judiciário/2012 - Adaptada) Na teoria da necessidade adquirida, McClelland afirma que as pessoas são motivadas quando acreditam que podem realizar as tarefas e que as recompensas advindas valem o esforço em realizá-las.

Gabarito: errado. A teoria da questão refere-se à teoria da expectância de Vroom.

3.6 Teoria da expectativa (ou expectância) – Victor Vroom

Para esta teoria, desenvolvida pelo psicólogo Victor Vroom, o comportamento humano é sempre orientado para resultados, ou seja, as pessoas fazem coisas esperando sempre outras em troca.

Os três principais fatores nesta teoria são: valência, instrumentalidade e expectativa.

Valência	É o valor atribuído ao resultado (recompensa). É uma medida de atração que um resultado (recompensa) exerce sobre um indivíduo.
Instrumentalidade	Relação desempenho-resultado (recompensa). É o grau em que o indivíduo acredita que determinado nível de desempenho levará ao resultado desejado.
Expectativa	Relação esforço-desempenho. É a probabilidade, percebida pelo indivíduo, de que certa quantidade de esforço levará ao desempenho.

Assim, para que uma pessoa esteja "motivada" a fazer alguma coisa, é preciso que ela, simultaneamente:

- atribua valor ao resultado advindo de fazê-la;
- acredite que, fazendo-a, ela receberá a compensação esperada;
- acredite na probabilidade de que tem condições de fazê-la.

Questão de Concurso

(Cespe/Abin/Oficial de Inteligência/2010) O valor que um indivíduo atribui ao alcance de um resultado – por exemplo, uma promoção – é fator determinante do nível de motivação em relação à determinada atividade.

Gabarito: certo. Segundo a Teoria de Vroom, a valência é um dos fatores de motivação.

Em termos de uma equação, essa definição poderia ser escrita da seguinte forma:

Motivação = [expectativa] X [instrumentalidade] X [valência]

Dentro dessa visão teórica, os indivíduos fazem escolhas baseados em ideais de recompensa não obtidos ainda; as recompensas devem estar inseridas em um período de tempo médio para que haja relação desempenho-recompensa e esta deve ser justa; e, por fim, o indivíduo sabe o que se espera dele e passa a se comportar de maneira esperada.

Força motivacional: V x I x E

Motivação = Expectativa (Esforço – Desempenho – Resultado) *x* Valor atribuído ao resultado.

Vroom enfatiza a importância de se analisar com cuidado a dimensão dos valores atribuídos a uma compensação. Por exemplo, um jovem profissional pode atribuir enorme valor a uma promoção não pelas perspectivas de carreira que isso ofereça ou pelo aumento de salário em si, mas pelo fato de esse aumento permitir a ele se casar (CHIAVENATO, 1999).

Isso mostra que motivação é um processo e varia de indivíduo a indivíduo, em função dos objetivos pessoais.

Questão de Concurso

(FCC/TST/Analista Judiciário/2012 - Adaptada) Motivados por realização, poder e afiliação, a Teoria da expectativa foi criada por Vroom.

Gabarito: errado. A teoria apresentada refere-se à teoria da motivação por êxito ou medo, de McClelland.

3.7 Teoria de expectação – Lawler III

Para Lawler III, existem duas bases sólidas para sua teoria de que o dinheiro pode motivar o desempenho e outros tipos de comportamentos.

As pessoas, portanto, desejam dinheiro, porque este lhes permite não somente a satisfação de necessidades fisiológicas e de segurança, mas também, lhes dá condições para a satisfação das necessidades sociais, de estima e de autorrealização, presentes na pirâmide de Maslow.

Se as pessoas percebem e creem que certo desempenho é possível e necessário para obter mais dinheiro, elas, certamente, desempenharão as tarefas da melhor maneira possível.

Assim, a equação que melhor expressa a teoria de Lawler III é:

Necessidades não satisfeitas + crença que a obtenção do dinheiro requer desempenho = motivação para desempenhar

3.8 Teoria do reforço – Skinner

A ideia principal desta teoria é de que o reforço condiciona o comportamento, sendo que este é determinado por experiências negativas ou positivas, devendo o gerente estimular comportamentos desejáveis e desencorajar comportamentos não agradáveis.

O **reforço positivo** dá-se de várias formas, tais como: premiações, promoções e até um simples elogio a um trabalho bem feito. São motivadores, visto que incentivam o alto desempenho. O **reforço negativo** é capaz de fortalecer uma reação quando remove algum tipo de estímulo aversivo. Para uma pessoa sonolenta que aperta o botão que desliga o barulho do despertador, o cessar do barulho irritante é um reforço negativo. É interessante observar que, ao contrário do uso popular, o reforço negativo não tem caráter punitivo, pois ele representa a remoção de um evento punitivo.

Por outro lado, a **punição** é a apresentação de um castigo e consequente diminuição da possibilidade de o comportamento ocorrer novamente.

Questão de Concurso

(UFBA/UFBA/Administrador/2009) Nos estudos motivacionais, a teoria do reforço é uma abordagem comportamental que condiciona a atitude do indivíduo a estímulos externos, tais como um aumento salarial ou um elogio.

Gabarito: certo. Para esta teoria, o comportamento humano está relacionado com a punição ou com o reforço recebido.

3.9 Teoria de campo – Kurt Lewin

Para melhor explicar a motivação do comportamento, Lewin elaborou a teoria de campo, que se baseia em duas suposições fundamentais:

a) o comportamento humano é derivado da totalidade de fatos coexistentes;

b) esses fatos coexistentes têm o caráter de um campo dinâmico, no qual cada parte do campo depende de uma inter-relação com as outras partes.

O comportamento humano não depende somente do passado, ou do futuro, mas do campo dinâmico atual e presente.

Esse campo dinâmico é "o espaço de vida que contém a pessoa e o seu ambiente psicológico".

Lewin propõe a seguinte equação, para explicar o comportamento humano:

$$C = f\,(P, M)$$

Nela, o comportamento (C) é função (f) ou resultado da interação entre a pessoa (P) e o meio ambiente (M) que a rodeia.

O **ambiente psicológico** (ou ambiente comportamental) é o ambiente tal como é percebido e interpretado pela pessoa.

Mais do que isso, é o ambiente relacionado com as atuais necessidades do indivíduo.

Alguns objetos, pessoas ou situações podem adquirir **valência no ambiente psicológico**, determinando um **campo dinâmico** de forças psicológicas.

3.10 Outras teorias de motivação

Teoria da equidade, Adams	Afirma que as pessoas são motivadas a alcançar uma condição de igualdade ou justiça nas relações com outras pessoas e com as organizações. De acordo com ele, os funcionários que se encontram em situação de desigualdade experimentam insatisfação e tensão emocional que eles procurarão reduzir. A teoria especifica condições sob as quais a desigualdade ocorrerá, condições essas que os funcionários deverão reduzir. Acredita-se que, quando uma pessoa avalia o resultado do próprio trabalho, qualquer diferença percebida em relação ao dos outros é um estado de consciência motivador.
Teoria da fixação de metas/objetivos, Edwin Locke e Lathan	É a teoria de motivação que provavelmente tem sido mais útil para os psicólogos organizacionais; é uma forma popular de aumentar o desempenho no trabalho. O princípio básico dessa teoria diz que o comportamento das pessoas é motivado por intenções e objetivos, que podem estar intimamente relacionados a comportamentos específicos. As metas de uma pessoa são o principal determinante da motivação relacionada à tarefa, visto que as metas dirigem os pensamentos e as ações.
Teoria da autoeficácia, Bandura	Preocupa-se em estudar como a crença das pessoas nas próprias habilidades pode afetar o comportamento dela. Pessoas com grande autoeficácia acreditam ser capazes de realizar tarefas e serão motivadas a aplicar o esforço necessário para isso. De acordo com essa teoria, a motivação para uma tarefa está relacionada ao fato de a pessoa acreditar ou não que é capaz de concluí-la com sucesso. Uma das formas em que a grande autoeficácia se desenvolve é pelo sucesso. Indivíduos com altos níveis de habilidade provavelmente terão obtido sucesso no passado e, assim, tendem a ter elevada autoeficácia.
Teoria das características do trabalho, Hackman e Oldham	Uma abordagem diferente é a Teoria das Características dos Cargos (trabalho), ela propõe que em sua maioria o centro de controle da motivação não são os indivíduos e sim o ambiente em que o trabalho é realizado. Sendo assim, essa teoria propõe que quando é realizado um bom trabalho no planejamento dos cargos, o trabalho pode facilitar a motivação dos indivíduos, segundo ela, existem características ou atributos nos cargos que facilitam a motivação, MUCHINSKY (2004). As dimensões do cargo, tais como: o significado do trabalho, variedade de habilidades, importância da tarefa, identidade com a tarefa, autonomia e *feedback* são determinantes da motivação.

Teoria da autorregulação, Kanfer	Teoria defendida por kanfer (1977 *apud* ZANELLI, 2004) é a Teoria da Autorregulação, onde o processo envolve três componentes: - Auto-observação (atenção dirigida para a própria pessoa); - Autoavaliação (comparação entre os objetivos pretendidos e as condições pessoais para atingi-los; - Autorreação (resposta afetiva à autoavaliação negativa ou positiva e à crença na capacidade de realização). No geral, o processo envolve o perceber, o comparar e o agir.
Teoria da Avaliação Cognitiva, Deci	As pessoas tendem a avaliar as suas ações com base nas atribuições que fazem de suas causas ou razões. Atribuir o controle do desempenho individual no trabalho a fatores da própria pessoa ou a fatores externos influencia na avaliação que cada um faz de sua motivação. Sendo assim, se as recompensas extrínsecas (fator externo), tais como o salário, são bastante altas para realizar uma tarefa, há grandes chances de que a pessoa venha a atribuir o seu bom desempenho ao fato de estar sendo bem-paga, e não ao fato de gostar de realizar a tarefa (motivação intrínseca). E, sendo assim, não haveria razão para se empenhar tanto para realizar um bom trabalho.
	O exemplo contrário seria o de alguém que realiza uma tarefa aparentemente monótona e recebe em troca recompensas externas insatisfatórias, nesse caso, torna-se bastante provável que elas e os outros atribuam sua persistência na ação a fatores intrínsecos, ou seja, da própria pessoa. Nesta teoria, afirma-se que recompensas extrínsecas podem vir a diminuir a motivação intrínseca e por sua vez a ação intrinsicamente motivadora está localizada externamente, e não internamente, contribuindo para gerar dependência de recompensas externas.
Teoria do Fluxo, Csikszentmihalyi	Considera a motivação como um estado emocional de curta duração e de alta ativação, caracterizado pela clareza de metas, intensa concentração e percepção de total controle da atividade que está sendo realizada. Afirma ser um estado psicológico de êxtase que resulta de uma integração de processos cognitivos, de características das da tarefa e de estados emocionais múltiplos. Esse estado é facilmente visualizado quando desempenhamos atividades extremamente prazerosas e excitantes como, por exemplo, as esportivas e as artísticas.

Os principais fatores para atingir este estado seriam:
- Oferecer metas claras e atingíveis e *feedbacks* contínuos no processo de desenvolvimento da atividade;
- Permitir que a pessoa tenha o controle do processo, ao reconhecer que suas habilidades e potencialidades estão sendo mobilizadas para o exercício da atividade;
- Minimizar os fatores de distração, de modo que haja intensa concentração no que se está fazendo, o que repercute na percepção subjetiva do tempo e na sensação de perda temporária dos limites do eu;
- Identificar as situações potenciais capazes de provocar na pessoa este estado de fluxo.

Questão de Concurso

(Cespe/MPU/Analista Administrativo/2010) A teoria da autoeficácia explica como as intenções e os objetivos pessoais podem resultar em determinado comportamento.

Gabarito: errado. A teoria da autoeficácia baseia-se na crença que a pessoa tem sobre as próprias capacidades.

Questão de Concurso

(Cespe/Funesa/Analista Administrativo/2010) A teoria motivacional de fluxo se sustenta na premissa de que a motivação humana é um estado emocional de curta duração e de alta ativação, caracterizada pela clareza de metas, intensa concentração e percepção de total controle sobre a atividade que está realizando.

Gabarito: certo. A afirmativa apresenta exatamente os pressupostos da teoria motivacional de fluxo.

Felippe (2001) apresenta algumas dicas para manter o funcionário motivado. São elas: estabelecer metas claras e atingíveis – pouco adianta uma meta inatingível, ou facilmente atingível; ao invés de incentivar, gera frustração; elas deverão ser desafiadoras. Assim, é importante estabelecer metas e objetivos claros, atingíveis e também desafiadores dentro do escopo da teoria motivacional.

Questão de Concurso

(FCC/TST/Analista Judiciário/2012 – Adaptada) Objetivos atingíveis, porém difíceis, motivam os funcionários. Essa é uma afirmação possível, dentro do escopo da teoria motivacional.

Gabarito: certo. Objetivos tangíveis, apesar de difíceis, têm a capacidade de motivar os funcionários.

Questão de Concurso

(FCC/TST/Analista Judiciário/2012) Sobre motivação, considere:

I - Hierarquia de necessidades criadas por Maslow é uma das teorias de motivação de conteúdo.

II - Motivados por realização, poder e afiliação, a teoria da expectativa foi criada por Vroom.

III - A teoria das necessidades adquiridas, MClelland afirma que as pessoas são motivadas quando acreditam que podem realizar as tarefas e que as recompensas advindas valem o esforço em realizá-las.

IV - Objetivos atingíveis, porém difíceis, motivam os funcionários, essa é uma afirmação possível, dentro do escopo da teoria motivacional.

Está correto o que se afirma apenas em

a) II e III.

b) II e IV.

c) I e IV.

d) I, II e III.

e) I, III e IV.

Gabarito: c.

I - certo. As teorias de conteúdo definem ***o que motiva*** *e entre elas temos a teoria da hierarquia das necessidades de Maslow.*

II - errado. As necessidades de Realização, Afiliação e Poder (RAP!) é de David Mclelland - teoria das necessidades adquiridas.

III - errado. A teoria da Expectativa de V. Vroom é que afirma que as pessoas são motivadas quando acreditam que podem realizar as tarefas e que as recompensas advindas valem o esforço em realizá-las.

IV - certo. Felippe (2001) apresenta algumas dicas para manter o funcionário motivado são elas: estabelecer metas claras e atingíveis. Pouco adianta uma meta inatingível, ou facilmente atingível, no lugar de incentivar, gera frustração, elas deverão ser desafiadoras. Assim é importante estabelecer metas e objetivos claros, atingíveis e também desafiadores dentro do escopo da teoria motivacional.

4. QUALIDADE DE VIDA NO TRABALHO (QVT)

Segundo Ferreira, Rocha e Moraes (2003), o grande impulso em torno da questão da Qualidade de Vida no Trabalho ocorreu nos anos 1970, com as lutas de trabalhadores e estudantes contra o sistema taylorista/fordista de produção.

Questão de Concurso

(Cespe/MPE-PI/Analista Ministerial/2012) Os programas de Qualidade de Vida no Trabalho, cada vez mais difundidas em organizações públicas e privadas, são um exemplo típico de ações classificadas como processos de manter pessoas.

Gabarito: certo. Segundo Chiavenato, a QVT encontra-se no processo de manter pessoas.

Para esses autores, o interesse das organizações acerca da QVT não deve ser visto apenas como resultado das pressões dos trabalhadores, mas também, como decorrência da constatação de que formas de gerenciamento do trabalho mais democráticas, aliadas a tarefas mais complexas, podem acarretar no aumento de produtividade.

Questão de Concurso

(FCC/TCE-GO/Analista de Controle Externo/2009) A abordagem da Qualidade de Vida no Trabalho envolve duas dimensões potencialmente antagônicas. São elas:

a) a melhoria contínua dos processos e a necessidade de lazer dos trabalhadores.
b) a necessidade de aumentos constantes de produtividade no trabalho e a luta dos trabalhadores pelas melhorias salariais.
c) o bem-estar e a satisfação dos funcionários no trabalho e a produtividade e a qualidade.
d) a preservação do meio ambiente e a expansão da produção industrial.
e) o crescente uso de tecnologias poupadoras de mão de obra e a necessidade de elevar a qualificação dos trabalhadores.

Gabarito: c. A QVT sempre terá que voltar as atividades para o bem-estar do indivíduo, mas sem deixar de lado a necessidade de produzir.

A Qualidade de Vida no Trabalho está relacionada à motivação, satisfação no trabalho, fatores ambientais e ergonômicos, o que proporciona visão holística sobre esta situação.

Alguns modelos de QVT são apresentados a seguir.

4.1 Modelo de dimensões básicas da tarefa – Hackman e Oldham

As dimensões do cargo são fundamentais na QVT, pois produzem estados psicológicos críticos relacionados a resultados pessoais e de trabalho, que, se não forem adequados, podem aumentar os índices de rotatividade e absenteísmo.

Os aspectos baseados nos cargos são, segundo Chiavenato (2006):

Variedade de habilidades	O cargo exercido deve exigir várias e diferentes habilidades e conhecimento.
Identidade da tarefa	Ressalta a importância do indivíduo sobre as tarefas; o trabalho deve ser realizado do início ao fim, para que este perceba que produz um resultado palpável.
Significado da tarefa	A pessoa deve ter clara percepção de que forma o trabalho realizado produz consequências e impactos sobre o trabalho dos demais.
Autonomia	Defende-se a responsabilidade pessoal para planejar e executar tarefas e a independência para desempenhá-las. Um exemplo seria a prática de gerência por objetivos, pois proporciona papel importante aos trabalhadores no estabelecimento dos próprios objetivos e na busca de planos para consegui-los.
Feedback	Refere-se às informações; pode ser dividido em retroação do próprio trabalho, em que os superiores devem proporcionar informação de retorno para que o próprio indivíduo possa avaliar o desempenho dele, e retroação extrínseca, em que deve haver retorno dos superiores hierárquicos ou cliente a respeito do desempenho da tarefa.

4.2 Modelo de QVT de Nadler e Lawler

Chiavenato (1999) descreve que, para Nadler e Lawler, a QVT está fundamentada em quatro aspectos:

- participação dos funcionários nas decisões.
- reestruturação do trabalho por meio do enriquecimento das tarefas e de grupos autônomos de trabalho.
- inovação no sistema de recompensas para influenciar o clima organizacional.
- melhoria no ambiente de trabalho quanto às condições físicas e psicológicas, horário de trabalho etc.

A observação desses aspectos considera o ser humano como parte integrante das organizações, mostrando a evolução da importância delas.

4.3 O modelo de Walton

Neste modelo, a Qualidade de Vida no Trabalho, descrito por Ferreira, Rocha e Moraes (2003), é dividida em oito fatores e cada um deles abrange várias dimensões.

1. **Compensação justa e adequada:**
   - Salário adequado ao trabalhador.
   - Equidade ou compatibilidade interna.
   - Equidade e compatibilidade externa.

2. **Condições de segurança e saúde no trabalho:**
   - Jornada de trabalho.
   - Ambiente físico (seguro e saudável).

3. **Utilização e desenvolvimento de capacidades:**
   - Autonomia.
   - Significado da tarefa.
   - Identidade da tarefa.
   - Variedade de habilidades.
   - Retroação e retroinformação.

4. **Oportunidades de crescimento contínuo e segurança:**
   - Possibilidade de carreira.
   - Crescimento profissional.
   - Segurança do emprego.

5. **Integração social na organização:**
   - Igualdade de oportunidades.
   - Relacionamentos interpessoais e grupais.
   - Senso comunitário.

6. **Garantias constitucionais:**
   - Respeito às leis e aos direitos trabalhistas.
   - Privacidade pessoal.
   - Liberdade de expressão.
   - Normas e rotinas claras da organização.

7. **Trabalho e espaço total de vida:**
   - Papel balanceado do trabalho na vida pessoal.

8. **Relevância social da vida no trabalho:**
   - Imagem da empresa.
   - Responsabilidade social pelos produtos/serviços.
   - Responsabilidade social pelos empregados.

Questão de Concurso

(Cespe/MMA/Analista Ambiental/2011) Entre os fatores que influenciam na Qualidade de Vida no Trabalho, incluem-se as condições ambientais, a segurança do trabalho e o grau de satisfação das pessoas em relação à organização.

Gabarito: certo. Todos esses fatores influenciam na Qualidade de Vida no Trabalho.

5. PROGRAMAS DE QUALIDADE DE VIDA NO TRABALHO

Os programas de qualidade de vida no trabalho e a satisfação no trabalho envolvem quatro categorias principais: organizacional, social, psicológica e biológica. Cada categoria divide-se em diferentes indicadores específicos que correspondem a práticas das empresas em cada uma dessas categorias.

CATEGORIAS DE INDICADORES	INDICADORES ESPECÍFICOS
Organizacional	• Tratamento ético dos funcionários. • Planos de carreira igualitários. • Clareza das políticas e procedimentos.
Social	• Investimento na educação formal dos funcionários. • Benefícios familiares. • Atividades culturais e esportivas.
Psicológico	• Valorização do funcionário. • Apoio psicológico. • Desafio e outros fatores motivacionais.
Biológica	• Ginástica laboral. • Controle dos acidentes de trabalho. • Conforto físico e eliminação da insalubridade. • Alimentação. • Controle de doenças.

Questão de Concurso

(Cespe/Embasa/Administração/2010) A relação existente entre a qualidade de vida, a motivação e a liderança pode ser vista no modelo de qualidade de vida no trabalho (QVT) proposto Hackman e Oldhan, principalmente no que tange à retroação extrínseca.

Gabarito: certo. Tanto a motivação quanto a liderança no que tange à retroação extrínseca são vistas no modelo de qualidade de vida no trabalho proposto Hackman e Oldhan.

Questão de Concurso

(Cespe/Embasa/Administração/2010) O líder que fomenta a participação dos funcionários nas decisões que ele toma está alinhado com os fundamentos do modelo de QVT proposto por Nadler e Lawler.

Gabarito: certo. Fomentar a participação dos funcionários nas decisões está alinhado aos fundamentos do modelo de QVT proposto por Nadler e Lawler.

Questão de Concurso

(Cespe/Embasa/Administração/2010) O modelo de QVT de Walton propõe que as lideranças devem ser enfatizadas no que tange à hierarquia, criando uma aura de inspiração e gerando motivação aos colaboradores da organização.

Gabarito: errado. O modelo de QVT de Walton não propõe que as lideranças enfatizem a hierarquia, posto que esta não inspira e nem gera motivação.

CAPÍTULO 13
Comunicação Organizacional

1. COMUNICAÇÃO ORGANIZACIONAL

A comunicação é o processo pelo qual as pessoas transmitem umas às outras informações a respeito de ideias, sentimentos e emoções. Ela faz parte de todas as interações sociais.

Na interação social, é necessária, além da transferência, a compreensão do significado para evitar falhas de comunicação que podem ter consequências sérias para os envolvidos no processo.

As pessoas transmitem ideias e sentimentos por meio de símbolos, que são formas arbitrárias utilizadas para referirem-se a intenções ou outro objeto. Os símbolos e os significados deles precisam ser socialmente compartilhados, ou seja, para se comunicar com sucesso, é preciso conhecer e dominar as formas de exprimir ideias e sentimentos aceitos na sociedade.

Comunicação é a utilização de algum meio pelo qual ideia, informação ou pensamento é transmitido de uma pessoa para outra, representando um grande intercâmbio que conecta duas ou mais pessoas.

1.1 Comunicabilidade

A comunicabilidade pode ser interpretada como a adaptação da mensagem ao público-alvo, uma vez que as pessoas devem ser capazes de interpretar corretamente o que está sendo dito.

A comunicabilidade enfatiza a maneira como os indivíduos se comunicam para a comunicação ser compreensível por parte do receptor. Sem a comunicabilidade adequada, a compreensão da mensagem não ocorrerá.

2. FUNÇÕES DA COMUNICAÇÃO

Segundo Robbins (2005), a comunicação tem quatro funções básicas dentro de um grupo ou de uma organização: controle, motivação, expressão emocional e informação.

2.1 Controle

A comunicação tem a capacidade de controlar as pessoas de diversas maneiras. Por meio dela é possível informar aos funcionários as regras de hierarquia, o funcionamento e as regras da empresa e as instruções de trabalho. Segundo o autor, a comunicação informal também controla o comportamento, por exemplo: quando um grupo de trabalho hostiliza ou reclama com um membro que está produzindo demais (e, assim, fazendo com que o resto do grupo pareça preguiçoso), esses indivíduos estão se comunicando informalmente e controlando o comportamento do colega.

2.2 Motivação

Ao esclarecer aos funcionários o que deve ser feito, qual a qualidade do desempenho e o que fazer para melhorá-lo, a comunicação facilita a motivação. O estabelecimento de metas específicas, o *feedback* do progresso em relação a elas e o reforço do comportamento desejável estimulam a motivação e requerem comunicação.

2.3 Expressão emocional

Por meio da comunicação, que ocorre dentro do grupo, é possível que certo membro expresse as próprias frustrações ou os sentimentos de satisfação. A comunicação, portanto, fornece o meio para a expressão emocional de sentimentos e para a satisfação de necessidades sociais.

2.4 Informações

A comunicação proporciona as **informações** de que as pessoas e os grupos precisam para tomar decisões, pois transmite dados para que se identifiquem e avaliem alternativas, revelando papel importante como facilitadora de tomada de decisões.

Funções da Comunicação

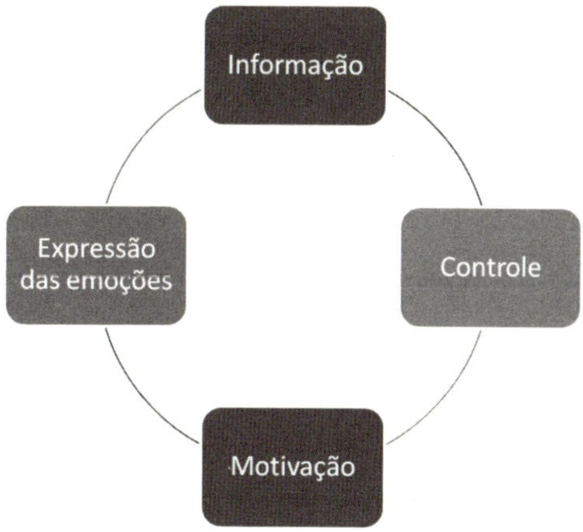

3. PROCESSO DE COMUNICAÇÃO

Ainda segundo Robbins (2005), para que a comunicação se realize, é necessário um propósito, expresso na forma de mensagem a ser transmitida, que passa de uma fonte (o emissor) para um receptor. A mensagem é codificada (convertida em um formato simbólico) e transmitida por meio de uma mídia (canal) até o receptor, que traduz (decodifica) a mensagem iniciada pelo emissor. O resultado é a transferência de um significado de uma pessoa para outra.

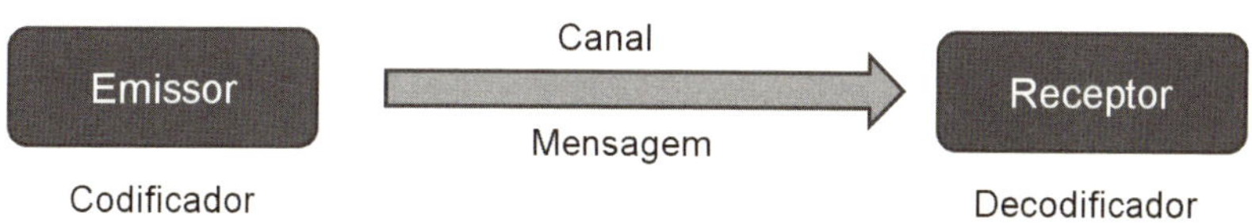

Elementos da comunicação

Fonte	Inicia a mensagem pela codificação de uma informação.
Mensagem	Produto físico codificado pelo emissor. *Ex.:* texto, fala, símbolo.
Canal	É a mídia ou o meio por onde a mensagem viaja, sendo selecionado pelo emissor, que deve determinar qual canal é formal e qual é informal. Os canais formais são estabelecidos pela organização e transmitem mensagens que se referem às atividades relacionadas ao trabalho dos membros.
Receptor	É o sujeito a quem a mensagem se dirige. Antes que a mensagem seja recebida, os símbolos dela precisam ser traduzidos de forma a ser compreendida pelo receptor. Isso é a decodificação da mensagem.

Ruído	Composto pelas barreiras à comunicação que distorcem a clareza da mensagem, tais como problemas de percepção, excesso de informações, dificuldades semânticas.
Feedback	Faz a verificação do sucesso na transmissão de uma mensagem como pretendida inicialmente. Ele determina se a compreensão foi obtida.

Questão de Concurso

(PUC-PR/DPE-PR/Técnico em Administração/2012) Na comunicação interpessoal, o processo pelo qual o receptor traduz a forma escrita, falada ou simbólica de uma mensagem para uma mensagem compreensível é denominado:

a) decodificação.
b) codificação.
c) jargão.
d) *feedback*.
e) comunicação horizontal.

Gabarito: a. A tradução por parte do receptor denomina-se decodificação.

3.1 Modelos de comunicação

Adler (2002) apresenta dois modelos de comunicação. O primeiro deles se refere ao modelo linear, em que a informação segue um caminho direto entre o emissor e o receptor. No entanto, esse modelo não representa de forma precisa a maneira pela qual os indivíduos comunicavam-se face a face, pois concebe a comunicação humana em uma única direção, com os ruídos ocorrendo apenas no início e no fim do processo.

Modelo Linear

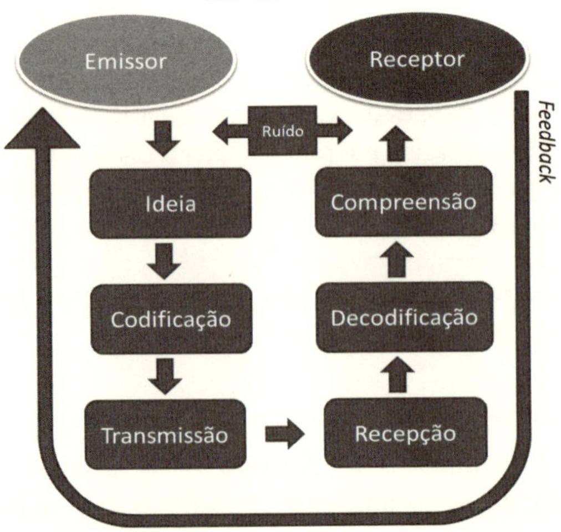

CUIDADO!

Canais diferentes podem afetar a maneira como um receptor reage a uma mensagem, e as experiências das pessoas podem aumentar ou diminuir a eficácia dessa comunicação.

O modelo de comunicação transacional foi desenvolvido para melhor representar como a comunicação ocorre nas interações sociais.

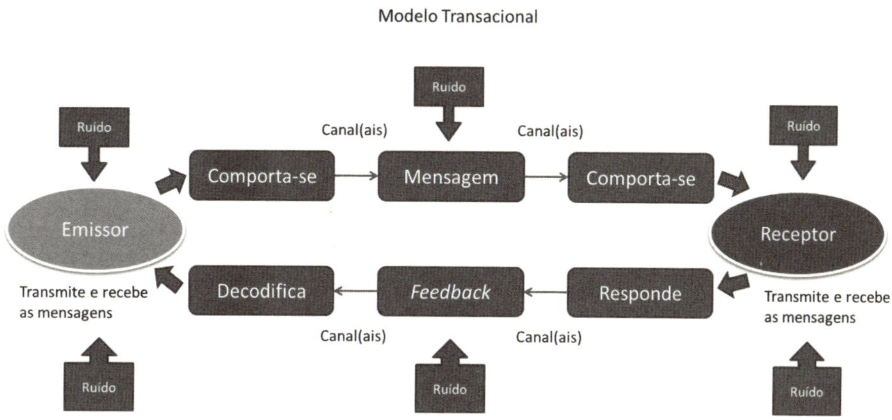

Diferentemente do linear, o modelo transacional considera que na comunicação interpessoal os papéis de emissor e de receptor são exercidos reciprocamente por dois ou mais indivíduos. Esse modelo também leva em consideração a influência de fatores no momento da transmissão da informação, tais como: os **ambientes** dos interlocutores, os **ruídos**, os **comportamentos** dos interlocutores e o ***feedback***.

Questão de Concurso

(Cespe/Banco da Amazônia/Técnico Científico/2010) A veiculação de uma mesma mensagem por canais diferentes, seja interpessoal, seja de massa, estabelece percepções e processamentos diferentes por parte das pessoas que recebem a mensagem.

Gabarito: certo. Canais diferentes propiciam distintas formas de processamento da informação.

- **Ambientes**: ambientes não significam, necessariamente, um lugar físico e sim, antecedente cultural e experiências pessoais diferentes que as pessoas levam para os diálogos. Os ambientes de dois ou mais indivíduos podem ser representados por: grupos étnicos, situação econômica dos indivíduos, idades, interesses, cultura e experiência de vida.

- **Ruído**: qualquer força que interfira na comunicação efetiva. São três tipos:

Ruído externo	Inclui os fatores fora do receptor, que tornam difícil ouvir, além de outros tipos de distração.
Ruído fisiológico	Envolve fatores biológicos no receptor ou no transmissor que interferem na recepção precisa, tais como doenças, fadiga etc.
Ruído psicológico	Refere-se a forças que interferem na capacidade de expressar ou compreender a mensagem de forma precisa.

Questão de Concurso

(Consulplan/TSE/Analista Judiciário/2012) A comunicação interpessoal é um processo de enviar e receber símbolos aos quais são agregados significados de uma pessoa a outra. Qual fator pode dificultar a comunicação interpessoal?

a) Articular-se de forma clara e objetiva.

b) Solicitar *feedback*.

c) Ter homogeneidade de padrões culturais entre a fonte e o destino.

d) Desenvolver o processo de comunicação espontânea, mesmo com ruídos.

Gabarito: d. Um dos principais dificultadores da comunicação refere-se aos ruídos de comunicação.

- **Comportamentos**: são as ações deliberadas e, ao mesmo tempo, não intencionais, que podem ser vistas e compreendidas. Alguns exemplos de comportamentos não verbais são gestos, postura, tom de voz etc.
- ***Feedback***: é a reação do receptor que acontece como resultado da transmissão de uma mensagem pelo transmissor. O *feedback pode* ser não verbal – a reação do receptor caracterizada por um comportamento – e verbal.

Questão de Concurso

(FCC/TRF/Analista Judiciário/2012) No processo de comunicação interpessoal, é a reação do receptor ao ato de comunicação, permitindo que o emissor saiba se sua mensagem foi ou não compreendida pelo receptor:

a) ruído horizontal.

b) racionalização.

c) negação.

d) *feedback*.
e) ruído vertical.

Gabarito: d. O feedback *proporciona um retorno ao emissor, de acordo com a reação do receptor.*

Diante disso, Adler e Towne (2002) chegaram à seguinte definição de comunicação:

> Comunicação é um processo transacional contínuo, envolvendo participantes que ocupam ambientes diferentes, mas superpostos, e criando relacionamentos através do intercâmbio de mensagens, muitas das quais são afetadas por ruídos externos, fisiológicos e psicológicos.

ATENÇÃO!

As habilidades de comunicação são cada vez mais exigidas nas organizações.

3.2 Tipos de comunicação

Os tipos de comunicação estão representados no quadro a seguir.

3.2.1 Comunicação verbal

A comunicação verbal pode ser dividida em oral e escrita.

- **Comunicação verbal-oral**: refere-se a esforços de comunicação, tais como dar instruções a um colega, entrevistar um candidato a emprego, informar alguma coisa a alguém, e assim por diante.
- **Comunicação verbal-escrita**: refere-se a cartas, memorandos, relatórios por escrito, normas e procedimentos. Mesmo nesse canal de comunicação relativamente simples, as palavras podem ter significados bem diferentes para pessoas distintas. É necessário que, neste tipo de comunicação, a mensagem seja escrita de forma a não dar margens para várias interpretações ao receptor.

3.2.2 Comunicação não verbal

Refere-se à transmissão de uma mensagem por algum meio diverso da fala e da escrita. Esse processo de comunicação, tão importante quanto a comunicação verbal, incorpora outros elementos, tais como a postura do corpo, as expressões faciais, os movimentos dos pés e das mãos e até a inflexão da voz, para transmitir mensagens. São apresentados a seguir os quatro tipos de sinais não verbais:

- **Paralinguagem**: é o comportamento vocal, mas não verbal, envolvido na fala. *Ex.*: altura, velocidade, pausas na fala. O canal é o auditivo.
- **Linguagem corporal (cinésica)**: movimentos silenciosos do corpo. *Ex.*: gestos, expressões faciais, olhar. O canal é o visual.
- **Espaço interpessoal (proxêmica)**: posicionamento do corpo em distâncias e ângulos variáveis em relação a outras pessoas. *Ex.*: proximidade íntima, olhar direto, desvio do olhar, dar as costas. Primordialmente visual, também tátil, olfativo e auditivo.
- **Efeitos pessoais**: seleção e disposição de objetos que pessoas associam a outras. *Ex.*: modo de se vestir, maquiagem, decoração de ambientes. Primordialmente visual, também auditivo e olfativo.

Além disso, a linguagem corporal pode ser classificada em cinco tipos de expressões: emblemas, ilustradoras, reguladoras, adaptadoras e de demonstração de afeto.

- **Emblemas**: são gestos quase como sinais de linguagem – o sinal de “OK” com o polegar; o “V” da vitória.

- **Ilustradoras**: são gestos que fornecem um quadro do que está sendo dito – um dedo indicador levantado para marcar o primeiro ponto de uma discussão; mãos estendidas para indicar o tamanho de um objeto.
- **Reguladoras ou coordenadoras**: são movimentos que regulam uma conversação – uma sobrancelha arqueada pode indicar a necessidade de esclarecer melhor o que está sendo dito; a palma da mão levantada indicando para ir mais devagar.
- **Adaptadoras**: são expressões usadas para ajustar-se psicologicamente ao clima interpessoal de uma situação em particular. São frequentemente usadas para lidar com o estresse – bater com os dedos sobre a mesa; passar as mãos nos cabelos; balançar a perna ou o pé.
- **Afetivas**: usualmente subconscientes, comunicam diretamente as emoções do indivíduo. A maioria das demonstrações de afeto são expressões faciais. Podem ser expressas, também, pela postura corporal. Por exemplo, a "postura fechada" (braços cruzados ou pernas cruzadas) comunica atitude de defesa ou de insatisfação.

É importante salientar que significados de sinais não verbais específicos podem variar de uma cultura para outra e dependem da situação em que ocorrem.

4. COMUNICAÇÃO ORGANIZACIONAL

A comunicação organizacional pode ser dividida em:

4.1 Comunicação formal

É aquela que "oficialmente" na empresa, ou seja, entre níveis hierárquicos e visando atender a alguma exigência funcional da organização. É feita por meio de documentos oficiais. Em geral, tem formalização definida pelo regimento interno da empresa ou pela própria redação de expediente ou é representada pela linguagem formal utilizada pelos funcionários dentro das organizações.

4.2 Comunicação informal

Acontece à margem dos fluxos formais, ou seja, surge dentro dos mais diversos contextos e envolve as pessoas, independentemente de posição hierárquica. É aquela representada pelo contato espontâneo entre colegas de trabalho. Apresenta três características: primeiro, ela não é controlada pela direção da empresa; segundo, é tida pela maioria dos funcionários como mais confiável do que os comunicados formais vindos da cúpula da organização; e terceiro, ela é largamente utilizada para servir aos interesses pessoais dos que a integra.

Questão de Concurso

(Cespe/EBC/Analista em Administração/2011) A organização, ao fazer uso de um sistema de comunicação, deve considerar, tanto no contexto formal quanto no informal, os níveis referidos no texto.

Gabarito: certo. Ambos os aspectos devem ser considerados.

CUIDADO!

O simples fato de se conhecer as pessoas no ambiente de trabalho não torna a comunicação informal. Tudo depende do meio utilizado, da situação e do momento em que a comunicação é realizada.

5. REDES DE COMUNICAÇÃO

Robbins (2005) descreve as estruturas de comunicação como as configurações que os canais comunicativos entre os membros de um grupo podem ter. Os diferentes arranjos destes canais são frequentemente chamados de redes de comunicação.

5.1 Redes formais

Incluem centenas de pessoas e grupos hierárquicos e são divididas em pequenos grupos, em três tipos comuns: cadeia, roda e todos os canais.

O tipo **cadeia** é indicado quando o mais importante é a precisão. Ela aumenta a eficácia do grupo, pois segue rigidamente a cadeia formal de comando. É muito encontrada em organizações com pelo menos três níveis hierárquicos rígidos.

Rede Formal - Cadeia

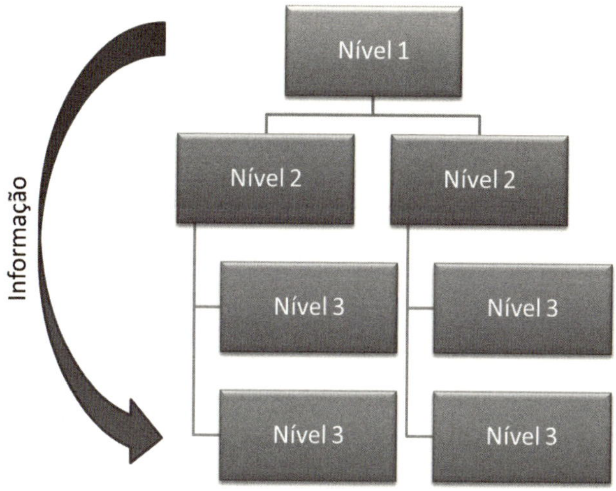

O tipo **roda** depende do líder para agir como condutor central da comunicação e pode ser encontrada em uma equipe com um líder forte.

Rede Formal - Roda

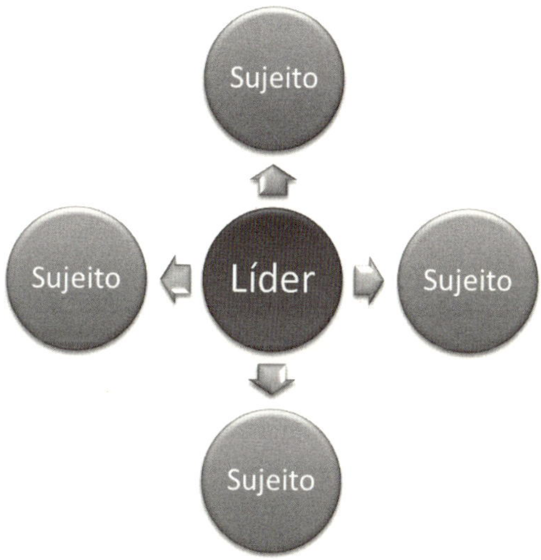

O tipo **todos os canais** permite que os membros do grupo se comuniquem uns com os outros. Esse tipo de rede geralmente é encontrado na prática em equipes autogerenciadas, nas quais todos os membros do grupo têm liberdade para contribuir e ninguém assume o papel de líder.

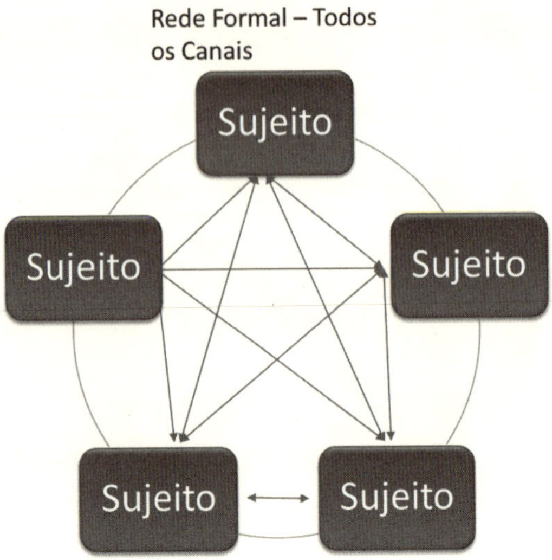

5.2 Redes informais (de rumores)

Em um grupo ou em uma organização não só existe o sistema formal de comunicação, como, também, o sistema informal: a rede de rumores.

A rede de rumores não é controlada pela própria direção da empresa, mas é mantida pela maioria dos funcionários como uma comunicação formal vinda da direção da empresa.

Os rumores emergem em situações de trabalho. A competitividade e a nomeação de novos chefes são condições que estimulam a rede de rumores.

6. DIREÇÃO DA COMUNICAÇÃO

A comunicação interna é de extrema importância para o sucesso da organização. Numa empresa, as pessoas convivem, compartilham experiências, criam laços afetivos. A comunicação entre as pessoas facilita a integração e tende a ampliar a afinidade, a identificação. A troca de ideias permite a interação entre os indivíduos.

As comunicações internas (de trabalho) podem fluir em sentido vertical, horizontal ou diagonal.

A dimensão vertical pode ser dividida em direções ascendente e descendente.

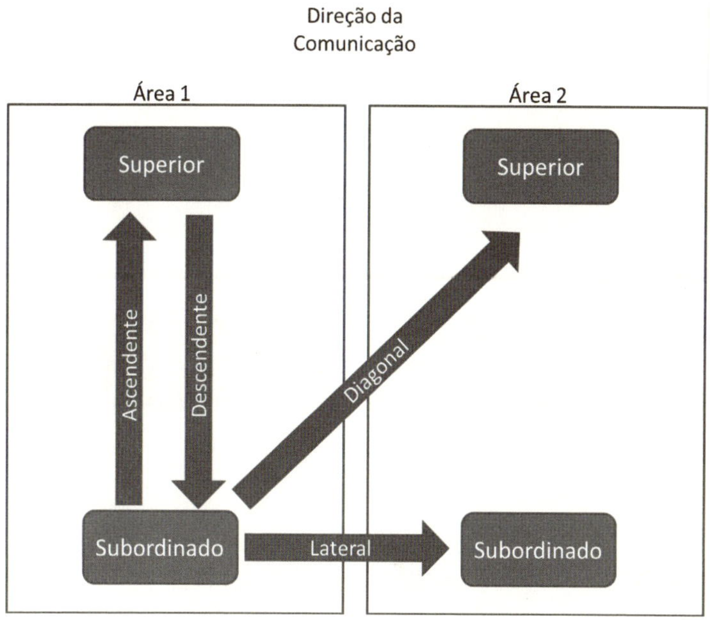

6.1 Ascendente

Ocorrerá do subordinado para o superior/chefia. É utilizada para fornecer *feedback* aos executivos, informá-los sobre os progressos em relação às metas e relatar os problemas que estão ocorrendo. A comunicação ascendente mantém os dirigentes informados sobre como os funcionários se sentem em relação ao trabalho, aos colegas e à organização em geral. Os executivos também contam com esse tipo de comunicação para obter ideias sobre como as coisas podem ser melhoradas.

6.2 Descendente

Ocorrerá do superior para o subordinado. Ela é usada pelos líderes para atribuir tarefas, fornecer instruções de trabalho, informar aos subordinados sobre políticas e procedimentos, identificar problemas que necessitam de atenção e fornecer *feedback* sobre desempenho.

6.3 Lateral

Quando a comunicação se dá entre os membros de um mesmo grupo ou de grupos do mesmo nível, entre executivos do mesmo nível ou entre quaisquer pessoas que estão em um nível horizontal equivalente dentro da organização, diz-se que essa comunicação é lateral ou horizontal.

ATENÇÃO!

A direção lateral também é chamada de horizontal.

6.4 Diagonal

Esse é o tipo de comunicação que ocorre envolvendo transferências entre diferentes níveis hierárquicos e também perpassando fronteiras setoriais (entre diferentes seções ou departamentos). Percebe-se uma mistura dos efeitos citados para a comunicação vertical e horizontal.

7. CANAIS DE COMUNICAÇÃO

A riqueza do canal oferece múltiplos sinais de informação (palavras, posturas, expressão facial, gestos, entonações) e *feedback* imediato.

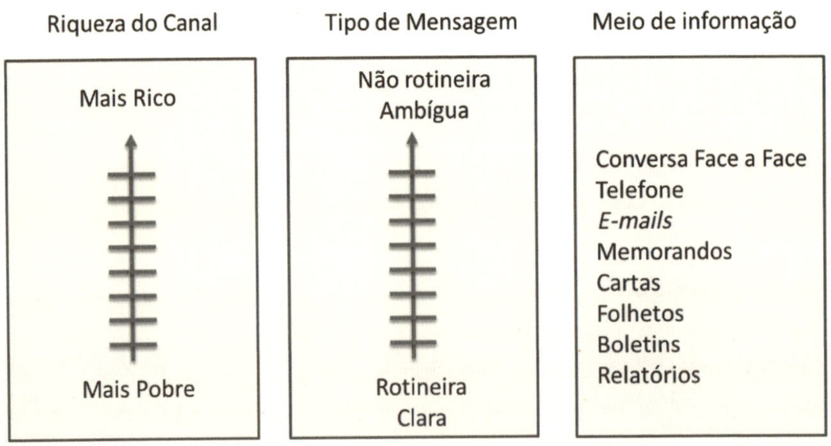

Robbins (2005) – Adaptado.

Segundo Robbins (2005), a escolha de um canal depende de as mensagens serem rotineiras ou não. Os administradores podem comunicar mensagens rotineiras eficientemente por meio de canais fracos em riqueza. Entretanto, a comunicação de mensagens não rotineiras só será eficaz pelos canais ricos.

8. BARREIRAS À COMUNICAÇÃO EFICAZ

O objetivo da comunicação eficaz é o entendimento. Entretanto, considerando-se o modo complexo como os meios verbais, simbólicos e não verbais são usados para transmitir mensagens, nem sempre se chega a esse entendimento. Deve-se ficar atento às falhas, distorções, deformações nas mensagens.

A comunicação deve ser transmitida com clareza e na íntegra; não deve ser manipulada, pois isso cria uma barreira. De preferência, deve-se adotar uma linguagem comum a todos os envolvidos.

Questão de Concurso

(Cespe/TRT 21ª Região/Analista Judiciário/2010) A existência de uma linguagem comum utilizada nas falas e nos documentos que conformam os processos de discussão e decisão nas organizações permite a coordenação de ações em uma equipe de trabalho.

Gabarito: certo. A linguagem comum evita a distorção e diminui as barreiras de comunicação.

A comunicação empresarial pode ser vista como um processo dinâmico por meio do qual as organizações se relacionam com o meio ambiente e as divisões da organização se conectam.

Os ruídos representam tudo o que interfere na comunicação, prejudicando-a. Ruído é tudo o que interpõe, impede, atrapalha, bloqueia a comunicação.

Há diversas barreiras ou ruídos interpessoais, físicos e intrapessoais à comunicação eficaz, entre eles:

Distorção	Distorcer o que se vê ou ouve de acordo com as próprias necessidades e experiências.
Falta de habilidade de ouvir	Falta de paciência ou atenção para escutar a outra parte durante a comunicação.
Conservadorismo	Rejeição a novas ideias ou mudanças.
Dificuldade de percepção	Dificuldade em perceber sinais e comandos emanados pelo emissor.
Audição seletiva	O indivíduo tende a bloquear novas informações, especialmente se elas entrarem em conflito com crenças existentes.
Juízos de valor	Em todas as situações de comunicação, o receptor faz juízos de valor. O juízo de valor pode ser baseado na avaliação que o receptor faz do comunicador, ou em experiências anteriores com o comunicador, ou na antecipação do significado da mensagem.

Egocentrismo	É a característica definidoradas personalidades que consideram que todas as pessoas giram ao redor de si.
Problema semântico	Problemas na interpretação dos significados das palavras ocasionadas por deficiências do decodificador. O entendimento está no receptor, e não nas palavras.
Diferença de *status*	As organizações, frequentemente, expressam a hierarquia por meio de uma variedade de símbolos (títulos, escritórios, cargos etc.). Essas diferenças de *status* podem ser percebidas como ameaça pelas pessoas de níveis hierárquicos mais baixos,impedindo ou distorcendo a comunicação.
Pressão do tempo	Além de impedir a comunicação direta, a pressão do tempo pode levar a outro sério problema:a não inclusão de uma pessoa no circuito formal de comunicação.
Sobrecarga de comunicação	Com a sobrecarga de comunicação, as pessoas podem não absorver ou responder adequadamente às mensagens dirigidas a elas.
Preconceitos e estereótipos	**Preconceito** é um juízo preconcebido, manifestado geralmente na forma de uma atitude discriminatória perante pessoas, lugares ou tradições considerados diferentes ou "estranhos". De modo geral, o ponto de partida do preconceito é uma generalização superficial, chamada **estereótipo**. *Ex.*: "todos os alemães são prepotentes", "todos os americanos são arrogantes", "todos os ingleses são frios", "todos os baianos são preguiçosos", "todos os paulistas são metidos" etc.
Emoções	A maneira como o receptor se sente no momento em que recebe a mensagem vai influenciar a maneira de ele interpretá-la. Uma mensagem pode ser interpretada de forma distorcida, caso o receptor sinta-se aborrecido, distraído, ou de outra forma, caso esteja feliz. Os estados emocionais mais extremos, como euforia ou depressão, têm mais probabilidade de impedir a comunicação eficaz. Nessas situações, tende-se a deixar de lado a racionalidade e a objetividade para dar lugar apenas às emoções.
Manipulação da informação ou filtragem	Refere-se à manipulação da informação pelo emissor, para que ela seja vista de maneira mais favorável pelo receptor. Por exemplo, quando um executivo diz ao superior exatamente aquilo que acredita que o chefe quer ouvir, ele está manipulando a informação. Fatores como medo de dar más notícias ou o desejo de sempre agradar o chefe levam os funcionários a dizer aos respectivos superiores exatamente aquilo que eles acreditam que os chefes querem ouvir, distorcendo, assim, a comunicação ascendente.

Jargão	São palavras ou expressões que, ao serem verbalizadas, somente pessoas que as dominam no âmbito organizacional compreenderão a mensagem, sendo praticada especialmente por pessoas de uma mesma área ou formação profissional. Gíria profissional. O uso de jargões dificulta a compreensão da mensagem, fazendo-se necessária a adaptação desta ao público-alvo, ou seja, o receptor.

Questão de Concurso

(Cespe/TRT 16ª Região/Analista Judiciário/2005) Ricardo, servidor público, tem entre suas atribuições a responsabilidade de fazer contatos internos e externos, ascendentes e descendentes. Nas comunicações ascendentes, Ricardo utiliza a filtragem de informações. Nessa situação, é correto afirmar que, fazendo uso dessa barreira à comunicação, Ricardo está praticando um recurso de redução de tensão ou de ansiedade para o receptor.

Gabarito: errado. Neste caso, o recurso não é utilizado para redução de tensão ou ansiedade do receptor, mas sim, por medo ou receio de dar más notícias para os superiores.

ATENÇÃO!

Um grupo heterogêneo pode atrapalhar o processo de comunicação por não adotar um padrão comum de comunicação. Por esse motivo, um grupo homogêneo tende a manter uma comunicação mais clara e comum.

Questão de Concurso

(Cespe/Inca/Analista em C&T/2010) A diversidade de funcionários afeta de forma negativa a comunicação no âmbito da organização.

Gabarito: certo. Grupos heterogêneos podem gerar comunicações heterogêneas, o que pode dificultar a comunicação.

Alguns autores ainda dividem as barreiras da comunicação em cinco categorias:

8.1 Barreiras mecânicas ou físicas

Aparelho de transmissão, como o barulho, ambiente e equipamentos inadequados. A comunicação é bloqueada por fatores físicos.

8.2 Barreiras fisiológicas

Dizem respeito aos problemas genéticos ou de má-formação dos órgãos vitais da fala.

8.3 Barreiras semânticas

São as que decorrem do uso inadequado de linguagem não comum ao receptor ou a grupos visados.

8.4 Barreiras psicológicas

São os preconceitos e estereótipos que fazem com que a comunicação fique prejudicada.

8.5 Barreiras pessoais

As pessoas podem facilitar ou dificultar a comunicação. Tudo dependerá da personalidade de cada um, do estado de espírito, das emoções, dos valores etc.

8.6 Barreiras administrativas/burocráticas

Decorrem das formas como as organizações atuam e processam as informações.

Questão de Concurso

(Funiversa/Embratur/Administrador/2011) O processo de comunicação humana está sujeito à existência de barreiras – obstáculos ou resistências à comunicação entre as pessoas – e males. A respeito desse assunto, assinale a alternativa correta.

a) As barreiras pessoais podem limitar ou distorcer as comunicações. Uma dessas barreiras é a distância física entre as pessoas.

b) Um escritório sem isolamento acústico, sob efeito de forte ruído, produz uma barreira semântica, pois a mensagem, bloqueada, pode ser recebida com significado diferente daquele de sua emissão.

c) Entre as barreiras físicas mais comuns em situações de trabalho, destacam-se a circulação contínua de pessoas e as interrupções frequentes provocadas por novas solicitações de serviços ou esclarecimentos.

d) Ocorre distorção quando partes essenciais da comunicação deixam de ser transmitidas deliberadamente.
e) Uma caixa de mensagens que atinja seu limite, deixando de receber as comunicações, constitui um tipo de barreira caracterizado como omissão.

Gabarito: c. A circulação contínua de pessoas e as interrupções frequentes representam barreiras físicas na comunicação.

9. *FEEDBACK X* CRÍTICA

9.1 Críticas

São expressas mais como ataques pessoais do que como reclamações específicas a partir das quais alguma medida possa ser tomada. Há agressões emocionais com forte carga de repugnância, sarcasmo e descaso. Esse tipo de atitude provoca reação defensiva, fuga à responsabilidade e, finalmente, retraimento total ou acirrada resistência passiva que vem do sentimento de ter sido injustamente tratado. A crítica pode deixar a pessoa que a recebe com rancor, uma vez que não pode argumentar.

9.2 *Feedback*

Pode ser considerado um processo de ajuda mútua para mudanças de comportamento, por meio da comunicação verbalizada ou não, entre duas pessoas ou entre pessoa e grupo, no sentido de passar informações referentes a como certa atuação afeta ou é percebida pelo outro e vice-versa. Tem como função ajudar o outro a fazer algo de forma diferente no futuro, melhorar habilidades e comportamentos. O *feedback* leva a pessoa a uma melhor integração com o grupo, aumentando a satisfação dentro deste.

Questão de Concurso

(FCC/TRE-CE/Analista Judiciário/2012) Oferecer *feedback* é:
a) utilizar comunicação unidirecional para informar sobre suas experiências positivas e negativas com a outra pessoa, com o objetivo de melhorar o relacionamento interpessoal.
b) julgar o desempenho e expressar sua opinião em relação às metas que foram acordadas, com o objetivo de criticar comportamentos inadequados.

c) disponibilizar informações sobre um comportamento passado que pode vir a influenciar um comportamento futuro, com o objetivo de melhorar o desempenho e desenvolver capacidades.
d) utilizar comunicação unidirecional para interpretar as condutas da outra pessoa e indicar aquelas que dificultam o cumprimento dos objetivos e adequação aos valores da empresa.
e) utilizar comunicação unidirecional para identificar padrões de conduta, com o objetivo de elevar o autoconhecimento e a autoestima.

Gabarito: c. O feedback*, ao contrário da crítica, é utilizado para melhorar o comportamento futuro, por meio da disponibilização de informações sobre determinados comportamentos.*

VEJA BEM!

Há duas definições de *feedback* na comunicação abordadas neste capítulo. A primeira refere-se ao retorno sobre o sucesso da comunicação entre receptor e emissor. A segunda refere-se à comunicação feita para indicar pontos de melhoria para o futuro.

10. COMUNICAÇÃO INTERPESSOAL

Técnicas utilizadas na comunicação interpessoal

- **Paráfrase**: consiste em dizer, com as próprias palavras, aquilo que o outro disse, isto é, mostra ao outro o significado do que você apreendeu do que ele disse. A paráfrase é uma das maneiras de testar a compreensão da mensagem antes de reagir a ela.
- **Descrição de comportamento**: consiste em relatar as ações específicas, observáveis, dos outros, sem fazer julgamentos ou generalizar os motivos ou traços de personalidade.
- **Verificação de percepção**: consiste em dizer a própria percepção sobre o que o outro está sentindo, a fim de verificar a compreensão dos sentimentos e do conteúdo das palavras emitidas.

10.1 Comunicação assertiva

Quando se conversa com as pessoas, são emitidos três tipos de comportamentos diferentes. Pode-se comportar de forma **agressiva**, desrespeitando, ironizando ou causando impressão; pode-se comportar de forma **passiva** e, neste caso, não se diz o que se pensa e não é colocada a própria opinião, baseando-se em um sentimento de insegurança.

As duas primeiras formas não são aconselhadas, pois não deixam a comunicação clara, além de despertar sentimentos improdutivos. A terceira forma de agir se chama **comportamento assertivo, ou assertividade**, e se refere à pessoa que consegue agir em prol dos próprios interesses, se afirmar sem ansiedade elevada, expressar sentimentos sinceros sem constrangimento, exercitar os próprios direitos sem negar os alheios.

Questão de Concurso

(Cespe/EBC/Analista em Administração/2011) Dentro da organização, a eficiência da comunicação interpessoal independe da capacidade de cada indivíduo, sendo influenciada por regras, normas e outros múltiplos fatores.

Gabarito: errado. A eficiência da comunicação está totalmente ligada à capacidade de cada indivíduo.

CAPÍTULO 14
Cultura e Clima Organizacional

1. CLIMA *X* CULTURA

Quando os certames de concursos públicos trazem o tema de cultura e clima organizacional, existem grandes chances de a questão confundir o candidato com esses dois conceitos. Por esse motivo, o primeiro passo a ser dado consiste na diferenciação dos conceitos de **clima** e **cultura organizacional.**

1.1 Cultura organizacional

Trata-se de um conjunto de ideias, conhecimentos e sentimentos, visíveis ou não, mensuráveis ou não, que são partilhados pelo grupo ou pela organização. Caracteriza-se como um fenômeno organizacional profundo e, por esse motivo, apresenta maior estabilidade e dificuldade para ser mudada. A cultura organizacional representa um conjunto de costumes organizacionais que orientam e ditam o comportamento dos funcionários; ela tem a capacidade de controlar e influenciar o comportamento das pessoas nas organizações. A cultura tem caráter descritivo, uma vez que pode ser descrita, constatada (seu formato, força, conteúdos ou flexibilidade, entre outros), mas não avaliada, com aspectos positivos ou negativos.

Segundo Edgar Schein (*apud* ROBBINS, 2007) cultura organizacional é:

> Conjunto de premissas que um grupo aprendeu aceitar, como resultado da solução de problemas de adaptação ao ambiente e de integração interna. Essas premissas funcionam suficientemente bem para serem consideradas válidas e podem ser ensinadas a novos integrantes como a forma correta de perceber, pensar e sentir-se em relação a esses problemas de adaptação externa e integração interna.

1.2 Clima organizacional

Refere-se a um conjunto de percepções, opiniões e sentimento que se expressam no comportamento de um grupo ou uma organização, em determinado momento ou situação, sendo, portanto, passageiro e superficial. Caracteriza-se como um fenômeno geralmente de caráter menos profundo e que pode mudar em menor tempo. Diferente da cultura, o clima é avaliativo e descritivo, uma vez que, além de poder ser descrito, pode ser avaliado quanto ao grau de intensidade dos itens que o compõem, por meio da pesquisa de clima organizacional.

Segundo George Litwin (*apud*, ROBBINS, 2007) clima organizacional: "É a qualidade ou propriedade do ambiente organizacional que é percebida ou experimentada pelos membros da organização e influencia o seu comportamento".

Questão de Concurso

(Cespe/MPU/Analista Administrativo/2010) Clima organizacional é um fenômeno relacionado às percepções e interpretações comuns das dimensões das atividades, do ambiente e das políticas que caracterizam a organização.

Gabarito: certo. Trata-se do conceito de clima organizacional.

Diferenças entre clima e cultura organizacional

Clima	Cultura
Percepções/interpretações	Valores/padrões/normas
Termo avaliativo/avaliação e Termo descritivo/constatação	Termo descritivo/constatação
Mais superficial	Mais enraizado
Classificado como favorável/não favorável	Classificada como adaptativa ou não adaptativa Mecanicistas ou orgânicas Fortes ou fracas
Mais fácil de mudar	Mais difícil de mudar

Como mudanças na cultura organizacional são mais profundas, levam mais tempo para acontecer. Já o clima é mais fácil de ser percebido e apresenta uma natureza mais transitória, podendo ser administrado tanto em curto quanto em médio prazo.

O clima organizacional é, de certa forma, o reflexo da cultura da organização, ou melhor dizendo, o reflexo dos efeitos dessa cultura na organização como um todo.

Questão de Concurso

(Cespe/MMA/Analista Ambiental/2011) Cultura e clima organizacional são conceitos similares que se inter-relacionam, de modo que o clima depende do tipo de cultura estabelecido pela organização e a cultura é refletida pelas percepções que os indivíduos têm em relação ao clima.

Gabarito: errado. É o clima que é refletido pelas percepções que os indivíduos têm em relação à cultura organizacional.

2. CULTURA ORGANIZACIONAL

Ao pesquisar a bibliografia relacionada à cultura organizacional, verifica-se que, em geral, os conceitos encontrados são muito parecidos ou se complementam. No entanto, destacou-se a conceituação de Nassar (2000):

> ... cultura organizacional é o conjunto de valores, crenças e tecnologias que mantém unidos os mais diferentes membros, de todos os escalões hierárquicos, perante as dificuldades, operações do cotidiano, metas e objetivos. Pode-se afirmar, ainda, que é a cultura organizacional que produz junto aos mais diferentes públicos, diante da sociedade e mercados o conjunto de percepções, ícones, índices e símbolos que chamamos de imagem corporativa.

Autores como Chiavenato (1999) e Vergasta (2001) indicam que, apesar de ser mais estática e enraizada, a cultura organizacional pode sofrer mudanças ao longo do tempo, mesmo se deparando com a resistência da organização e de seus funcionários.

2.1 Aspectos formais e abertos *x* aspectos informais e fechados

Muitos aspectos da cultura organizacional são percebidos com facilidade e são denominados formais e abertos, enquanto outros são de difícil percepção e são denominados aspectos informais e ocultos. Tal como um *iceberg*, os aspectos formais ficam na parte visível e envolvem as políticas e diretrizes, métodos e procedimentos, objetivos, estrutura e tecnologia adotada. Os aspectos informais envolvem as percepções, sentimentos, atitudes, valores e interações grupais.

2.2 Os níveis fundamentais da cultura

Para Schein (1990), a cultura organizacional apresenta três níveis: os artefatos observáveis, os valores e os pressupostos básicos:

Artefatos observáveis	Valores	Pressupostos básicos
Caracterizados pela camada mais superficial e visível. São representados pela tecnologia, prédios e instalações, produtos, serviços, disposição física, vestimentas, maneiras como as pessoas se tratam, marca etc.	Nem sempre é possível visualizá-los com facilidade, pois representam a camada intermediária da cultura, referem-se aos valores, normas, ideologias, filosofias adotadas e documentadas de uma cultura, etc.	Camada mais profunda da cultura. Geralmente não é possível observá-los com facilidade, sendo representados pelo nível mais profundo da cultura, tais como crenças inconscientes, percepções e sentimentos.

Essas três camadas da cultura podem ser didaticamente representadas por um *iceberg*, conforme figura a seguir.

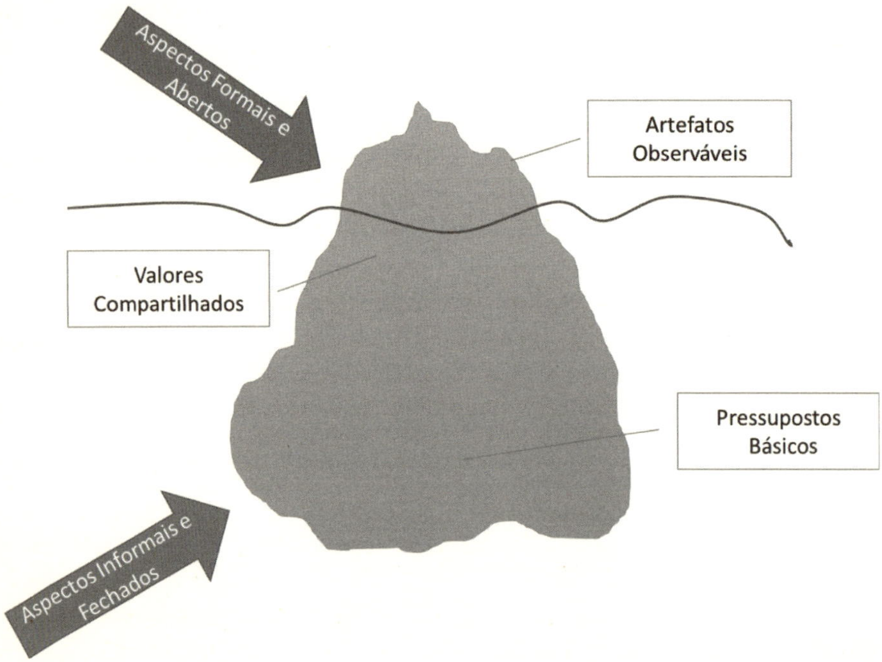

Cultura Organizacional como um *Iceberg*

Questão de Concurso
(Cespe /TJ-ES/Analista Judiciário/2011) São níveis da cultura organizacional: artefatos observáveis, valores e pressupostos básicos.
Gabarito: certo. São os três elementos descritos por Schein.

2.3 Elementos da cultura organizacional

Valores	Trata-se do que a empresa entende como atitudes primordiais para o sucesso. É tida como a essência da filosofia da empresa e promove o direcionamento comum aos funcionários. Temos como exemplo a credibilidade, a satisfação do cliente, a transparência etc.
Crenças	Refere-se ao que é tido como verdadeiro pela empresa, às percepções de mundo, que são validadas com o tempo.
Ambiente físico	Elementos que rodeiam as pessoas fisicamente e fornecem-lhes estimulação sensorial imediata para executar atividades culturalmente expressivas.
Artefatos	Objetos materiais fabricados por pessoas para facilitar as atividades culturalmente expressivas.
Cerimônia	Sistema de vários ritos conectados com uma ocasião ou evento particular.
Conto popular	Narrativa completamente fictícia relacionada com o cotidiano da organização.
Estória	Narrativa baseada em eventos verdadeiros - frequentemente faz uma mistura do verdadeiro com a ficção.
Gestos	Movimentos de partes do corpo usados para expressar significados.
Lenda	Transmissão da narrativa de algum evento maravilhoso que é baseado em uma estória, mas tem incorporado alguns detalhes fictícios.
Linguagem	Forma ou maneira particular por meio da qual os membros de um grupo usam sons vocais e sinais escritos para transmitir significados para os outros.
Mito	Narrativa dramática de eventos imaginados, usada para explicar origens ou transformações das coisas. Também uma crença inquestionável a respeito de benefícios práticos de certas técnicas e comportamentos que não são sustentados pela demonstração dos fatos.
Rito	Relativamente elaborado, dramático; conjunto de atividades planejadas que consolidam várias formas de expressões culturais em um só evento, executado por meio das interações sociais, geralmente para o benefício de uma audiência.
Ritual	Conjunto detalhado e padronizado de técnicas e comportamentos que lida com as ansiedades, mas que, frequentemente produz consequências intencionais de importância prática.
Saga	Narrativa histórica que descreve as realizações ímpares de um grupo e seus líderes - geralmente em termos históricos.
Símbolo	Pode ser material ou não. Qualquer objeto, ato, evento, qualidade ou relação que sirva de veículo de um significado, geralmente representando outra coisa. *Ex.*: estacionamento, elevador privativo, motoristas e salas amplas, bandeiras máximas, hinos, logomarca etc.

Heróis	Trata-se das pessoas que fizeram e/ou fazem história dentro da organização por meio de ações que a fortaleceram. Podem ser tanto personagens reais quanto imaginários. São aqueles que, mesmo ausentes, deixaram uma marca, fixaram uma forma de pensar, seja positiva ou negativa. São eles que personificam os valores adotados pela empresa. Podemos citar diversos exemplos de heróis: Antônio Ermínio de Moraes; Henry Ford e Bill Gates etc.
Tabus	É tudo o que é tido como não permitido dentro da empresa. Existem organizações, por exemplo, que vetam a contratação de pessoas da mesma família, namoro entre colegas de trabalho etc.
Normas	São as regras escritas que ditam o comportamento considerado correto pela empresa e que deve ser seguido pelos seus funcionários. *Ex.*: Código de Ética, regulamento interno etc.

Fonte: FREITAS, 1991 (adaptado)

CUIDADO!

Para alguns autores, os conceitos de **rito**, **ritual** e **cerimônia** referem-se aos mesmos conceitos e, da mesma forma, consideram que os conceitos de **estórias, lendas** e **saga** são sinônimos.

2.4 Níveis da cultura, segundo Maximiano

Maximiano (2007), diferente de Schein, divide os componentes da cultura organizacional da seguinte forma

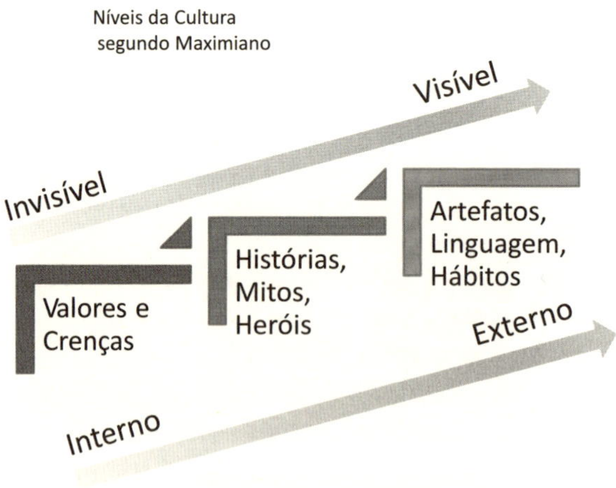

Maximiano (2007) – Adaptado.

Elementos da cultura, segundo Maximiano (2007):

Elemento	Descrição
Artefato	Componentes mais visíveis de uma cultura, compreendendo os veículos, a arquitetura, arranjo físico, as roupas e os produtos utilizados pelas pessoas.
Tecnologia	Repertório de conhecimentos utilizados pela organização e pelos funcionários para resolver problemas e transformar conhecimento e experiência em recursos, produtos e serviços.
Símbolos	Podem ser materiais ou não. Comportamentos e objetos dotados de significados e transmitem mensagens dentro da organização (linguagem, histórias, mitos, heróis - podem ser tanto personagens reais quanto imaginários, rituais, cerimônias e alguns elementos da arquitetura e vestuário).
Valores	Os valores estão no íntimo da cultura. Crenças, preceitos, ideologias, preconceitos e julgamentos compartilhados sobre elementos externos ou internos.

Divisão dos elementos da cultura de acordo com os principais autores

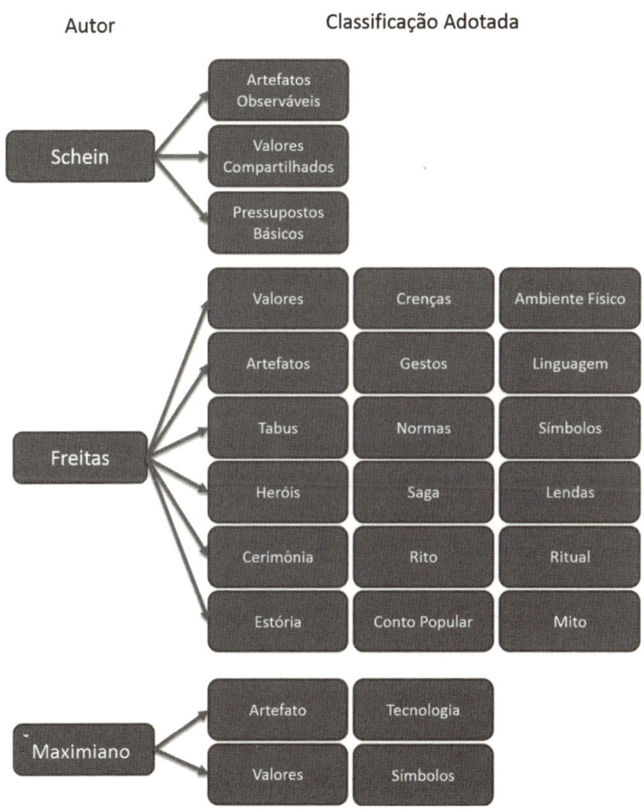

2.5 Os seis ritos, segundo Beyer e Herrison

Para Beyer e Harrison (1986), existem seis tipos de ritos nas organizações modernas. São eles, ritos: de passagem; de degradação; de confirmação; de reprodução; para redução de conflitos; de integração. Os ritos são facilmente identificáveis, porém dificilmente interpretáveis.

- **Ritos de passagem** funcionam para criar e manter a cultura: normas e valores afirmados e comunicados de forma tangível e como mecanismos de poder e de controle organizacional; processo e introdução e treinamento básico no Exército americano;
- **Ritos de degradação**: o processo de despedir e substituir um alto executivo;
- **Ritos de confirmação**: seminários para reforçar a identidade social e seu poder de coesão;
- **Ritos de reprodução**: atividades de desenvolvimento/treinamento organizacional;
- **Ritos para redução de conflito**: processos de negociação coletiva;
- **Ritos de integração**: festas de natal nas organizações, comemoração dos aniversariantes.

2.6 Os reforçadores de culturas de Torquato

Segundo Torquato (1992), há quatro tipos de reforçadores de culturas dentro das organizações. São eles:

- **Aspectos históricos**: experiência de longos anos da empresa que pesa sobre a comunidade, os costumes e a ordem conservadora. Essa experiência, de alguma maneira, inibe o avanço das mudanças.
- **Natureza técnica da empresa**: produtos e serviços que ela produz.
- **Gestão da organização**: este modelo é representado pelos tipos autocrático e democrático, sendo que o autocrático estabelece a cultura normativa, hermética, em que a hierarquia é levada às últimas consequências. O democrático pressupõe a ideia de participação, desbloqueando canais formais, abrindo fluxos, incentivando a criatividade e impulsionando a comunidade para as mudanças.
- **Osmose geográfica**: caracteriza-se por uma interpenetração de culturas, por conta da proximidade das empresas, por se localizarem na mesma região em que as comunidades costumam incorporar comportamentos semelhantes.

2.7 Subcultura e contracultura

Além dos conceitos de cultura já apresentados, é necessário compreender dois outros conceitos ligados à cultura organizacional, à subcultura e à contracultura.

- **Subcultura**: segundo Zanelli, Borges-Andrade e Bastos (2004), a subcultura pode ser definida como um grupo de pessoas com padrões especiais e peculiares e valores que não representam ameaça para os demais valores dominantes da organização. Ou seja, apesar de existir uma cultura dominante, dentro das organizações é possível encontrar culturas menores e com alguns aspectos diferenciados.
- **Contracultura**: referem-se a práticas e manifestações dentro da organização, que vão de encontro à cultura geral e dominante da organização, em forma de manifestações ou comportamentos contrários ao costume.

2.8 Socialização

Para Maximiano (2007), a socialização de um novo funcionário é uma maneira de passar a cultura organizacional. Os recém-chegados são, de forma sutil ou coercitiva, aculturados e apresentados para os elementos culturais da organização, aprendendo os símbolos, formas de agir, comportamentos esperados e outros elementos importantes.

> **Questão de Concurso**
>
> **(Cespe/TJ-ES/Analista Judiciário/2011)** O processo de socialização de novo funcionário é uma das formas de transmissão da cultura organizacional.
>
> *Gabarito: certo. A socialiação é uma maneira de passar a cultura organizacional.*

Tais elementos podem ser passados por meio de descrições de cargos, manuais, políticas organizacionais, orientação de veteranos, e cerimônias de integração e, segundo o autor, passa por três estágios:

- **1° Estágio: expectativa e preparação**: imagem inicial formada com informações prévias sobre a empresa. Geralmente essa imagem é passada por pessoas que já trabalharam na organização ou no processo seletivo.
- **2º Estágio**: **ingresso**: o funcionário começa a receber as informações da organização no seu dia a dia e começa e a se comparar com os comportamentos exigidos pela organização.

- **3º Estágio**: **ajustamento e integração:** os comportamentos dos funcionários e da organização são impactados, sofrendo modificações mútuas.

> **Questão de Concurso**
>
> **(Cespe/Anac/Analista Administrativo/2012)** Ocorre socialização organizacional na situação em que uma organização prepara um dos seus servidores para a aposentadoria.
>
> *Gabarito: errado. A socialização ocorre no ingresso do funcionário à organização.*

2.9 Dimensões da cultura

Segundo Kanaane (1999)

- **Ideológica**: conjunto de normas e valores, regulamentos, política administrativa, tradições, padrão de conduta esperado, estilo de gestão, que governam e controlam o funcionamento organizacional. Está relacionado com os valores da organização.
- **Material**: instrumentos, processos e recursos materiais utilizados na organização. Está relacionado ao sistema produtivo da organização.
- **Psicossocial**: manifestações afetivas dos indivíduos. Está relacionado às percepções e sentimentos positivos ou negativos, e com o relacionamento e interação entre os membros.

VEJA BEM!

As três dimensões formadoras da cultura organizacional – **ideológica, material** e **psicossocial** – não são necessariamente equivalentes. Uma ou outra pode predominar na vida organizacional, pode ter maior expressão, atuar com mais força. Há organizações eminentemente voltadas para as questões materiais, outras mais ideológicas, outras ainda em que são mais intensas as relações psicossociais.

2.10 Características das culturas, segundo Maximiano

- **Diversidade *x* singularidade**

  Segundo Maximiano (2007), a cultura organizacional pode apresentar elementos de diversidade, como a forma de resolver problemas de convivência e adaptação, ou elementos de singularidade, quando cada grupo adota uma forma específica de resolver problemas.

Ou seja, existe diversidade cultural quando comparamos diversos grupos, pois cada um adota uma forma diferente de agir. Ao mesmo tempo, essa forma diferente de agir representa uma singularidade daquele grupo.

Em estudos realizados recentemente é possível verificar contraste entre a cultura organizacional dos japoneses, americanos e latinos:

Cultura	Características
Japonesa	Valor à hierarquia e à decisão coletiva. Utiliza reuniões para referendar decisões já acertadas. A decisão geralmente envolve todo o grupo.
Americana	Valor à hierarquia com decisão individualizada. Utilização de reuniões para resolver problemas e tomar decisões, embora a decisão final caiba o chefe.
Latina	Valor à hierarquia e a decisão é sempre do chefe. Utilizam reuniões de modo semelhante aos americanos e japoneses.

Questão de Concurso

(Cespe/Anatel/Analista Administrativo/2009) Ao se comparar a cultura organizacional predominante entre os japoneses e a dos norte-americanos, verifica-se que ambas valorizam muito a hierarquia.

Gabarito: certo. Tanto a cultura japonesa quanto a americana valorizam a hierarquia.

- **Distância do poder**: analisa como as pessoas percebem a autoridade e as diferenças de *status*.
- **Linguagem**: as culturas de alto contexto confiam na palavra falada e prezam pela confiança pessoal. As culturas de baixo contexto dão mais valor às formalidades e à palavra escrita.
- **Relações humanas**: analisa os contrapontos do individualismo *x* coletivismo ou o ter *x* o ser.
  - Individualismo: o controle é interno (responsabilidade e liberdade individualizadas).
  - Coletivismo: o controle é externo (responsabilidade e liberdade colocadas sobre o grupo).
  - Culturas do ser (relacional/feminina) valorizam as relações pessoais e a afetividade.
  - Culturas do ter (profissional/masculina) valorizam a realização individual e o materialismo.

> **Questão de Concurso**
>
> **(Cespe/Detran-ES/Técnico Superior Administrador/2010)** Organizações que adotam cultura individualista têm como principal forma de controle o controle externo.
>
> *Gabarito: errado. Nas culturas individualistas o controle é interno.*

- **Atitudes em relação ao futuro**: podem ser proativas (orientadas para longo prazo) - impulsionadas para as mudanças de objetivos e na mobilização dos recursos. ou reativas (orientadas para o curto prazo) - impulsionadas para preservar a estabilidade, a manutenção do *status quo*.
- **Universalismo *x* particularismo**: se as regras aplicam-se a todos, trata-se de cultura universalista; quando existem distinções, é denominada particularista.
- **Orientação para o ambiente**: pode ser adaptativa (voltada para fora) - preocupa-se seriamente com os clientes, acionistas e empregados; ou não adaptativa (voltada para dentro) - preocupa-se principalmente consigo mesma, ou algum produto ou tecnologia familiar.

> **Questão de Concurso**
>
> **(Cespe/Anatel/Analista Administrativo/2009)** Na classificação do clima organizacional quanto à relação com o futuro, as organizações são classificadas em adaptativas e não adaptativas.
>
> *Gabarito: errado. A classificação refere-se à cultura, não ao clima. Da mesma forma, a classificação adaptativa ou não adaptativa refere-se à orientação para o ambiente.*

- **Propensão ao risco**: a cultura pode ser guiada pela certeza ou pela incerteza.
- **Mecanicista *x* organicista**: na cultura mecanicista o controle é bem definido com condições ambientais estáveis. Na cultura organicista existe a adaptações a situações inovadoras, existindo uma modificação constante da organização.
- **Fortes *x* fracas**: as culturas fortes têm um impacto maior sobre o comportamento dos funcionários e estão mais diretamente relacionadas à redução da rotatividade.

  Em uma cultura forte, os valores são essenciais, intensamente acatados e amplamente compartilhados. Uma cultura forte terá uma influência maior sobre o comportamento de seus membros por causa do grau de compartilhamento e intensidade que cria um clima interno de alto controle comportamental.

ATENÇÃO!

Uma cultura forte aumenta a consistência do comportamento. Nesse sentido, pode-se dizer que uma cultura forte funciona como um substituto da formalização. As regras e regulamentações da formalização agem para controlar o comportamento dos funcionários. Uma formalização intensa na organização gera previsibilidade, ordem e consistência. Uma cultura forte pode fazer o mesmo sem necessidade dc documentação escrita.

2.11 Espiritualidade nas organizações

Embora possa ser interpretada equivocadamente à primeira vista, espiritualidade no trabalho não tem relação direta com religião. Segundo Catanante (2002), a espiritualidade no trabalho está relacionada ao propósito e à vida, à clareza da missão e benefícios agregados ao trabalho e à percepção da diferença que uma pessoa faz no mundo pessoal, profissional e na comunidade onde vive.

O conceito inicialmente está relacionado à responsabilidade social e às premissas da empresa-cidadã, uma vez que determinadas empresas buscam e valorizam a responsabilidade social. Para essas empresas, só será possível alcançar o seu objetivo se as pessoas que fazem parte do processo se solidarizem e agirem de acordo com os preceitos implantados pela organização.

Em segundo plano, o desenvolvimento da espiritualidade nas organizações permite o desenvolvimento de elemento de coesão grupal, facilitando o trabalho em equipe.

Da mesma forma, o seu incentivo e desenvolvimento interferem positivamente na eficácia, comprometimento, melhora do clima organizacional, qualidade da produção e prestação de serviços, na comunicação interna e no compromisso dos funcionários pela causa e missão da organização.

Dentro das instituições, a espiritualidade não deve ser tratada como um projeto ou um evento simples de treinamento, mas, sim, como um valor, uma crença que precisa ser compreendida e disseminada por toda organização.

ATENÇÃO!

Do mesmo jeito que o clima pode ser pesquisado, a cultura organizacional também pode ser analisada. Nesse caso, ocorre o diagnóstico da cultura, onde todos os elementos da cultura são levantados por meio da análise dos processos de tomada de decisão, do tratamento concedido aos empregados e aos clientes e da forma de socialização de novos empregados, entre outros. Entre os métodos empregados na análise da cultura de organizações inclui-se a etnografia, utilizada pela antropologia para recolher dados de determinado grupo que compartilha a mesma cultura.

2.12 Funções da cultura

- Papel de definidora de fronteiras, ou seja, cria distinções entre uma organização e as outras.
- Gera senso de identidade aos membros da organização.
- Facilita o comprometimento com algo maior do que os interesses individuais de cada um.
- Estimula a estabilidade do sistema social.
- Gera uma argamassa social que ajuda a manter a organização coesa, fornecendo os padrões adequados para aquilo que os funcionários vão fazer ou dizer.
- Serve de mecanismo de controle que orienta e dá forma às atitudes e comportamentos dos funcionários.

2.13 A cultura como passivo

Segundo Maximiano (2007), **uma boa parte das funções da cultura organizacional é favorável tanto à organização como a** seus funcionários. A cultura melhora o comprometimento organizacional e aumenta a consistência do comportamento dos funcionários. Esses são aspectos claramente benéficos à organização. Do ponto de vista do funcionário, a cultura é positiva porque reduz a ambiguidade. Ela diz ao funcionário como as coisas devem ser feitas e o que é importante. Mas não devemos ignorar os aspectos potencialmente disfuncionais da cultura, especialmente de culturas fortes, que afetam a eficácia da organização.

- **Barreiras a mudanças**: a cultura se torna um passivo quando os valores compartilhados não estão em concordância com aqueles que podem melhorar a eficácia da organização. Isso tem maior probabilidade de ocorrer quando a organização está em um ambiente dinâmico. Quando o ambiente passa por diversas mudanças, uma cultura arraigada pode não ser mais adequada. Assim, a consistência de comportamento é um ativo quando a empresa lida com ambientes estáveis, entretanto, isso pode se tornar um fardo e dificultar a resposta às mudanças do ambiente. A *Kodak*, *Xerox* e *Boenig* e a *Mitsubishi* são exemplos de organizações que tiveram que se adaptar às novidades em seus ambientes. Essas organizações possuem culturas fortes que funcionaram bem no passado, mas a cultura forte se transformou em uma barreira a mudanças quando "trabalhar da mesma forma de sempre" deixou de ser eficaz.
- **Barreiras a diversidade**: a contratação de novos funcionários que não se pareçam com a maioria dos membros da organização – por causa de raça, sexo, deficiências ou outras diferenças – cria um paradoxo. As culturas fortes limitam

a amplitude da variação dos valores e estilos que podem ser aceitos. Assim, as culturas fortes podem se tornar um passivo quando eliminam as diferenças que as pessoas com históricos diversos levam para a organização.

- **Barreiras a aquisições e fusões**: tradicionalmente os fatos básicos que norteavam as decisões sobre aquisições e fusões estavam relacionados a vantagens financeiras ou sinergia de produtos. Agora, a maior preocupação é a compatibilidade cultural, ou seja, ao grau em que as duas culturas são compatíveis entre si.

Questão de Concurso

(Cespe/Previc/Analista Administrador/2011) A cultura nas organizações auxilia o controle da gestão e a diminuição de divergências e diferenças; contudo, pode impedir que a organização se desenvolva, colocando obstáculos às mudanças, à diversificação e às fusões e aquisições.

Gabarito: certo. A cultura gera senso de identidade, ordem, consistência e previsibilidade; entretanto, também pode impedir o desenvolvimento organizacional.

2.14 Criação e manutenção da cultura

Os costumes, as tradições e a maneira usual de se fazer as coisas em uma organização dependem muito do que foi feito e do grau de sucesso que foi então alcançado. Isso leva à fonte primordial da cultura organizacional: os fundadores da empresa.

Tradicionalmente, os fundadores de uma empresa são os que têm maior impacto sobre a cultura inicial da organização. Eles têm uma visão daquilo que a organização deve ser. O tamanho pequeno que também costuma caracterizar empresas novas facilita a transmissão da visão de seu fundador sobre todos os membros da organização.

2.14.1 Etapas do processo de criação de uma cultura

- 1º os fundadores só contratam e mantêm funcionários que pensem e sintam as coisas da mesma forma que eles.
- 2º eles doutrinam e socializam esses funcionários de acordo com sua forma de pensar e de sentir.
- 3º finalmente, o comportamento dos fundadores age como um modelo que encoraja os funcionários a se identificar com eles e, dessa forma, a introjetar seus valores, convicções e premissas.

Quando a empresa tem sucesso, toda a personalidade dos fundadores se torna uma parte integrante da cultura da organização.

São exemplos de fundadores contemporâneos que tiveram impacto nas culturas de suas organizações: Bill Gates na Microsoft, Fred Smith na Federal Express etc.

Depois que a cultura foi estabelecida, encontra-se na organização práticas que visam a mantê-la, dando aos funcionários um conjunto de experiências similares. Muitas das práticas de recursos Humanos reforçam a cultura organizacional. O processo de seleção, os critérios de avaliação de desempenho, as atividades de treinamento e desenvolvimento de carreira e os procedimentos de promoção asseguram que os contratados se ajustam à cultura, recompensam quem a adota e penalizam aqueles que a desafiam.

2.14.2 Três forças importantes na manutenção da cultura

- **Práticas de seleção**: critérios utilizados na contratação da força de trabalho.
- **Ações dos dirigentes**: estabelece um clima geral que define quais comportamentos são aceitáveis e quais não são.
- **Métodos de socialização**: adaptar os colaboradores à nova cultura.

O quadro a seguir mostra como a cultura organizacional é estabelecida e sustentada.

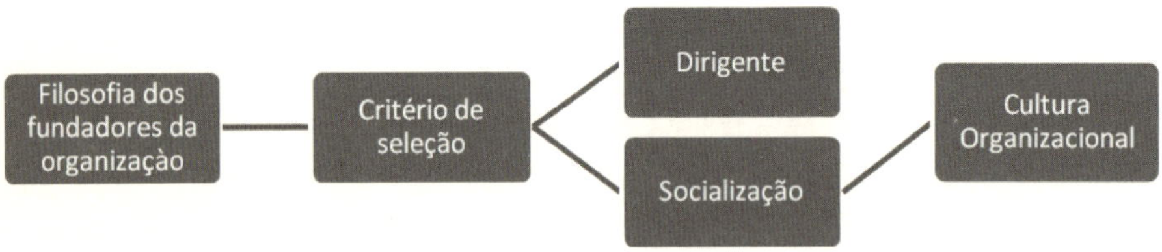

2.14.3 Como os funcionários aprendem a cultura

Segundo Maximiano (2007) a cultura é transmitida aos funcionários de diversas maneiras, e as mais poderosas são as histórias, os rituais, os símbolos e a linguagem.

- **Histórias**

  Referem-se a eventos ocorridos com fundadores de empresas, quebras de regras, sucesso estrondosos, reduções da força de trabalho, recolocações de funcionários, reações a antigos erros, lutas organizacionais. Essas narrativas vinculam o presente com o passado e oferecem explicações e legitimidade para as práticas vigentes.

- **Rituais**
  São seqüências repetitivas de atividades que expressam e reforçam os valores fundamentais da organização – quais objetivos são mais importantes.

- **Símbolos materiais**
  O tamanho da sede, a elegância do mobiliário, a aparência e vestuário dos executivos, o espaço físico da empresa, o tipo de carro disponível, elevadores, etc.

- **Linguagem**
  Muitas organizações e unidades dentro de organizações utilizam a linguagem como forma de identificação dos membros de sua cultura e subcultura. Ao aprender essa linguagem, os membros demonstram sua aceitação da cultura e, assim fazendo, ajudam a preservá-la.

VEJA BEM!

Os escritórios centrais da *Alcoa*, por exemplo, apresentam poucas salas individuais, mesmo para os altos executivos. As instalações são constituídas, essencialmente, por cubículos, áreas comuns e salas de reunião. Esse visual informal sinaliza para os funcionários que a *Alcoa* valoriza a abertura, a igualdade, a criatividade e a flexibilidade.

Questão de Concurso

(Cespe/Detran-ES/Técnico Superior Administrador/2010) Estacionamento, elevador privativo, motoristas e salas amplas correspondem a símbolos materiais que integram a cultura de uma organização.

Gabarito: certo. São símbolos materiais que integram a cultura de uma organização.

3. CLIMA ORGANIZACIONAL

O clima organizacional, segundo Edela (1978) é um fenômeno que resulta da interação dos elementos da cultura, tais como preceitos, caráter e tecnologia e de outros elementos culturais tais como os valores, as políticas, as tradições, os estilos gerenciais, os comportamentos, as expressões dos indivíduos envolvidos no processo e do conjunto de instrumentos, conhecimentos e processos operacionais da organização.

O clima organizacional, da mesma forma que a cultura, tem a capacidade de influenciar os comportamentos dos funcionários, impactando na sua motivação, produtividade satisfação das pessoas envolvidas com a organização.

Segundo Luz (2001),

> O clima retrata o grau de satisfação material e emocional das pessoas no trabalho. Observa-se que este clima influencia profundamente a produtividade do indivíduo e, conseqüentemente da empresa. Assim sendo, o mesmo deve ser favorável e proporcionar motivação e interesse nos colaboradores, além de uma boa relação entre os funcionários e a empresa.

Para George Litwin (*apud* Robbins, 2005) "O clima organizacional é a qualidade ou propriedade do ambiente organizacional, que é percebida ou experimentada pelos membros da organização e influencia o seu comportamento".

O clima organizacional está relacionado diretamente ao grau de satisfação dos membros de uma empresa em relação a diferentes aspectos da cultura ou realidade da organização e a sua análise permite uma visão mais ampla e flexível da influência ambiental sobre a motivação dos funcionários.

3.1 Pesquisa de clima

Para realizar a aferição do clima organizacional, faz-se necessário a implementação de uma pesquisa de clima organizacional, por se tratar de uma ferramenta objetiva e segura que tem como finalidade a análise e o diagnóstico do clima e da satisfação dos servidores na organização.

> **Questão de Concurso**
>
> **(Cespe/TJES/Analista Judiciário/2011)** Um diagnóstico de clima organizacional deve avaliar, entre outros aspectos, as percepções compartilhadas dos funcionários acerca das características da organização.
>
> *Gabarito: certo. As percepções compartilhadas são alvo de análise para levantamento do clima organizacional.*

3.2 Modelos de pesquisa de clima organizacional

Existem diversos modelos de pesquisa de clima organizacional, os principais deles estão relacionados no quadro abaixo:

Modelo de pesquisa	Características
Litwin e Stringer (1968)	Utiliza um questionário baseado em nove fatores, são eles: estrutura, responsabilidade, desafio, recompensa, relacionamento, cooperação, conflito, identidade e padrão.
Kolb (1986)	O questionário é baseado em sete fatores: recompensa, padrões, responsabilidade, conformismo, clareza organizacional, calor, apoio e liderança.
Sbragia (1983)	Utiliza um modelo contendo vinte fatores: conformidade, estrutura, recompensas, cooperação, padrões, conflitos, identidade, estado de tensão, ênfase na participação, proximidade da supervisão, consideração humana, autonomia, prestígio, tolerância, clareza, justiça, condições de progresso, apoio logístico, reconhecimento e forma de controle.

3.3 Clima psicológico *x* clima organizacional

Alguns autores diferenciam o clima organizacional e clima psicológico no momento da realização da pesquisa de clima organizacional. Segundo tais autores, o clima psicológico está relacionado a aspectos afetivos, descrevendo a percepção individual do ambiente de trabalho. O clima organizacional, por sua vez, está relacionado a aspectos cognitivos, descrevendo percepções compartilhadas entre os membros da instituição.

CLIMA ORGANIZACIONAL	CLIMA PSICOLÓGICO	SATISFAÇÃO NO TRABALHO	CULTURA ORGANIZACIONAL
Percepções cognitivas	Percepções afetivas	Percepções cognitivas e afetivas	Valores, crenças, normas
Natureza descritiva	Natureza avaliativa	Natureza descritiva e avaliativa	Natureza descritva
Estudado no nível do grupo ou da organização	Estudado no nível do indivíduo	Estudado no nível do indivíduo, grupo ou organização	Estudada no nível do grupo ou organização

Questões de Concurso

(Cespe/TRT/Analista Administrativo/2012) A qualidade de vida apoia-se na satisfação no trabalho, que resulta das percepções afetivas e cognitivas que as pessoas têm sobre seu contexto laboral.

Gabarito: certo. A satisfação no trabalho resulta tanto de percepções afetivas quanto cognitivas.

(Cespe/MPU/Analista Administrativo/2010) O clima organizacional resulta da percepção compartilhada entre indivíduos, de ênfase afetiva e cognitiva, acerca de práticas, políticas e procedimentos formais e informais de uma organização.

Gabarito: errado. O clima organizacional resulta apenas de percepções cognitivas.

(Cespe/TCU/Analista Administrativo/2007) Cultura é um termo avaliativo que se refere a uma percepção comum dos membros da organização ou a um significado compartilhado.

Gabarito: errado. O conceito é de clima organizacional.

(Cespe/STJ/Analista Judiciário/2008) A cultura organizacional é um termo descritivo e não avaliativo.

Gabarito: certo. A cultura é apenas um termo descritivo e não avaliativo.

(Cespe/Anac/Analista Administrativo/Área 1/2012) A satisfação é um fenômeno de natureza afetiva, mas não cognitiva, em que as pessoas demonstram o quanto gostam ou não dos diferentes aspectos do trabalho, evidenciando a qualidade de vida no trabalho.

Gabarito: errado. A satisfação é um fenômeno tanto de ênfase afetiva quanto cognitiva.

Para Martins (2008), o clima organizacional é constituído por elementos cognitivos e refere-se à percepção ligada a um aspecto particular do trabalho, partilhada pelos trabalhadores. Já clima psicológico constitui-se de elementos afetivos e refere-se a uma ligação individual no ambiente de trabalho, portanto, existe uma relação entre o clima psicológico e o afeto. Assim, o clima psicológico aparenta mediar a relação entre o ambiente de trabalho e as reações afetivas a este ambiente.

Assim, baseado nos estudos citados anteriormente, pode-se inferir que o clima organizacional tem sua ênfase no compartilhamento das percepções, enquanto que o clima psicológico refere-se a uma percepção individual do ambiente de trabalho. Por haver o compartilhamento de percepções, deduz-se que o clima organizacional pode ser estudado no nível do grupo (unidade de trabalho) e no nível da organização.

Koys e DeCotiis (1991) utilizam o clima psicológico e organizacional quase como sinônimos.

Os autores afirmam que o clima psicológico é um fenômeno perceptual multidimensional e com base experimental que é amplamente compartilhado pelos membros de determinada unidade organizacional. A diferença, segundo estes autores, estaria no nível de análise. O clima psicológico é estudado no nível do indivíduo e o clima organizacional é estudado no nível da organização.

Segundo Schneider e Reichers (1990): "Clima organizacional resulta da percepção compartilhada de procedimentos, práticas e políticas de uma organização tanto formais quanto informais".

Tamayo (1999) também distingue os construtos ao dizer que satisfação é uma resposta de cunho afetivo e possui um caráter avaliativo das condições de trabalho. Já o clima organizacional é de natureza descritiva. Portanto, clima organizacional é uma variável de natureza cognitiva, enquanto que a satisfação no trabalho é uma atitude e, como tal, composta por elementos afetivos e cognitivos.

3.4 Equilíbrio organizacional

Como registrado no primeiro capítulo, um dos objetivos da área de gestão de pessoas é a manutenção do equilíbrio organizacional. O equilíbrio organizacional, em termos de administração de recursos humanos, ocorre quando as contribuições dadas pelos colaboradores são compatíveis, em quantidade e qualidade, com as respectivas recompensas ofertadas pela organização.

O equilíbrio organizacional está diretamente relacionado ao clima organizacional, uma vez que o seu desequilíbrio afeta o ambiente. O índice de satisfação e de motivação dos servidores pode aumentar ou diminuir de acordo com o nível de equilíbrio organizacional apresentado pela instituição.

4. DESENVOLVIMENTO ORGANIZACIONAL (DO)

A mudança é um aspecto essencial da criatividade e inovação nas organizações de hoje. A mudança está em toda parte: nas organizações, nas pessoas, nos clientes, nos produtos e serviços, na tecnologia, no tempo e no clima. A mudança representa a principal característica dos tempos modernos.

O mundo atual caracteriza-se por um constante ambiente de **mudança**. O ambiente geral que envolve as organizações é mutável e dinâmico, exigindo delas uma elevada capacidade de adaptação como condição básica de sobrevivência. O desenvolvimento organizacional é uma resposta às **mudanças**.

4.1 Os elementos essenciais de qualquer esforço de DO

- A orientação para o longo prazo.
- O envolvimento de esforços para a eficácia global da organização total e não simplesmente de parte dela.
- Os passos de diagnóstico e de intervenção desenvolvidas conjuntamente entre os gerentes de linha e o consultor.

4.2 Etapas do processo do DO

- **Colheita e análise de dados**: consiste na determinação dos dados necessários e dos métodos utilizáveis para sua colheita dentro da organização.
- **Diagnóstico organizacional: da análise dos dados colhidos, passa-se a sua interpretação e diagnóstico**: procura-se identificar preocupações e problemas, suas consequências, estabelecer prioridades e estabelecer os alvos e objetivos.
- **Ação de intervenção**: é a fase de **implementação do processo de DO**.
- **Avaliação**: é a etapa que fecha o processo que funciona como um circuito fechado.

4.3 Técnicas de intervenção do DO

Os agentes de mudança utilizam uma ou várias abordagem de DO para fazer intervenções na organização. As técnicas de DO podem ser assim classificadas:

- **DO para o indivíduo: treinamento da sensitividade**: o treinamento da sensitividade constitui a técnica mais antiga de DO. Os grupos são chamados de T-*groups* (grupos de treinamentos), têm aproximadamente dez participantes e são orientados por um líder treinado para aumentar sua sensibilidade quanto a suas habilidades de relacionamento interpessoal.
- **DO para duas ou mais pessoas: análise transacional**: a análise transacional (AT) é uma técnica que visa ao autodiagnóstico das relações interpessoais. As relações interpessoais ocorrem por meio de transações.
- **DO para equipes ou grupos: consultoria de procedimentos**: nesta técnica, também denominada consultoria de processos, cada equipe é coordenada por um consultor em processos humanos e informacionais. O consultor funciona como terceira parte e sua coordenação provoca intervenções sobre a equipe no sentido de torná-la mais sensível a seus processos internos de estabelecer metas e objetivos, tomar decisões, participação, sentimentos, liderança, confiança e criatividade.

- **DO para relações intergrupais: reuniões de confrontação**: é uma técnica de alteração comportamental a partir da atuação de um consultor interno e externo (chamado terceira parte). Dois grupos antagônicos em conflito (desconfiança recíproca, discordância, antagonismo, hostilidade etc.) são tratados por meio de reuniões de confrontação, nas quais cada grupo se autoavalia, bem como avalia o comportamento do outro, como que se colocado em face de um espelho.
- **DO para a organização como um todo: retroação de dados**: é também denominada técnica de levantamento e suprimento de informações. É uma técnica de mudança de comportamento que parte do princípio de que, quanto mais dados cognitivos o indivíduo receber, tanto maior será sua possibilidade de organizar os dados e agir criativamente. A retroação de dados (*feedback* de dados) ou realimentação de dados proporciona aprendizagem de novos dados a respeito de si mesmo, dos outros, dos processos grupais ou da dinâmica de toda a organização – dados que nem sempre são levados em consideração.

4.4 O processo de mudança, segundo Kurt Lewin

A mudança significa a passagem de um estado para outro diferente. É a transição de uma situação para outra. A mudança envolve transformação, interrupção, perturbação, ruptura, dependendo da sua intensidade. Ela constitui um processo composto de três etapas: descongelamento, mudança e recongelamento.

Na mudança organizacional, conforme o modelo de Kurt Lewin há três etapas:

- **Descongelamento**: significa a fase inicial da mudança, na qual as velhas práticas e ideias são abandonadas e desaprendidas. É a percepção da necessidade de mudança; redução da força de valores, atitudes e comportamentos.
- **Mudança**: é a etapa em que as novas ideias e práticas são experimentadas e aprendidas. Novos valores, atitudes e comportamentos são adquiridos.
- **Recongelamento**: é a etapa final em que as novas ideias e práticas são incorporadas definitivamente no comportamento. Integração/estabilização das mudanças efetuadas. É o processo por meio do qual um comportamento recentemente adquirido se integra, como comportamento padronizado, na personalidade do indivíduo e/ou nas suas relações emotivas relevantes. O recongelamento requer dois aspectos: o apoio (é o suporte por meio de recompensas que mantém a mudança) e o reforço positivo (é a prática proveitosa que torna a mudança bem-sucedida). Essa é a etapa da estabilização da mudança.

Questão de Concurso

(FCC/TRT 9ª Região/Analista Judiciário/Área Administrativa/2010) Na mudança organizacional, conforme o modelo de Kurt Lewin, o processo por meio do qual um comportamento recentemente adquirido se integra, como comportamento padronizado, na personalidade do indivíduo e/ou nas suas relações emotivas relevantes, é denominado

a) descongelamento.

b) recongelamento.

c) ação impulsora.

d) mudança restritiva.

e) integração.

Gabarito: b. O recongelamento é a etapa final, em que as novas ideias e práticas são incorporadas definitivamente.

CAPÍTULO 15
Legislações Pertinentes à Gestão de Pessoas Aplicadas no Setor Público

1. GESTÃO DE PESSOAS APLICADA NO SETOR PÚBLICO[1]

Os últimos certames têm cobrado a gestão de pessoas no setor público e as legislações pertinentes. As reflexões abaixo foram extraídas do livro **Gestão de Pessoas: bases teóricas e experiências no setor público.** Brasília: Enap, 2010 e dizem respeito ao contexto vigente no âmbito da gestão pública, aspectos históricos - evolução do Departamento de Pessoal a Gestão de Pessoas, os principais mecanismos e instrumentos da gestão estratégica e Legislações específicas.

1.1 O contexto vigente no âmbito da gestão pública

A sociedade vem exigindo do poder público uma atuação cada vez mais voltada para o alcance de resultados, isto é, além da eficiência tão perseguida pelas organizações nos últimos tempos, atualmente a eficácia e a efetividade da ação governamental são as palavras de ordem. Não basta atuar de forma a obter a melhor relação custo-benefício, se os resultados almejados não forem alcançados e se não atenderem necessidades legítimas. Os usuários do serviço público têm aumentado o nível de exigência em relação à satisfação de demandas. A qualidade e a adequação dos serviços às necessidades dos usuários são hoje aspectos críticos para o bom desempenho de qualquer órgão ou entidade da administração pública.

Além disso, a exigência de transparência e ética, a crescente escassez de recursos em todas as esferas e a necessidade de aproximação do usuário, em relação aos

[1] CAMÕES, MarizauraReis de Souza; PANTOJA, Maria Júlia; BERGUE, Sandro Trescastro. Gestão de Pessoas: bases teóricas e experiências no setor público. Brasília: ENAP, 2010. Páginas 12 a 27

serviços públicos, reforçam a abordagem por meio da eficácia e da descentralização. Isso exige um aumento da flexibilidade, da prontidão e da capacidade de adaptação dessas organizações, implicando o uso de novas tecnologias, especialmente o da tecnologia da informação, e da modernização da estrutura normativa, organizacional e de pessoal.

Embora essas transformações não sejam novidade nas organizações privadas, nas públicas elas representam uma grande mudança não somente nas formas de estrutura e funcionamento, mas na ressignificação dos sentidos que tanto o servidor quanto a sociedade atribuem ao que é **público**. Tal quadro tem conduzido as organizações públicas a repensar seus objetivos e a rever suas estruturas e processos para o alcance do desempenho desejado.

A transformação dos órgãos públicos para a configuração de um modelo pautado por resultados pressupõe a ruptura com alguns dos padrões gerenciais vigentes e o profundo repensar de outros.

De fato, não se pode pensar em transformações substantivas na sociedade, e por extensão na administração pública, sem considerar os componentes da formação histórica.

Elementos da tradição legalista e formal da administração pública, combinados com traços culturais como o patrimonialismo e o individualismo, quando contrastados com os atributos idealizados de uma burocracia profissional como a impessoalidade e o mérito, entre outros, culminam na geração de um ambiente complexo e desafiador para a gestão de pessoas nas organizações públicas.

Essa herança forjou um estilo gerencial com traços autoritários, permeado de relações por vezes excessivamente formais e, paradoxalmente, carentes de padronização. Nesse contexto organizacional, em nome da eficiência, assume destaque um arranjo mecanicista ao estilo taylorista em que aqueles que realizam atividades operacionais pouco são estimulados a pensar formas alternativas de gestão, provocando com isso uma cisão entre o operacional e o intelectual. Além disso, as barreiras à mobilidade funcional e as estruturas organizacionais rígidas reforçam a forma de funcionar que não mais responde ao imperativo de uma realidade complexa e multifacetada, tanto no que diz respeito às demandas sociais quanto àquelas advindas do concerto dos servidores públicos, notadamente no que concerne a carreiras, realização e reconhecimento profissional.

Nesse contexto, fenômenos disfuncionais extremos podem por vezes emergir, tais como a percepção de acentuada valorização do tempo de serviço em detrimento das competências, e a proteção dos cargos e funções, configurando expressões de clientelismo, déficits meritocráticos e de transparência na gestão de pessoas. A exacerbação desses traços é capaz de promover um mecanismo que opera na contramão da busca por resultados.

Isso porque não enfatiza o desempenho e nem incentiva a busca de aprimoramento e a aquisição de competências a serem aplicadas na organização com o propósito de alcançar seus objetivos e metas estratégicas.

Tal conjunto, entretanto, vem sendo transformado no plano institucional; movimento para o qual concorrem as transformações constitucionais operadas desde o final da década de 1990 até recentes atos executivos como **os Decretos nºs 5.707/2006 e 7.133/2010**, que tratam, respectivamente, dos temas da gestão por competências e da avaliação de desempenho.

Essas transformações têm promovido movimentos orientados para mudanças em alguns traços característicos comumente associados à organização do serviço público e ao conjunto dos servidores públicos que reclamam um repensar.

1.2 Características das organizações públicas

A forma como a gestão dos recursos humanos é realizada hoje se deve a um conjunto de características comuns à maioria das organizações públicas e que podem ser evitadas. Entre elas, destacam-se:

a) Rigidez imposta pela legislação: nas entrevistas e discussões com pessoal que atua em organizações públicas, percebe-se que eles têm, muitas vezes, ideias para solucionar os problemas que se apresentam, mas muitas das soluções esbarram na legislação, que os impede de implementá-las. No entanto, ainda que dependa de um processo legislativo complexo, é inerente à administração pública cogitar as hipóteses de mudança na legislação, inclusive como forma de preservar o interesse público;

b) Desvinculação da visão do cidadão como destinatário do serviço público: em diversas organizações públicas ainda não é clara a ideia de que o cidadão é a razão de ser da organização, pois é para ele que qualquer serviço público trabalha. Por outro lado, o próprio cidadão desacredita o papel do serviço público como forma de solução para seus problemas. Como está muito arraigado na cultura da população, sugere-se a necessidade de mudança de mentalidade dos dois lados.

c) Pouca ênfase no desempenho – muitas organizações públicas ainda não vinculam a realização do trabalho com o adequado desempenho. Apesar dos esforços orientados para a introdução dos valores da meritocracia quer montam à década de 1930 e dos movimentos mais recentes de avaliação de desempenho que alcançam a década de 1970, também por conta da falta de visão do cidadão como cliente, o desempenho nem sempre é considerado na realização do trabalho. Entenda-se por desempenho a realização do trabalho de forma eficiente, eficaz e efetiva. Em outras palavras, o trabalho sendo realizado da melhor forma possível, direcionado para o alcance dos objetivos e metas da organização, atingindo os resultados desejados no prazo previsto e satisfazendo aqueles para os quais o trabalho é realizado de forma permanente e contínua.

d) Mecanismos de remuneração que desvinculam os vencimentos do desempenho: os funcionários sentem-se pouco estimulados a melhorar seu desempenho, uma vez que a remuneração independe desse fator.

De um lado, pode-se referir que esse fenômeno é capaz de provocar a inércia e a falta de comprometimento dos funcionários. Por outro, entretanto, se tomado o fato de que desde a década de 1970 são experimentadas sucessivas frustrações em termos de propostas de remuneração associadas ao desempenho, então resta manifesto o imperativo de repensaras bases desses processos.

e) Limites à postura inovativa: além da questão remuneratória, a própria rigidez da legislação estimula a inércia gerencial, uma vez que muitas iniciativas esbarram nas limitações da legislação.

f) Poucos mecanismos de planejamento e pouca preocupação com a gestão: a fraca ênfase no desempenho conduz a uma atuação voltada para o cumprimento das tarefas do dia a dia, sem preocupação com um planejamento que contemple uma visão para o curto, médio e longo prazo. Por conta disso também não há uma cultura de monitoramento de resultados, *feedback* e envolvimento dos funcionários na melhoria contínua da gestão.

g) Rotatividade na ocupação de posições de chefia: por conta da rotatividade, as posições de chefia podem apresentar intensa alternância entre os membros da equipe de trabalho ou do órgão. Nesse particular, todavia, caberia uma investigação empírica envolvendo o mapeamento dos fluxos, o destino daqueles que deixam as posições de chefia e da percepção das pessoas em relação ao impacto desses condicionantes no desempenho da equipe, em particular no que diz respeito às medidas de responsabilização.

h) O papel da gratificação – em muitas situações nas organizações públicas a gratificação é utilizada como forma improvisada de compensação à impossibilidade de aumento salarial. Tal fator constitui uma deformação da verdadeira função da gratificação, que foi criada para contemplar funções desempenhadas que apresentam algum risco ou esforço adicional aos previstos na execução da maior parte das tarefas da organização.

1.3 Administração de pessoal *x* gestão de pessoas

Em muitas das organizações públicas brasileiras, as áreas que cuidam da gestão de pessoal ainda se dedicam principalmente às atividades relacionadas à folha de pagamento, benefícios da aposentadoria e afins, proposição de leis, regras e regulamentos, além de desenvolver algumas ações pontuais e emergenciais de treinamento e capacitação.

A forma de atuação das áreas é geralmente reativa, respondendo quando acionadas pelas demandas das outras áreas da organização e funcionários, indicando que elas não possuem o controle dos assuntos que estariam afetos à sua responsabilidade.

O foco nessas demandas prioriza as questões emergenciais, relegando a segundo plano as atividades estratégicas como o estabelecimento de objetivos e metas alinhados com as definições da organização, o planejamento de ações e a definição de políticas como, por exemplo, a de contratação, capacitação e remuneração de pessoal, entre outras.

Além disso, muitas organizações públicas ainda não vinculam a realização do trabalho com o adequado desempenho, e este, por sua vez, está desvinculado dos mecanismos de remuneração. O fato de haver pouca ou nenhuma ênfase no desempenho, no resultado e nos critérios de mérito é refletido pela falta de mecanismos para o desenvolvimento profissional contínuo e permanente e pelo pouco estímulo à rotação de funções.

Cabe salientar também que, embora não exista um conjunto de regras que possa ser denominado efetivamente de "política de gestão de pessoas", as normas e definições existentes, principalmente aquelas constantes nos planos de cargos, podem suscitar a acomodação dos funcionários. Entre elas se destacam a utilização do tempo de serviço como critério prioritário para a progressão e a utilização da gratificação como forma improvisada de compensação à impossibilidade de aumento salarial.

A descrição de cargos, da forma como é realizada, limita o escopo de atuação dos funcionários, desestimulando a multifuncionalidade e a visão sistêmica, e configura com frequência os desvios de função que são muito comuns nos diversos órgãos públicos em todos os âmbitos.

O recrutamento e a seleção realizados por concursos têm foco baseado em cargos e, não, em competências. A forma genérica como os cargos são descritos possibilita a alocação das pessoas em áreas com características muito diferentes, mas, de fato, não supre as reais necessidades em relação às competências necessárias para a realização de suas atividades típicas.

1.4 Substituição do departamento de pessoal pela gestão estratégica de pessoas

As características aqui descritas correspondem ao perfil de uma área denominada de 'departamento de pessoal', que realiza a administração de pessoal. Mesmo considerando as iniciativas adotadas por diversas organizações públicas brasileiras no sentido de transformar os "departamentos de pessoal" em autênticas unidades de gestão de pessoas, esse novo perfil de gestão estratégica precisa ser consolidado com a efetiva realização de suas atividades típicas.

Nota-se que em muitos casos, embora a estrutura organizacional tenha sido modificada, incluindo áreas que realizam atividades típicas de gestão de pessoas, na prática esses campos não têm funcionado em plenitude, com a abrangência e profundidade necessárias.

A substituição da administração de pessoal pela gestão de pessoas implica a implementação de mudanças que no seu conjunto constituirão o que denominamos de gestão estratégica de pessoas.

1.5 Gestão estratégica de pessoas

O conceito de gestão estratégica se refere a um tipo de gestão que se preocupa com os objetivos e metas da organização e com o desempenho e as formas de atuação mais adequados para concretizá-los, considerando-se o curto, o médio e o longo prazos. O foco é a definição dos resultados esperados, o planejamento e o monitoramento das ações para seu alcance.

O desempenho diz respeito não só à organização, mas também às pessoas que nela atuam. O planejamento estratégico da organização, em que são definidas as diretrizes para desempenho, é desdobrado nos diversos níveis organizacionais até o individual.

O modelo de gestão estratégica de pessoas inclui a definição dos perfis profissionais e da quantidade de pessoas com tais perfis, necessários para atuar na organização. Além disso, abrange o estabelecimento de uma política que oferecerá o respaldo adequado para a sustentabilidade da gestão.

Essa política deverá contemplar os aspectos relativos ao recrutamento de pessoal, à estratégia de desenvolvimento profissional e pessoal, à estratégia de realocação e redistribuição do pessoal, à avaliação de desempenho, à estrutura de carreira, à remuneração e aos incentivos, entre outros.

Cabe ressaltar que a definição dessas políticas não se restringe ao estabelecimento de regras aleatórias para cada tema. Elas devem ser integradas de modo a imprimir consistência e coerência. Tal integração deve se basear em um conjunto básico de premissas a serem utilizadas como diretriz para o enunciado de todas as definições incluídas no conjunto de políticas de gestão de pessoas.

Os principais aspectos a serem contemplados por essa política incluem:

- a definição de critérios para o recrutamento de pessoal, baseado nas competências necessárias à organização;
- o estabelecimento de uma estratégia de desenvolvimento profissional e pessoal que possibilite o aprimoramento contínuo do quadro de pessoal;
- a estruturação da avaliação do desempenho que permita, além da vinculação à progressão do funcionário, a identificação das necessidades de capacitação;
- a definição de critérios para a criação de carreiras que estimulem o desenvolvimento profissional e o desempenho;
- o estabelecimento de uma estratégia de realocação e de redistribuição de funcionários que seja compatível com os perfis e quantitativos necessários à organização.

É nesse contexto que entra a gestão estratégica de pessoas que, alinhada aos objetivos e metas da organização, preocupa-se com o perfil e com o quantitativo adequados ao quadro de pessoal, para realizar as atividades que lhe são atribuídas, garantindo o desempenho esperado.

A premissa do desempenho e do alcance dos resultados esperados implica uma série de mudanças na forma de agir do atual **departamento de pessoal**, por meio de um modelo de gestão estratégica de pessoas, transformando-o em uma área de **gestão estratégica de pessoas**.

1.5.1 A área de gestão de pessoas

No cenário aqui descrito, a área de gestão de pessoas passa a desempenhar um papel estratégico, em que ela deve conhecer a essência da organização e de cada uma de suas áreas para garantir a melhor aplicação e alocação possíveis dos recursos humanos.

Essa área deve ser a detentora das informações sobre o perfil dos funcionários da organização e também sobre os resultados, devendo coordenar os esforços para suprir as necessidades de pessoal de uma forma altamente técnica, com a identificação dos perfis profissionais adequados.

Isso inclui a criação de oportunidades de crescimento profissional para as pessoas da organização, uma vez que novas competências individuais poderão ser necessárias.

A atuação estratégica dessa área prevê que sejam reestudadas as formas de admissão de funcionários, baseando-se na identificação das competências essenciais para a organização e daquelas que podem ser obtidas fora da organização. O cunho estratégico dessa e das demais áreas da organização deve representar a obtenção dos melhores resultados com a melhor aplicação possível de todos os recursos.

O gestor que trata da gestão estratégica de pessoas precisa estar preparado para fazer frente ao novo desafio que se apresenta com as mudanças de escopo e de abordagem até então praticados na gestão de pessoas.

Para a implementação da gestão estratégica de pessoas, novas atividades, mecanismos e instrumentos deverão ser incluídos no escopo de ação e atuação da área de gestão de pessoas. Para efeito da percepção da real dimensão do que denominamos de gestão estratégica de pessoas e do esforço a ser empreendido para a implantação dessas mudanças, são apresentadas, a seguir, de forma sucinta, as principais características desses mecanismos e instrumentos.

1.5.2 Principais mecanismos e instrumentos da gestão estratégica

Os principais mecanismos e instrumentos da gestão estratégica de pessoas são:

- Planejamento de recursos humanos;
- Gestão de competências;
- Capacitação continuada com base em competências; e
- Avaliação de desempenho e de competências. Esses elementos guardam uma relação de dependência entre si.

A gestão de competências define as competências e os perfis profissionais necessários à organização e, com base nessas definições, o planejamento de recursos humanos realiza o dimensionamento e a alocação dos perfis. Por outro lado, a avaliação de desempenho e de competências analisa o desempenho das pessoas portadoras dos perfis profissionais definidos e verifica a efetividade, oferecendo insumos para a definição da capacitação continuada.

Pode-se considerar, em suma, que os condicionantes institucionais para a construção desse novo cenário de gestão de pessoas na administração pública federal estão dados, notadamente pela Política Nacional de Desenvolvimento de Pessoas. Elementos outros de estrutura e de regulamentação dessas novas diretrizes já podem ser encontrados no arranjo da administração pública brasileira.

Seguem as legislações (Diretrizes) de Gestão de Pessoas aplicadas no setor público.

2. LEGISLAÇÃO APLICADA NO SETOR PÚBLICO

2.1 Decreto nº 5.707/2006 – Política e Diretrizes para o Desenvolvimento de Pessoal da Administração Pública Federal[2]

O PRESIDENTE DA REPÚBLICA, no uso das atribuições que lhe confere o art. 84, incisos IV e VI, alínea *a*, da Constituição, e tendo em vista o disposto nos arts. 87 e 102, incisos IV e VII, da Lei nº 8.112, de 11 de dezembro de 1990,

Decreta:

Objeto e Âmbito de Aplicação

Art. 1º Fica instituída a Política Nacional de Desenvolvimento de Pessoal, a ser implementada pelos órgãos e entidades da administração pública federal direta, autárquica e fundacional, com as seguintes finalidades:

I - melhoria da eficiência, eficácia e qualidade dos serviços públicos prestados ao cidadão;

II - desenvolvimento permanente do servidor público;

III - adequação das competências requeridas dos servidores aos objetivos das instituições, tendo como referência o plano plurianual;

IV - divulgação e gerenciamento das ações de capacitação; e

V - racionalização e efetividade dos gastos com capacitação.

Art. 2º Para os fins deste Decreto, entende-se por:

I - capacitação: processo permanente e deliberado de aprendizagem, com o propósito de contribuir para o desenvolvimento de competências institucionais por meio do desenvolvimento de competências individuais;

II - gestão por competência: gestão da capacitação orientada para o desenvolvimento do conjunto de conhecimentos, habilidades e atitudes necessárias ao desempenho das funções dos servidores, visando ao alcance dos objetivos da instituição; e

III - eventos de capacitação: cursos presenciais e à distância, aprendizagem em serviço, grupos formais de estudos, intercâmbios, estágios, seminários e congressos, que contribuam para o desenvolvimento do servidor e que atendam aos interesses da administração pública federal direta, autárquica e fundacional.

Diretrizes

Art. 3º São diretrizes da Política Nacional de Desenvolvimento de Pessoal:

---

2 *www.planalto.gov.br/ccivil.../**Decreto**/D5707.htm*

I – incentivar e apoiar o servidor público em suas iniciativas de capacitação voltadas para o desenvolvimento das competências institucionais e individuais;

II – assegurar o acesso dos servidores a eventos de capacitação interna ou externamente ao seu local de trabalho;

III – promover a capacitação gerencial do servidor e sua qualificação para o exercício de atividades de direção e assessoramento;

IV – incentivar e apoiar as iniciativas de capacitação promovidas pelas próprias instituições, mediante o aproveitamento de habilidades e conhecimentos de servidores de seu próprio quadro de pessoal;

V – estimular a participação do servidor em ações de educação continuada, entendida como a oferta regular de cursos para o aprimoramento profissional, ao longo de sua vida funcional;

VI – incentivar a inclusão das atividades de capacitação como requisito para a promoção funcional do servidor nas carreiras da administração pública federal direta, autárquica e fundacional, e assegurar a ele a participação nessas atividades;

VII – considerar o resultado das ações de capacitação e a mensuração do desempenho do servidor complementares entre si;

VIII – oferecer oportunidades de requalificação aos servidores redistribuídos;

IX – oferecer e garantir cursos introdutórios ou de formação, respeitadas as normas específicas aplicáveis a cada carreira ou cargo, aos servidores que ingressarem no setor público, inclusive àqueles sem vínculo efetivo com a administração pública;

X – avaliar permanentemente os resultados das ações de capacitação;

XI – elaborar o plano anual de capacitação da instituição, compreendendo as definições dos temas e as metodologias de capacitação a serem implementadas;

XII – promover entre os servidores ampla divulgação das oportunidades de capacitação; e

XIII – priorizar, no caso de eventos externos de aprendizagem, os cursos ofertados pelas escolas de governo, favorecendo a articulação entre elas e visando à construção de sistema de escolas de governo da União, a ser coordenado pela Escola Nacional de Administração Pública – ENAP.

Parágrafo único. As instituições federais de ensino poderão ofertar cursos de capacitação, previstos neste Decreto, mediante convênio com escolas de governo ou desde que reconhecidas, para tanto, em ato conjunto dos Ministros de Estado do Planejamento, Orçamento e Gestão e da Educação.

Escolas de Governo

Art. 4º Para os fins deste Decreto, são consideradas escolas de governo as instituições destinadas, precipuamente, à formação e ao desenvolvimento de servidores públicos, incluídas na estrutura da administração pública federal direta, autárquica e fundacional.

Parágrafo único. As escolas de governo contribuirão para a identificação das necessidades de capacitação dos órgãos e das entidades, que deverão ser consideradas na programação de suas atividades.

Instrumentos

Art. 5º São instrumentos da Política Nacional de Desenvolvimento de Pessoal:

I - plano anual de capacitação;

II - relatório de execução do plano anual de capacitação; e

III - sistema de gestão por competência.

§ 1º Caberá à Secretaria de Gestão do Ministério do Planejamento, Orçamento e Gestão desenvolver e implementar o sistema de gestão por competência.

§ 2º Compete ao Ministro de Estado do Planejamento, Orçamento e Gestão disciplinar os instrumentos da Política Nacional de Desenvolvimento de Pessoal.

Art. 6º Os órgãos e entidades da administração pública federal direta, autárquica e fundacional deverão incluir em seus planos de capacitação ações voltadas à habilitação de seus servidores para o exercício de cargos de direção e assessoramento superiores, as quais terão, na forma do art. 9º da Lei nº 7.834, de 6 de outubro de 1989, prioridade nos programas de desenvolvimento de recursos humanos.

Parágrafo único. Caberá à ENAP promover, elaborar e executar ações de capacitação para os fins do disposto no *caput*, bem assim a coordenação e supervisão dos programas de capacitação gerencial de pessoal civil executados pelas demais escolas de governo da administração pública federal direta, autárquica e fundacional.

Comitê Gestor

Art. 7º Fica criado o Comitê Gestor da Política Nacional de Desenvolvimento de Pessoal, com as seguintes competências:

I - avaliar os relatórios anuais dos órgãos e entidades, verificando se foram observadas as diretrizes da Política Nacional de Desenvolvimento de Pessoal;

II - orientar os órgãos e entidades da administração pública federal direta, autárquica e fundacional na definição sobre a alocação de recursos para fins de capacitação de seus servidores;

III - promover a disseminação da Política Nacional de Desenvolvimento de Pessoal entre os dirigentes dos órgãos e das entidades, os titulares das unidades de recursos humanos, os responsáveis pela capacitação, os servidores públicos federais e suas entidades representativas; e

IV - zelar pela observância do disposto neste Decreto.

Parágrafo único. No exercício de suas competências, o Comitê Gestor deverá observar as orientações e diretrizes para implementação da Política Nacional de Desenvolvimento de Pessoal, fixadas pela Câmara de Políticas de Gestão Pública, de que trata o Decreto nº 5.383, de 3 de março de 2005.

Art. 8º O Comitê Gestor da Política Nacional de Desenvolvimento de Pessoal será composto por representantes dos seguintes órgãos e entidade do Ministério do Planejamento, Orçamento e Gestão, designados pelo Ministro de Estado:

I - Secretaria de Recursos Humanos, que o coordenará;

II - Secretaria de Gestão; e

III - ENAP.

Parágrafo único. Compete à Secretaria de Recursos Humanos do Ministério do Planejamento, Orçamento e Gestão:

I - desenvolver mecanismos de incentivo à atuação de servidores dos órgãos e das entidades como facilitadores, instrutores e multiplicadores em ações de capacitação; e

II - prestar apoio técnico e administrativo e os meios necessários à execução dos trabalhos do Comitê Gestor.

Treinamento Regularmente Instituído

Art. 9º Considera-se treinamento regularmente instituído qualquer ação de capacitação contemplada no art. 2º, inciso III, deste Decreto.

Parágrafo único. Somente serão autorizados os afastamentos para treinamento regularmente instituído quando o horário do evento de capacitação inviabilizar o cumprimento da jornada semanal de trabalho do servidor, observados os seguintes prazos:

I - até vinte e quatro meses, para mestrado;

II - até quarenta e oito meses, para doutorado;

III - até doze meses, para pós-doutorado ou especialização; e

IV - até seis meses, para estágio.

Licença para Capacitação

Art. 10. Após cada quinquênio de efetivo exercício, o servidor poderá solicitar ao dirigente máximo do órgão ou da entidade onde se encontrar em exercício licença remunerada, por até três meses, para participar de ação de capacitação.

§ 1º A concessão da licença de que trata o *caput* fica condicionada ao planejamento interno da unidade organizacional, à oportunidade do afastamento e à relevância do curso para a instituição.

§ 2º A licença para capacitação poderá ser parcelada, não podendo a menor parcela ser inferior a trinta dias.

§ 3º O órgão ou a entidade poderá custear a inscrição do servidor em ações de capacitação durante a licença a que se refere o *caput* deste artigo.

§ 4º A licença para capacitação poderá ser utilizada integralmente para a elaboração de dissertação de mestrado ou tese de doutorado, cujo objeto seja compatível com o plano anual de capacitação da instituição.

Reserva de Recursos

Art. 11. Do total de recursos orçamentários aprovados e destinados à capacitação, os órgãos e as entidades devem reservar o percentual fixado a cada biênio pelo Comitê Gestor para atendimento aos públicos-alvo e a conteúdos prioritários, ficando o restante para atendimento das necessidades específicas.

Disposição Transitória

Art. 12. Os órgãos e entidades deverão priorizar, nos dois primeiros anos de vigência deste Decreto, a qualificação das unidades de recursos humanos, no intuito de instrumentalizá-las para a execução das ações de capacitação.

Vigência

Art. 13. Este Decreto entra em vigor na data de sua publicação.

Revogação

Art. 14. Fica revogado o Decreto nº 2.794, de 1º de outubro de 1998.

Brasília, 23 de fevereiro de 2006; 185º da Independência e 118º da República.

LUIZ INÁCIO LULA DA SILVA
Paulo Bernardo Silva

Questão de Concurso

(Cespe/Inmetro/Pesq.TQM/Recursos Humanos/2010) A respeito do Decreto nº 5.707/2006, que institui a política e as diretrizes para o desenvolvimento de pessoal da administração pública federal direta, autárquica e fundacional e regulamenta dispositivos da Lei nº 8.112/1990, assinale a opção correta.

a) Esse decreto tem como uma de suas finalidades a adequação dos objetivos das instituições às competências requeridas dos servidores, tendo como referência o plano plurianual.
b) Os eventos de capacitação contemplam apenas cursos presenciais, aprendizagem em serviço, seminários e congressos.
c) O decreto em tela visa racionalizar e tornar efetivos os gastos com captação de pessoal.
d) A capacitação é entendida como um processo permanente e deliberado de aprendizagem, com o propósito de contribuir diretamente para o desenvolvimento de competências individuais.
e) A gestão por competências equivale à gestão da capacitação orientada para o desenvolvimento de conhecimentos, habilidades e atitudes necessárias ao desempenho das funções dos servidores.

Gabarito: e. Conforme o art. 2º, inciso II.

Questão de Concurso

(Cespe/Inmetro/Pesq.TQM/Recursos Humanos/2010) Ainda com relação ao Decreto nº 5.707/2006, assinale a opção correta.

a) A Política Nacional de Desenvolvimento de Pessoal oferece e garante cursos introdutórios ou de formação aos servidores sem vínculo efetivo com a administração pública.
b) Entre as diretrizes da Política Nacional de Desenvolvimento de Pessoal, tem-se como requisito para a promoção funcional do servidor a exclusão das atividades de capacitação.
c) Cabe aos órgãos e às entidades da administração pública federal direta, autárquica e fundacional desenvolver e implementar sistemas específicos de gestão por competência.
d) São instrumentos da Política Nacional de Desenvolvimento de Pessoal o plano anual de capacitação, o relatório de execução do plano anual de capacitação e o sistema de gestão do desempenho humano no trabalho.
e) A identificação das necessidades dos servidores a serem consideradas na programação das atividades de capacitação é de inteira responsabilidade do órgão ou da entidade responsável.

Gabarito: a. Conforme art. 3º, IX – oferecer e garantir cursos introdutórios ou de formação, respeitadas as normas específicas aplicáveis a cada carreira ou cargo, aos servidores que ingressarem no setor público, inclusive àqueles sem vínculo efetivo com a administração pública.

2.2 Decreto nº 7.133/2010 – Avaliação de desempenho individual[3]

O PRESIDENTE DA REPÚBLICA, no uso da atribuição que lhe confere o art. 84, inciso IV, da Constituição

Decreta:

Art. 1º Ficam aprovados, na forma deste Decreto, os critérios e procedimentos gerais a serem observados para a realização das avaliações de desempenho individual e institucional e o pagamento das seguintes gratificações de desempenho:

I - Gratificação de Desempenho do Plano Geral de Cargos do Poder Executivo - GDPGPE, instituída pela Lei nº 11.357, de 19 de outubro de 2006, devida aos titulares dos cargos de provimento efetivo de níveis superior, intermediário e auxiliar do Plano Geral de Cargos do Poder Executivo, quando lotados e em exercício das atividades inerentes às atribuições do respectivo cargo nos órgãos ou entidades da administração pública federal ou nas situações referidas no § 9º do art. 7º-A da Lei nº 11.357, de 2006;

II - Gratificação de Desempenho de Atividades Especializadas e Técnicas de Informações e Avaliações Educacionais - GDIAE, instituída pela Lei nº 11.357, de 2006, devida aos ocupantes dos cargos das Carreiras de Pesquisa e Desenvolvimento de Informações e Avaliações Educacionais e Suporte Técnico em Informações Educacionais, quando lotados e em exercício das atividades inerentes às atribuições do respectivo cargo no Instituto Nacional de Pesquisas Educacionais Anísio Teixeira - INEP;

III - Gratificação de Desempenho de Atividades de Estudos, Pesquisas e Avaliações Educacionais - GDINEP, instituída pela Lei nº 11.357, de 2006, devida aos ocupantes de cargos do Plano Especial de Cargos do Inep - PECINEP, quando lotados e em exercício das atividades inerentes às atribuições do respectivo cargo no INEP;

IV - Gratificação de Desempenho de Atividades de Financiamento e Execução de Programas e Projetos Educacionais - GDAFE, instituída pela Lei nº 11.357, de 2006, devida aos ocupantes dos cargos das Carreiras de Financiamento e Execução de Programas e Projetos Educacionais e Suporte Técnico ao Financiamento e Execução de Programas e Projetos Educacionais, quando lotados e em exercício das atividades inerentes às atribuições do respectivo cargo no Fundo Nacional de Desenvolvimento da Educação - FNDE;

V - Gratificação de Desempenho de Atividade do Plano Especial de Cargos do FNDE - GDPFNDE, instituída pela Lei nº 11.357, de 2006, devida aos titulares dos cargos de provimento efetivo integrantes do Plano Especial de Cargos do FNDE - PECFNDE, quando lotados e em exercício das atividades inerentes às atribuições do respectivo cargo no FNDE;

[3] *www.planalto.gov.br/ccivil.../**Decreto**/D7133.htm*

VI – Gratificação de Desempenho da Suframa – GDSUFRAMA, instituída pela Lei nº 11.356, de 19 de outubro de 2006, devida aos servidores titulares dos cargos de provimento efetivo do Plano de Classificação de Cargos – PCC instituído pela Lei nº 5.645, de 10 de dezembro de 1970, ou de planos correlatos das autarquias e fundações públicas não integrantes de carreiras estruturadas, regidos pela Lei nº 8.112, de 11 de dezembro de 1990, pertencentes ao Quadro de Pessoal da Superintendência da Zona Franca de Manaus – SUFRAMA e nele lotados em 31 de dezembro de 2005 ou que venham a ser para ele redistribuídos, desde que as respectivas redistribuições tenham sido requeridas até a referida data, quando lotados e em exercício das atividades inerentes às atribuições do respectivo cargo na SUFRAMA;

VII – Gratificação de Desempenho de Atividade da Embratur – GDATUR, instituída pela Lei nº 11.356, de 2006, devida aos servidores titulares dos cargos de provimento efetivo do Plano de Classificação de Cargos instituído pela Lei nº 5.645, de 1970, ou de planos correlatos das autarquias e fundações públicas não integrantes de Carreiras estruturadas, regidos pela Lei nº 8.112, de 1990 pertencentes ao Quadro de Pessoal da EMBRATUR – Instituto Brasileiro de Turismo, e nele lotados em 31 de dezembro de 2005 ou que venham a ser para ele redistribuídos, desde que as respectivas redistribuições tenham sido requeridas até a referida data, quando lotados e em exercício das atividades inerentes às atribuições do respectivo cargo na EMBRATUR;

VIII – Gratificação de Desempenho de Atividade Cultural – GDAC, instituída pela Lei nº 11.233, de 22 de dezembro de 2005, devida aos servidores ocupantes de cargos de provimento efetivo do Plano Especial de Cargos da Cultura, quando lotados e em exercício das atividades inerentes às atribuições do respectivo cargo no Ministério da Cultura ou no Instituto do Patrimônio Histórico e Artístico Nacional – IPHAN, na Fundação Nacional de Arte – FUNARTE, na Fundação Biblioteca Nacional – FBN e na Fundação Cultural Palmares – FCP, em 30 de julho de 2005, ou que venham a ser redistribuídos para esses Quadros, desde que as redistribuições tenham sido requeridas até 12 de julho de 2005;

IX – Gratificação de Desempenho de Atividade de Apoio Técnico-Administrativo à Polícia Federal – GDATPF, instituída pela Lei nº 10.682, de 28 de maio de 2003, devida aos servidores ocupantes de cargos de provimento efetivo do Plano Especial de Cargos do Departamento de Polícia Federal, quando em exercício das atividades inerentes às atribuições do respectivo cargo no Departamento de Polícia Federal;

X – Gratificação de Desempenho de Atividade de Apoio Técnico-Administrativo à Polícia Rodoviária Federal – GDATPRF, instituída pela Lei nº 11.095, de 13 de janeiro de 2005, devida aos servidores ocupantes de cargos de provimento efetivo do Plano Especial de Cargos do Departamento de Polícia Rodoviária Federal, quando em exercício das atividades inerentes às atribuições do respectivo cargo no Departamento de Polícia Rodoviária Federal;

XI – Gratificação de Desempenho de Atividade de Assistência Especializada do Departamento Penitenciário Nacional do Ministério da Justiça – GDAPEN, instituída pela Lei nº 11.907 de 2 de fevereiro de 2009, devida aos titulares dos cargos de Especialista em Assistência Penitenciária e de Técnico de Apoio à Assistência Penitenciária, quando em exercício das atividades inerentes às atribuições do respectivo cargo no âmbito dos estabelecimentos penais e de internamento federais, integrantes da estrutura do Departamento Penitenciário Nacional do Ministério da Justiça;

XII – Gratificação de Desempenho de Atividade de Agente Penitenciário Federal – GDAPEF, instituída pela Lei nº 11.907, de 2009, devida aos titulares dos cargos de Agente Penitenciário Federal quando em exercício das atividades inerentes às atribuições do respectivo cargo no âmbito dos estabelecimentos penais e de internamento federais, integrantes da estrutura do Departamento Penitenciário Nacional do Ministério da Justiça e nas dependências do Departamento de Polícia Federal do Ministério da Justiça;

XIII – Gratificação de Desempenho de Atividade Indigenista – GDAIN, instituída pela Lei nº 11.907, de 2009, devida aos titulares de cargos de provimento efetivo, de níveis superior, intermediário e auxiliar, regidos pela Lei nº 8.112, de 1990, quando lotados e em exercício das atividades inerentes às atribuições do respectivo cargo na Fundação Nacional do Índio – FUNAI;

XIV – Gratificação de Desempenho de Atividade de Perito Federal Agrário – GDAPA, instituída pela Lei nº 10.550, de 13 de novembro de 2002, devida aos servidores ocupantes dos cargos de Engenheiro Agrônomo, pertencentes ao Quadro de Pessoal do Instituto Nacional de Colonização e Reforma Agrária – INCRA, que integrarem a Carreira de Perito Federal Agrário;

XV – Gratificação de Desempenho de Atividade de Reforma Agrária – GDARA, instituída pela Lei nº 11.090, de 7 de janeiro de 2005, devida aos ocupantes dos cargos do Plano de Carreira dos Cargos de Reforma e Desenvolvimento Agrário, quando em exercício de atividades inerentes às atribuições do respectivo cargo no INCRA;

XVI – Gratificação de Desempenho de Atividades Hospitalares do Hospital das Forças Armadas – GDAHFA, instituída pela Lei nº 11.784, de 22 de setembro de 2008, devida aos servidores ocupantes de cargos de provimento efetivo do Plano de Carreiras e Cargos do Hospital das Forças Armadas – PCCHFA, quando lotados e em exercício das atividades inerentes às atribuições do respectivo cargo no Hospital das Forças Armadas – HFA;

XVII – Gratificação de Desempenho de Atividade de Controle e Segurança de Tráfego Aéreo – GDASA, instituída pela Lei nº 10.551, de 13 de novembro de 2002, devida aos ocupantes dos cargos efetivos de níveis superior e intermediário do Grupo Defesa Aérea e Controle de Tráfego Aéreo – DACTA, quando no exercício das atribuições do cargo, ressalvadas as exceções expressamente previstas em lei;

XVIII - Gratificação de Desempenho de Atividade Técnico Operacional em Tecnologia Militar - GDATEM, instituída pela Lei nº 9.657, de 3 de junho de 1998, devida aos ocupantes dos cargos efetivos do Plano de Carreira dos Cargos de Tecnologia Militar, quando no exercício de atividades inerentes às respectivas atribuições nas organizações militares, que cumpram carga horária de quarenta horas semanais;

XIX - Gratificação de Desempenho da Carreira da Previdência, da Saúde e do Trabalho - GDPST, instituída pela Lei nº 11.355, de 19 de outubro de 2006, devida aos titulares dos cargos de provimento efetivo da Carreira da Previdência, da Saúde e do Trabalho, quando lotados e em exercício das atividades inerentes às atribuições do respectivo cargo no Ministério da Previdência Social, no Ministério da Saúde, no Ministério do Trabalho e Emprego e na Fundação Nacional de Saúde - FUNASA;

XX - Gratificação de Desempenho de Atividade dos Fiscais Federais Agropecuários - GDFFA, instituída pela Lei nº 10.883, de 16 de junho de 2004, devida aos titulares de cargos de provimento efetivo da Carreira de Fiscal Federal Agropecuário, de que trata o art. 1º da mencionada Lei, quando lotados e em exercício nas atividades inerentes às atribuições do respectivo cargo nos órgãos ou entidades da administração pública federal;

XXI - Gratificação de Desempenho de Atividade Técnica de Fiscalização Agropecuária - GDATFA, instituída pela Lei nº 10.484, de 3 de julho de 2002, devida aos ocupantes dos cargos de Agente de Inspeção Sanitária e Industrial de Produtos de Origem Animal e de Agente de Atividades Agropecuárias, pertencentes ao Quadro de Pessoal do Ministério da Agricultura, Pecuária e Abastecimento, quando lotados e em exercício naquele Ministério;

XXII - Gratificação de Desempenho de Atividades de Chancelaria - GDACHAN, instituída pela Lei nº 11.907, de 2009, devida aos servidores titulares dos cargos de provimento efetivo integrantes das Carreiras de que trata o art. 1º da mencionada Lei, quando lotados e em exercício das atividades inerentes às atribuições do respectivo cargo no Ministério das Relações Exteriores;

XXIII - Gratificação de Desempenho de Atividade de Ciência e Tecnologia - GDACT, instituída pela Medida Provisória nº 2.229-43, de 6 de setembro de 2001, devida aos ocupantes dos cargos efetivos integrantes das carreiras de Pesquisa em Ciência e Tecnologia, Desenvolvimento Tecnológico e de Gestão, Planejamento e Infra-Estrutura em Ciência e Tecnologia, de que trata a Lei nº 8.691, de 28 de julho de 1993, e aos empregados de nível superior mencionados no art. 27 da citada Lei, quando em exercício das atividades inerentes às atribuições do cargo ou emprego de que é titular no respectivo órgão de lotação;

XXIV - Gratificação de Desempenho de Atividade de Ciência, Tecnologia, Produção e Inovação em Saúde Pública - GDACTSP, instituída pela Lei nº 11.355, de 2006, devida aos ocupantes dos cargos efetivos de que tratam os arts. 12 e 28 da mencionada Lei, que optaram pelo enquadramento no Plano de Carreiras e Cargos de Ciência, Tecnologia, Produção e Inovação em Saúde Pública;

XXV - Gratificação de Desempenho de Pesquisa e Investigação Biomédica em Saúde Pública - GDAPIB, instituída pela Lei nº 11.907, de 2009, devida aos ocupantes dos cargos efetivos, de carreira ou isolados, de nível superior, intermediário e auxiliar dos Quadros de Pessoal do Instituto Evandro Chagas - IEC e do Centro Nacional de Primatas - CENP, aos titulares dos cargos efetivos de níveis superior e intermediário do Plano Geral de Cargos do Poder Executivo, de que trata a Lei nº11.357, de 2006, os integrantes da Carreira da Previdência, da Saúde e do Trabalho, de que trata a Lei nº 11.355, de 2006, e da Carreira da Seguridade Social e do Trabalho, de que trata a Lei nº 10.483, de 3 de julho de 2002, pertencentes ao Quadro de Pessoal do IEC e do CENP, em 31 de maio de 2008, e aos empregados de nível superior mencionados no art. 27 da Lei nº 8.691, de 1993, quando em exercício das atividades inerentes às atribuições do cargo ou emprego de que é titular no respectivo órgão de lotação;

XXVI - Gratificação de Desempenho de Atividade de Especialista Ambiental - GDAEM, instituída pela Lei nº 11.156, de 29 de julho de 2005, devida aos ocupantes dos cargos da Carreira de Especialista em Meio Ambiente, do Ministério do Meio Ambiente, do Instituto Brasileiro do Meio Ambiente e dos Recursos Naturais Renováveis - IBAMA e do Instituto Chico Mendes de Conservação da Biodiversidade - Instituto Chico Mendes, de que trata a Lei nº 10.410, de 11 de janeiro de 2002, quando em exercício de atividades inerentes às atribuições do respectivo cargo no Ministério do Meio Ambiente, no IBAMA ou no Instituto Chico Mendes;

XXVII - Gratificação de Desempenho de Atividade Técnico-Executiva e de Suporte do Meio Ambiente - GTEMA, instituída pela Lei nº 11.357, de 2006, devida aos titulares dos cargos do Plano Especial de Cargos do Ministério do Meio Ambiente e do Instituto Brasileiro do Meio Ambiente e dos Recursos Naturais Renováveis - IBAMA - PECMA, de que trata o art. 12 da mencionada Lei, quando lotados e em exercício das atividades inerentes às atribuições do respectivo cargo no Ministério do Meio Ambiente, no IBAMA ou no Instituto Chico Mendes;

XXVIII - Gratificação de Desempenho de Atividade de Infra-Estrutura de Transportes - GDAIT, instituída pela Lei nº 11.171, de 2 de setembro de 2005, devida aos ocupantes dos cargos das carreiras de Infraestrutura de Transportes e de Suporte à Infra-Estrutura de Transportes, quando em exercício das atividades inerentes às atribuições do cargo de que é titular no Departamento Nacional de Infraestrutura de Transportes - DNIT;

XXIX - Gratificação de Desempenho de Atividade de Transportes - GDIT, instituída pela Lei nº 11.171, de 2005, devida aos servidores do Plano Especial de Cargos do DNIT, ocupantes dos cargos de nível superior de Arquiteto, Economista,

Engenheiro, Engenheiro Agrônomo, Engenheiro de Operações, Estatístico e Geólogo e de nível intermediário de Agente de Serviços de Engenharia, Técnico de Estradas e Tecnologista, quando em exercício das atividades inerentes às atribuições do cargo de que é titular no DNIT;

XXX - Gratificação de Desempenho de Atividades Administrativas do DNIT - GDADNIT, instituída pela Lei nº 11.171, de 2005, devida aos servidores das Carreiras de Analista Administrativo e de Técnico Administrativo do DNIT, quando em exercício de atividades inerentes às atribuições do respectivo cargo do citado órgão;

XXXI - Gratificação de Desempenho de Atividades Administrativas do Plano Especial de Cargos do DNIT - GDAPEC, instituída pela Lei nº 11.171, de 2005, devida aos servidores do Plano Especial de Cargos do Departamento Nacional de Infra-Estrutura de Transportes não compreendidos no art. 15 da mencionada Lei, quando em exercício de atividades inerentes às atribuições do respectivo cargo no DNIT;

XXXII - Gratificação de Desempenho de Atividades de Recursos Minerais - GDARM, instituída pela Lei nº 11.046, de 27 de dezembro de 2004, devida aos ocupantes dos cargos das Carreiras de Especialista em Recursos Minerais e de Técnico em Atividades de Mineração, quando em exercício das atividades inerentes às atribuições do cargo de que é titular no Departamento Nacional de Produção Mineral - DNPM;

XXXIII - Gratificação de Desempenho de Atividades de Produção Mineral - GDAPM, instituída pela Lei nº 11.046, de 2004, devida aos servidores do Plano Especial de Cargos do DNPM ocupantes dos cargos de nível superior de Economista, Engenheiro, Geógrafo, Geólogo, Pesquisador em Ciências Exatas e da Natureza e Químico e dos de nível intermediário de Desenhista, Técnico em Cartografia e Técnico em Recursos Minerais, quando em exercício das atividades inerentes às atribuições do cargo de que é titular no citado órgão;

XXXIV - Gratificação de Desempenho de Atividades Administrativas do DNPM - GDADNPM, instituída pela Lei nº 11.046, de 2004, devida aos servidores das Carreiras de Analista Administrativo e de Técnico Administrativo do DNPM, quando em exercício das atividades inerentes às atribuições do cargo de que é titular no citado órgão;

XXXV - Gratificação de Desempenho de Atividades Administrativas do Plano Especial de Cargos do DNPM - GDAPDNPM, instituída pela Lei nº 11.046, de 2004, devida aos servidores do Plano Especial de Cargos do DNPM não compreendidos no art. 15 da mencionada Lei, quando em exercício de atividades inerentes às atribuições do respectivo cargo no citado órgão;

XXXVI - Gratificação de Desempenho de Atividade Fazendária - GDAFAZ, instituída pela Lei nº 11.907, de 2009, devida aos servidores ocupantes dos cargos de provimento efetivo do Plano Especial de Cargos do Ministério da Fazenda - PECFAZ, quando lotados e no exercício das atividades inerentes às atribuições do respectivo cargo nas unidades do Ministério da Fazenda;

XXXVII - Gratificação de Desempenho de Atividade Específica da Susep - GDASUSEP, instituída pela Lei nº 11.890, de 24 de dezembro de 2008, devida exclusivamente aos servidores de nível intermediário do Quadro de Pessoal da Superintendência de Seguros Privados - SUSEP e aos titulares de cargos integrantes do Quadro Suplementar daquela entidade, quando em exercício de atividades nas unidades da SUSEP;

XXXVIII - Gratificação de Desempenho de Atividades Específicas da CVM - GDECVM, instituída pela Lei nº 11.890, de 2008, devida exclusivamente aos servidores de nível intermediário titulares dos cargos de Agente Executivo do Quadro de Pessoal da Comissão de Valores Mobiliários - CVM e aos servidores de nível superior do Quadro Suplementar daquela entidade, quando em exercício de atividades nas unidades da CVM;

XXXIX - Gratificação de Desempenho de Atividades de Suporte da CVM - GDASCVM, instituída pela Lei nº 11.890, de 2008, devida exclusivamente aos servidores de nível intermediário titulares dos cargos de Auxiliar de Serviços Gerais do Quadro de Pessoal da CVM;

XL - Gratificação de Desempenho de Atividades Específicas do Ipea - GDAIPEA, instituída pela Lei nº 11.890, de 2008, devida exclusivamente aos titulares de cargos de níveis superior e intermediário do Plano de Carreiras e Cargos da Fundação Instituto de Pesquisa Econômica Aplicada - IPEA, de que trata o inciso V do *caput* do art. 102 da mencionada Lei e aos servidores de nível superior do Quadro Suplementar daquela entidade, quando em exercício de atividades nas unidades do IPEA;

XLI - Gratificação de Desempenho de Atividades de Informações e Inteligência - GDAIN, instituída pela Lei nº 11.776, de 17 de setembro de 2008, devida exclusivamente aos servidores de níveis superior e intermediário do Grupo Informações, quando em exercício de atividades nas unidades da Agência Brasileira de Inteligência - ABIN;

XLII - Gratificação de Desempenho de Atividades Complementares na ABIN - GDACABIN, instituída pela Lei nº 11.776, de 2008, devida exclusivamente aos ocupantes dos cargos de níveis superior, intermediário e auxiliar do Grupo Apoio do Plano Especial de Cargos, quando em exercício de atividades nas unidades da ABIN;

XLIII - Gratificação de Desempenho de Atividade de Regulação - GDAR, instituída pela Lei nº 10.871, de 20 de maio de 2004, devida aos ocupantes dos cargos a que se referem os incisos I a XVI, XIX e XX do art. 1º da mencionada Lei, quando em exercício de atividades inerentes às atribuições do respectivo cargo nas Agências Reguladoras referidas no Anexo I da Lei nº 10.871, de 2004;

XLIV - Gratificação de Desempenho de Atividade Técnico-Administrativa em Regulação - GDATR, instituída pela Lei nº 10.871, de 2004, devida aos ocupantes dos cargos de Analista Administrativo e Técnico Administrativo de que tratam as Leis nºs 10.768, de 19 de novembro de 2003, e 10.871, de 2004, quando em exercício de atividades inerentes às atribuições do respectivo cargo nas Agências Reguladoras referidas no Anexo I da Lei nº 10.871, de 2004;

XLV - Gratificação de Desempenho de Atividade de Recursos Hídricos - GDRH, instituída pela Lei nº 10.768, de 2003, devida aos ocupantes dos cargos de Especialista em Recursos Hídricos e de Especialista em Geoprocessamento, quando em exercício de atividades inerentes às atribuições do respectivo cargo na Agência Nacional de Águas - ANA;

XLVI - Gratificação de Desempenho dos Planos Especiais de Cargos das Agências Reguladoras - GDPCAR, instituída pela Lei nº 11.357, de 2006, devida aos servidores de que trata o art. 31 da mencionada Lei integrantes dos Quadros de Pessoal Específico, quando em exercício de atividades inerentes às atribuições do respectivo cargo nas respectivas Agências Reguladoras de lotação;

XLVII - Gratificação de Efetivo Desempenho em Regulação - GEDR, instituída pela Lei nº 11.357, de 2006, devida aos ocupantes dos cargos do Plano Especial de Cargos da Agência Nacional de Vigilância Sanitária - ANVISA, quando em exercício de atividades inerentes às atribuições do respectivo cargo na ANVISA; *(Redação dada pelo Decreto nº 7.849, de 2012)*

XLVIII - Gratificação de Desempenho de Atividade Técnica de Planejamento - GDATP, instituída pela Lei nº 11.890, de 2008, devida aos servidores titulares dos cargos de provimento efetivo de Técnico de Planejamento P-1501 do Grupo P-1500, de que trata a Lei nº 9.625, de 7 de abril de 1998; e *(Redação dada pelo Decreto nº 7.849, de 2012)*

XLIX - Gratificação de Desempenho de Atividade de Cargos Específicos - GDACE, instituída pela Lei nº 12.277, de 30 de junho de 2010 devida aos titulares dos cargos de provimento efetivo de nível superior, referidos no Anexo XII à Lei nº 12.277, de 2010, optantes pela Estrutura Especial de Remuneração, quando lotados e em exercício das atividades inerentes às atribuições do respectivo cargo nos órgãos ou entidades da administração pública federal, ou nas situações referidas no § 9º do art. 22 da Lei nº 12.277, de 2010. *(Incluído pelo Decreto nº 7.849, de 2012)*

Art. 2º Para efeito de aplicação do disposto neste Decreto, ficam definidos os seguintes termos:

I - avaliação de desempenho: monitoramento sistemático e contínuo da atuação individual do servidor e institucional dos órgãos e das entidades de lotação dos servidores integrantes dos planos de cargos e de carreiras abrangidos pelo art. 1º, tendo como referência as metas globais e intermediárias destas unidades;

II – unidade de avaliação: o órgão ou a entidade como um todo, um subconjunto de unidades administrativas de um órgão ou entidade que execute atividades de mesma natureza, ou uma unidade isolada, conforme definido no ato de que trata o *caput* do art. 7º, a partir de critérios geográficos, de hierarquia organizacional ou de natureza de atividade;

III – equipe de trabalho: conjunto de servidores que faça jus a uma das gratificações de desempenho de que trata o art. 1º, em exercício na mesma unidade de avaliação;

IV – ciclo de avaliação: período de doze meses considerado para realização da avaliação de desempenho individual e institucional, com vistas a aferir o desempenho dos servidores alcançados pelo art. 1º e do órgão ou da entidade em que se encontrem em exercício; e

V – plano de trabalho: documento em que serão registrados os dados referentes a cada etapa do ciclo de avaliação, observado o disposto no art. 6º.

Art. 3º Os valores referentes às gratificações de desempenho referidas no art. 1º serão atribuídos aos servidores que a elas fazem jus em função do alcance das metas de desempenho individual e do alcance das metas de desempenho institucional do órgão ou entidade de lotação do servidor.

Art. 4º A avaliação de desempenho individual será feita com base em critérios e fatores que reflitam as competências do servidor, aferidas no desempenho individual das tarefas e atividades a ele atribuídas.

§ 1º Na avaliação de desempenho individual, além do cumprimento das metas de desempenho individual, deverão ser avaliados os seguintes fatores mínimos:

I – produtividade no trabalho, com base em parâmetros previamente estabelecidos de qualidade e produtividade;

II – conhecimento de métodos e técnicas necessários para o desenvolvimento das atividades referentes ao cargo efetivo na unidade de exercício;

III – trabalho em equipe;

IV – comprometimento com o trabalho; e

V – cumprimento das normas de procedimentos e de conduta no desempenho das atribuições do cargo.

§ 2º Além dos fatores mínimos de que trata o § 1º, o ato a que se refere o *caput* do art. 7º poderá incluir, entre os fatores mínimos a serem avaliados, um ou mais dos seguintes fatores:

I – qualidade técnica do trabalho;

II – capacidade de autodesenvolvimento;

III – capacidade de iniciativa;

IV – relacionamento interpessoal; e

V – flexibilidade às mudanças.

§ 3º Os servidores não ocupantes de cargos em comissão ou função de confiança serão avaliados na dimensão individual, a partir:

I – dos conceitos atribuídos pelo próprio avaliado, na proporção de quinze por cento;

II – dos conceitos atribuídos pela chefia imediata, na proporção de sessenta por cento; e

III – da média dos conceitos atribuídos pelos demais integrantes da equipe de trabalho, na proporção de vinte e cinco por cento.

§ 4º Os servidores ocupantes de cargos em comissão ou função de confiança que não se encontrem na situação prevista no inciso II do art. 13 ou no inciso II do art. 14 serão avaliados na dimensão individual, a partir:

I – dos conceitos atribuídos pelo próprio avaliado, na proporção de quinze por cento;

II – dos conceitos atribuídos pela chefia imediata, na proporção de sessenta por cento; e

III – da média dos conceitos atribuídos pelos integrantes da equipe de trabalho subordinada à chefia avaliada, na proporção de vinte e cinco por cento.

§ 5º Excepcionalmente, no primeiro ciclo de avaliação implementado a partir da data de publicação deste Decreto, os servidores de que tratam os §§ 3º e 4º serão avaliados apenas pela chefia imediata.

§ 6º A atribuição de conceitos pelos integrantes da equipe de trabalho aos pares e à chefia imediata, a que se referem os incisos III dos §§ 3º e 4º deverá ser precedida de evento preparatório com vistas ao esclarecimento da metodologia, procedimentos, critérios e sua correta aplicação.

§ 7º Caberá à unidade de recursos humanos de cada órgão ou entidade de lotação consolidar os conceitos atribuídos ao servidor e dar ciência ao avaliado de todo o processado.

Art. 5º A avaliação de desempenho institucional visa a aferir o alcance das metas organizacionais, podendo considerar projetos e atividades prioritárias e condições especiais de trabalho, além de outras características específicas.

§ 1º As metas referentes à avaliação de desempenho institucional deverão ser segmentadas em:

I – metas globais, elaboradas, quando couber, em consonância com o Plano Plurianual – PPA, a Lei de Diretrizes Orçamentárias – LDO e a Lei Orçamentária Anual – LOA; e

II – metas intermediárias, referentes às equipes de trabalho.

§ 2º As metas globais referentes à avaliação de desempenho institucional serão fixadas anualmente, em ato do dirigente máximo do órgão ou entidade de lotação ou do Ministro de Estado ao qual o órgão ou entidade esteja vinculado, conforme disposto nas leis que instituíram as gratificações de desempenho de que trata este Decreto, podendo ser revistas, a qualquer tempo, na hipótese de superveniência de fatores que influenciem significativa e diretamente a sua consecução, desde que o órgão ou entidade não tenha dado causa a tais fatores.

§ 3º As metas referidas no § 2º devem ser objetivamente mensuráveis, utilizando-se como parâmetros indicadores que visem a aferir a qualidade dos serviços relacionados à atividade finalística do respectivo órgão ou entidade de lotação, levando-se em conta, no momento de sua fixação, os índices alcançados nos exercícios anteriores.

§ 4º As metas globais estabelecidas pelas entidades da administração indireta deverão ser compatíveis com as diretrizes, políticas e metas governamentais dos órgãos da administração direta aos quais estão vinculadas.

§ 5º As metas intermediárias de que trata o inciso II do § 1º deverão ser elaboradas em consonância com as metas globais, podendo ser segmentadas, segundo critérios geográficos, de hierarquia organizacional ou de natureza de atividade.

§ 6º As metas de desempenho individual e as metas intermediárias de desempenho institucional deverão ser definidas por critérios objetivos e comporão o plano de trabalho de cada unidade do órgão ou entidade de lotação e, salvo situações devidamente justificadas, serão previamente acordadas entre o servidor, a chefia e a equipe de trabalho.

§ 7º Não havendo a pactuação a que se refere o § 6º antes do início do período de avaliação, caberá à chefia responsável pela equipe de trabalho fixar as metas.

§ 8º As metas de desempenho institucional e os resultados apurados a cada período deverão ser amplamente divulgados pelo órgão ou entidade de lotação, inclusive em seu sítio eletrônico, permanecendo acessíveis a qualquer tempo.

§ 9º No primeiro período de avaliação, o último percentual apurado em avaliação de desempenho institucional já efetuada no respectivo órgão ou entidade de lotação poderá ser utilizado para o cálculo da parcela a que se refere o inciso II do art. 8º.

§ 10. Para fins do disposto no § 9º, o ato a que se refere o *caput* do art. 7º disporá sobre quais resultados de alcance das metas globais serão utilizados no primeiro período de avaliação para fins de pagamento da parcela institucional das gratificações de desempenho de que trata o art. 1º, tendo em vista o planejamento institucional, podendo considerar projetos e atividades prioritárias e condições especiais de trabalho, além de outras características específicas.

Art. 6º O plano de trabalho a que se refere o § 6º do art. 5º deverá conter, no mínimo:

I – as ações mais representativas da unidade de avaliação;

II – as atividades, projetos ou processos em que se desdobram as ações;

III – as metas intermediárias de desempenho institucional e as metas de desempenho individual propostas;

IV – os compromissos de desempenho individual e institucional, firmados no início do ciclo de avaliação entre o gestor, a equipe e cada integrante da equipe, a partir das metas institucionais de que tratam os incisos I e II do § 1º do art. 5º;

V – os critérios e procedimentos de acompanhamento do desempenho individual e institucional de todas as etapas ao longo do ciclo de avaliação, sob orientação e supervisão do gestor e da Comissão de Acompanhamento de que trata o art. 23;

VI – a avaliação parcial dos resultados obtidos, para subsidiar ajustes no decorrer do ciclo de avaliação; e

VII – a apuração final do cumprimento das metas e demais compromissos firmados de forma a possibilitar o fechamento dos resultados obtidos em todos os componentes da avaliação de desempenho.

Parágrafo único. O plano de trabalho deverá abranger o conjunto dos servidores em exercício na unidade de avaliação, devendo cada servidor individualmente estar vinculado à pelo menos uma ação, atividade, projeto ou processo.

Art. 7º Os critérios e procedimentos específicos de avaliação de desempenho individual e institucional e de atribuição das gratificações de desempenho regulamentadas por este Decreto serão estabelecidos em ato do dirigente máximo do órgão ou entidade ou do Ministro de Estado ao qual o órgão ou entidade esteja vinculado, observada a legislação específica de cada gratificação de desempenho referida no art. 1º.

Parágrafo único. O ato a que se refere o *caput* deverá conter:

I – os critérios, as normas, os procedimentos, os mecanismos de avaliação e os controles necessários à implementação da gratificação;

II – a identificação do responsável pela observância dos critérios e procedimentos gerais e específicos de avaliação de desempenho em cada unidade de avaliação;

III – a data de início e término do ciclo de avaliação, o prazo para processamento das avaliações e a data a partir da qual os resultados da avaliação gerarão efeitos financeiros;

IV – os fatores a serem aferidos na avaliação de desempenho individual;

V – o peso relativo do cumprimento de metas e de cada fator, referidos no art. 4º, e de cada conceito, referido nos §§ 3º e 4º do art. 4º, na composição do resultado final da avaliação de desempenho individual;

VI – os indicadores de desempenho institucional;

VII – a metodologia de avaliação a ser utilizada, abrangendo os procedimentos que irão compor o processo de avaliação, a sequência em que serão desenvolvidos e os responsáveis pela sua execução;

VIII – os procedimentos relativos ao encaminhamento de recursos por parte do servidor avaliado;

IX – as unidades da estrutura organizacional do órgão ou entidade qualificadas como unidades de avaliação; e

X – a sistemática de estabelecimento das metas, da sua quantificação e revisão a cada ano.

Art. 8º As gratificações de desempenho regulamentadas por este Decreto serão pagas observados o limite máximo de cem pontos e o mínimo de trinta pontos por servidor, correspondendo cada ponto, em seus respectivos níveis, classes e padrões, aos valores estabelecidos em lei, respeitada a seguinte distribuição:

I – até vinte pontos serão atribuídos em função dos resultados obtidos na avaliação de desempenho individual; e

II – até oitenta pontos serão atribuídos em função dos resultados obtidos na avaliação de desempenho institucional.

Art. 9º Os valores a serem pagos a título de gratificação de desempenho serão calculados multiplicando-se o somatório dos pontos auferidos nas avaliações de desempenho individual e institucional pelo valor do ponto estabelecido em lei, observados, conforme o caso, o nível, a classe e o padrão em que se encontra posicionado o servidor.

Art. 10. As avaliações de desempenho individual e institucional serão apuradas anualmente e produzirão efeitos financeiros mensais por igual período.

§ 1º O ciclo da avaliação de desempenho terá a duração de doze meses, exceto o primeiro ciclo, que poderá ter duração inferior à estabelecida neste parágrafo, e compreenderá as seguintes etapas:

I – publicação das metas globais, a que se refere o inciso I do § 1º do art. 5º;

II – estabelecimento de compromissos de desempenho individual e institucional, firmados no início do ciclo de avaliação entre a chefia imediata e cada integrante da equipe, a partir das metas institucionais de que trata o inciso II do § 1º do art. 5º;

III – acompanhamento de todas as etapas do processo de avaliação de desempenho individual e institucional, sob orientação e supervisão dos dirigentes do órgão ou entidade e da Comissão de Acompanhamento de que trata o art. 23, ao longo do ciclo de avaliação;

IV – avaliação parcial dos resultados obtidos, para fins de ajustes necessários;

V – apuração final das pontuações para o fechamento dos resultados obtidos em todos os componentes da avaliação de desempenho;

VI – publicação do resultado final da avaliação; e

VII – retorno aos avaliados, visando a discutir os resultados obtidos na avaliação de desempenho, após a consolidação das pontuações.

§ 2º O primeiro ciclo de avaliação de desempenho relativo à GDATEM não poderá ter duração inferior a seis meses.

§ 3º As avaliações serão processadas no mês subsequente ao término do período avaliativo e gerarão efeitos financeiros a partir do primeiro dia do mês subsequente ao do processamento das avaliações.

§ 4º Até que sejam processados os resultados do primeiro ciclo de avaliação de desempenho, as gratificações de desempenho serão pagas no valor correspondente a oitenta pontos, observados os respectivos níveis, classes e padrões, exceto nos casos em que a legislação específica da gratificação dispuser de forma diversa.

§ 5º O primeiro ciclo de avaliação terá início trinta dias após a data de publicação das metas de desempenho, a que se refere o § 1º do art. 5º, exceto nos casos em que a legislação específica da gratificação dispuser de forma diversa.

§ 6º O resultado da primeira avaliação de desempenho processada de acordo com o disposto neste ato gerará efeitos financeiros a partir da publicação do ato a que se refere o § 2º do art. 5º, ou na data estabelecida na lei específica de cada gratificação de desempenho.

§ 7º O disposto nos §§ 4º, 5º e 6º aplica-se aos ocupantes de cargos comissionados que fazem jus às gratificações de desempenho de que trata o art. 1º.

§ 8º Até que seja processada a primeira avaliação de desempenho individual que venha a surtir efeito financeiro, o servidor recém-nomeado para cargo efetivo e aquele que tenha retornado de licença sem vencimento, de cessão ou de outros afastamentos sem direito à percepção de gratificação de desempenho, no decurso do ciclo de avaliação, receberá a respectiva gratificação no valor correspondente a oitenta pontos, exceto nos casos em que a legislação específica da gratificação dispuser de forma diversa.

Art. 11. A avaliação de desempenho individual somente produzirá efeitos financeiros se o servidor tiver permanecido em exercício nas atividades relacionadas ao plano de trabalho a que se refere o art. 6º, por, no mínimo, dois terços de um período completo de avaliação.

Art. 12. As avaliações de desempenho individual e institucional serão utilizadas como instrumento de gestão, com a identificação de aspectos do desempenho que possam ser melhorados por meio de oportunidades de capacitação e aperfeiçoamento profissional.

Art. 13. Os titulares dos cargos de provimento efetivo integrantes dos Planos de Carreiras e de Cargos referidos no art. 1º, quando investidos em cargo em comissão ou função de confiança no respectivo órgão e entidade de lotação, farão jus à respectiva gratificação de desempenho da seguinte forma:

I – os investidos em função de confiança ou cargo em comissão do Grupo-Direção e Assessoramento Superiores – DAS, níveis 3, 2, 1 ou equivalentes, perceberão a gratificação de desempenho calculada conforme disposto no art. 9º; e

II – os investidos em cargo de Natureza Especial ou cargo em comissão do Grupo-Direção e Assessoramento Superiores – DAS, níveis 6, 5, 4 ou equivalentes, perceberão a respectiva gratificação de desempenho calculada com base no valor máximo da parcela individual, somado ao resultado da avaliação institucional do respectivo órgão ou entidade de lotação no período.

§ 1º No caso das gratificações de desempenho referidas nos incisos XLIII a XLVII do art. 1º, aplica-se o inciso II deste artigo aos cargos comissionados CGE I a IV, CA I e II e CD I e II, ou cargos equivalentes, no âmbito das Agências Reguladoras.

§ 2º A avaliação institucional referida no inciso II do *caput* será a do órgão ou entidade de lotação.

Art. 14. Os titulares dos cargos de provimento efetivo integrantes dos Planos de Carreiras e Cargos de que trata o art. 1º, quando não se encontrarem em exercício no respectivo órgão ou entidade de lotação, ressalvado o disposto em legislação específica, somente farão jus à respectiva gratificação de desempenho:

I – quando requisitados pela Presidência ou Vice-Presidência da República ou nas hipóteses de requisição previstas em lei, situação na qual perceberão a gratificação de desempenho calculada com base nas regras aplicáveis como se estivessem em efetivo exercício no respectivo órgão ou entidade de lotação; e

II – quando cedidos para órgãos ou entidades da União distintos dos indicados no inciso I e investidos em cargo de Natureza Especial, de provimento em comissão do Grupo-Direção e Assessoramento Superiores – DAS, níveis 6, 5, 4 ou equivalentes, perceberão a gratificação de desempenho calculada com base no resultado da avaliação institucional do período.

Parágrafo único. A avaliação institucional referida no inciso II do *caput* será a do órgão ou entidade de lotação.

Art. 15. As gratificações de desempenho a que se referem os incisos I, XIX e XLIX do *caput* do art. 1º serão pagas com base na avaliação de desempenho individual somada ao resultado da avaliação institucional, ao servidor: *(Redação dada pelo Decreto nº 7.849, de 2012)*

I – cedido aos Estados do Amapá, de Roraima e de Rondônia, com fundamento no art. 31 da Emenda Constitucional nº 19, de 4 de junho de 1998, e no § 2º do art. 19 da Lei Complementar nº 41, de 22 de dezembro de 1981, no caso da GDPGPE ou GDACE; *(Redação dada pelo Decreto nº 7.849, de 2012)*

II – à disposição de Estado, do Distrito Federal ou de Município, conforme disposto no art. 20 da Lei nº 8.270, de 17 de dezembro de 1991, no caso da GDPGPE ou GDACE; *(Redação dada pelo Decreto nº 7.849, de 2012)*

III – à disposição de Estado, do Distrito Federal ou de Município, conforme disposto no art. 20 da Lei nº 8.270, de 17 de dezembro de 1991, no caso da GDPST; *(Redação dada pelo Decreto nº 7.849, de 2012)*

IV – de que trata o art. 21 da Lei nº 8.270, de 1991, no caso da GDPGPE ou GDACE; (*Redação dada pelo Decreto nº 7.849, de 2012*)

V – cedido nos termos do inciso I do *caput* do art. 22 e do art. 23 da Lei nº 9.637, de 15 de maio de 1998, no caso da GDPGPE ou GDACE; ou *(Incluído pelo Decreto nº 7.849, de 2012)*

VI – de que trata o art. 23-A da Lei nº 9.637, de 1998. *(Incluído pelo Decreto nº 7.849, de 2012)*

§ 1º A avaliação institucional referida no *caput* será a:

I – do Ministério do Planejamento, Orçamento e Gestão, para os servidores a que se referem os incisos I, II, IV, V e VI do *caput*; e *(Redação dada pelo Decreto nº 7.849, de 2012)*

II – do órgão ou entidade de lotação, para os servidores a que se refere o inciso III do *caput*. (*Redação dada pelo Decreto nº 7.849, de 2012*)

§ 2º A parcela da gratificação de desempenho referente à avaliação de desempenho individual será paga aos servidores de que trata o *caput* com base nos critérios e procedimentos específicos a serem estabelecidos em ato do dirigente máximo do órgão ou entidade de lotação do servidor. (*Redação dada pelo Decreto nº 7.849, de 2012*)

§ 3º A avaliação de desempenho individual do servidor de que trata o *caput* será realizada pela chefia imediata ou, excepcionalmente, por aquele a quem o dirigente máximo do órgão ou entidade de exercício do servidor designar.

§ 4º O órgão ou entidade de exercício do servidor de que trata o *caput* é responsável pelo envio do resultado da avaliação individual para o órgão ou entidade de lotação, na forma que dispuser o ato a que se refere o § 2º.

§ 5º O órgão ou entidade de lotação dos servidores de que trata o *caput* será responsável pela orientação, acompanhamento, supervisão e processamento da avaliação individual, bem como pelo registro histórico dos resultados das avaliações.

§ 6º Para fins do disposto nos incisos I a VII do § 1º do art. 10, deverão ser consideradas as condições específicas de exercício profissional e observados os procedimentos aplicáveis aos demais servidores do órgão ou entidade no qual o servidor de que trata o *caput* esteja em exercício.

§ 7º Até que sejam processados os resultados da primeira avaliação individual, conforme disposto neste Decreto, os servidores de que trata o *caput*, perceberão a respectiva gratificação em valor correspondente a oitenta pontos, que serão multiplicados pelo valor constante das leis específicas que dispõem sobre as gratificações de desempenho nele referidas.

Art. 16. Em caso de afastamentos e licenças considerados pela Lei nº 8.112, de 1990, como de efetivo exercício, sem prejuízo da remuneração e com direito à percepção da gratificação de desempenho, o servidor continuará percebendo a respectiva gratificação correspondente à última pontuação obtida, até que seja processada a sua primeira avaliação após o retorno.

Parágrafo único. O disposto no *caput* não se aplica aos casos de cessão.

Art. 17. O titular de cargo de provimento efetivo dos Planos de Carreiras e de Cargos referidos no art. 1° que não permanecer em efetivo exercício na mesma unidade organizacional durante todo o período de avaliação será avaliado pela chefia imediata de onde houver permanecido por maior tempo.

Parágrafo único. Caso o servidor tenha permanecido o mesmo número de dias em diferentes unidades organizacionais, a avaliação será feita pela chefia imediata da unidade em que se encontrava no momento do encerramento do período de avaliação.

Art. 18. Ocorrendo exoneração do cargo em comissão, o titular de cargo de provimento efetivo dos Planos de Carreiras e de Cargos referidos no art. 1° continuará percebendo a respectiva gratificação de desempenho correspondente ao último valor obtido, até que seja processada a sua primeira avaliação após a exoneração.

Art. 19. Os servidores ocupantes de cargo de provimento efetivo dos Planos de Carreiras e Cargos referidos no art. 1° que obtiverem avaliação de desempenho individual inferior a cinquenta por cento da pontuação máxima prevista serão submetidos a processo de capacitação ou de análise da adequação funcional, conforme o caso, sob a responsabilidade do órgão ou entidade de lotação.

§ 1° Ao servidor ativo beneficiário da GDATFA que obtiver pontuação inferior a cinquenta pontos em duas avaliações individuais consecutivas será assegurado processo de capacitação, de responsabilidade do órgão ou entidade de lotação.

§ 2° A análise de adequação funcional visa a identificar as causas dos resultados obtidos na avaliação do desempenho e servirá de subsídio para a adoção de medidas que possam propiciar a melhoria do desempenho do servidor.

Art. 20. As gratificações de desempenho referidas no art. 1° não poderão ser pagas cumulativamente com qualquer outra gratificação de desempenho profissional, individual ou institucional ou de produtividade, independentemente da sua denominação ou base de cálculo.

Art. 21. Aos ocupantes dos cargos de provimento efetivo dos Planos de Carreiras e Cargos referidos no art. 1° é assegurada a participação no processo de avaliação de desempenho, mediante prévio conhecimento dos critérios e instrumentos utilizados, assim como do acompanhamento do processo, cabendo ao órgão ou entidade de lotação a ampla divulgação e a orientação a respeito da política de avaliação dos servidores.

Art. 22. O avaliado poderá apresentar pedido de reconsideração, devidamente justificado, contra o resultado da avaliação individual, no prazo de dez dias, contados do recebimento de cópia de todos os dados sobre avaliação.

§ 1º O pedido de reconsideração de que trata o *caput* será apresentado à unidade de recursos humanos do órgão ou entidade de lotação, que o encaminhará à chefia do servidor para apreciação.

§ 2º O pedido de reconsideração será apreciado no prazo máximo de cinco dias, podendo a chefia deferir o pleito, total ou parcialmente, ou indeferi-lo.

§ 3º A decisão da chefia sobre o pedido de reconsideração interposto será comunicada, no máximo até o dia seguinte ao de encerramento do prazo para apreciação pelo avaliador, à unidade de recursos humanos, que dará ciência da decisão ao servidor e à Comissão de Acompanhamento de que trata o art. 23.

§ 4º Na hipótese de deferimento parcial ou de indeferimento do pleito, caberá recurso à Comissão de Acompanhamento de que trata o art. 23, no prazo de dez dias, que o julgará em última instância.

§ 5º O resultado final do recurso deverá ser publicado no boletim administrativo do órgão ou entidade de lotação, intimando o interessado por meio do fornecimento de cópia da íntegra da decisão.

Art. 23. Será instituída, no âmbito do órgão ou entidade de lotação, por intermédio de ato de seu dirigente máximo, Comissão de Acompanhamento da Avaliação de Desempenho - CAD, que participará de todas as etapas do ciclo da avaliação de desempenho.

§ 1º A CAD será formada por representantes indicados pelo dirigente máximo do órgão ou entidade e por membros indicados pelos servidores.

§ 2º A CAD deverá julgar, em última instância, os eventuais recursos interpostos quanto aos resultados das avaliações individuais.

§ 3º A forma de funcionamento da CAD será definida no ato a que se refere o *caput* do art. 7º.

§ 4º Somente poderão compor a CAD servidores efetivos, em exercício no órgão ou entidade, que não estejam em estágio probatório ou respondendo a processo administrativo disciplinar.

§ 5º No caso dos órgãos ou entidades que tenham unidades descentralizadas, poderão ser instituídas subcomissões de acompanhamento, cujas atribuições e forma de funcionamento serão estabelecidas no ato a que se refere o *caput* do art. 7º.

§ 6º A composição da CAD e das subcomissões serão definidas em ato dos dirigentes máximos dos órgãos e das entidades.

Art. 24. Durante o primeiro período de avaliação, as atribuições da CAD ficarão a cargo da unidade de recursos humanos do órgão ou entidade de lotação.

Art. 25. Para fins de incorporação das gratificações a que se refere o art. 1º aos proventos de aposentadoria ou às pensões, serão adotados os critérios estabelecidos na legislação específica de cada gratificação.

Art. 26. Este Decreto entra em vigor na data de sua publicação.

Questão de Concurso

(Cespe/Ibama/Técnico Administrativo/2012) No que se refere à gestão do desempenho e à capacitação de integrantes da carreira de especialista em meio ambiente, julgue os itens a seguir.
Apesar do mérito das avaliações de desempenho individual previstas no Decreto nº 7.133/2012, os critérios por elas utilizados desestimulam o trabalho em equipe, dificultam o reconhecimento de competências individuais e privilegiam demasiadamente a produtividade.

Gabarito: errado. Os critérios estabelecidos estimulam o trabalho em equipe, o reconhecimento de competências individuais e privilegiam, segundo o art. 4º, § 1º,
I - produtividade no trabalho, com base em parâmetros previamente estabelecidos de qualidade e produtividade;
II - conhecimento de métodos e técnicas necessários para o desenvolvimento das atividades referentes ao cargo efetivo na unidade de exercício;
III - trabalho em equipe;
IV - comprometimento com o trabalho; e
V - cumprimento das normas de procedimentos e de conduta no desempenho das atribuições do cargo.
§ 2º Além dos fatores mínimos de que trata o § 1º, o ato a que se refere o caput do art. 7º poderá incluir, entre os fatores mínimos a serem avaliados, um ou mais dos seguintes fatores:
I - qualidade técnica do trabalho;
II - capacidade de autodesenvolvimento;
III - capacidade de iniciativa;
IV - relacionamento interpessoal; e
V - flexibilidade às mudanças.

2.3 Lei nº 11.788/2008 – Estágio supervisionado[4]

O PRESIDENTE DA REPÚBLICA Faço saber que o Congresso Nacional decreta e eu sanciono a seguinte Lei:

CAPÍTULO I
Da Definição, Classificação e Relações de Estágio

Art. 1º Estágio é ato educativo escolar supervisionado, desenvolvido no ambiente de trabalho, que visa à preparação para o trabalho produtivo de educandos que estejam frequentando o ensino regular em instituições de educação superior, de

[4] www.planalto.gov.br/ccivil.../**Decreto**/D11788.htm

educação profissional, de ensino médio, da educação especial e dos anos finais do ensino fundamental, na modalidade profissional da educação de jovens e adultos.

§ 1º O estágio faz parte do projeto pedagógico do curso, além de integrar o itinerário formativo do educando.

§ 2º O estágio visa ao aprendizado de competências próprias da atividade profissional e à contextualização curricular, objetivando o desenvolvimento do educando para a vida cidadã e para o trabalho.

Art. 2º O estágio poderá ser obrigatório ou não-obrigatório, conforme determinação das diretrizes curriculares da etapa, modalidade e área de ensino e do projeto pedagógico do curso.

§ 1º Estágio obrigatório é aquele definido como tal no projeto do curso, cuja carga horária é requisito para aprovação e obtenção de diploma.

§ 2º Estágio não-obrigatório é aquele desenvolvido como atividade opcional, acrescida à carga horária regular e obrigatória.

§ 3º As atividades de extensão, de monitorias e de iniciação científica na educação superior, desenvolvidas pelo estudante, somente poderão ser equiparadas ao estágio em caso de previsão no projeto pedagógico do curso.

Art. 3º O estágio, tanto na hipótese do § 1º do art. 2º desta Lei quanto na prevista no § 2º do mesmo dispositivo, não cria vínculo empregatício de qualquer natureza, observados os seguintes requisitos:

I – matrícula e frequência regular do educando em curso de educação superior, de educação profissional, de ensino médio, da educação especial e nos anos finais do ensino fundamental, na modalidade profissional da educação de jovens e adultos e atestados pela instituição de ensino;

II – celebração de termo de compromisso entre o educando, a parte concedente do estágio e a instituição de ensino;

III – compatibilidade entre as atividades desenvolvidas no estágio e aquelas previstas no termo de compromisso.

§ 1º O estágio, como ato educativo escolar supervisionado, deverá ter acompanhamento efetivo pelo professor orientador da instituição de ensino e por supervisor da parte concedente, comprovado por vistos nos relatórios referidos no inciso IV do *caput* do art. 7º desta Lei e por menção de aprovação final.

§ 2º O descumprimento de qualquer dos incisos deste artigo ou de qualquer obrigação contida no termo de compromisso caracteriza vínculo de emprego do educando com a parte concedente do estágio para todos os fins da legislação trabalhista e previdenciária.

Art. 4º A realização de estágios, nos termos desta Lei, aplica-se aos estudantes estrangeiros regularmente matriculados em cursos superiores no País, autorizados ou reconhecidos, observado o prazo do visto temporário de estudante, na forma da legislação aplicável.

Art. 5º As instituições de ensino e as partes cedentes de estágio podem, a seu critério, recorrer a serviços de agentes de integração públicos e privados, mediante condições acordadas em instrumento jurídico apropriado, devendo ser observada, no caso de contratação com recursos públicos, a legislação que estabelece as normas gerais de licitação.

§ 1º Cabe aos agentes de integração, como auxiliares no processo de aperfeiçoamento do instituto do estágio:

I - identificar oportunidades de estágio;

II - ajustar suas condições de realização;

III - fazer o acompanhamento administrativo;

IV - encaminhar negociação de seguros contra acidentes pessoais;

V - cadastrar os estudantes.

§ 2º É vedada a cobrança de qualquer valor dos estudantes, a título de remuneração pelos serviços referidos nos incisos deste artigo.

§ 3º Os agentes de integração serão responsabilizados civilmente se indicarem estagiários para a realização de atividades não compatíveis com a programação curricular estabelecida para cada curso, assim como estagiários matriculados em cursos ou instituições para as quais não há previsão de estágio curricular.

Art. 6º O local de estágio pode ser selecionado a partir de cadastro de partes cedentes, organizado pelas instituições de ensino ou pelos agentes de integração.

CAPÍTULO II
Da Instituição de Ensino

Art. 7º São obrigações das instituições de ensino, em relação aos estágios de seus educandos:

I - celebrar termo de compromisso com o educando ou com seu representante ou assistente legal, quando ele for absoluta ou relativamente incapaz, e com a parte concedente, indicando as condições de adequação do estágio à proposta pedagógica do curso, à etapa e modalidade da formação escolar do estudante e ao horário e calendário escolar;

II - avaliar as instalações da parte concedente do estágio e sua adequação à formação cultural e profissional do educando;

III - indicar professor orientador, da área a ser desenvolvida no estágio, como responsável pelo acompanhamento e avaliação das atividades do estagiário;

IV - exigir do educando a apresentação periódica, em prazo não superior a 6 (seis) meses, de relatório das atividades;

V - zelar pelo cumprimento do termo de compromisso, reorientando o estagiário para outro local em caso de descumprimento de suas normas;

VI – elaborar normas complementares e instrumentos de avaliação dos estágios de seus educandos;

VII – comunicar à parte concedente do estágio, no início do período letivo, as datas de realização de avaliações escolares ou acadêmicas.

Parágrafo único. O plano de atividades do estagiário, elaborado em acordo das 3 (três) partes a que se refere o inciso II do *caput* do art. 3º desta Lei, será incorporado ao termo de compromisso por meio de aditivos à medida que for avaliado, progressivamente, o desempenho do estudante.

Art. 8º É facultado às instituições de ensino celebrar com entes públicos e privados convênio de concessão de estágio, nos quais se explicitem o processo educativo compreendido nas atividades programadas para seus educandos e as condições de que tratam os arts. 6º a 14 desta Lei.

Parágrafo único. A celebração de convênio de concessão de estágio entre a instituição de ensino e a parte concedente não dispensa a celebração do termo de compromisso de que trata o inciso II do *caput* do art. 3º desta Lei.

CAPÍTULO III
Da Parte Concedente

Art. 9º As pessoas jurídicas de direito privado e os órgãos da administração pública direta, autárquica e fundacional de qualquer dos Poderes da União, dos Estados, do Distrito Federal e dos Municípios, bem como profissionais liberais de nível superior devidamente registrados em seus respectivos conselhos de fiscalização profissional, podem oferecer estágio, observadas as seguintes obrigações:

I – celebrar termo de compromisso com a instituição de ensino e o educando, zelando por seu cumprimento;

II – ofertar instalações que tenham condições de proporcionar ao educando atividades de aprendizagem social, profissional e cultural;

III – indicar funcionário de seu quadro de pessoal, com formação ou experiência profissional na área de conhecimento desenvolvida no curso do estagiário, para orientar e supervisionar até 10 (dez) estagiários simultaneamente;

IV – contratar em favor do estagiário seguro contra acidentes pessoais, cuja apólice seja compatível com valores de mercado, conforme fique estabelecido no termo de compromisso;

V – por ocasião do desligamento do estagiário, entregar termo de realização do estágio com indicação resumida das atividades desenvolvidas, dos períodos e da avaliação de desempenho;

VI – manter à disposição da fiscalização documentos que comprovem a relação de estágio;

VII - enviar à instituição de ensino, com periodicidade mínima de 6 (seis) meses, relatório de atividades, com vista obrigatória ao estagiário.

Parágrafo único. No caso de estágio obrigatório, a responsabilidade pela contratação do seguro de que trata o inciso IV do *caput* deste artigo poderá, alternativamente, ser assumida pela instituição de ensino.

CAPÍTULO IV
Do Estagiário

Art. 10. A jornada de atividade em estágio será definida de comum acordo entre a instituição de ensino, a parte concedente e o aluno estagiário ou seu representante legal, devendo constar do termo de compromisso ser compatível com as atividades escolares e não ultrapassar:

I - 4 (quatro) horas diárias e 20 (vinte) horas semanais, no caso de estudantes de educação especial e dos anos finais do ensino fundamental, na modalidade profissional de educação de jovens e adultos;

II - 6 (seis) horas diárias e 30 (trinta) horas semanais, no caso de estudantes do ensino superior, da educação profissional de nível médio e do ensino médio regular.

§ 1º O estágio relativo a cursos que alternam teoria e prática, nos períodos em que não estão programadas aulas presenciais, poderá ter jornada de até 40 (quarenta) horas semanais, desde que isso esteja previsto no projeto pedagógico do curso e da instituição de ensino.

§ 2º Se a instituição de ensino adotar verificações de aprendizagem periódicas ou finais, nos períodos de avaliação, a carga horária do estágio será reduzida pelo menos à metade, segundo estipulado no termo de compromisso, para garantir o bom desempenho do estudante.

Art. 11. A duração do estágio, na mesma parte concedente, não poderá exceder 2 (dois) anos, exceto quando se tratar de estagiário portador de deficiência.

Art. 12. O estagiário poderá receber bolsa ou outra forma de contraprestação que venha a ser acordada, sendo compulsória a sua concessão, bem como a do auxílio-transporte, na hipótese de estágio não obrigatório.

§ 1º A eventual concessão de benefícios relacionados a transporte, alimentação e saúde, entre outros, não caracteriza vínculo empregatício.

§ 2º Poderá o educando inscrever-se e contribuir como segurado facultativo do Regime Geral de Previdência Social.

Art. 13. É assegurado ao estagiário, sempre que o estágio tenha duração igual ou superior a 1 (um) ano, período de recesso de 30 (trinta) dias, a ser gozado preferencialmente durante suas férias escolares.

§ 1º O recesso de que trata este artigo deverá ser remunerado quando o estagiário receber bolsa ou outra forma de contraprestação.

§ 2º Os dias de recesso previstos neste artigo serão concedidos de maneira proporcional, nos casos de o estágio ter duração inferior a 1 (um) ano.

Art. 14. Aplica-se ao estagiário a legislação relacionada à saúde e segurança no trabalho, sendo sua implementação de responsabilidade da parte concedente do estágio.

CAPÍTULO V
Da Fiscalização

Art. 15. A manutenção de estagiários em desconformidade com esta Lei caracteriza vínculo de emprego do educando com a parte concedente do estágio para todos os fins da legislação trabalhista e previdenciária.

§ 1º A instituição privada ou pública que reincidir na irregularidade de que trata este artigo ficará impedida de receber estagiários por 2 (dois) anos, contados da data da decisão definitiva do processo administrativo correspondente.

§ 2º A penalidade de que trata o § 1º deste artigo limita-se à filial ou agência em que for cometida a irregularidade.

CAPÍTULO VI
Das Disposições Gerais

Art. 16. O termo de compromisso deverá ser firmado pelo estagiário ou com seu representante ou assistente legal e pelos representantes legais da parte concedente e da instituição de ensino, vedada a atuação dos agentes de integração a que se refere o art. 5º desta Lei como representante de qualquer das partes.

Art. 17. O número máximo de estagiários em relação ao quadro de pessoal das entidades concedentes de estágio deverá atender às seguintes proporções:

I - de 1 (um) a 5 (cinco) empregados: 1 (um) estagiário;

II - de 6 (seis) a 10 (dez) empregados: até 2 (dois) estagiários;

III - de 11 (onze) a 25 (vinte e cinco) empregados: até 5 (cinco) estagiários;

IV - acima de 25 (vinte e cinco) empregados: até 20% (vinte por cento) de estagiários.

§ 1º Para efeito desta Lei, considera-se quadro de pessoal o conjunto de trabalhadores empregados existentes no estabelecimento do estágio.

§ 2º Na hipótese de a parte concedente contar com várias filiais ou estabelecimentos, os quantitativos previstos nos incisos deste artigo serão aplicados a cada um deles.

§ 3º Quando o cálculo do percentual disposto no inciso IV do *caput* deste artigo resultar em fração, poderá ser arredondado para o número inteiro imediatamente superior.

§ 4º Não se aplica o disposto no *caput* deste artigo aos estágios de nível superior e de nível médio profissional.

§ 5º Fica assegurado às pessoas portadoras de deficiência o percentual de 10% (dez por cento) das vagas oferecidas pela parte concedente do estágio.

Art. 18. A prorrogação dos estágios contratados antes do início da vigência desta Lei apenas poderá ocorrer se ajustada às suas disposições.

Art. 19. O art. 428 da Consolidação das Leis do Trabalho - CLT, aprovada pelo Decreto-Lei nº 5.452, de 1º de maio de 1943, passa a vigorar com as seguintes alterações:

> "Art. 428. [...]
>
> § 1º A validade do contrato de aprendizagem pressupõe anotação na Carteira de Trabalho e Previdência Social, matrícula e frequência do aprendiz na escola, caso não haja concluído o ensino médio, e inscrição em programa de aprendizagem desenvolvido sob orientação de entidade qualificada em formação técnico-profissional metódica.
>
> [...]
>
> § 3º O contrato de aprendizagem não poderá ser estipulado por mais de 2 (dois) anos, exceto quando se tratar de aprendiz portador de deficiência.
>
> [...]
>
> § 7º Nas localidades onde não houver oferta de ensino médio para o cumprimento do disposto no § 1º deste artigo, a contratação do aprendiz poderá ocorrer sem a frequência à escola, desde que ele já tenha concluído o ensino fundamental." (NR)

Art. 20. O art. 82 da Lei nº 9.394, de 20 de dezembro de 1996, passa a vigorar com a seguinte redação:

> "Art. 82. Os sistemas de ensino estabelecerão as normas de realização de estágio em sua jurisdição, observada a lei federal sobre a matéria.
>
> *Parágrafo único.* (Revogado)." (NR)

Art. 21. Esta Lei entra em vigor na data de sua publicação.

Art. 22. Revogam-se as Leis nºs 6.494, de 7 de dezembro de 1977, e 8.859, de 23 de março de 1994, o parágrafo único do art. 82 da Lei nº 9.394, de 20 de dezembro de 1996, e o art. 6º da Medida Provisória nº 2.164-41, de 24 de agosto de 2001.

Brasília, 25 de setembro de 2008; 187º da Independência e 120º da República.

LUIZ INÁCIO LULA DA SILVA
Fernando Haddad
André Peixoto Figueiredo Lima

2.4 Decreto nº 7.203/2010 – Vedação do nepotismo

O PRESIDENTE DA REPÚBLICA, no uso da atribuição que lhe confere o art. 84, inciso VI, alínea *a*, da Constituição,

Decreta:

Art. 1º A vedação do nepotismo no âmbito dos órgãos e entidades da administração pública federal direta e indireta observará o disposto neste Decreto.

Art. 2º Para os fins deste Decreto considera-se:

I - órgão:

a) a Presidência da República, compreendendo a Vice-Presidência, a Casa Civil, o Gabinete Pessoal e a Assessoria Especial;

b) os órgãos da Presidência da República comandados por Ministro de Estado ou autoridade equiparada; e

c) os Ministérios;

II - entidade: autarquia, fundação, empresa pública e sociedade de economia mista; e

III - familiar: o cônjuge, o companheiro ou o parente em linha reta ou colateral, por consanguinidade ou afinidade, até o terceiro grau.

Parágrafo único. Para fins das vedações previstas neste Decreto, serão consideradas como incluídas no âmbito de cada órgão as autarquias e fundações a ele vinculadas.

Art. 3º No âmbito de cada órgão e de cada entidade, são vedadas as nomeações, contratações ou designações de familiar de Ministro de Estado, familiar da máxima autoridade administrativa correspondente ou, ainda, familiar de ocupante de cargo em comissão ou função de confiança de direção, chefia ou assessoramento, para:

I - cargo em comissão ou função de confiança;

II - atendimento a necessidade temporária de excepcional interesse público, salvo quando a contratação tiver sido precedida de regular processo seletivo; e

III - estágio, salvo se a contratação for precedida de processo seletivo que assegure o princípio da isonomia entre os concorrentes.

§ 1º Aplicam-se as vedações deste Decreto também quando existirem circunstâncias caracterizadoras de ajuste para burlar as restrições ao nepotismo, especialmente mediante nomeações ou designações recíprocas, envolvendo órgão ou entidade da administração pública federal.

§ 2º As vedações deste artigo estendem-se aos familiares do Presidente e do Vice-Presidente da República e, nesta hipótese, abrangem todo o Poder Executivo Federal.

§ 3º É vedada também a contratação direta, sem licitação, por órgão ou entidade da administração pública federal de pessoa jurídica na qual haja administrador ou sócio com poder de direção, familiar de detentor de cargo em comissão ou função de confiança que atue na área responsável pela demanda ou contratação ou de autoridade a ele hierarquicamente superior no âmbito de cada órgão e de cada entidade.

Art. 4º Não se incluem nas vedações deste Decreto as nomeações, designações ou contratações:

I - de servidores federais ocupantes de cargo de provimento efetivo, bem como de empregados federais permanentes, inclusive aposentados, observada a compatibilidade do grau de escolaridade do cargo ou emprego de origem, ou a compatibilidade da atividade que lhe seja afeta e a complexidade inerente ao cargo em comissão ou função comissionada a ocupar, além da qualificação profissional do servidor ou empregado;

II - de pessoa, ainda que sem vinculação funcional com a administração pública, para a ocupação de cargo em comissão de nível hierárquico mais alto que o do agente público referido no art. 3º;

III - realizadas anteriormente ao início do vínculo familiar entre o agente público e o nomeado, designado ou contratado, desde que não se caracterize ajuste prévio para burlar a vedação do nepotismo; ou

IV - de pessoa já em exercício no mesmo órgão ou entidade antes do início do vínculo familiar com o agente público, para cargo, função ou emprego de nível hierárquico igual ou mais baixo que o anteriormente ocupado.

Parágrafo único. Em qualquer caso, é vedada a manutenção de familiar ocupante de cargo em comissão ou função de confiança sob subordinação direta do agente público.

Art. 5º Cabe aos titulares dos órgãos e entidades da administração pública federal exonerar ou dispensar agente público em situação de nepotismo, de que tenham conhecimento, ou requerer igual providência à autoridade encarregada de nomear, designar ou contratar, sob pena de responsabilidade.

Parágrafo único. Cabe à Controladoria-Geral da União notificar os casos de nepotismo de que tomar conhecimento às autoridades competentes, sem prejuízo da responsabilidade permanente delas de zelar pelo cumprimento deste Decreto, assim como de apurar situações irregulares, de que tenham conhecimento, nos órgãos e entidades correspondentes.

Art. 6º Serão objeto de apuração específica os casos em que haja indícios de influência dos agentes públicos referidos no art. 3º:

I - na nomeação, designação ou contratação de familiares em hipóteses não previstas neste Decreto;

II - na contratação de familiares por empresa prestadora de serviço terceirizado ou entidade que desenvolva projeto no âmbito de órgão ou entidade da administração pública federal.

Art. 7º Os editais de licitação para a contratação de empresa prestadora de serviço terceirizado, assim como os convênios e instrumentos equivalentes para contratação de entidade que desenvolva projeto no âmbito de órgão ou entidade da administração pública federal, deverão estabelecer vedação de que familiar de agente público preste serviços no órgão ou entidade em que este exerça cargo em comissão ou função de confiança.

Art. 8º Os casos omissos ou que suscitem dúvidas serão disciplinados e dirimidos pela Controladoria-Geral da União.

Art. 9º Este Decreto entra em vigor na data de sua publicação.

Brasília, 4 de junho de 2010; 189º da Independência e 122º da República.

LUIZ INÁCIO LULA DA SILVA
Paulo Bernardo Silva
Jorge Hage Sobrinho

2.5 Decreto nº 6.833/2009 – Subsistema Integrado de atenção à saúde do servidor[5]

O PRESIDENTE DA REPÚBLICA, no uso das atribuições que lhe confere o art. 84, incisos IV e VI, alínea *a*, da Constituição, e tendo em vista o disposto no art. 30 do Decreto-Lei nº 200, de 25 de fevereiro de 1967,

Decreta:

Art. 1º Fica instituído, no âmbito do Ministério do Planejamento, Orçamento e Gestão, o Subsistema Integrado de Atenção à Saúde do Servidor Público Federal - SIASS, integrante do Sistema de Pessoal Civil da Administração Federal - SIPEC, criado pelo Decreto nº 67.326, de 5 de outubro de 1970.

Art. 2º O SIASS tem por objetivo coordenar e integrar ações e programas nas áreas de assistência à saúde, perícia oficial, promoção, prevenção e acompanhamento da saúde dos servidores da administração federal direta, autárquica e fundacional, de acordo com a política de atenção à saúde e segurança do trabalho do servidor público federal, estabelecida pelo Governo.

Art. 3º Para os fins deste Decreto, considera-se:

I – assistência à saúde: ações que visem a prevenção, a detecção precoce e o tratamento de doenças e, ainda, a reabilitação da saúde do servidor, compreendendo as diversas áreas de atuação relacionadas à atenção à saúde do servidor público civil federal;

[5] *www.planalto.gov.br/ccivil.../**Decreto**/D6833.htm*

II - perícia oficial: ação médica ou odontológica com o objetivo de avaliar o estado de saúde do servidor para o exercício de suas atividades laborais; e

III - promoção, prevenção e acompanhamento da saúde: ações com o objetivo de intervir no processo de adoecimento do servidor, tanto no aspecto individual quanto nas relações coletivas no ambiente de trabalho.

Art. 4º Fica instituído o Comitê Gestor de Atenção à Saúde do Servidor, no âmbito do Ministério do Planejamento, Orçamento e Gestão, com as seguintes atribuições:

I - aprovar as diretrizes para aplicação da política de atenção à saúde e segurança do trabalho do servidor público federal, e para a capacitação dos servidores em exercício nas unidades do SIASS;

II - deliberar sobre as propostas de criação, jurisdição e funcionamento das unidades do SIASS;

III - deliberar, em relação às unidades do SIASS, sobre os instrumentos de cooperação e as iniciativas para provimento de materiais e equipamentos, força de trabalho, imóveis e instalações, bem como sobre contratos de segurança, limpeza e conservação;

IV - deliberar sobre os procedimentos para uniformização e padronização das ações relativas ao SIASS;

V - orientar e acompanhar a execução das ações e programas no âmbito do SIASS; e

VI - aprovar regras e procedimentos para guarda e utilização das informações pessoais sobre a saúde dos servidores, de acesso restrito às pessoas a que elas se referirem ou a servidores autorizados na forma da lei.

§ 1º A força de trabalho do SIASS será formada exclusivamente por servidores federais, ficando vedadas a terceirização de mão-de-obra e a contratação de pessoal por tempo determinado.

§ 2º O Comitê Gestor pautará suas ações visando tornar célere o atendimento ao servidor, especialmente no que se refere às ações preventivas, e reduzir o tempo de ausência do servidor do seu ambiente de trabalho.

Art. 5º O Comitê Gestor será composto por um representante de cada órgão a seguir indicado:

I - Ministério do Planejamento, Orçamento e Gestão, que o coordenará;

II - Casa Civil da Presidência da República;

III - Ministério da Saúde;

IV - Ministério da Previdência Social;

V - Ministério da Educação;

VI - Ministério da Fazenda; (*Redação dada pelo Decreto nº 7.121, de 2010*)

VII – Ministério do Trabalho e Emprego; e *(Redação dada pelo Decreto nº 7.121, de 2010)*

VIII – Ministério da Justiça. *(Incluído pelo Decreto nº 7.121, de 2010)*

§ 1º A Secretaria de Recursos Humanos do Ministério do Planejamento, Orçamento e Gestão exercerá as funções de secretaria-executiva do Comitê Gestor.

§ 2º As deliberações do Comitê Gestor serão adotadas por maioria simples, presentes pelo menos cinco dos seus membros, cabendo ao coordenador exercer, além do próprio voto, o de desempate.

§ 3º Os membros do Comitê Gestor, titular e suplente, serão indicados pelos titulares dos seus respectivos órgãos e designados pelo Ministro de Estado do Planejamento, Orçamento e Gestão, para mandato de três anos, permitida uma única recondução.

§ 4º As regras para organização e funcionamento do Comitê Gestor serão definidas em seu regimento interno, aprovado na forma do § 2º, observadas as disposições deste Decreto.

§ 5º A participação no Comitê Gestor é considerada de relevante interesse público e não será remunerada.

Art. 6º O exercício do servidor no âmbito do SIASS não implica mudança de unidade de lotação ou de órgão de origem.

Art. 7º Caberá ao Ministro de Estado do Planejamento, Orçamento e Gestão decidir sobre as deliberações do Comitê Gestor e celebrar os instrumentos de cooperação ou parceria com os órgãos e entidades da administração direta, autárquica e fundacional.

Art. 8º Este Decreto entra em vigor na data de sua publicação.

Art. 9º Fica revogado o Decreto nº 5.961, de 13 de novembro de 2006.

Brasília, 29 de abril de 2009; 188º da Independência e 121º da República.

LUIZ INÁCIO LULA DA SILVA

Paulo Bernardo Silva

CAPÍTULO 16
Exercícios

16.1 Questões da Esaf

1. Teorias da motivação. Motivação e recompensas intrínsecas e extrínsecas. Motivação e contrato psicológico

1. (Esaf/CVM/Analista de Recursos Humanos/2010 – adaptada) Os estilos de administração dependem das suposições e crenças que os administradores têm a respeito da natureza humana e do comportamento das pessoas dentro da empresa. McGregor apresentou-nos importante contribuição com as Teoria X e Teoria Y. São pressupostos da Teoria X:
   a) as pessoas são esforçadas e gostam de ter o que fazer.
   b) a imaginação, a criatividade e a engenhosidade são comuns.
   c) as pessoas preferem ser controladas e dirigidas.
   d) o trabalho é uma atividade tão natural como brincar ou descansar.
   e) as pessoas são criativas e competentes.

2. Liderança e poder. Teorias da liderança

2. (Esaf/ANA/Analista Administrativo – Administração/2009) O reflexo do exercício da Liderança é o resultado alcançado pelo líder em relação às pessoas que influencia. Para o Líder que ocupa uma posição formal dentro da organização, é um desafio identificar o estilo de liderança que deve aplicar a cada uma das circunstâncias que vivencia no cotidiano. Considerando o contexto de liderança, selecione a opção correta.
   a) Na divisão do trabalho, o líder autocrático determina a tarefa de cada um e cada qual escolhe seu companheiro de trabalho. Na liderança democrática, o grupo decide sobre a divisão de trabalho e sobre o parceiro de cada um.
   b) Na programação dos trabalhos, tanto o líder democrático como o liberal não interferem de nenhuma forma nas decisões do grupo.

c) As características comportamentais predominantes dos subordinados do líder liberal e do líder democrático são similares quanto à escolha do que fazer e quando fazer.
d) O volume dos resultados produzidos pelo exercício da liderança autocrática é maior, porém a frustração e agressividade também.
e) Grupos submetidos às lideranças liberais e democráticas tendem ao individualismo e a ignorar o líder com o passar do tempo.

3. (Esaf/MPOG/Analista de Planejamento e Orçamento/Prova 1/2010) No dia a dia organizacional, as relações humanas trazem vários desafios. Estar pronto para lidar com eles implica saber que:
a) o uso do poder coercitivo é válido na resolução de conflitos.
b) remuneração é um fator motivacional.
c) o trabalho em equipe garante o alcance dos melhores resultados.
d) o melhor técnico tende a ser o melhor chefe.
e) em nosso tempo, não há mais espaço para o carisma no exercício da liderança.

4. (Esaf/Receita Federal/Analista Tributário da Receita Federal/2009) Ao optar pela liderança situacional, um gestor de pessoas deve:
a) saber que competência é a combinação da motivação e da confiança do indivíduo em sua capacidade de atingir um objetivo ou de realizar uma tarefa.
b) adotar um estilo diretivo para quem apresenta maturidade média ou alta.
c) levar os indivíduos ao seu mais elevado nível de desempenho, mediante a liderança eficaz de um a um.
d) conduzir a maturidade de trabalho do liderado, com o cuidado de não interferir em sua maturidade psicológica.
e) identificar a maturidade média do grupo e, com base nisso, adotar um estilo único para todos os liderados.

5. (Esaf/MPOG/Especialista em Políticas Públicas e Gestão Governamental/P2/2009) Sobre o tema "motivação, clima e cultura", podemos afirmar corretamente que:
a) um funcionário satisfeito também está, necessariamente, motivado.
b) análises de clima não se prestam para orientar políticas de recursos humanos.
c) cultura e clima organizacional são variáveis independentes entre si, que não se comunicam.
d) de uma forma geral, os elementos da cultura podem ser alterados no curto prazo.
e) o salário, isoladamente, não se constitui em um fator motivacional.

6. (Esaf/CVM/Agente Executivo 2/2010) A respeito da liderança, assinale a opção que pode ser considerada incorreta, segundo as teorias mais contemporâneas da Administração.
   a) A liderança pode ser ensinada e aprendida por todos os indivíduos, como qualquer outra função gerencial.
   b) A liderança efetiva gera comprometimento e entusiasmo entre os liderados para o alcance de objetivos comuns.
   c) A liderança é um fenômeno grupal.
   d) A liderança verdadeira é inata ao indivíduo.
   e) Grande parte do poder do líder encontra-se no grupo em que lidera.

7. (Esaf/CVM/Agente Executivo 2/2010) Correlacione as colunas abaixo relacionando o nível de maturidade dos liderados com o estilo de liderança indicado, conforme a teoria da liderança situacional. Ao final, selecione a opção que contemple a sequência correta da Coluna I.

Coluna I	Coluna II
Maturidade dos liderados	**Estilos de liderança**
( ) baixíssima maturidade.	(1) Determinar.
( ) maturidade alta.	(2) Persuadir.
( ) maturidade intermediária	(3) Compartilhar
( ) maturidade baixa, tendendo a média.	(4) Delegar.

a) 1, 2, 3, 4
b) 2, 1, 3, 4
c) 3, 1, 2, 4
d) 1, 2, 4, 3
e) 1, 4, 3, 2

3. Desenvolvimento organizacional

8. (Esaf/Susep/Analista Técnico/Administração Financeira/2010) Bennis procura enfatizar as diferenças fundamentais entre os sistemas mecânicos e os sistemas orgânicos, típicos de abordagem do Desenvolvimento Organizacional. Constitui uma importante característica de Sistemas Orgânicos:
   a) relacionamento do tipo autoridade-obediência.
   b) solução de conflitos por meio de repressão, arbitramento ou hostilidade.
   c) divisão do trabalho e supervisão hierárquica rígida.

d) independência e responsabilidade compartilhadas.
e) a tomada de decisão é centralizada.

9. (Esaf/Susep/Analista Técnico/Administração Financeira/2010) Segundo Shein, um elemento essencial de qualquer esforço de Desenvolvimento Organizacional é:
a) a orientação a longo prazo.
b) a orientação a médio prazo.
c) a orientação a curto prazo.
d) o envolvimento de esforços de parte da organização.
e) o envolvimento de esforços somente da alta direção.

4. Clima e cultura organizacionais

10. (Esaf/ANA/Analista Administrativo/2009) Como medida de satisfação dos membros de uma organização em relação a diferentes aspectos da cultura ou da realidade aparente, a pesquisa sistemática do clima organizacional se justifica pelos seguintes motivos, exceto:
a) faz parte da missão organizacional realizar melhorias contínuas no ambiente de trabalho e, consequentemente, nos resultados dos negócios.
b) como os clientes internos são a força motriz da organização, deve-se buscar mantê-los satisfeitos.
c) o desempenho dos recursos humanos, baseado na motivação, afeta diretamente o desempenho da organização.
d) uma das formas de a organização assegurar seus objetivos é identificar e anular as lideranças negativas.
e) as constantes mudanças no ambiente de trabalho, fruto da automação e do uso de novas estratégias gerenciais, impactam diretamente a atitude dos trabalhadores.

11. (Esaf/CVM/Analista de Recursos Humanos/2010) Sobre a cultura e o clima organizacional, assinale a única opção falsa.
a) A cultura representa o ambiente de crenças e valores, costumes, tradições, conhecimentos e práticas de convívio social e relacionamento entre as pessoas.
b) O clima pode ser tocado e visualizado. Pode também ser percebido psicologicamente.
c) A cultura organizacional condiciona e determina as normas de comportamento das pessoas dentro de cada empresa.

d) São elementos de avaliação do clima organizacional: processos de liderança, forças motivacionais, comunicações, processos de interação/influência, tomada de decisões, formulação de objetivos e controles.
e) O clima organizacional influencia a motivação, o desempenho humano e a satisfação no trabalho.

12. Sobre Qualidade de Vida no Trabalho (QVT), marque o único comentário correto.
a) As teorias convencionais preocupam-se predominantemente com a satisfação das pessoas, abordando a correlação entre o stress e o trabalho.
b) A Qualidade de Vida no Trabalho consiste na visão mais ampla das concepções existentes sobre a motivação e a satisfação, baseando-se em uma visão integral dos seres humanos, denominado de enfoque biopsicossocial, o qual propõe a visão integrada dos seres humanos.
c) O conceito de QVT constitui um conjunto de ações de uma empresa que envolve o diagnóstico e a implementação de melhorias e inovações gerenciais, tecnológicas e estruturais, dentro e fora do ambiente de trabalho, no intuito de propiciar condições plenas de desenvolvimento organizacional.
d) Define que a QVT representa o grau em que os membros da organização são capazes de satisfazer as necessidades coletivas com sua atividade na organização.
e) A preocupação com a QVT existe desde os primórdios da vida humana, objetivando facilitar o processo de execução dos seus deveres.

5. Gestão de conflitos

13. (Esaf/CVM/Analista de Recursos Humanos/2010) Em relação à abordagem quanto à administração de conflitos, marque o item que apresenta as três abordagens à disposição do gerente.
a) Espera, tensão e resolução.
b) Estrutural, mista e de processo.
c) Impasse, vitória-derrota e conciliação.
d) Ganhar/perder, perder/perder e ganhar/ganhar.
e) Diferenciação de grupos, recursos compartilhados e interdependência de atividades.

6. Gestão de pessoas por competências

14. (Esaf/CVM/Analista de Recursos Humanos/2010) Sobre gestão por competência, é incorreto afirmar que:

a) figura como um dos modelos gerenciais tradicionalmente utilizados pelas organizações; propõe-se a orientar esforços para planejar, captar, desenvolver e avaliar, nos diferentes níveis da organização (individual, grupal e organizacional), as atividades necessárias à consecução de seus objetivos.
b) direciona sua ação prioritariamente para o gerenciamento do *gap* ou lacuna de competências eventualmente existente na organização ou equipe, procurando eliminá-lo ou minimizá-lo. A ideia é aproximar ao máximo as competências existentes na organização daquelas necessárias para a consecução dos objetivos organizacionais.
c) é um programa sistematizado e desenvolvido no sentido de definir perfis profissionais que proporcionem maior produtividade e adequação ao negócio, identificando os pontos de excelência e os pontos de carência, suprindo lacunas e agregando conhecimento, tendo por base certos critérios objetivamente mensuráveis.
d) é composta por alguns subsistemas, como: Mapeamento e descrição de Competências; Mensuração de Competências; Remuneração por Competências; Seleção por Competências; Desenvolvimento de Competências; Avaliação de Desempenho por Competências; Plano de Desenvolvimento por Competências.
e) figura como alternativa aos modelos gerenciais tradicionalmente utilizados pelas organizações; propõe-se a orientar esforços para planejar, captar, desenvolver e avaliar, nos diferentes níveis da organização (individual, grupal e organizacional), as competências necessárias à consecução de seus objetivos.

7. Gestão do desempenho

15. (Esaf/CVM/Analista de Recursos Humanos/2010) São métodos tradicionais de avaliação do desempenho, exceto:
a) método das escalas gráficas.
b) método da escolha forçada.
c) método da pesquisa de campo.
d) método da entrevista amostral.
e) método dos incidentes críticos.

16. (Esaf/CVM/Analista de Recursos Humanos/2010) A Avaliação 360º é um método
a) que se baseia no fato de que, no comportamento humano, existem certas características extremas capazes de levar a resultados positivos (sucesso) ou negativos (fracasso).
b) que consiste na utilização de retornos que incluem diversas fontes que tentam captar o maior número de canais e direções.

c) que enfatiza o desempenho futuro, ou melhor, as potencialidades ou as características do avaliado as quais facilitarão que amanhã este assuma tarefas e atividades que lhe serão atribuídas por vários canais e direções.
d) que se baseia na comparação periódica entre os resultados fixados (ou esperados) para cada funcionário e os resultados efetivamente alcançados.
e) desenvolvido com base em entrevistas com o superior hierárquico. É amplo e permite, além de um diagnóstico do desempenho do empregado, a possibilidade de planejar juntamente com o supervisor seu desenvolvimento.

17. (Esaf/CVM/Analista de Recursos Humanos/2010) Em relação aos métodos de avaliação do desempenho, segundo Chiavenato (1989), é considerada uma vantagem do Método de Pesquisa de Campo:
a) permitir aos avaliadores um instrumento de avaliação de fácil entendimento e aplicação simples.
b) proporcionar pouco trabalho ao avaliador no registro de avaliação, simplificando-o enormemente.
c) ser um método fundamentalmente comparativo e discriminativo.
d) proporcionar resultados mais confiáveis e isentos de influências subjetivas e pessoais, pois elimina o efeito da estereotipação.
e) ser o método mais completo de avaliação.

18. (Esaf/CVM/Agente Executivo 2/2010) São vantagens da avaliação 360 Graus, exceto:
a) resultados mais confiáveis e isentos de influências pessoais.
b) visão do avaliado sob diferentes aspectos.
c) maior celeridade no resultado da avaliação.
d) maior aceitação dos colaboradores.
e) maior controle da coerência do avaliador.

19. (Esaf/Susep/Analista Técnico/Administração Financeira/2010) Em avaliação do desempenho, o método das escalas gráficas é um dos mais utilizados e divulgados. Aparentemente é o método mais simples, mas que requer alguns cuidados para compensar suas desvantagens. Constitui-se em uma desvantagem do método das escalas gráficas:
a) sua elaboração e montagem são complexas, exigindo um planejamento muito cuidadoso e demorado.
b) necessita de procedimentos matemáticos e estatísticos para corrigir distorções e influência dos avaliadores; tende a apresentar resultados condescendentes ou exigentes para todos os seus subordinados.

c) deixa o avaliador sem noção alguma do resultado da avaliação que faz a respeito de seus subordinados.
d) custo operacional elevado, pela atuação de um especialista em avaliação.
e) é um método fundamentalmente comparativo e discriminativo e apresenta resultados globais; discrimina apenas os empregados bons, médios e fracos, sem informações maiores.

20. (Esaf/Susep/Analista Técnico/Administração Financeira/2010) O método de escolha forçada consiste em avaliar o desempenho dos indivíduos por intermédio de frases descritivas de determinadas alternativas de tipos de desempenho individual, onde, em cada bloco, o avaliador deve escolher forçosamente apenas uma ou duas que mais se aplicam ao desempenho do avaliado. Constitui uma vantagem desse método:
a) sua aplicação é simples e não exige preparo intenso ou sofisticado dos avaliadores.
b) deixa o avaliador sem noção alguma do resultado da avaliação que faz a respeito de seus subordinados.
c) quando utilizado para fins de desenvolvimento de recursos humanos, necessita de uma complementação de informações sobre necessidades de treinamento, potencial de desenvolvimento, etc.
d) é um método fundamentalmente comparativo e discriminativo e apresenta resultados globais.
e) sua elaboração e montagem são complexas, exigindo um planejamento muito cuidadoso e demorado.

8. Decreto nº 5.707/2006, que institui a Política e as Diretrizes para o Desenvolvimento de Pessoal da Administração Pública Federal

21. (Esaf/Susep/Analista Técnico/Administração Financeira/2010) O Decreto nº 5.707, de 23 de fevereiro de 2006, instituiu a Política e as Diretrizes para o Desenvolvimento de Pessoal da administração pública federal direta, autárquica e fundacional.
São instrumentos da Política Nacional de Desenvolvimento de Pessoal:
I - plano anual de capacitação;
II - relatório de execução do plano anual de capacitação; e
III - sistema de gestão por competência. Neste contexto, entende-se por capacitação:

a) processo educacional de curto prazo que utiliza procedimento sistemático e organizado pelo qual o pessoal não gerencial aprende conhecimentos e habilidades técnicas para um propósito definido.
b) toda influência que o ser humano recebe do ambiente social, durante toda a sua existência, no sentido de adaptar-se às normas e valores sociais vigentes e aceitos.
c) processo educacional de longo prazo que utiliza procedimento sistemático e organizado pelo qual o pessoal gerencial aprende conhecimentos conceituais e teóricos para propósitos genéricos.
d) mudança de comportamento baseada na experiência.
e) processo permanente e deliberado de aprendizagem, com o propósito de contribuir para o desenvolvimento de competências institucionais, por meio do desenvolvimento de competências individuais.

16.2 Questões do Cespe

1. Clima e cultura organizacional

22. (Cespe/Anatel/Técnico Administrativo/2012) Os processos de tomada de decisão, o tratamento concedido aos empregados e aos clientes e a forma de socialização de novos empregados são subsídios para elaboração do diagnóstico da cultura da organização.

No que se refere aos aspectos gerais do processo administrativo, julgue o item.

23. (Cespe/Anatel/Analista Administrativo/2012) A intensa formalização na organização gera previsibilidade, ordem e consistência, assim como uma cultura organizacional forte.

Julgue o item subsecutivo, relativo à cultura organizacional.

24. (Cespe/Ibama/Técnico Administrativo/2012) A cultura organizacional é, também, instrumento utilizado para controlar os membros de uma organização.

A respeito de gestão de pessoas, julgue o item. subsecutivo.

25. (Cespe/MCTI/Analista em Ciência e Tecnologia Pleno 1 –Tema I: Gestão Administrativa/2012) A cultura pode ser definida, segundo Edgar Schein, como um padrão de suposições básicas compartilhadas, que é aprendido por um grupo à medida que seus problemas de adaptação externa e integração interna vão sendo solucionados.

A respeito de gestão de pessoas e gestão da qualidade, julgue o item a seguir.

26. (Cespe/TRE-RJ/Analista Administrativo/2012) O sistema de valores compartilhados pelos membros da organização e o conjunto de características-chave que a instituição valoriza e que a diferencia das demais é conhecido como cultura organizacional.

Julgue o item que segue, relativo a funções administrativas e ambiente organizacional.

27. (Cespe/MPE-PI/Técnico Administrativo/2012) A cultura organizacional envolve um conjunto de valores compartilhados pelos membros de uma organização. Por exemplo, a espiritualidade no ambiente de trabalho refere-se ao compartilhamento de práticas religiosas comuns entre esses membros.

Julgue o próximo item, relativo a recrutamento e seleção de pessoas.

28. (Cespe/TJRR/Administrador/2012) Geralmente, as entrevistas são utilizadas para encontrar indivíduos que se ajustem à cultura e à imagem da instituição, visto que permitem conhecer características de personalidade e valores pessoais dos candidatos.

29. (Cespe/TJRO/Administrador/2012) Assinale a opção que apresenta aspecto da cultura organizacional influenciado pelas ações voltadas a modificar crenças, preconceitos ideológicos e julgamentos de integrantes de uma organização.
    a) hábito.
    b) símbolo.
    c) artefato.
    d) valor.
    e) cerimônia.

Com relação ao diálogo negocial, à mediação administrativa e à cultura organizacional, julgue o seguinte item.

30. (Cespe/Previc/Analista Administrador/2011) A cultura nas organizações auxilia o controle da gestão e a diminuição de divergências e diferenças; contudo, pode impedir que a organização se desenvolva, colocando obstáculos às mudanças, à diversificação e às fusões e aquisições.

31. (Cespe/TRT/Analista Administrativo/2008) Uma das principais funções da cultura organizacional é regular as relações entre os membros da organização. A cultura define a tendência à solidariedade e ao associativismo, em contraposição ao individualismo e ao alheamento em relação aos interesses coletivos, diferenciando as organizações e as sociedades.

Com relação à análise e ao desenvolvimento organizacional, julgue o item a seguir.

32. (Cespe/STM/analista judiciário administração/2011) Por meio do clima organizacional, demonstra-se como as práticas estratégicas, gerenciais e administrativas moldam o comportamento das pessoas.

Com relação a recursos humanos, julgue os itens seguintes.

33. (Cespe/MMA/Analista ambiental/Concentração 1/2011) Em um mesmo ambiente de trabalho, em razão de a percepção do clima organizacional depender do grau de satisfação ou insatisfação do indivíduo em relação a sua organização, é possível haver diferentes percepções sobre o clima organizacional.
34. (Cespe/MMA/Analista ambiental/Concentração 1/2011) Cultura e clima organizacional são conceitos similares que se inter-relacionam, de modo que o clima depende do tipo de cultura estabelecido pela organização e a cultura é refletida pelas percepções que os indivíduos têm em relação ao clima.

Acerca de cultura e clima organizacional, julgue os seguintes itens.

35. (Cespe/TJES/Analista Judiciário 1/Administrativa/2011) O processo de socialização de novo funcionário é uma das formas de transmissão da cultura organizacional.
36. (Cespe/TJES/Analista Judiciário 1/Administrativa/2011) Um diagnóstico de clima organizacional deve avaliar, entre outros aspectos, as percepções compartilhadas dos funcionários acerca das características da organização.
37. (Cespe/TJES/Analista Judiciário 1- Administrativa/2011) São níveis da cultura organizacional: artefatos observáveis, valores e pressupostos básicos.

Acerca da cultura organizacional, julgue os itens a seguir.

38. (Cespe/Correios/Analista de Correios/Administrador/2011) A análise de cultura organizacional divide-se em níveis. O primeiro desses níveis é composto por suposições comuns, histórias, rituais e verdades implícitas.
39. (Cespe/Correios/Analista de Correios/Administrador/2011) A cultura organizacional ou corporativa envolve o compartilhamento de valores entre colaboradores de uma mesma organização, podendo orientar suas condutas.
40. (Cespe/Correios/Analista de Correios/Administrador/2011) Devido a características muito peculiares, empresas do mesmo ramo de atuação costumam ter culturas idênticas.

Julgue o item subsequente, acerca de relações humanas e relações públicas.

41. (Cespe/EBC/Técnico Administração de Empresa de Comunicação Pública/Administração/2011) O clima organizacional corresponde à percepção que os

indivíduos têm da atmosfera em seu ambiente de trabalho, é algo mutável e instantâneo, não se confundindo com a cultura organizacional.

Julgue os próximos itens, relativos à cultura organizacional.

42. (Cespe/EBC/Analista de Empresa de Comunicação Pública/Administração/2011) O fato de a organização elaborar uma interpretação própria de sua relação com o meio ambiente indica a utilização de um processo adaptativo de sobrevivência.
43. (Cespe/EBC/Analista de Empresa de Comunicação Pública/Administração/2011) A adequação da organização às condições ambientais pode dificultar o surgimento de um processo que culmine com sua extinção.
44. (Cespe/2011/EBC/Analista de empresa de comunicação publica - Administração) Em uma organização, a existência de um modo próprio de fazer as coisas sugere que a estrutura interna de poder da organização está em desacordo com a realidade social.

Acerca de cultura organizacional, julgue os itens a seguir.

45. (Cespe/Basa/Administração/2010) Configura exemplo de artefato da cultura organizacional a hipótese de o Banco da Amazônia S.A. adotar como símbolo de sua instituição, nos documentos que emitir, a imagem de uma vitória-régia.
46. (Cespe/Basa/Administração/2010) O presidente de um banco que por muitos anos tenha disseminado uma cultura de valorização da disciplina e de cumprimento inquestionável das normas internas em detrimento da inovação e da criatividade não pode ser considerado um exemplo de herói.
47. (Cespe/Basa/Administração/2010) O treinamento no trabalho é um rito de reprodução da cultura organizacional que pode ser utilizado por um banco.

A respeito de comunicação nas organizações e cultura organizacional, julgue os itens que se seguem.

48. (Cespe/Detran-ES/Técnico Superior Administrador/2010) A cultura organizacional corresponde ao sistema de valores compartilhados pelos membros da organização, sistema esse que diferencia uma organização das demais.
49. (Cespe/Detran-ES/Técnico Superior Administrador/2010) Estacionamento, elevador privativo, motoristas e salas amplas correspondem a símbolos materiais que integram a cultura de uma organização.

Julgue o item a seguir, referente à dinâmica das organizações.

50. (Cespe/Detran-ES/Técnico Superior Administrador/2010) Na construção de cultura organizacional, os heróis - figuras cujo comportamento serve de modelo para seus seguidores e possuem características altamente valorizadas em uma cultura - podem ser tanto personagens reais quanto imaginários.

Julgue o item a seguir, referente à dinâmica das organizações.

51. (Cespe/Detran-ES/Técnico Superior Administrador/2010) Organizações que adotam cultura individualista têm como principal forma de controle o controle externo.

2. QVT

A gestão de pessoas, além de concentrar-se no alcance de objetivos organizacionais, contribui para satisfação de objetivos individuais. Acerca desse assunto, julgue os itens que se seguem.

52. (Cespe/MPE-PI/Analista Administrativo/2012) Os programas de qualidade de vida no trabalho, cada vez mais difundidos em organizações públicas e privadas, são um exemplo típico de ações classificadas como processos de manter pessoas.
53. (Cespe/MPE-PI/Analista Administrativo/2012) A qualidade de vida apoia-se na satisfação no trabalho, que resulta das percepções afetivas e cognitivas que as pessoas têm sobre seu contexto laboral.

A respeito da qualidade de vida no trabalho, julgue os próximos itens.

54. (Cespe/Assembleia-CE/Analista Legislativo/Administração/2011) Constituem foco dos programas de qualidade de vida no trabalho as condições de trabalho, a organização do trabalho e as relações sociais.
55. (Cespe/Assembleia-CE/Analista Legislativo/Administração/2011) A desagregação entre produtividade e bem-estar constitui o objetivo das correntes contemporâneas de gestão de programas de qualidade de vida no trabalho.

Com relação a recursos humanos, julgue o item seguinte.

56. (Cespe/MMA/Analista ambiental/Concentração 1/2011) Entre os fatores que influenciam na qualidade de vida no trabalho, incluem-se as condições ambientais, a segurança do trabalho e o grau de satisfação das pessoas em relação à organização.

3. Conceitos, políticas, práticas, objetivos, equilíbrio organizacional e planejamento estratégico de RH

57. (Cespe/Anatel/Técnico Administrativo/2012) Proporcionar competitividade à organização, ajudar no cumprimento de sua missão, atingir sua visão de futuro, alcançar seus objetivos e administrar suas mudanças são objetivos da gestão de pessoas.

Acerca de objetivos, desafios e características da gestão de pessoas e de comportamento organizacional, julgue o próximo item.

58. (Cespe/MPE-PI/Técnico Administrativo/2012) O equilíbrio organizacional pode ser alcançado mediante a troca de contribuições e incentivos na relação entre as pessoas e as empresas. Nessa troca, as pessoas colaboram para facilitar o alcance dos objetivos organizacionais, e as empresas fornecem para esses colaboradores os incentivos que proporcionam a realização de seus objetivos pessoais.

4. Análise e descrição de cargos/recrutamento e seleção

59. (Cespe/Basa/Técnico Administrativo/2012) Consideram-se realizadas a análise e a descrição de cargos quando ocorre a determinação dos requisitos básicos da força de trabalho, tais como os requisitos intelectuais e os físicos, as responsabilidades envolvidas e as condições de trabalho.

60. (Cespe/MPE-PI/Analista Administrativo/2012) Os processos de gestão de pessoas incluem recrutamento e seleção, desenvolvimento e recompensas, desenho e descrição de cargos e avaliação de desempenho.

61. (Cespe/Basa/Técnico Administrativo/2012) A entrevista individual, normalmente utilizada no recrutamento e na seleção de pessoas, deve ser realizada com apoio de roteiros com perguntas abertas e fechadas, em um processo de comunicação com interações rápidas e superficiais.

62. (Cespe/Basa/Técnico Administrativo/2012) A política de aplicação das pessoas nas organizações descreve os processos de recrutamento, seleção e integração das pessoas e a maneira como o desempenho delas será avaliado.

Julgue o próximo item, relativo a recrutamento e seleção de pessoas.

63. (Cespe/TJRR/Administrador/2012) Entrevistas, testes escritos e testes de simulação de desempenho constituem técnicas importantes de recrutamento de recursos humanos.

Acerca da gestão de pessoas, julgue o item a seguir.

64. (Cespe/Basa/Técnico Administrativo/2012)A seleção de pessoas ocorre em função da determinação dos critérios e fatores de previsão para a escolha de candidatos aptos ao trabalho.

65. (Cespe/TRE-RJ/Analista Administrativo/2012) As entrevistas são excelentes ferramentas de seleção para se avaliar as habilidades interpessoais de candidatos.

Julgue o próximo item, relativo a recrutamento e seleção de pessoas.

66. (Cespe/TJRR/Administrador/2012) Geralmente, as entrevistas são utilizadas para encontrar indivíduos que se ajustem à cultura e à imagem da instituição, visto que permitem conhecer características de personalidade e valores pessoais dos candidatos.

5. Gestão do desempenho: objetivos; métodos de avaliação de desempenho: características, vantagens e desvantagens

No que se refere à cultura organizacional e à gestão de pessoas, julgue o item subsecutivo.

67. (Cespe/Anatel/Técnico Administrativo/2012) Considere que o desempenho de José, funcionário ocupante de cargo de gestão na unidade de atendimento a clientes, tenha sido avaliado por seu superior hierárquico, por seus subordinados, por gestores de outras unidades com os quais José se relaciona no trabalho e por seus clientes. Nessa situação, a avaliação de desempenho de José denomina-se 360 graus.

No que se refere aos aspectos gerais do processo administrativo, julgue o item.

68. (Cespe/Anatel/Analista Administrativo/2012) A autoavaliação é uma ferramenta que costuma atenuar a postura defensiva dos colaboradores com relação à sua avaliação, estimulando as discussões sobre desempenho. Desse modo, essa é uma ferramenta adequada para a avaliação dos membros da instituição.

Com referência à gestão de pessoas nas organizações, julgue o item a seguir.

69. (Cespe/MPS/Administrador/2010) A gestão de desempenho é um modelo em que a administração do capital humano, alinhada à estratégia organizacional, mapeia os conhecimentos e habilidades de que a entidade precisa para atingir os objetivos e metas propostos em seu planejamento.

Acerca da gestão de pessoas, julgue os itens a seguir.

70. (Cespe/Basa/Técnico Administrativo/2012) A verificação contínua de resultados de desempenho cotejados com os planejamentos estratégico, tático e operacional é um dos objetivos da avaliação de desempenho.

71. (Cespe/Basa/Técnico Administrativo/2012) A política de aplicação das pessoas nas organizações descreve os processos de recrutamento, seleção e integração das pessoas e a maneira como o desempenho delas será avaliado.

No que se refere à gestão do desempenho e à capacitação de integrantes da carreira de especialista em meio ambiente, julgue os itens a seguir.

72. (Cespe/Ibama/Técnico Administrativo/2012) Quando bem planejados, instrumentos de gestão de desempenho contribuem positivamente para a eficácia organizacional, na medida em que permitem maior produtividade dos indivíduos.
73. (Cespe/Ibama/Técnico Administrativo/2012) Apesar do mérito das avaliações de desempenho individual previstas no Decreto nº 7.133/2010, os critérios por elas utilizados desestimulam o trabalho em equipe, dificultam o reconhecimento de competências individuais e privilegiam demasiadamente a produtividade.

Com relação à qualidade no serviço público, julgue o item subsecutivo.

74. (Cespe/MCTI/Técnico 1/Tema VII: Apoio Administrativo e Apoio Técnico/2012) Um servidor não deve considerar, na avaliação do trabalho que desempenha, a opinião pública a respeito do órgão em que serve, devendo embasar sua avaliação de desempenho em indicadores concretos, formais, validados no processo de trabalho e vinculados às leis e aos princípios da administração pública.

Os conhecimentos sobre comportamento organizacional proporcionam uma melhor compreensão dos indivíduos e grupos que integram organizações. A respeito das situações relacionadas ao trabalho, julgue os itens que se seguem.

75. (Cespe/MPE-PI/Analista Administrativo/2012)O desenvolvimento organizacional, por meio de mudança planejada, contribui para a melhoria do desempenho da organização.
76. (Cespe/MPE-PI/Analista Administrativo/2012)Por se fundamentarem na noção de competências, os sistemas integrados de gestão de pessoas são capazes de expressar as demandas por desempenho em termos de necessidades de aprendizagem.

77. (Cespe/TJRO/Administrador/2012) Servidor público que trabalha no almoxarifado de um órgão público candidatou-se ao cargo de gerente de relações públicas desse mesmo órgão. O referido órgão analisa o desempenho desse servidor com base nos conceitos de sua última avaliação de desempenho, que variam de zero a dez.

Considerando a situação hipotética acima, assinale a opção correta.

a) O método de recrutamento realizado é do tipo externo, visto que o servidor candidata-se a cargo de setor diferente do setor em que trabalha.
b) O responsável por realizar a seleção deverá adotar a entrevista fechada como técnica de identificação das competências desejadas, em virtude de, por meio dessa técnica, serem obtidas informações detalhadas e abrangentes sobre o perfil dos candidatos.
c) De acordo com a teoria X, caso esse servidor seja selecionado para o cargo de gerente de relações públicas, ele deve ser constantemente supervisionado e acompanhado.
d) Segundo a teoria da motivação de hierarquia das necessidades, proposta por Maslow, caso esse servidor seja selecionado para o cargo de gerente de relações públicas, ele deve ser motivado primeiramente mediante o incremento de sua autoestima.
e) A utilização dos conceitos obtidos pelo servidor em sua última avaliação de desempenho como critério para tomada de decisão caracteriza a avaliação de desempenho do tipo escolha forçada.

Julgue os itens a seguir, acerca da gestão do desempenho.

78. (Cespe/Assembleia-CE/Analista Legislativo/Administração/2011) O *balanced scorecard* constitui alternativa para avaliar os comportamentos dos empregados em relação a perspectivas diferenciadas do desempenho organizacional.
79. (Cespe/Assembleia-CE/Analista Legislativo/Administração/2011) É objetivo da gestão do desempenho estabelecer padrões de resultados e comportamentos individuais ou grupais que traduzam as metas e os objetivos organizacionais.

O mundo contemporâneo evolui muito rapidamente e, para acompanhar essa velocidade, a cada dia surgem novos modelos de gestão. A respeito da gestão do conhecimento, da gestão por desempenho e da gestão por competências, julgue os itens.

80. (Cespe/MPS/Administrador/2010) A contínua busca pela efetividade no serviço público possibilita que a gestão por desempenho ocupe cada vez mais espaço nas organizações governamentais.
81. (Cespe/MPS/Administrador/2010) A utilização de múltiplos avaliadores gera uma confusão nas informações obtidas, prejudicando os processos de avaliação de desempenho.

6. Educação, treinamento e desenvolvimento

82. (Cespe/Basa/Técnico Administrativo/2012) O planejamento instrucional de ações de treinamento e desenvolvimento de pessoas diagnostica as necessidades de aprendizagem e estabelece toda a programação de cursos, bem como sua avaliação.

83. (Cespe/Ibama/Técnico Administrativo/2012) Mensurar o impacto de um treinamento no desempenho de seus egressos é um dos objetivos das avaliações de reação, recurso bastante utilizado em órgãos públicos.

84. (Cespe/MPE-PI/Analista Administrativo/2012) Quando bem planejadas e executadas para suprir os gaps de competências identificados, as ações de treinamento garantem que os indivíduos apliquem no trabalho os novos CHAs aprendidos.

7. Educação corporativa. Educação a distância

85. (Cespe/Abin/Oficial Técnico de Inteligência/Pedagogia/2010) Na educação corporativa a distância, a seleção de determinada tecnologia deve levar em conta, especialmente, sua adequação ao perfil dos empregados, às condições tecnológicas da empresa e ao projeto educacional.

86. (Cespe/Inca/Tecnologista Júnior/Analista Pedagogo/2010) Educação a distância é uma forma de ensino que possibilita a autoaprendizagem, com a mediação de recursos didáticos sistematicamente organizados, apresentados em diferentes suportes de informação, utilizados isoladamente ou combinados, e veiculados pelos diversos meios de comunicação.

Julgue oitem, acerca de aprendizagem organizacional.

87. (Cespe/AGU/Administrador/2010) Uma organização que objetiva implementar um modelo dinâmico e pragmático de educação corporativa deve aderir ao modelo sala de aula como forma prioritária de aprendizagem.

De acordo com Peter Senge, no atual contexto de mudanças, as organizações que se sobressairão no futuro serão as que conseguirem extrair, de todas as suas pessoas, o compromisso e a capacidade de aprender. No que concerne à aprendizagem organizacional, ao treinamento e desenvolvimento, julgue o item subsequente.

88. (Cespe/Previc/Analista Administrativo/Especialidade: Administrativa/2011) As universidades corporativas são responsáveis pelo estabelecimento do processo de desenvolvimento de pessoas alinhado à definição das estratégias de negócio e às competências essenciais da organização.

Com base na figura apresentada, que relaciona os conceitos de treinamento, desenvolvimento e educação em organizações e trabalho, e acerca de treinamento e desenvolvimento para educação continuada, julgue os itens subsequentes.

89. (Cespe/Inmetro/Analista Executivo em Metrologia e Desenvolvimento de Recursos/2009) Instrução refere-se à criação de eventos informais de aprendizagem.
90. (Cespe/Inmetro/Analista Executivo em Metrologia e Desenvolvimento de Recursos/2009) Treinamento é o conjunto de experiências e oportunidades de aprendizagem proporcionados pela organização e que apoia o crescimento pessoal do empregado.
91. (Cespe/Inmetro/Analista Executivo em Metrologia e Desenvolvimento de Recursos/2009) Dos materiais instrucionais de apoio aos processos de ensino-aprendizagem excluem-se os bancos eletrônicos de dados, ainda que estejam presentes em exercícios e em outras estratégias instrucionais interativas.
92. (Cespe/Inmetro/Analista Executivo em Metrologia e Desenvolvimento de Recursos/2009) Educação são programas ou conjuntos de eventos educacionais de média e longa duração que objetivam a formação e a qualificação profissional contínuas dos empregados.
93. (Cespe/Inmetro/Analista Executivo em Metrologia e Desenvolvimento de Recursos/2009) Da educação corporativa moderna exclui-se a tarefa de oportunizar a educação continuada, pois, atualmente, exige-se que os trabalhadores busquem, por iniciativa própria, esse tipo de educação.

As organizações cada vez mais acreditam e apostam no potencial e no desenvolvimento dos seus profissionais, o que se traduz em mais investimentos em formação e capacitação de pessoal. Com relação a treinamento, desenvolvimento, educação e aprendizagem nas organizações, julgue o item.

94. (Cespe/Antaq/Analista Administrativo/2009) Dentro de uma organização, a aprendizagem das práticas relevantes para o exercício de suas funções por um trabalhador só ocorre se esse for submetido a situações formais de instrução ou treinamento.

95. (Cespe/Ibama/Técnico Administrativo/2012) Cursos na modalidade a distância têm sido preteridos por organizações públicas e privadas devido ao seu alto custo logístico e por sua complexa acessibilidade.

Com relação a recursos humanos, julgue o item seguinte.

96. (Cespe/MMA/Analista ambiental/Concentração 1/2011) O ensino a distância, uma das modalidades de educação continuada utilizada nos processos de educação corporativa, não tem proporcionado aos seus participantes melhor desempenho de seus papéis nas organizações.

Considerando a importância da educação a distância (EAD) e da educação corporativa, julgue os itens a seguir.

97. (Cespe/MPU/Analista administrativo/2010) A educação corporativa pode ser entendida como uma entidade educacional que funciona como ferramenta estratégica para ajudar a organização a cumprir sua missão.

98. (Cespe/MPU/Analista administrativo/2010) O sucesso de ações de educação corporativa depende mais do comprometimento da alta cúpula da empresa do que da sinergia entre os programas educacionais e os projetos sociais das organizações.

Julgue oitem, acerca de aprendizagem organizacional.

99. (Cespe/AGU/Administrador/2010) A organização que pretenda utilizar o ensino a distância como forma de desenvolvimento de aprendizagem organizacional deve desenvolver um modelo que proporcione, ao mesmo tempo, comunicações massivas e estudo individualizado.

8. Gestão por competências

100. (Cespe/TRT/Analista Administrativo/2012) A identificação de necessidades de capacitação é feita com base na lacuna entre as competências necessárias e as existentes na organização.

101. (Cespe/TRT/Analista Administrativo/2012) O mapeamento de competências nas organizações deve ser elaborado a partir de um marco conceitual em que a noção de competência é definida como a tomada de responsabilidade por parte de uma pessoa frente a situações de complexidade.

102. (Cespe/TRT/Analista Administrativo/2012) Para as linhas de pensamento francesa e americana, a competência resulta da combinação sinérgica de conhecimentos, habilidades e atitudes.

103. (Cespe/TRT/Analista Administrativo/2012) A partir do mapeamento de competências em uma organização, tem-se o início dos demais subsistemas de gestão de pessoas, tais como a seleção e o desenvolvimento. Após os resultados desses, inicia-se a avaliação de desempenho com vistas a mensurar os resultados individuais e coletivos no trabalho para retroagir o processo da gestão de pessoas e estabelecer os méritos de remuneração.

9. Gestão do conhecimento

104. (Cespe/TRT/Analista Administrativo/2012) A espiral do conhecimento se desenvolve a partir de uma relação recursiva estabelecida na combinação de conhecimentos tácitos e explícitos.

O mundo contemporâneo evolui muito rapidamente e, para acompanhar essa velocidade, a cada dia surgem novos modelos de gestão. A respeito da gestão do conhecimento, da gestão por desempenho e da gestão por competências, julgue os itens.

105. (Cespe/MPS/Administrador/2010) O processo de organização e distribuição do saber coletivo da empresa, de maneira a fazer que a informação certa chegue à pessoa certa na hora certa, é conhecido como gestão do conhecimento.
106. (Cespe/MPS/Administrador/2010) Por tratar diretamente do saber organizacional, a gestão do conhecimento possui como objetivo principal coletar a maior quantidade de informações disponíveis.

10. Motivação e liderança

107. (Cespe/Abin/Oficial Técnico de Justiça/2010) O valor que um indivíduo atribui ao alcance de um resultado - por exemplo, uma promoção - é fator determinante do seu nível de motivação em relação a determinada atividade.

108. (Cespe/Abin/Oficial Técnico de Justiça/2010) A crença dos empregados de que os esforços por eles despendidos na execução das atividades e no cumprimento das metas serão recompensados pela organização caracteriza a motivação por autoeficácia.

109. (Cespe/Abin/Oficial Técnico de Justiça/2010) De acordo com a teoria da equidade, a motivação no ambiente de trabalho ocorre quando um funcionário reconhece que a organização lhe paga salário melhor que a média salarial de mercado.

110. (Cespe/Detran-ES/Técnico Administrativo/2010) Entre os elementos da teoria da motivação, proposta por Herzberg na teoria dos dois fatores, inclui-se a grande preocupação da alta gerência de órgão com o conteúdo do trabalho desenvolvido pelos colaboradores.

111. (Cespe/STM/Analista Judiciário//2011) É possível afirmar que quanto maior for a motivação de um funcionário para o trabalho, tanto melhor será o seu desempenho em determinado contexto laboral.

112. (Cespe/TCU/Analista de Controle Externo/Tecnologia da Informação/2009) Segundo a teoria proposta por McClelland, os principais vetores da necessidade, para que um ser humano possa obter a sua satisfação, são realização, afiliação e poder.

A administração de recursos humanos está relacionada a todas as funções do processo administrativo, referindo-se a políticas e práticas necessárias para se administrar o trabalho das pessoas. A esse respeito, julgue os itens a seguir.

113. (Cespe/EBC/Administrativa/2011) Liderança é a habilidade de influenciar pessoas, dirigir seu comportamento em direção ao alcance de objetivos e metas, podendo ser orientada para pessoas e também para tarefas. C

114. (Cespe/EBC/Administrativa/2011) A teoria dos dois fatores, de Herzberg, pode ser representada por meio de uma pirâmide constituída de dois tipos de necessidade das pessoas: uma básica, a necessidade de segurança; e outra, mais complexa e difícil de ser Atingida, a necessidade de autor-realização.

115. (Cespe/EBC/Administrativa/2011) Em uma organização, existem, basicamente, três estilos de liderança: o autocrático, voltado para o líder; o democrático, voltado para o líder e o subordinado; e o liberal, voltado para o subordinado. C

16.3 Questões da FGV

1. Noções básicas de gestão de pessoas

1.1. Atração e seleção de pessoas

116. (FGV/Detran-RN/Assistente Técnico Administrativo/2010) NÃO é uma vantagem do processo de recrutamento interno:
    a) Não requer socialização organizacional de novos membros.
    b) Proporcionar melhor seleção, pois os candidatos são conhecidos.
    c) Custar financeiramente menos do que o recrutamento externo.
    d) Facilitar o processo de inovação interno da organização.
    e) Motivar o desenvolvimento dos funcionários da organização.

117. (FGV/Detran-RN/Assistente Técnico Administrativo/2010) Em seleção de pessoas, é uma atribuição da função de *staff*:
    a) Decidir quanto ao preenchimento de cargos vagos.
    b) Entrevistar candidatos.
    c) Aprovar e rejeitar candidatos.

d) Avaliar candidatos com base nas entrevistas.
e) Aplicar testes psicométricos.

118. (FGV/Detran-RN/Assessor Técnico Psicologia/2010) Na busca da garantia de uma Seleção de Pessoas, pode-se evidenciar como base para a eficiência das informações sobre o cargo a ser preenchido, EXCETO:
a) Descrição e análise do cargo.
b) Entrevista de seleção individual e em grupo.
c) Aplicação de técnica de incidentes críticos.
d) Análise do cargo no mercado.
e) Competências individuais requeridas.

119. (FGV/Detran-RN/Assessor Técnico Psicologia/2010) O Recrutamento e a Seleção de Pessoas devem ser tomados como duas fases de um mesmo processo na empresa, ou seja:
a) a introdução dos recursos humanos na organização.
b) o aumento de serviços a serem prestados pela organização frente aos seus clientes.
c) a implantação de departamentos na organização.
d) a elaboração do plano de cargo e salário na organização.
e) a readequação de competências coletivas na organização.

1.2. Liderança e poder

120. (FGV/Caern/Administrador/2010) Existem diferenças entre os gerentes (focados nos processos organizacionais) e os lideres (focados no enfretamento das mudanças). Diante disso, assinale a alternativa que apresente, respectivamente, uma caraterística de gerente e uma de líder.
a) Um gerente pergunta como e quando; um líder o quê e o porquê.
b) Um gerente faz as coisas certas; um líder faz as coisas de maneira certa.
c) Um gerente desenvolve; um líder inova.
d) Um gerente focaliza as pessoas; um focaliza o sistema e a estrutura.
e) Um gerente tem perspectiva de longo prazo; um líder tem visão de curto prazo.

Gerente	Líder
Administra	Inova
Prioriza sistemas e estruturas	Prioriza as pessoas
Tem uma visão de curto prazo	Tem perspectiva de futuro
Pergunta como e quando	Pergunta o quê e por quê

Exerce o controle	Inspira confiança
Aceita e mantém o status quo	Desafia o status quo
É o clássico bom soldado	É a sua própria pessoa
Faz certo as coisas (é eficiente)	Faz coisa certa (é eficaz)

121. (FGV/Detran-RN/Assessor Técnico Psicologia/2010) Com relação aos três estilos clássicos de liderança, analise:

I - O estilo laissez-faire possui ênfase exclusiva sobre os funcionários.

II - No estilo democrático, as diretrizes são debatidas e decididas pelo grupo com mínima participação do líder.

III - No estilo autocrático, o líder determina as providências para a execução das tarefas.

Está(ão) correta(s) apenas a(s) afirmativa(s):

a) I.

b) II.

c) III.

d) I, II.

e) I, III.

122. (FGV/Badesc/Analista Administrativo/2010) Com relação à liderança situacional, analise as afirmativas a seguir.

I - A maturidade dos liderados é medida pelo componente maturidade psicológica.

II - A maturidade dos liderados é medida pelo componente maturidade para o trabalho.

III - A liderança bem-sucedida só pode ser alcançada por meio de um estilo adequado a cada situação.

Assinale:

a) se somente a afirmativa I estiver correta.

b) se somente a afirmativa II estiver correta.

c) se somente a afirmativa III estiver correta.

d) se somente as afirmativas II e III estiverem corretas.

e) se todas as afirmativas estiverem corretas.

123. (FGV/Senado/Analista Legislativo Administração/2008) Certo tipo de liderança cria entre os membros do grupo mais hostilidade e rivalidade, maior identificação com o líder do que com o grupo, ansiedade em relação ao futuro, agressões

aos outros, criação de bodes expiatórios, superdependência e submissão ao líder e inflexibilidade de comportamento. Essa liderança é do tipo:
a) liberal.
b) situacional.
c) autocrática.
d) carismática.
e) democrática.

124. (FGV/Codeba/Administrador/2010) Com relação à teoria dos traços em liderança, analise as afirmativas a seguir:
I – Somente podem exercer liderança os indivíduos que possuam aspectos físicos e intelectuais inerentes ao fenômeno.
II – Liderança é um somatório de características pessoais.
III – As pessoas podem aprender a ser líderes com base nos exemplos existentes de outros indivíduos.

Assinale
a) se somente a afirmativa I estiver correta.
b) se somente a afirmativa II estiver correta.
c) se somente a afirmativa III estiver correta.
d) se somente as afirmativas I e II estiverem corretas.
e) se somente as afirmativas I e III estiverem corretas.

125. (FGV/Codeba/Administrador/2010) Com relação à teoria liderança situacional, analise as afirmativas a seguir:
I – A liderança situacional enfatiza os liderados.
II – A liderança bem-sucedida independe do nível de maturidade psicológico dos liderados.
III – A liderança situacional é uma abordagem da teoria comportamental.

Assinale
a) se somente a afirmativa I estiver correta.
b) se somente a afirmativa II estiver correta.
c) se somente a afirmativa III estiver correta.
d) se somente as afirmativas II e III estiverem corretas.
e) se todas as afirmativas estiverem corretas.

126. (FGV/Detran-RN/Assessor Técnico Educacional Psicologia/2010) Considerando o mundo dos negócios instável e altamente dinâmico onde a característica mais marcante no ambiente organizacional é a velocidade com que as

informações circulam, pode-se afirmar que dentro deste contexto, a economia está baseada em conhecimento, e conhecimento só vem de pessoas; assim sendo, as organizações estão buscando cada vez mais a interação humana e enfatizando a importância do líder neste processo. Partindo deste princípio, é correto afirmar que, exceto:

a) Os líderes precisam pensar como agentes de mudanças, pela sua capacidade de inovação.
b) O líder deve conciliar os interesses da organização ao da equipe de trabalho.
c) O líder deve ter a inteligência emocional.
d) O líder deve correr riscos, ser audacioso.
e) O líder possui a característica da liderança, como habilidade nata.

1.3. Motivação

127. (FGV/TRE-PA/Técnico Judiciário Administrativa/2011) Segundo a Hierarquia das Necessidades de Maslow, a amizade dos colegas no trabalho é uma necessidade do tipo

a) fisiológica.
b) de segurança.
c) social.
d) de estima.
e) de autorrealização.

128. (FGV/Caern/Administrador/2010) De acordo com a teoria dos dois fatores, a motivação das pessoas para o trabalho depende de dois fatores distintos: higiênicos e motivacionais. Estes são relacionados às condições internas dos indivíduos e são satisfacientes; aqueles são relacionados ao ambiente externo e são insatisfacientes. Nesse sentido, analise as afirmativas a seguir:

I – A ausência do uso pleno de habilidades pessoais provoca insatisfação.
II – Melhores benefícios sociais provocam uma maior satisfação.
III – O oposto da satisfação é nenhuma satisfação e o oposto da insatisfação é nenhuma insatisfação.

Analise

a) Se somente a afirmativa I estiver correta.
b) Se somente a afirmativa II estiver correta.
c) Se somente a afirmativa III estiver correta.
d) Se somente as afirmativas I e II estiverem corretas.
e) Se todas as afirmativas estiverem corretas.

129. (FGV/Codesp-SP/Administrador/2010) A motivação, dentro do ambiente empresarial, é um elemento fundamental para que os empregados se comprometam com o atingimento dos objetivos organizacionais. Várias são as teorias motivacionais que fundamentam as praticas empresariais visando estimular o empregado a ter maior produtividade e qualidade no desenvolvimento de suas atividades.
Segundo o Teoria de Herzberg, os fatores que levam à satisfação no trabalho são diferentes daqueles que levam à insatisfação.
Segundo Maslow, existe uma hierarquia de necessidades, em que, à medida que uma necessidade é satisfeita, a próxima se torna dominante.

Assinale a alternativa que apresente uma pratica que possibilita a motivação dos empregados.
a) Tratamento igual para todos, homogeneizando as necessidades individuais.
b) Dar plena responsabilidade e autonomia a todos os empregados.
c) Dissociar a remuneração do desempenho.
d) Assegurar que as metas estabelecidas sejam percebidas como factíveis.
e) Estabelecer horários de trabalho rígidos para que a jornada de trabalho seja cumprida.

130. (FGV/Codesp-SP/Administrador/2010) Considerando as Teorias X e Y, analise as afirmativas a seguir:
I – De acordo com a Teoria X, as pessoas normais têm aversão ao trabalho.
II – Segundo a Teoria Y, a imaginação na solução de problemas não esta distribuída entre as pessoas em uma organização.
III – Segundo a Teoria X, as pessoas médias preferem ser mandadas.

Assinale
a) se somente a afirmativa I estiver correta.
b) se somente a afirmativa II estiver correta.
c) se somente a afirmativa III estiver correta.
d) se somente as afirmativas I e II estiverem corretas.
e) se somente as afirmativas I e III estiverem corretas.

131. (FGV/Codesp-SP/Psicólogo/2010) Considere as seguintes afirmativas envolvendo os fatores da Teoria das Expectativas de Vroom:
I – Instrumentalidade é a expectativa organizacional de que um determinado nível de desempenho acarretará certos resultados.

II – Expectativa é a probabilidade subjetiva de que o esforço acarretará desempenho.
III –Valencia é a satisfação esperada por um individuo, associada a cada produto resultante do desempenho.

Somente está correto o que se afirma em
a) I e III.
b) II.
c) II e III.
d) I e II.
e) III.

132. (FGV/Detran-RN/Assessor Técnico Administrativo/2010) Marque o correto ciclo motivacional antes de se chegar ao estágio da satisfação:
a) equilíbrio - tensão - necessidade - incentivo - comportamento.
b) equilíbrio - incentivo - necessidade - tensão - comportamento.
c) tensão - incentivo - necessidade - comportamento - equilíbrio.
d) necessidade - incentivo - tensão - comportamento - equilíbrio.
e) necessidade - tensão - incentivo - comportamento - equilíbrio.

133. (FGV/Detran-RN/Assessor Técnico Administrativo/2010) De acordo com a teoria da hierarquia das necessidades, a confiança perante o mundo e um gerente amigável são necessidades, respectivamente (de):
a) Segurança e estima.
b) Social e segurança.
c) Estima e segurança.
d) Social e estima.
e) Estima e social.

134. (FGV/Detran-RN/Assessor Técnico Administrativo/2010) Não é um fator insatisficiente do contexto do cargo:
a) A administração da empresa.
b) O trabalho em si.
c) O salário.
d) As condições de trabalho.
e) Os benefícios e serviços sociais.

135. (FGV/Detran-RN/Assessor Técnico Administrativo/2010) As afirmativas a seguir retratam a natureza humana segundo a Teoria X, EXCETO:
a) As pessoas médias têm pouca ambição.

b) As pessoas, em geral, preferem ser dirigidas a dirigir.
c) As pessoas podem ter autocontrole e autodireção desde que convencidas e comprometidas.
d) As pessoas não gostam do trabalho e o evitarão sempre que puderem.
e) As pessoas, em geral, procuram evitar as responsabilidades.

136. (FGV/Senado/Analista Legislativo Administração/2008) A teoria motivacional mais conhecida é a de Abraham Harold Maslow. Ela se baseia na hierarquia de necessidades humanas. Entre essas, segundo o autor, há as necessidades:
a) patrimoniais.
b) financeiras.
c) fisiológicas.
d) psicológicas.
e) morais.

137. (FGV/Fiocruz/Analista de Gestão em Saúde Administração/2010) Algumas teorias são consideradas como formulações sobre a motivação. A teoria da expectativa ou expectância proposta por Victor Vroom, em essência, sugere que a intensidade do esforço para a ação de uma pessoa está diretamente relacionada à expectativa que essa pessoa tem em relação aos resultados decorrentes dessa ação e da atratividade desse resultado.
Em termos práticos é correto afirmar:
a) Um agente público tenderá a empreender maior esforço no desenvolvimento de uma atividade quanto maior for a sua percepção de que seu desempenho nessa atividade poderá ser melhor avaliado.
b) É exemplificada em uma situação em que dois servidores apresentam desempenhos diferentes e têm remunerações iguais.
c) Segundo a percepção do servidor, consiste na relação entre contribuições e recompensas em diferentes níveis de intensidade.
d) Um servidor, com alta capacitação profissional e desempenho reconhecidamente superior, tem uma remuneração menor que a de outro recém-concursado.
e) O comportamento de um servidor em seu ambiente profissional está diretamente relacionado com fatores identificados com o cargo e com o contexto em que o cargo se insere.

138. (FGV/Fiocruz/Analista de Gestão em Saúde Administração/2010) Ao se estudar a motivação, um conteúdo torna-se inevitável, a hierarquia das necessidades humanas, formulada por Abraham H. Maslow.

De acordo com a exemplificação dessas necessidades, é correto afirmar que:

a) as necessidades fisiológicas podem ser descritas como o transporte, a estabilidade, a segurança e a integridade física.
b) as necessidades de segurança têm como exemplos a alimentação, a habitação e o vestuário.
c) as necessidades do amor estão bastante associadas à possibilidade de desenvolvimento pleno das competências ou potencial das pessoas.
d) as necessidades de estima, em uma perspectiva organizacional, podem ser relacionadas à noção de status, com possibilidade de ascensão na carreira e de ter visibilidade social.
e) as necessidades de autorrealização podem estar afetas à noção de relacionamentos, dizendo respeito à valorização de pertencer a um grupo formal ou informal, clube ou sociedade.

139. (FGV/SAD-PE/Analista em Gestão Administrativa/2009) Com relação às necessidades das pessoas, segundo a Teoria das Motivações de Maslow, intervalos de descanso, conforto físico e horário de trabalho razoável são exemplos de:

a) necessidades fisiológicas.
b) necessidades de segurança.
c) necessidades sociais.
d) necessidades de estima.
e) necessidades de autorrealização.

140. (FGV/Fiocruz/Analista de Gestão em Saúde/Gestão da Qualidade/2010) Com relação aos fatores motivacionais (intrínsecos ao cargo), a partir da teoria dos dois fatores proposta por Frederick Herzberg, pode-se afirmar como sendo seus componentes:

I – condições gerais do ambiente laboral como iluminação, limpeza, ruído, remuneração e relações com superiores e colegas.

II – nível de responsabilidade, conteúdo e atribuições do cargo.

III – nível de responsabilidade do cargo, nível de reconhecimento do trabalho executado.

Assinale:

a) se somente a afirmativa I estiver correta.
b) se somente a afirmativa II estiver correta.
c) se somente a afirmativa III estiver correta.
d) se somente as afirmativas II e III estiverem corretas.
e) se somente as afirmativas I e II estiverem corretas.

1.4. Comunicação

141. (FGV/Codesp-SP/Administrador/2010) A comunicação organizacional refere-se ao fluxo de informações dentro da empresa por meio dos diversos canis disponíveis ou redes existentes.
A comunicação pode se dar de maneira formal seguindo a cadeia hierárquica oficial, e também existe a comunicação informal, que é complementar à comunicação formal, que visa atender às necessidades não satisfeitas pela formal. Além dessa característica, também se deve considerar o fluxo da comunicação.

A esse respeito, é correto afirmar que
a) a comunicação de cima para baixo mantem os administradores conscientes de como os empregados se sentem em relação ao seu trabalho, colegas, o ambiente organizacional, de maneira geral.
b) a comunicação diagonal é aquela estabelecida entre quaisquer empregados horizontalmente equivalentes. É criada formalmente para contornar a hierarquia e agilizar a ação.
c) a comunicação lateral tem como característica principal encurtar os caminhos entre as funções e níveis em uma organização.
d) a comunicação em rede é uma combinação de meios de comunicação que facilitam o processo pela utilização de diferentes tecnologias de informação.
e) a comunicação de baixo para cima é uma das fontes que os administradores utilizam para obter ideias sobre como os processos organizacionais podem ser melhorados.

142. (FCC/Sergipe Gás S.A./Assistente Administrativo/2010) Os componentes essenciais da comunicação humana são:
a) mensagem, confirmação, abertura, destinatário e fecho.
b) signos, sinais, elementos, código e avaliação.
c) receptor, *feedback*, assinatura, ruídos e barreiras.
d) emissor, código, entrada, saída e sinais.
e) emissor, receptor, mensagem, código e *feedback*.

1.5. Clima organizacional

143. (FGV/Codesp-SP/Psicólogo/2010) O gerente da equipe de vendas da Cimento Forte S.A foi, recentemente, dispensado. Para o seu lugar, foi contratado um novo gerente: Pedro. Ao contrario do antigo gerente, Pedro não consegui estabelecer boa comunicação com seus subordinados, e muito menos identificar-se

com eles. A equipe sente-se desmotivada, receosa em relação ao futuro das relações inter e intragrupais. O clima organizacional, portanto, está desfavorável porque.

a) a motivação individual dos membros da equipe é dissociada do clima organizacional
b) o sentimento de frustação relacionado às expectativas da equipe influencia o clima organizacional.
c) o clima organizacional é uma característica individual, enquanto a motivação é uma característica da organização.
d) a comunicação afeta exclusivamente os procedimentos administrativos que envolvem o desempenho da equipe.
e) a identificação entre os componentes de uma equipe deve ocorre a partir da relações externas ao ambiente de trabalho.

144. (FGV/Senado/Analista Legislativo Administração/2008) O clima organizacional refere-se ao ambiente interno existente entre os membros da organização. O clima organizacional é favorável quando proporciona satisfação das necessidades pessoais dos participantes e elevação do moral e é desfavorável quando proporciona a frustração daquelas necessidades. O clima organizacional está intimamente relacionado com:

a) o processo de seleção dos integrantes do grupo pertencente à organização.
b) o grau de motivação dos participantes da organização.
c) as características extrínsecas à organização.
d) o treinamento dos integrantes do grupo pertencente à organização.
e) a cultura existente na organização que, em geral, compõe um bom clima organizacional.

1.6. Sistemas de informação de apoio à gestão de pessoas

145. (FGV/Sefaz-RJ/Fiscal da Receita/2010) Os Sistemas de Informação fornecem *feedback* para a administração sobre as operações do sistema para sua direção e manutenção, enquanto ele troca entradas e saídas com seu ambiente. Nesse sentido, o termo Sistemas de Informação é definido como um conjunto organizado de recursos para coletar, transformar e disseminar informações em uma organização. Assinale a alternativa que indique esses recursos.

a) Qualidade, confidencialidade, acessibilidade, usabilidade e design.
b) Classes, processos, funções, integridade e desempenho.
c) Tempo, conteúdo, forma, organização e gerenciamento.
d) Tecnologia, finanças, meio ambiente, projetos e modularidade.
e) Pessoas, *hardware*, *software*, dados e redes.

16.4 Questões da Fundação Carlos Chagas

1. Modelos de gestão de pessoas – evolução dos modelos de gestão de pessoas

146. (FCC/TRT 6ª Região-PE/Analista judiciário área administrativa/2012) Nos modelos contemporâneos de gestão de pessoas enfatiza-se
a) o controle centralizado e hierárquico.
b) a orientação para os processos.
c) as vantagens colaborativas.
d) a necessidade de certeza.
e) a informação segmentada.

147. (FCC/TRT 24ª Região/Analista Judiciário Administrativo/2011) O modelo de gestão de pessoas é a maneira pela qual a empresa se organiza para gerenciar e orientar o comportamento humano no trabalho, sendo composto por processos e práticas, que são classificados quanto a sua natureza, objetivos e parâmetros em três categorias: movimentação, desenvolvimento e valorização. As práticas de capacitação, carreira e desempenho das pessoas estão vinculadas
a) à categoria movimentação.
b) à categoria desenvolvimento.
c) à categoria valorização.
d) às categorias movimentação e valorização.
e) às categorias desenvolvimento e valorização.

148. (FCC/TRE-AC/Analista Judiciário/2010) Sobre gestão de pessoas considere as seguintes afirmativas:
I - A gestão de pessoas por competências consiste em planejar, captar, desenvolver e avaliar, nos diferentes níveis da organização (individual, grupal e organizacional), as competências necessárias à consecução dos objetivos institucionais.
II - O modelo de gestão de pessoas por competências tem como diretriz a busca pelo autodesenvolvimento e possibilita um diagnóstico capaz de investigar as reais necessidades apresentadas no contexto de trabalho, bem como aquelas necessárias ao atingimento dos desafios estratégicos da organização.
III -A gestão de pessoas por competências possibilita a utilização de técnicas e avaliação independente de assessoramento da administração, voltada para o exame da avaliação da adequação, eficiência e eficácia dos sistemas de controle.

Está correto o que se afirma apenas em
a) I.

b) I e II.
c) II.
d) II e III.
e) III.

149. (FCC/TCE-GO/Analista de Controle Externo/Gestão de Pessoas/2009) A estratégia de gestão de pessoal que permite uma predição de curto prazo das necessidades de pessoal da organização é o modelo
a) baseado na procura estimada do produto ou serviço.
b) baseado em segmentos de cargos.
c) de substuição de postos-chave.
d) baseado no fluxo de pessoal.
e) de planejamento integrado.

150. (FCC/TRE-AL/Analista Judiciário/Contabilidade/2010) Considerando o Modelo de Gestão de Pessoas por Competência, considere as seguintes assertivas:
I – Segundo Fischer, o modelo de gestão de pessoas por competência baseia-se num conjunto de procedimentos que buscam ajustar o indivíduo a um estereótipo de eficiência já fixado pela empresa.
II – De acordo com Fischer, a configuração que o modelo de gestão de pessoas assume nos casos concretos depende de fatores internos e externos.
III – O processo de evolução da gestão de pessoas no Brasil é marcado por características legais e pelo referencial taylorista.

Está correto o que se afirma apenas em
a) I.
b) II.
c) III.
d) I e II.
e) II e III.

151. (FCC/TRF 1ª Região/Analista Judiciário Administrativo/2011) Gestão estratégica por competências implica
a) mapear as competências técnicas dos funcionários e realocar cada um de acordo com sua especialização.
b) focar o planejamento estratégico da organização na melhoria do comportamento dos funcionários frente aos desafios da globalização.
c) integrar ao planejamento da organização os conhecimentos, as habilidades e as atitudes necessárias à realização das suas metas.

d) adequar a política de remuneração da organização ao nível de competência formal dos funcionários, de acordo com o mercado.
e) incorporar ao planejamento estratégico da organização as competências das organizações parceiras com foco na missão principal.

152. (FCC/Infraero/Analista Superior II/Administrador/2011) Um sistema de gestão estratégica de pessoas por competências, para ser efetivo, deve
a) enfatizar as competências individuais em relação aos objetivos organizacionais.
b) compensar financeiramente os colaboradores com competências exclusivamente orientadas para os objetivos da empresa.
c) compatibilizar a realização das estratégias da empresa com a capacitação e o reconhecimento das pessoas.
d) privilegiar a criatividade individual em relação às competências técnicas dos colaboradores.
e) definir democraticamente os objetivos organizacionais e as competências individuais requeridas.

153. (FCC/Copergás/Administrador/2011) Os sistemas de incentivo, como instrumento da gestão contemporânea, visam
a) à identificação dos interesses do contratado com os do contratante.
b) à realização eficiente das tarefas rotineiras pelo contratado.
c) à satisfação dos interesses pessoais do contratado.
d) ao aumento do prestígio da direção da organização junto aos funcionários.
e) à premiação dos funcionários mais produtivos e à punição dos ineptos.

154. (FCC/PGE-RJ/Técnico Superior Administrador/2009) A gestão por competências, alternativa aos modelos gerenciais tradicionalmente utilizados, constitui um processo contínuo que tem como etapa inicial
a) a implementação de instrumentos de gestão do desempenho.
b) a formulação da estratégia organizacional.
c) a definição de indicadores de desempenho no nível corporativo.
d) a identificação do seu gap ou lacuna de competências.
e) o planejamento de ações para captar e desenvolver as competências necessárias.

155. (FCC/PGE-RJ/Técnico Superior Administrador/2009) Os modelos tradicionais de gestão de competências enfatizam o conhecimento técnico e a capacidade

operacional que um profissional deve ter como requisito mínimo para ocupar um cargo. A partir dos estudos feitos por Daniel Goleman na década de 90, ficou comprovado que os profissionais mais bem-sucedidos são aqueles que possuem

a) capacidade de suportar ofensas pessoais.
b) elevado quociente de inteligência.
c) capacidade de liderança situacional.
d) elevada competência comportamental.
e) capacidade de evitar conflitos organizacionais.

156. (FCC/TRT 22ª Região/Analista Judiciário/Área Administrativa/2010) A organização moderna caracteriza-se como um sistema constituído de elementos interativos, que recebe entradas do ambiente, transforma-os, e emite saídas para o ambiente externo. Nesse sentido,

a) toda organização que interage com o ambiente para sobreviver, é um sistema fechado.
b) a necessidade de entradas e saídas não reflete a dependência em relação ao meio ambiente.
c) os elementos interativos da organização, pessoas e departamentos, dependem uns dos outros e devem trabalhar juntos.
d) na dinâmica organizacional, as saídas do sistema de uma organização não afetam o ambiente interno.
e) as estruturas organizacionais contemporâneas são independentes do processo de globalização, Internet, e-business e da alta competitividade do mercado.

2 . Gestão estratégica de pessoas

157. (FCC/TRF 2ª Região/Analista Judiciário/Área Administrativa/2012) Numa visão estratégica de recursos humanos, a soma dos conhecimentos, informações e experiência de todos em uma empresa, que podem ser administrados a fim de gerar riqueza e vantagem competitiva, é:

a) inteligência emocional.
b) *empowerment.*
c) *downsizing.*
d) capital intelectual.
e) capital social.

158. (FCC/TRF 2ª Região/Analista Judiciário/Área Administrativa/2012) Gestão estratégica de pessoas é

a) a definição da arquitetura organizacional compatibilizada com os pontos fortes da organização e oportunidades de mercado.
b) a formulação de políticas de gestão de pessoas alinhadas à cultura e ao clima da organização.
c) o alinhamento do conjunto de conhecimentos, habilidades e atitudes das pessoas com a missão, visão, objetivos estratégicos, estratégias e planos da organização.
d) a definição das funções críticas que as pessoas passam a desempenhar num cenário estratégico.
e) o processo de educação gerencial e desenvolvimento do componente crítico-criativo.

159. (FCC/Infraero/Analista Superior II/Administrador/2011) Um sistema de gestão estratégica de pessoas por competências, para ser efetivo, deve

a) enfatizar as competências individuais em relação aos objetivos organizacionais.
b) compensar financeiramente os colaboradores com competências exclusivamente orientadas para os objetivos da empresa.
c) compatibilizar a realização das estratégias da empresa com a capacitação e o reconhecimento das pessoas.
d) privilegiar a criatividade individual em relação às competências técnicas dos colaboradores.
e) definir democraticamente os objetivos organizacionais e as competências individuais requeridas.

3 . Possibilidades e limites da gestão de pessoas no setor público

160. (FCC/TRE-CE/Técnico Judiciário/Área Administrativa/2012) As organizações humanas formais, sejam privadas ou públicas, representam uma espécie de arranjo entre as variáveis, objetivos, atividades e recursos, num processo de gestão conhecido como planejamento, organização, direção e controle, em que os paradigmas ou modelos de gestão são decididos e implantados para fazer funcionar a organização. A obtenção de recursos para sustentar o funcionamento da organização privada difere das organizações públicas devido

a) ao uso intenso da vantagem competitiva da preferência do consumidor.
b) ao poder de barganha dos fornecedores.
c) ao poder de barganha dos clientes-cidadãos.

d) à diferenciação do negócio de serviço público.
e) à liderança em Custos dos entes públicos.

161. (FCC/TRT 6ª Região-PE/Analista Judiciário/Área Administrativa/2012) O principal limite a uma adequada gestão das pessoas no setor público brasileiro é
a) o controle total das elites patrimonialistas sobre as carreiras de Estado no âmbito do governo federal.
b) a falta de estruturas de cargos e carreiras nos órgãos voltados para a gestão e planejamento de recursos humanos no governo federal.
c) a inexistência de uma política salarial e de incentivos ao desempenho dos níveis gerenciais.
d) a rigidez da estrutura de cargos e carreiras e a complexidade da legislação de pessoal no setor público brasileiro.
e) o clientelismo e a corrupção nas funções operacionais e nos quadros terceirizados da administração pública em todas as esferas de governo.

162. (FCC/TRT 6ª Região-PE/Analista Judiciário/Área Administrativa/2012) Na gestão de pessoas no setor público deve-se utilizar os quadros terceirizados em
a) funções com pouca interação com o público.
b) atividades-meio de caráter auxiliar.
c) funções técnicas que exigem frequente atualização.
d) atividades-fim com baixa complexidade técnica.
e) cargos com elevada rotatividade.

4 . Gestão de clima e cultura organizacional

163. (FCC/TRT 6ª Região-PE/Analista Judiciário Serviço Social/2012) As culturas organizacionais são baseadas
a) nos tipos de segmentos de atuação da empresa e definem o perfil dos clientes.
b) nas estratégias de condução dos negócios, que norteiam a conduta de relacionamento com os clientes e concorrentes.
c) na visão do fundador e dos colaboradores que direcionam o tipo de posicionamento que a empresa adotará no mercado.
d) em valores que são compartilhados pela maioria dos colaboradores e dos gerentes e fazem com que as normas norteiem o comportamento.
e) nas experiências vividas pelos funcionários e que fundamentam suas expectativas em relação ao local de trabalho.

164. (FCC/TRT 6ª Região-PE/Analista Judiciário Serviço Social/2012) O clima organizacional refere-se às interpretações

a) da direção em relação às políticas vigentes.
b) das necessidades dos colaboradores perante as políticas de recursos humanos praticadas no mercado.
c) do grupo para com o nível de engajamento para com as ações sociais.
d) do indivíduo e do grupo de certas características ou eventos.
e) dos profissionais de recursos humanos em relação à prática de gestão.

165. (FCC/TRE-CE/Técnico Judiciário/Área Administrativa/2012) Atribui-se a Edgar Schein o entendimento de que cultura organizacional é o conjunto de pressupostos básicos que um grupo inventou, descobriu ou desenvolveu ao aprender como lidar com os problemas de adaptação externa e integração interna e que funcionaram bem o suficiente para serem considerados válidos e ensinados a novos membros como a forma correta de perceber, pensar e sentir, em relação a esses problemas. Desse entendimento deduz-se como componentes da cultura organizacional

a) dificuldades em entender e processar mudanças ambientais.
b) tendência a subestimar outros grupos, principalmente concorrentes e clientes.
c) dificuldades em aceitar pontos de vista alheios e outras culturas.
d) resistência generalizada à necessidade de mudança interna.
e) preferência por artefatos, tecnologias, costumes, linguagens e valores próprios.

166. (FCC/TRF 2ª Região/Analista Judiciário/Área Administrativa/2012) Sobre a cultura organizacional, analise:

I – É vista como os valores e expectativas comuns, da mesma forma que as histórias, lendas, rituais e cerimônias.

II – A cultura pode ser explicitada por meio de códigos de ética, declarações de princípios, credos, ou simplesmente por meio do conjunto das políticas e normas da organização.

III – Não correspondem às prioridades dadas ao desempenho na função, à capacidade de inovação, à lealdade; à hierarquia e às maneiras de resolver os conflitos e problemas.

IV – É um recurso da administração, mas não pode ser usado para alcançar os objetivos desta, como a tecnologia, os insumos de produção, os equipamentos, os recursos financeiros e os recursos humanos.

É correto o que consta APENAS em
a) I e II.
b) II, III e IV.
c) III e IV.
d) I, II e IV.
e) I e III.

167. (FCC/TRT 4ª Região/Analista judiciário administrativo) Com relação ao conceito de cultura organizacional é correto afirmar que ela
a) é o resultado de um acordo entre líderes e colaboradores que se expressa em normas formais que todos os membros da organização devem cumprir.
b) expressa-se através de rituais, mitos, hábitos e crenças compartilhadas pelos membros de uma organização.
c) resulta de um longo processo de adaptação às influências ambientais. As mudanças na cultura da organização dependem de mudanças nos fatores externos.
d) expressa os valores e o estilo de ação dos seus líderes e são necessariamente incorporados pelos subordinados.
e) refere-se ao conjunto de competências, atribuições e tarefas que se expressam em normas e regulamentos, e definem o tipo de visão, missão e estratégias de uma organização.

168. (FCC/TCE-PR/Analista de Controle/Área Administrativa/2011) O conceito de cultura organizacional é composto de três dimensões: material, psicossocial e
a) técnica.
b) ideológica.
c) conceitual.
d) sinergia.
e) de papéis.

169. (FCC/Infraero/Analista Superior II/Administrador/2011) Cultura organizacional
I – é a maneira tradicional de pensar e fazer compartilhada por todos os membros de uma organização.
II – refere-se a um sistema de significados compartilhados pelos membros que distingue a organização das demais organizações.
III – exprime as estratégias das lideranças atuais de uma organização que, pela capacidade de impor determinados valores aos membros, fazem com que esses valores passem a impregnar todas as práticas da organização.

IV - tem como essência a maneira como a organização atua, como trata os clientes e empregados e o grau de autonomia e liberdade que existe nos departamentos ou escritórios.
V - tem seus valores sempre compartilhados intensamente pela maioria dos funcionários e, por basear-se na tradição, toda cultura organizacional é forte.

Está correto o que se afirma APENAS em
a) I, II, III e IV.
b) I, II e IV.
c) II e IV.
d) III, IV e V.
e) III e V.

5 . Planejamento de RH

170. (FCC/TRF 2ª Região/Analista Judiciário/Área Administrativa/2012) No planejamento de recursos humanos a relação entre o número de horas perdidas e o número de horas planejadas para o processo produtivo denomina-se índice de:
a) rotatividade.
b) absenteísmo.
c) produtividade.
d) perdas qualitativas.
e) ajuste de carga.

6 . Gestão de processos de mudança organizacional: conceito de mudança

171. (FCC/Metrô/Analista *Trainee*/Psicologia/2008) Pesquisando, Kurt Lewin identificou três fases no processo de mudança:
a) congelamento, negação e mudança organizacional.
b) negação, negociação e comprometimento.
c) rejeição, barganha e comprometimento.
d) rejeição, raiva e comprometimento.
e) descongelamento, mudança e recongelamento.

172. (FCC/TRT 9ª Região/Analista Judiciário/Área administrativa/2010) Na mudança organizacional, conforme o modelo de Kurt Lewin, o processo por meio do qual um comportamento recentemente adquirido se integra, como

comportamento padronizado, na personalidade do indivíduo e/ou nas suas relações emotivas relevantes, é denominado

a) descongelamento.
b) recongelamento.
c) ação impulsora.
d) mudança restritiva.
e) integração.

173. (FCC/TCE-GO/Analista de Controle Externo/Gestão de Pessoas/2009) Todo processo de mudança organizacional

a) implica a identificação, por meio da qual novas atitudes são incorporadas pela organização.
b) limita-se a reproduzir aspectos essenciais da cultura organizacional sob nova aparência.
c) compreende sempre três etapas: descongelamento, mudança e recongelamento.
d) envolve necessariamente a ruptura com os padrões organizacionais anteriores.
e) exige a internalização, por meio da qual é percebida e aceita a eficácia da nova atitude.

Gabarito

1. c
2. d
3. a
4. d
5. e
6. d
7. e
8. d
9. a
10. d
11. b
12. b
13. b
14. a
15. d
16. b
17. e
18. c
19. b
20. a
21. e
22. C
23. C
24. C
25. C
26. C
27. E
28. C
29. d
30. C
31. C
32. E
33. C
34. E
35. C
36. C
37. C
38. E
39. C
40. E
41. C
42. C
43. C
44. E
45. C
46. E
47. C
48. C
49. C
50. C
51. E
52. C
53. C
54. C
55. E
56.C
57. C
58. C
59. C
60. C
61. E
62. E
63. E
64. C
65. C
66. C
67. E
68. E
69. E
70. C
71. E
72. C
73. E
74. E
75. C
76. C
77. c
78. E
79. C
80. C
81. E
82. E
83. E
84. E
85. C
86. C
87. E
88. C
89. E
90. E
91. E
92. C
93. E
94. E
95. E
96. E
97. E
98. E
99. C
100. C
101. C
102. E
103. C
104. C
105. C
106. E
107. C
108. E
109. E
110. C
111. E
112. C
113. C
114. E
115. C
116. d
117. e
118. b
119. a
120. a
121. e
122. e
123. c
124. d
125. a
126. e
127. c
128. c
129. d
130. e
131. c
132. b
133. e
134. b
135. c
136. c
137. a
138. d
139. a
140. d
141. e
142. e
143. b
144. b
145. e
146. c
147. b
148. b
149. d
150. e
151. c
152. c
153. a
154. b
155. d
156. c
157. d
158. c
159. c
160. a
161. d
162. b
163. d
164. d
165. e
166. a
167. b
168. b
169. b
170. b
171. e
172. b
173. c

Referências Bibliográficas

ACKOFF, R. L. **Creating the corporate future**. New York: John Wiley& Sons, 1981.

ADAMS, J. S. **Inequity in social exchange**. *In:* L. Berkowitz (Org.). Advances in Experimental social Psychology (vol. 2, p. 267-299). New York: Academic Press, 1965.

ADLER, R. B.; TOWNE, N. **Comunicação interpessoal**. 9. ed. Rio de Janeiro: LTC, 2002.

ALLEN, M. E. **Corporate University Handbook; designing, managing, and growing a success ful program**. Amacon. New York: 2002.

ARGYRIS, C. **Reasoning, earning and action – individual and organizational**. San Francisco. Jossey Bass, 1968.

BANDURA, A. **Self-efficacy: toward a unifying theory of behavioral change.** Pychological review, 84, p. 191-215, 1977.

BARDUCHI, A. L. J.; MIGLINSKI, C. A. **Planejamento estratégico de recursos humanos.** Revista de Ciências Gerenciais. Vol. 10, nº 12 (2006).

BARNAD, C. I. **As funções do executivo**. São Paulo, Atlas, 1971.

BECKER, B.; GERHART, B. **The impacto fhuman resource management on organizational performance: progress and prospects**. The Academy of Management Journal, New York, v.39, n.4, p. 779-801, Aug. 1996.

BECKER, B.; HUSELID, M.; ULRICH, D. **Gestão estratégica de pessoas com *scorecard*: interligando pessoas, estratégia e performance**. Rio de Janeiro: Campus, 2001.

BERGAMINI, C.W. **Psicologia aplicada à administração de empresas: psicologia do comportamento organizacional.** São Paulo: Atlas, 1982.

BEYER J.; HARRISON T. **How na organizations rites reveals its culture.** Organizational Dynamics, 1986. *Apud*: Maria Tereza Leme Fleury, op., cit., p. 27-6.

BEYER, J., TRICE, H. **How na organization's rites reveal it'sculture**. Organizational Dynamics, 1986.

BOHLANDER, G. **Administração de recursos humanos.** São Paulo: Pioneira, 2003.

BORGES-ANDRADE, J.; ABBAD, G.S; MOURÃO, L. e colaboradores. **Treinamento, desenvolvimento e educação em organizações e trabalho: fundamentos para a gestão de pessoas**, Porto Alegre: Artmed, 2004.

BOSCO-LEO, J; VALENÇA FILHO, C. M. **A arbitragem no Brasil**. Brasília: Editora MSD, 2004.

BRANDÃO, H. P. **Gestão por competências: métodos e técnicas para mapeamento de competências.** Revista de Serviço Público (RSP), Brasília, p. 179-194.

BRANDÃO, H. P.; BAHRY, C. P. **Gestão por competências: métodos e técnicas para mapeamento de competências.** Revista do Serviço Público, Brasília: 56 (2): 179-194, abr/jun 2005.

BRANDÃO, H. P.; GUIMARÃES, T. A. **Gestão de competências e gestão de desempenho: tecnologias distintas ou instrumentos de um mesmo construto?** Revista de Administração de Empresas (RAE). São Paulo; Jan./Mar. 2001, v. 41 . n. 1 p. 8-15.

BUITONI, A. **A ilusão do normativismo e a mediação**. Revista do Advogado, São Paulo, n. 87, p. 109-114, 2006.

CARBONE, P. P.; BRANDÃO, H. P.; LEITE, J. B. D; VILHENA, R. M. P. **Gestão por competências e gestão do conhecimento.** 2. ed. Rio de Janeiro: Editora FGV, 2006.

CARDOSO, V.C. **Gestão de competência por processo: um método para a gestão do conhecimento tácito da organização.** COPPE. UFRJ. 2004 (Tese de doutorado em engenharia de produção).

CARVALHO. L. C. F. **T&D estratégicos.** *In*: BOOG, Gustavo (coord.). Manual de treinamento e desenvolvimento. São Paulo: Makron Books, 2004.

CATANANTE B. **Espiritualidade no trabalho**. *In*: Manual de gestão de pessoas e equipes: estratégias e tendências. São Paulo: Gente, 2002.

CAVALCANTI, V. L. *et al.* **Liderança e motivação**. Rio de Janeiro: FGV, 2006.

CHAVES, E. **Conceitos básicos: educação a distância**. EdutecNet: Rede de Tecnologia na Educação, 1999. http://www.edutecnet.com.br/.

CHIAVENATO, I. **Administração de recursos humanos**. São Paulo: Atlas, 1981.

__________. **Administração pública e geral**. Série Provas e Concursos, Editora Elsevier, 2006.

__________. **Gestão de pessoas**. Rio de Janeiro: Campus, 1999.

__________. **Gestão de pessoas: e o novo papel dos recursos humanos nas organizações.** 2. ed. São Paulo: Campus, 2005.

__________. **Introdução à teoria geral da administração.** Rio de Janeiro: Campus, 2000.

__________. **Recursos humanos**. Edição compacta. São Paulo: Atlas, 1986.

__________. **Recursos humanos: o capital humano das organizações**. 8. ed. São Paulo: Atlas, 2006.

CHIUZI, R. M. (2006). **As dimensões da organização positiva e seus impactos sobre o bem-estar dos trabalhadores.** Dissertação de Mestrado não publicada. Curso de Pós-Graduação em Psicologia da Saúde. Universidade Metodista de São Paulo, São Bernardo.

CHOO, C. W. **Information management for the intelligent organization: the art of scanning the environment.** Medford: Information Today, 1998.

COCKERILL, T. **The king of competence for rapid change**. *In:* C. Mabey & P. Iles (Orgs.), Managing learning (pp. 70-76). London: Routledge, 1994.

COOPEY, J. **Lacunas cruciais na Organização que aprende: poder, política e ideologia.** *In*: STARKEY, K. (org.) Como as organizações aprendem – relatos do sucesso das grandes empresas. São Paulo: Futura, 1997, p. 413- 435.

DAVIS, K.; NEWSTROM, J. W. **Comportamento humano no trabalho.** São Paulo: Pioneira, 1996.

DELANEY, J. T.; HUSELID, M. A. The impact of human resource management practices on perceptions of organizational performance. **The academy of management journal**, New York, v.39, n.4, p.949-969, August, 1996

DELERY, J.; DOTY, D. H. Modes of theorizing in strategic human resource management: tests of universalistic, contingency and configurational performance predictions. **The academy of management journal**, New York, v.39, n.4, p.802-835, Aug. 1996.

DESSLER, G. **Administração de recursos humanos**, 2. ed., Editora Pearson, 2003.

DIAS, G. B; BECKER, G. V.; DUTRA, J. S.; RUAS, R; GHEDINE, T. **Revisando a noção de competência na produção científica em administração: avanços e limites**. *In:* Dutra, J. S.; FLEURY, M. T. L.; RUAS, R. (org). Competências: conceitos, métodos e experiências. São Paulo: Atlas, 2012.

DURAND, T. **Forms of incompetence**. *In*: International Conference on Competence-Based Management, 4., 1998, Oslo. Proceedings. Oslo: Norwegian School of Management, 1998.

DUTRA A., MIROSKI C. **Gestão estratégica de pessoas - teoria & reflexão na prática de *cases***. São Paulo: Insular, 2007.

DUTRA, J. S. **Gestão de pessoas**, Editora Atlas, 2008.

________. **Administração da carreira: uma proposta para repensar a gestão de pessoas**. São Paulo: Atlas, 1996.

________. **Competências: conceitos e instrumentos para a gestão de pessoas na empresa moderna**. São Paulo: Atlas, 2008.

________. **Gestão de pessoas: modelo, processos, tendências e perspectivas**. São Paulo: Atlas, 2002.

EBOLI, M. **Educação corporativa no Brasil: mitos e verdades**. São Paulo: Editora Gente, 2004.

EDELA L. P. S. **Clima e cultura organizacionais: como se manifestam e como se manejam**. Porto Alegre: Edgar Blücher, 1978.

FELIPPE, M. I. **Os desafios da motivação.** Revista Gestão Plus n. 18 - Ano Janeiro/fevereiro 2001.

FISCHER, A. **Um resgate conceitual e histórico dos modelos de gestão de pessoas.** *In*: FLEURY, M., (org.). As pessoas na organização. São Paulo: Editora Gente, 2002.

FISCHER, A. L. **Um resgate conceitual e histórico dos modelos de gestão de pessoas.** *In*: As pessoas na organização. 3. ed. São Paulo: Editora Gente, 2002. p.11-34.

FLEURY, A.; FLEURY, M. T. L. **Aprendizagem e inovação organizacional - as experiências de Japão Coreia e Brasil.** São Paulo: Atlas, 1995.

________. **Estratégias empresariais e formação de competências: um quebra cabeça caleidoscópico da indústria brasileira.** São Paulo: Atlas, 2001.

FLEURY, M. T. L. **A gestão de competência e a estratégia organizacional.** *In*: FLEURY, M. T. L. (Coord.) As pessoas na organização. São Paulo: Gente, 2002.

FLEURY, M. T. L.; FISCHER, R. M. (Org.). **Cultura e poder nas organizações**. São Paulo: Atlas, 1990.

FONSECA, D. R. **Análise da implantação da gestão de por competências em agências reguladoras federais.** Brasília: UnB, 2011 (Dissertação apresentada para obtenção de bacharel em administração).

FRANÇA, A. C. L. **Práticas de recursos humanos - PRH: conceitos, ferramentas e procedimentos.** 1. ed. São Paulo: Atlas, 2010.

FREITAS, M. E. **Cultura organizacional: formação, tipologias e impacto**. São Paulo: Makron Books, 1991.

GIL, A. C. **Administração de recursos humanos.** São Paulo: Atlas, 1994.

________. **Como elaborar projetos de pesquisa.** São Paulo: Atlas, 1988.

________. **Gestão de pessoas.** São Paulo: Atlas, 2001.

GRAMINGNA, M. R. **Modelo de competências e gestão dos talentos**. São Paulo: Editora Pearson, 2002.

GOLEMAN, Daniel. **Inteligência emocional.** Objetiva, 2. ed., 1996.

HAMBLIM, A. C. **Avaliação e controle do treinamento**. São Paulo: Mc-Graw-Hill, 1978.

HERSEY, P.; BLANCHARD, K. H. **Psicologia para administradores:** a teoria e as técnicas da liderança situacional. Trad. Edwino A. Royer. São Paulo: Editora Pedagógica e Universitária, 1986.

HIPOLITO, J. A. M. **Sistema de recompensas: uma abordagem atual.** *In*: As pessoas na organização. São Paulo: Gente, 2002.

HOLMBERG, B. **Educación a distancia**: situación y perspectivas. Buenos Aires (Argentina): Editorial Kapelusz, 1981.

HUNTER, J. C. **O monge e o executivo: uma história sobre a essência da liderança.** Rio de Janeiro: Sextante, 2004.

JUTTA, H.; HEINZ, H. **Motivationand action**. Cambridge University Press, 2008.

KANAANE, R. **Comportamento humano nas organizações: o homem rumo ao século XXI**. São Paulo: Atlas, 1999.

KEEGAN, D. **Foundations of distance education**. Routledge: Londres, 1991.

KINVEX, K. C.; O'Connell, C.; Klinvex, C. **Contratar bons profissionais**. McGraw Hill, 2002.

KIRKPATRICK, D.L. **Evaluation of training**. *In*: CRAIG, R.L. (Ed. 0. Training and development handbook. 2NE ED. New York:McGraw-Hill, 1976. Cap. 18.

KOLB, D. A. **A gestão e o processo de aprendizagem**. *In*: STARKEY, K. (org.) Como as organizações aprendem – relatos do sucesso das grandes empresas. São Paulo: Futura, 1997, p. 321-341.

LACOMBE, F. J. M. **Recursos humanos: princípios e tendências.** São Paulo: Saraiva, 2005.

LEITÃO, S. P., MARTINS, A. C. L. **Organização de aprendizagem e teoria de autopoiese**. Revista de Administração Pública, Rio de Janeiro, v. 32 , n.4, p. 108-134, jul./ago. 1998.

LANDIM, C. **Educação a distância: algumas considerações.** Rio de Janeiro, 1997.

LIMA, S. M. B., ALBANO, A. G. B. **Um estudo sobre clima e cultura organizacional na concepção de diferentes autores.** Rev. CCEI Urcamp, v. 6, n. 10, p. 33-40, ago., 2002.

LOBATO, E. S. **Um Estudo sobre competências profissionais na indústria bancária em Manaus.** UFAM, 2001 (Dissertação defendida no mestrado em Engenharia da Produção).

LUZ, J. P. **Metodologia para análise de clima organizacional: um estudo de caso para o Banco do Estado de Santa Catarina.** Florianópolis: UFSC, 2001 (Dissertação defendida na pós-graduação em Engenharia da Produção).

MAGALHÃES, J. C. **Arbitragem e o processo judicial**. Revista do Advogado, São Paulo, n. 87, p. 61- 66, 2006.

MARRAS, J. P. **Administração da remuneração: remuneração tradicional e estratégica, elementos de estatística aplicada, normas legais, benefícios**. São Paulo: Thomson, 2002.

_______. **Administração de recursos humanos: do operacional ao estratégico.** São Paulo: Futura. 2007.

MASCARENHAS, A. O. **Gestão estratégica de pessoas**. São Paulo: Cengage, 2008.

MASLOW, Abrahan H. ***Motivation and personality***. Nova York: Harper & Row, 1954.

MATURANA, H.; VARELA, F. 14. ed. **El arbol del conocimiento**. Santiago: Editorial Universitária, 1998.

MAXIMIANO, A. C. A. **Teoria geral da administração.** São Paulo: Atlas, 2000.

________. **Teoria geral da administração: da revolução urbana à revolução digital**. São Paulo: Atlas, 2007.

________. **Teoria geral da administração: da revolução urbana a revolução digital**. 4. ed. São Paulo: Atlas, 2004.

________. **Introdução à Administração**. São Paulo: Atlas, 1995.

MEDEIROS, I. B. O. **Competências individuais: um estudo de caso da gestão por competências em sua dimensão humana em pequena empresa**. Santa Maria: UFSM, sem data.

MEISTER, J. C. **Educação corporativa: a gestão do capital intelectual através das universidades corporativas.** São Paulo: Makron, 1999.

MINICUCCI, A. **Psicologia aplicada à administração**. São Paulo: Atlas, 1995.

MOORE, C. W. **O processo de mediação: estratégias práticas para a resolução de conflitos**. 2. ed. Porto Alegra: Artmed, 1998.

MOORE , M. (1989) - **Three types of interaction**. *In:* American journal of distance education, vol. 3, nº 2, 1989.

MOORE, M. & KEARSLEY, G. **Distance education - a systems view**. 1. ed. Belmont: Wadsworth, 1996.

MORAES, L. F. R.; FERREIRA, S. A. A.; ROCHA, D. B. **Trabalho e organização: influências na qualidade de vida e estresse na Polícia Militar do Estado de Minas Gerais**, 2003.

MORITZ, Gilberto de Oliveira; PEREIRA, Maurício Fernandes. **Processo decisório.** Disponível em: http://www.ufpi.br/uapi/conteudo/disciplinas/pro_dec/download/Processo_ Decisorio_final_18_12_06.pdf. Acesso em: 20/8/2010.

MOSCOVICI, F. **Desenvolvimento interpessoal - treinamento em grupo**. Rio de Janeiro: José Olympio, 1998.

NASSAR, P. **História e cultura organizacional**. Revista Comunicação Empresarial, n. 36, 2000.

NAVEIRA, R. B. **Caos e complexidade nas organizações.** Revista de Administração Pública. Rio de Janeiro, v. 32, n. 5, p. 69-80, set./out. 1998.

NAZARETH, E. R. **Mediação, um novo tratamento do conflito.** *In:* Nova realidade do direito de família, COAD, Rio de Janeiro, 1998.

_______. **Mediação: algumas considerações**. Revista do Advogado, São Paulo, n. 87, p. 129-133, 2006.

NISEMBAUM, H. **A competência essencial**. São Paulo: Infinito, 2000.

NONAKA, I, TAKEUCHI, H. **Criação de conhecimento na empresa - como as empresas japonesas geram a dinâmica da inovação**. Rio de Janeiro: Campus, 1997.

O'BRIEN, James. **Sistema de informação e as decisões gerenciais na era da internet.** [S.l.: s.n.], 2004.

OLIVEIRA, D. P. R. **Sistemas de informações gerenciais: estratégicas, táticas, operacionais**. São Paulo: Ed. Atlas, 2001.

PARRY, S.B. **The quest for competence**. Training, 1996.

PEREIRA, A. M. **Introdução à administração**. 3. ed. São Paulo: Prentice Hall, 2004.

PETTERS, O. **Didática de ensino a distância**: experiências, estágios do discurso de uma visão. Trad. Ilson Kayser. São Leopoldo, Unisinos: 2002.

PONTES, B. **Avaliação de desempenho**. SP: LTr, 2008.

PONTES, B. R. **A competitividade e a remuneração flexível.** São Paulo: LTR, 1995.

RABAGLIO, M. O. **Seleção por competências**. 4. ed. São Paulo: Educator, 2001.

RAUCH, C.F., & BEHLING, O. 1984. **Functionalism: basis for alternate approach to the study of leader ship**. *In:* J.G. Hunt, D.M. Hosking, C. A Schriesheimand R. Stewart (eds) Leadersand managers: International perspectives on managerialbehaviorandleadership. Elmsford, New York: Pergamon Press, 45-62.

ROBBINS, S. P. **Comportamento organizacional.** Tradução técnica: Reynaldo Marcondes. São Paulo: Prentice Hall, 2005.

ROSENBERG, M. **E-Learning: strategies for delivering know ledge in the digital age**. New York: McGraw-Hill, p. 28, 2001.

SANTOS, E. H. **Trabalho prescrito e real no atual mundo do trabalho. Trabalho & educação** - Revista do NETE, n. 1, p. 13-27, fev/jul 1997.

SAYLES, L. R. George Strauss. **Comportamento humano nas organizações.** São Paulo: Atlas, 1977.

SCHEIN, E. H. **Organizational culture.** American Psychologist, 45, 109-119, 1990.

__________. **Consultoria de procedimentos:** seu papel no desenvolvimento organizacional. São Paulo: Edgard Blücher, 1972.

SHUTZ, William Carl. **O prazer: expansão da consciência humana.** Rio de Janeiro: Imago Editora, 1974.

SENGE, Peter. **A quinta disciplina - arte, teoria e prática da organização de aprendizagem.** São Paulo: Best Seller, 11. ed., 1990.

SOUZA, V. L; Matos, I. B.; Sardinha, R. L. L. L.; Alvez, R. C. S. **Gestão de desempenho**. RJ: Editora FGV, 2005.

SPECTOR, P. **A psicologia das organizações**. SP: Saraiva, 2005.

SPECTOR, P. E. **Psicologia nas organizações**. São Paulo: Saraiva, 2002.

SPENCER, L. M.; SPENCER, S. M. **Competence at work: models for superior performance**. New York: John Wiley& Sons: 1993.

STEWART, T. A. **Capital intelectual: a nova vantagem competitiva das empresas.** 2. ed. Rio de Janeiro: Campus, 1998.

SVEIBY, K. E. ***A nova riqueza das organizações:*** **gerenciando e avaliando patrimônios deconhecimento**. Rio de Janeiro: Campus, 1998.

TACHIZAWA, T. **Gestão de pessoas.** Rio de Janeiro: FGV, 2001.

TANNENBAUM, R., SCHMIDT, W. **How to chose a leader shippattern. Harvard Business Review**, 36, 95-101. Thite, M. (1999).

TEIXEIRA, S. **Gestão das Organizações.** São Paulo: Verlag Dashofer, 2010.

TONELLI, M. J.; LACOMBE, B. M. B; CALDAS, M. P. **Desenvolvimento histórico do RH no Brasil e no mundo**. *In:* BOOG. G; BOOG, M. (Coords.). Manual de gestão de pessoas e equipes: estratégias e tendências. São Paulo, Gente, 2002.

TORQUATO, G. **Cultura, poder, comunicação e imagem: fundamentos da nova empresa**. São Paulo: Pioneira Thomson, 1992.
UDO, R. **Motivations psychologie**. Weinheim: Beltz.

UIRICH, D. **Ferramentas de avaliação de performance com foco em competências**. 2. ed. Rio de Janeiro: Qualitymark Editora, 2006.

UIRICH, D. **Recursos humanos estratégicos - novas perspectivas para os profissionais de RH**, Futura, São Paulo, 2000.

VARGAS, M. R. M. **Educação a distância e as novas tecnologias: o uso da videoconferência em treinamentos organizacionais. revista brasileira de aprendizagem aberta e a distância**, 2002.

VERGARA, S. C. **Gestão de pessoas**. São Paulo: Atlas, 2005.

VERGASTA, P. D. **Cultura e aprendizagem organizacional**, 2001.

VILAS BOAS, A. A.; ANDRADE, R. B. **Gestão estratégica de pessoas**. RJ: Elsevier, 2009.

WRIGHT, P. M.; McMAHAN, G. C. **Theoretical perspectives for strategic human resource management**. Journal of management. Vol. 18, n. 2, 1992.

ZANELLI, J. C., BORGES-ANDRADE, J. E. & BASTOS, A. V. B. **Psicologia, organizações e trabalho no Brasil**. Porto Alegre: Artmed, 2004.

ZARIFIAN, P. **A gestão da e pela competência.** *In*: Seminário educação profissional, trabalho e competências. Rio de Janeiro: Centro Internacional para a Educação, Trabalho e Transferência de Tecnologia, 1996.